新思

新一代人的思想

[美]苏珊·怀斯·鲍尔 —— 著　Susan Wise Bauer　　徐彬 陈幸子 刘在良 —— 译

世界史的故事

The History
of the Medieval World

4

中世纪的到来

6 世纪 —— 11 世纪

600 A.D.

1100 A.D.

中信出版集团 | 北京

图书在版编目（CIP）数据

世界史的故事. 大帝国的兴衰　中世纪的到来 /（美）苏珊·怀斯·鲍尔著；徐彬，陈幸子，刘在良译. -- 北京：中信出版社，2023.4（2025.1重印）
书名原文：The History of the Medieval World: From the Conversion of Constantine to the First Crusade
ISBN 978-7-5217-1933-8

Ⅰ.①世… Ⅱ.①苏…②徐…③陈…④刘… Ⅲ.①世界史－通俗读物 Ⅳ.①K109

中国版本图书馆 CIP 数据核字（2020）第 093264 号

The History of the Medieval World: From the Conversion of Constantine to the First Crusade by Susan Wise Bauer
Copyright © 2010 by Susan Wise Bauer
Simplified Chinese translation copyright © 2023 by CITIC Press Corporation
ALL RIGHTS RESERVED
本书仅限中国大陆地区发行销售

世界史的故事·大帝国的兴衰　中世纪的到来
著者：　[美]苏珊·怀斯·鲍尔
译者：　徐彬　陈幸子　刘在良
出版发行：中信出版集团股份有限公司
　　　　　（北京市朝阳区东三环北路27号嘉铭中心　邮编 100020）
承印者：　北京通州皇家印刷厂

开本：880mm×1230mm 1/32　印张：32　字数：725千字
版次：2023年4月第1版　印次：2025年1月第4次印刷
京权图字：01-2015-7858　书号：ISBN 978-7-5217-1933-8
审图号：GS（2018）5375号（此书中地图系原文插附地图）
定价：398.00元

版权所有·侵权必究
如有印刷、装订问题，本公司负责调换。
服务热线：400-600-8099
投稿邮箱：author@citicpub.com

献给

克里斯托弗

目录

01 格列高利一世   1
意大利、不列颠群岛 572—604

02 波斯圣战   11
东罗马帝国、波斯帝国，以及斯拉夫、保加尔、
阿瓦尔、哈扎尔等王国 589—632

03 先知   27
阿拉伯 590—622

04 大唐盛世   39
中国、日本、朝鲜半岛 622—676

05 以信仰为纽带的族群   51
阿拉伯 622—642

06 转折关头   67
印度、僧伽罗 640—684

07 帝国动荡   74
阿拉伯 643—661

08 法律与语言 87
意大利、拜占庭帝国、保加利亚第一帝国、
倭马亚王朝　643—702

09 创造历史 99
日本　646—714

10 女皇当道 108
中国　683—712

11 通向欧洲的道路 118
拜占庭帝国、倭马亚王朝、可萨王国、
保加利亚王国、西哥特王国、法兰克人
的土地　705—732

12 南方的吉罗娑神庙 132
倭马亚王朝、印度　712—780

13 净化运动 141
倭马亚王朝、拜占庭帝国、意大利　718—741

14 阿拔斯王朝 151
倭马亚王朝、可萨王国、安达卢斯　724—763

15 查理曼 162
撒克逊人的土地、安达卢斯　737—778

16 安史之乱 175
中国、朝鲜半岛　745—779

17	奥古斯都皇帝 拜占庭帝国、阿拔斯王朝、保加利亚第一帝国、意大利、法兰克王国　775—802	184
18	西拿基立第二 拜占庭帝国、阿拔斯王朝、保加利亚第一帝国、法兰克王国　786—814	197
19	城堡领主与摄政 朝鲜半岛、日本　790—872	209
20	外来者的胜利 中国、朝鲜半岛　806—918	221
21	第三个王朝 阿拔斯王朝　809—833	234
22	维京海盗 法兰克诸王国、拜占庭帝国、安达卢斯、罗斯人的土地　813—862	240
23	长寿的国王们 印度，苏门答腊岛、爪哇岛等东南亚岛屿　814—900	254
24	国内外关系 拜占庭帝国、日耳曼人路易的王国、摩拉维亚、保加利亚　856—886	262

25	第二个哈里发国 阿拔斯王朝、北非　861—909	273
26	维京大军 不列颠群岛　865—878	285
27	为铁王冠而战 意大利、法兰克诸王国　875—899	297
28	关白 日本　884—940	306
29	巴西琉斯 拜占庭帝国、保加利亚帝国　886—927	316
30	缔造诺曼底 意大利、西法兰克王国　902—911	329
31	德意志王国 东法兰克、波希米亚　907—935	336
32	命运之轮 印度、僧伽罗　907—997	345
33	占领巴格达 安达卢斯、阿拔斯王朝、法蒂玛王朝、 白益王朝　912—945	353
34	宋、辽和高丽 中国、朝鲜半岛　918—979	364

35	英格兰的国王们 斯堪的纳维亚诸王国、不列颠群岛 924—1002	374
36	罗斯人受洗 拜占庭帝国、保加利亚、 罗斯人的土地 944—988	392
37	神圣罗马帝国皇帝 德意志、意大利、西法兰克 950—996	406
38	艰苦的神圣战争 印度、僧伽罗、室利佛逝、 白益王朝 963—1044	420
39	"保加尔人的屠夫"巴西尔 拜占庭帝国、阿拔斯王朝、法蒂玛王朝、 保加利亚、罗斯 976—1025	433
40	捍卫天命 中国 979—1033	444
41	发现新大陆 格陵兰、美洲 985—1050	452
42	大分裂 德意志、意大利、匈牙利、 拜占庭帝国 1002—1059	466

43 丹麦的统治 484
   英格兰、苏格兰、斯堪的纳维亚诸王国、
   匈牙利、诺曼底 1014—1042

44 诺曼人的征服 496
   英格兰、挪威、诺曼底 1042—1066

45 西班牙诸王 509
   西班牙、北非 1016—1108

46 突厥人的到来 528
   拜占庭帝国、突厥人的土地 1025—1071

注释 541
授权声明 562
致谢 563

/ 01

格列高利一世

> 572年至604年,教皇与伦巴第协商派遣基督教传教士出访不列颠。

在意大利,个人仇恨的浪潮也影响了伦巴第的王位传承。

伦巴第国王阿尔博因杀死了格皮德人的国王,迎娶了国王的女儿罗莎蒙德(Rosemund),用武力夺取了他们的领地。572年,在一场酒气弥漫的宴会上,阿尔博因递给罗莎蒙德一个用她父亲头骨制成的酒杯,用执事保罗(Paul the Deacon)的话来说,"邀请她与她的父亲一起畅饮"。罗莎蒙德积攒已久的仇恨彻底爆发。她勒索一名朝臣,要他趁阿尔博因睡着时行刺他。为稳妥起见,他们预先将他的剑"紧绑在床头上",显然,阿尔博因睡觉的时候也是剑不离手。

当刺客走进阿尔博因的寝殿时,他醒了过来,抄起房间里唯一的家具,一把木质的踏脚凳进行防卫,但最后还是被刺身亡了。罗莎蒙德和她的帮凶逃到拉韦纳,在这里受到了主教的热情欢迎,因为他希望利用他们对抗伦巴第。但这两个逃亡者抵达拜占庭后没过多久就互相下毒，死在了同一天。[1]

伦巴第人的日耳曼本质再次显现了出来。阿尔博因虽说是个国王，但他更像是一个军队首领；几乎在他整个统治期间，伦巴第一直处于战争和动乱之中。他去世后，有一段时间，整个国家群龙无首。战争领袖掌控了军队，攻占了一座座城池，这些军阀每人都在伦巴第的土地上建立了自己的小王国。30余个这样的小王国及后来的公国并肩而立，这段时期也被称为公爵统治时期（Rule of the Dukes）。

584年，伦巴第诸公爵认定，他们各自独立的公国若能采取共同防御，对彼此都有益无害。他们从自己人当中推选出奥塔里公爵（Duke Authari）来统领伦巴第对所有侵略的抵抗行动。590年，奥塔里死后，基于同样的目的，他们又推选了另一个人：阿季卢尔福（Agilulf）在米兰"被大家推举登上最高权位"，他被高举在盾牌上，这种古老的仪式赋予了他并非与生俱来的权力。[2]

但是也有两位公爵拒绝承认阿季卢尔福的霸主地位。他们俩都来自意大利南方，其领地与伦巴第主体并不相连，因为中间有一个狭长地带仍归君士坦丁堡的皇帝所有。经过数次交战，伦巴第军队在拜占庭的领地上来回穿梭，阿季卢尔福最终迫使这两个公爵承认了他的霸主地位。自此之后，这两个南方的伦巴第政权被称为斯波莱托公国（Duchy of Spoleto）和贝内文托公国（Duchy of Benevento）。尽管他们效忠于伦巴第国王，但仍继续保持着独立自主的小国身份。

阿季卢尔福当选同年，教皇佩拉吉二世（Pelagius II）去世，罗马教士推选了教皇的继任者。他们将教皇之位给了一个名为格列高利的修道士，但其实他本人并不是特别想当教皇。12年前，格列高利曾被派往君士坦丁堡，代表教皇执行外交任务，他在完成任务回到自己的修道院后，才觉得松了一大口气。比起王宫宝殿，他更喜欢修道院的生活。[3]

然而，佩拉吉过世的时候，罗马正陷于无比窘困之中。伦巴第人已切断了罗马与拉韦纳和君士坦丁堡的往来，瘟疫又横扫了整个城市，台伯河也洪灾肆虐，"河水漫过城墙，淹没了大片地区"。罗马的教士们意见一致：格列高利如今已是修道院院长，他能力卓越、经验丰富，知道该如何与君士坦丁堡打交道。他们希望他成为下一任教皇。[4]

格列高利错愕不已，他给君士坦丁堡皇帝写信，恳求他不要批准这项任命，但罗马高官盗取了这封信，又伪造了另一封信，恳请皇帝尽快做出正式任命。皇帝照办了，格列高利发现自己身不由己地被他的教士同伴们推上了教皇的宝座。[5]

他不情不愿、违背本心地掌管起了罗马教会。他是教皇，应该是罗马城的宗教权威，而伦巴第人已割断了罗马城与其上级政权之间的联系（而且，从理论上讲，格列高利是可以随时与上帝进行沟通的，这不受伦巴第军队的限制）；所以他发现，来寻求他指引的不只是教士们，连罗马城的地方行政首脑和官员也都来找他。"现在我在罗马城身不由己，"他在给一位同僚的信中写道，"这个职位就像锁链一样束缚着我。"[6]

格列高利是个能解决问题的人，他擅长协调关系。拒绝他人的求助并不是他的本性，他更倾向于想出办法来处理这些事情。最紧迫的问题是世俗层面的，而非宗教层面的。伦巴第领导人阿季卢尔福正在向罗马南下，急于从拜占庭的统治之下夺取罗马城，而斯波莱托和贝内文托的公爵则正向西挺进，以完成包夹战术。到593年，伦巴第军队已兵临罗马城下。

地图 1-1 伦巴第诸公国

格列高利派人送信到君士坦丁堡，告诉皇帝他的危险处境，并乞求增援。582 年，提比略二世去世，将皇位留给了他亲手选出的继任者，他的女婿莫里斯（Maurice）；但皇帝莫里斯正忙于处理西北部的阿瓦尔人入侵，以及东边与波斯人的纠纷。

因此帝国的军队并没有像格列高利期待的那样前来救援。留守城池的士兵也得不到军饷，格列高利只能全靠自己。

他自己想了各种办法。他从教堂金库中拿钱给罗马守军发军饷（"正如在拉韦纳，皇帝设置军需官一职专门负责意大利第一军团一样，"他在给君士坦丁堡的信中诉苦，"在罗马，我就是这个军需官"），他还亲自出面与阿季卢尔福谈判。他同意支付伦巴第国王200多千克黄金，这笔钱同样是从教会的金库里出的，阿季卢尔福收了钱就撤兵了。[7]

格列高利拯救了罗马，这个功绩甚至超过了他宗教方面的成就，为此，他赢得了"大格列高利"（Gregory the Great）的称号。然而按理说，负责意大利境内拜占庭领土的本该是在拉韦纳的总督，于是总督向莫里斯皇帝抱怨说格列高利这是僭越。格列高利则为自己的行为辩护说，他当时别无选择。此外，他还提到，阿季卢尔福也不是不讲道理的人。只要总督同意，阿季卢尔福乐意在拜占庭的所有领土上达成全面和平的局面。他在写给拉韦纳总督的信中说："他（阿季卢尔福）抱怨说在他的地盘上发生了许多暴力行为，如果仲裁能有合理的依据，发现有任何过错在他一方的话，他承诺会尽全力做出补偿……同意他的要求无疑是合情合理的。"[8]

但总督拒绝了。他的自尊受到了伤害，因此与伦巴第人的僵持直到596年他去世、一个更通情达理的人取代了他的位置后才结束。新任总督卡里尼科斯（Callinicus）同意与阿季卢尔福签署和约。一段时间内，伦巴第和拜占庭领土之间实现了和平。[9]

终于，教皇格列高利一世能够远离政治事务，花时间履行他的宗教义务了。他关于《以西结书》的评注被伦巴第危机打断；现在，他可以继续投入写作了。而且，他还得以履行另一项职责——派教士通过水路出访不列颠，把正统基督教带给当地的人们。

以前，不列颠也曾有过基督徒。帝国后期的罗马人至少在名义上还是基督徒，他们还建造了几座教堂。但是，西罗马政权土崩瓦解之后，不列颠岛上的基督徒就失去了组织。随着未皈依的撒克逊人入侵，南部和东部的教会已经崩溃；尚存的不列颠教会主要集中在北部和西部，已经脱离罗马的母教会 100 多年了。[10]

格列高利认为，将不列颠岛带回上帝的国度中来是自己的责任，这就需要将基督教福音传播给撒克逊人。公元 6 世纪末，撒克逊人分布在不列颠岛东部海岸和东南部的大部分地区。埃勒将军的后代仍然统治着南撒克逊王国苏塞克斯，另一支王族后裔也建立了自己的西撒克逊王国，原来领导一支撒克逊突击部队的亨吉斯特的后代则统治着南部的肯特王国，由撒克逊人和盎格鲁人统治的小国家围绕着剩余的布立吞王国，这些王国仍然控制着不列颠岛的西部和北部地区。

为了将所有这些撒克逊人纳入基督教组织，格列高利选择了一个曾在自己以前的修道院任职的修士奥古斯丁。奥古斯丁带领着一大批同伴和充足的补给启程，当远行至法兰克王国的海岸时，他却退缩了（比德说："他的内心十分怯懦，充满了恐惧。"）。596 年 8 月，他回到罗马，请求获准放弃此次行程。然而格列高利拒绝放弃这次传教活动。他派奥古斯丁回到停滞不前的队伍中去，并随附一封劝勉信，信中写道："切勿让旅途的艰辛或恶意诽谤的人阻止你前进的脚步，愿万能的上帝允许我在永恒的国度看到你们的劳动成果；如此，即便我不能跟你们一起历经风雨，我也可以跟你们一起分享回报所带来的喜悦；因为老实说，我是渴望能跟你们一起去努力的。"尽管格列高利仍被困于罗马，但他每日仍以其坚定不移的忠心履行着他的行政职责，渴望着传教带来的令人兴奋的满足感。[11]

奥古斯丁的传教团打起精神，跨越英吉利海峡，于 597 年年初

地图 1-2　撒克逊人的王国

登陆萨尼特岛（Thanet Island），这个小岛位于肯特海岸线上，受肯特国王埃塞尔伯特（Ethelbert）统治。[12] 奥古斯丁或许从一开始就将目标瞄准了埃塞尔伯特，因为他的妻子伯莎（Bertha）是法兰克国王克洛泰尔一世的孙女，早就是基督徒了。[13]

当埃塞尔伯特听到奥古斯丁的传教团抵达的消息时，他捎信让他们在岛上原地待命，等他决定如何对待他们。最后，他决定到他们那里去见他们，而不是邀请他们进入自己的王国，因为他心存疑虑，不知道他们执行的是政治任务，还是宗教任务。与他们一番恳谈后，他打消了疑虑，认定他们没有恶意。然而连比德这样急切地展示基督教成就的人，也无法让埃塞尔伯特做出更激动人心的回应：听完奥古斯丁的话，国王说："我不能带领整个英格兰民族放弃已有的信仰，但是我不会伤害你们，我也不阻止你们进行传教，你们说服多少人改变信仰都可以。"[14]

最终，埃塞尔伯特同意接受洗礼。597年的圣诞节，格列高利写信给亚历山大的主教，告诉他传教活动大获成功。"偏居世界一隅的盎格鲁人，长久以来一直信奉异教邪说，崇拜大树和巨石，"他欢欣鼓舞地说，"而我修道院的一名修士……前往……世界尽头，去到他们那里；我们已收到他的消息，他现在安然无恙，工作进展顺利……据说已有1万多名盎格鲁人接受了洗礼。"601年，格列高利又派出更多教士前去传教。埃塞尔伯特将坎特伯雷破败的教堂交给奥古斯丁，作为他的座堂，格列高利则任命奥古斯丁担任坎特伯雷的盎格鲁人的主教。[15]

格列高利的书信里留有奥古斯丁向他反馈的问题。罗马来的修士全都训练有素，都是老资格的基督徒，他们真的要跟那些新皈依的信众一起生活吗？能提出这个问题，说明罗马传教团其实是看不起撒克逊人的，对于这种态度，格列高利立刻表示了谴责。他回信说："在盎格鲁人的教堂里，你们不应该与新来的、受上帝指引最近才开始信主的教士分开居住……要采取教会初创时期神父们的生活态度，他们之中没有人说任何东西是自己所有的，所有东西都是大家共享的。"撒克逊人皈依了基督教，在格列高利眼中，这意味着他们已经与罗马的信徒融为一体，成为基督教普世事业的一部分。[16]

时间线 1

法兰克人	英格兰	拜占庭	西哥特人	伦巴第人
		查士丁一世（518—527）		
克洛泰尔一世 / 希尔德贝特一世 / 提奥多里克一世（524—534）		查士丁尼大帝（527—565）		
		《查士丁尼法典》第一卷（529）		
克洛泰尔一世 / 希尔德贝特一世（534—558）		狄乌蒂斯（531—548）		
克洛泰尔一世（558—561）		阿塔纳吉尔德（554—567）		
贡特拉姆 / 希尔佩里克一世 / 西吉贝尔特一世 / 查理贝尔特一世（561—567）		查士丁二世（565—578）	阿尔博因（565—572）	
贡特拉姆 / 希尔佩里克一世 / 西吉贝尔特一世（567—575）		雷奥韦吉尔德（568—586）		
贡特拉姆 / 希尔佩里克一世 / 希尔德贝特二世（布伦希尔德）（575—584）		提比略二世（578—582） 教皇佩拉吉二世（579—590）		
贡特拉姆 / 克洛泰尔二世（弗蕾德贡德）/ 希尔德贝特二世（布伦希尔德）（584—592）		莫里斯（582—602） 教皇格列高利一世（590—604）	奥塔里（584—590） 阿季卢尔福（590—616）	
克洛泰尔二世（弗蕾德贡德）/ 希尔德贝特二世（布伦希尔德）（592—595）				
克洛泰尔二世（弗蕾德贡德）/ 提奥德贝尔特二世 / 提奥多里克二世（布伦希尔德）（595—612）				
	奥古斯丁出使英格兰（597）	维特里克（603—610）		
克洛泰尔二世 / 提奥多里克二世（布伦希尔德）（612—613）		希拉克略一世（610—641）		
克洛泰尔二世（613—623）《巴黎敕令》（615）				
克洛泰尔二世 / 达戈贝尔特一世（老丕平任宫相）（623—629）				
达戈贝尔特一世（老丕平任宫相）（629—633）				
达戈贝尔特一世（老丕平任宫相）/ 西吉贝尔特三世（633—639）				
克洛维二世 / 西吉贝尔特三世（格林莫尔德任宫相）（639—656）		君士坦斯二世（641—668）		
克洛维二世（厄西诺德任宫相）（656—657）				

基督教的普世事业发展缓慢。埃塞尔伯特不是克洛维,他从不要求臣民们皈依,也从不举行集体洗礼。然而,据比德说,他对接受洗礼的人表现出"更多的支持"和"喜爱"——因此,不可避免地,拥有政治野心的那些社会上层人士就有心皈依。埃塞尔伯特的侄子,也是东撒克逊国王,于604年皈依了基督教,这种信仰由此开始在撒克逊社会中流传。十字架的风潮已经开始在整个不列颠岛上蔓延开来。[17]

/ 02

波斯圣战

> 589年至632年，一个北非人登上皇位，波斯人围攻君士坦丁堡，与此同时，斯拉夫人和保加尔人的新王国诞生。

在格列高利一世对抗伦巴第人的同时，拜占庭皇帝莫里斯正忙于应付萨珊波斯人——波斯人的威胁始终存在，这使莫里斯一直无暇顾及他剩余的西部领地所遭受的困境。

莫里斯在位初期有十几年的时间，库思老一世的儿子兼继承人霍尔米兹德四世（Hormizd IV），一个雄心勃勃、争强好斗的年轻人，不断攻打拜占庭边疆，这让莫里斯头痛不已。战争耗时长久，双方僵持不下，百姓苦不堪言，结局代价惨重，莫里斯对此感到十分厌倦。同样，波斯人也讨厌这场战争，波斯军队没有得到任何实质性或永久性的好处，而泰西封宫廷的贵族们也因战争僵局深感窘迫。霍尔米兹德多方拉拢波斯的基督徒，这又进一步疏远了贵族们与他的关系。（"正如我们的王座，只靠前面的两条腿是站不住的，后面的两条腿也要同时着地才行，"他曾在宫中对拜火教教徒如是说，

"如果让基督徒与我们敌对，那我们的帝国就不能巍然屹立，或者说就坚持不了多久。")[1]

最后，霍尔米兹德手下的一名将领起兵造反。他名叫巴赫拉姆·楚宾（Bahram Chobin），因击退了突厥人对东部边境的入侵而广受赞誉。满怀着对胜利的期待，霍尔米兹德派遣巴赫拉姆前往拜占庭边境迎战莫里斯的军队，然而589年，巴赫拉姆却在阿拉克斯河（Araxes）岸边的一场战役中败给了拜占庭军队。对此，霍尔米兹德勃然大怒。他寄给巴赫拉姆一条裙子，并随附了一封侮辱信，信中写明要将他从军中革职。[2]

巴赫拉姆不肯放弃自己的职位，于是霍尔米兹德派兵强行将他驱逐。结果部队立刻站到了巴赫拉姆一边，在他的带领下向泰西封进军。当他到达时，宫廷贵族早已抓获了霍尔米兹德，并弄瞎了他的眼睛（不久后，他在牢里被杀），之后把他的儿子库思老二世（Khosrau II）送上了王位。

这样的情况出乎巴赫拉姆的意料，他威胁年轻的库思老二世放弃王位，否则就要取其性命。大部分士兵都站在他这一边，无奈，库思老二世只得逃离泰西封，进入了拜占庭的领地。在各国君主中，只有莫里斯实力强大，能够与巴赫拉姆抗衡，于是库思老刚越过边境便写信给君士坦丁堡，向莫里斯寻求帮助。

莫里斯看准时机，打算一劳永逸地了结与波斯的战争。他派出一支拜占庭军队与库思老二世一起返回泰西封。经过一场旷日持久的战斗，巴赫拉姆被迫弃城。他向东逃到突厥人那里，突厥人起先对他表示欢迎，不过后来又协助库思老二世将他暗杀，于是库思老二世夺回了自己的王位。[3]

作为交换条件，库思老二世同意与莫里斯休战，并将几十年前波斯人占领的一些边境城市归还给莫里斯。两位君主还达成了联姻协议：莫里斯将他的一个女儿送到泰西封，与库思老二世成亲。但由于库思老二世对女色贪得无厌（有个波斯作家认为他的后宫佳丽数以万计），所以联姻一事似乎意义也不是很大。虽说如此，近20年来，两国边境还是第一次实现了和平。

莫里斯终于可以将部分精力放在西部地区了。他在意大利和北非地区还有一些领地，这两处地方的军政长官被称为总督；在迦太基也设有一个总督职位，其职权与拉韦纳的总督类似，两人都有权指挥莫里斯调拨的士兵作战，并且有权制定与实施法律。同时，在多瑙河边境也有些棘手的问题。当时这些总督还没有遇到什么迫在眉睫的危机，因此，莫里斯决定先解决多瑙河的问题。[4]

当时，斯拉夫人（Slavs）的军队正乘船渡河，突袭对岸的拜占庭领地。莫里斯开始领兵奔向新的战场，但在去往多瑙河的中途，他又改变主意，返回了君士坦丁堡。对于远离家乡、与敌军进行激烈对抗的士兵而言，这样的领袖不值得爱戴。斯拉夫人早就让人闻风丧胆，被冠上了像匈人一样的名声。"他们拒绝为奴，不愿受人管控，"用莫里斯本人的话说，"他们不畏严寒酷暑、风吹雨打，不惧衣不蔽体、食不果腹。"[5]

尽管莫里斯从前线撤退了，他还是对敌军有了些了解。他为自己的手下写了一本兵书《战略》(*Strategikon*)，书中记述了当时的将领们对斯拉夫人所了解的一切情况。他警告他们，如果可能，要在树叶落尽的冬天突袭，因为斯拉夫人精通游击战术，偏爱在密林深处作战；他还告诉他们，要提防河中那些茂密的芦苇丛，因为斯拉夫人可能会趴在河底，靠空心的苇秆呼吸；他还建议，由于斯拉夫人由多个首领而非一个国王统治，因此或许可以设法贿赂一些人来对付其他人。

也说不清这些点子是否行之有效，因为斯拉夫人还是继续向多瑙河进军。阿瓦尔人紧随其后，也开始了侵略行动，定期发动攻击。帝国西北边境的这场战争持续了整整10年，军队疲于奔命，焦头烂额。莫里斯也越来越不得人心。599年，阿瓦尔人的首领同意释放1.2万名拜占庭战俘，以换取巨额赔偿；但莫里斯拒绝了，于是阿瓦尔人处决了所有的俘虏，这一举动，令全军上下士气更加低迷。

随后，602年，国库想必已被掏空的莫里斯向前线传达军令：像往常一样，大军整个冬季不得返回家乡。相反，为了节省行程开支和补给，他们需要横渡多瑙河安营扎寨，在敌方领土寻觅粮草果腹。[6]

军队拒绝执行命令。他们选出一位名叫弗卡斯（Phocas）的军官，推举他为新的将军。弗卡斯上任之后，下达的第一个命令就是让大军启程返乡，并带兵向君士坦丁堡挺进。

莫里斯在军队中没有了追随者，只好召集"蓝党"和"绿党"，给这些人配备武器，让他们去抵御进击的军队，保卫城池。显然，他认为弗卡斯意图夺权；事实上，军队已经写信给莫里斯的儿子兼继承人狄奥多西（Theodosius），想要他从他父亲的手中接过权力的缰绳。不过狄奥多西拒绝了。对于莫里斯到底身陷多大的困境之中，我们也不得而知。但给"蓝党"和"绿党"配备武装却给他带来了一系列新的危机。即便这两党人数比查士丁尼大帝在位时有所缩减，他们仍旧是一群暴徒。他们在城墙上驻扎，行为举止如同驻军，但仅仅一天半的时间，彼此之间就开始掐架了。暴民放火烧了一个元老的房子。整个城里骚乱四起。[7]

那天晚上，莫里斯决定弃城逃离。他患有痛风，因此他逃向港口的行程缓慢而痛苦。最终，他总算带着妻儿登上了一艘船，一家人穿过海峡，逃到了卡尔西登。莫里斯在那里停下了逃亡的脚步。但他派儿子狄奥多西前往波斯，随身带着一封给库思老二世的信，请求他保护这位拜占庭皇储，以报答莫里斯早在10年前协助他夺权一事。

与此同时，弗卡斯抵达君士坦丁堡，军队和"绿党"已宣布拥其为帝。而实力较弱的"蓝党"却反驳说，由于莫里斯还活着，别人是不能加冕称帝的。因此弗卡斯决定解决这个麻烦。他派一名可靠的军官过河前往卡尔西登，在那里找到并杀死了莫里斯和他的4个儿子。另一名刺客则一路跟着年轻的狄奥多西前往泰西封，在尼西亚追上并杀死了他。[8]

这6个人的头颅都被带回君士坦丁堡，挂在木桩上示众，根据当时的《狄奥法内斯编年史》(*Chronicle of Theophanes*)记载，一直挂到"头颅开始腐烂发臭"。弗卡斯这种做法理由充分、切乎实际：因为他想要确保每个人都知道莫里斯及其继承人的死讯。但是即便如此，仍然有传闻说狄奥多西已经到达波斯，来到了库思老二世的宫廷；毕竟这位皇位继承人的头颅已血肉模糊，人们难以轻易辨识他的身份。[9]

起初，弗卡斯深得人心，原因很简单，因为他不是莫里斯。整个大军备感欣慰，因为是军人掌权；君士坦丁堡的百姓则求变心切；此时，罗马的格列高利一世写了一封谄媚的信，欢迎新帝即位。"荣耀归于至高的上帝，"他说，"他让时代变换、王国更替……我们很庆幸，你虔诚的善举给你带来了至高无上的皇权。上帝深感欣喜，大地为之喝彩，此前一直受苦受难的所有民众为之欢欣鼓舞。"莫里斯放弃了罗马，虽然弗卡斯也随之放弃了多瑙河边境（这块土地如今落到了斯拉夫人的手中），但格列高利希望新任的皇帝能给他们带来好运。[10]

但紧接着，弗卡斯又陷入了另一场战争，这一次是与波斯的较量。近年来，库思老二世一直加强控制他的帝国，此时他看到了扩张领地的契机。他对弗卡斯宣战，声称莫里斯的儿子狄奥多西确实还活着，而且就在波斯军队中。

许多小规模冲突沿边境爆发，605年，波斯军队越过边境；库思老派兵驻扎在亚美尼亚，入侵叙利亚，在小亚细亚攻城陷阵。与此同时，弗卡斯由于担心自己皇位不保，因此将可能威胁到他皇位的人逐一处死。他将莫里斯的旧部纳尔西斯将军活活烧死，因为纳尔西斯曾反对自己的统治，但过去正是纳尔西斯带兵击败了波斯人；狄奥法内斯（Theophanes）说，波斯的孩子"一听到纳尔西斯的名字就会吓得发抖"，还说"罗马人对他的死痛心不已，但波斯人却欣喜若狂"。弗卡斯处死了莫里斯所有的男性亲属，以谋反之罪杀害了他的护卫统领，然后又处死了莫里斯的妻子和她的三个女儿。后来，"绿党"转而与他为敌，他的反击则是禁止任何与"绿党"有关系的人士参与政务。[11]

就在此时，北非发生了叛乱。

叛乱领袖不是别人，正是迦太基的总督。他是一个上了年纪的终身制政府官员，他见证了帝国在他眼前分崩离析的场景。色雷斯和潘诺尼亚先后脱离，波斯军队踏平小亚细亚，几乎一路攻入卡尔西登。610年，总督组建了一支军队，大军在其子希拉克略（Heraclius）的指挥下前往君士坦丁堡作战。

在埃及亚历山大港，当拜占庭指挥官听闻此次远征行动时，他也选择参战。10月4日，联合舰队驶进君士坦丁堡港，他们发现国

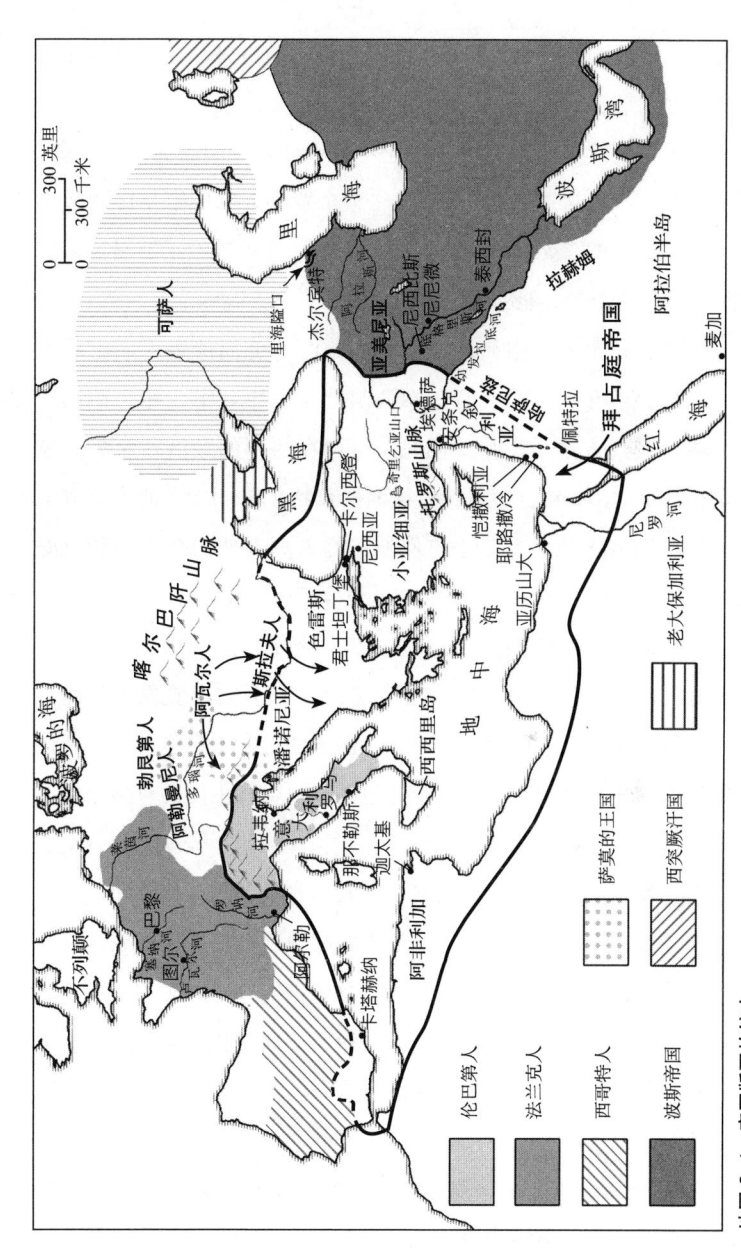

地图 2-1 帝国版图的缩小

门大开，百姓正等待着他们，而弗卡斯早已被百姓抓获。希拉克略进城之时，弗卡斯已经在集会场所被活活烧死了。[12]

随后，希拉克略加冕称帝。他发现自己领导的国家一片狼藉。"他发现，"狄奥法内斯告诉我们，"整个罗马人的国家早已凋敝萧条。阿瓦尔人正毁灭着欧洲，波斯人也在战斗中摧毁了罗马军队。"军队中没有几个老兵能够幸免于难。[13]

波斯人几乎不受阻碍地征服了埃德萨，他们抢走了城中的圣物——曼德兰布，并将其置于泰西封档案馆中。第二年，恺撒利亚也落入波斯人之手。与此同时，帝国在西部的最后残余势力也土崩瓦解了。612年，西哥特贵族西斯普特（Sisebut）武力夺取了西哥特王国的王位，并着手迫使拜占庭人离开他们在伊比利亚海岸的土地。随后，他占领了沿海的帝国城市，用法兰克编年史家弗莱德加的话来说，"将其夷为平地。他的手下屠杀罗马人的行径引起虔诚的西斯普特悲叹：'悲哀呀，在我的统治之下竟发生如此大规模的流血事件！'"但即便如此，他良心上受到的谴责也没能让他将土地归还。他重新夺回了半岛地区，西哥特王国的权力达到了巅峰。[14]

希拉克略决定求和，不惜答应对其不利的条款。他派使臣拜见库思老二世，提出交纳贡金以结束这场战争。然而，库思老二世眼看取胜在即，拒绝和谈。他已处死拉赫姆国王并将其王国吞并，从而巩固了自己在阿拉伯半岛的势力；614年，他一路横扫至阿拉伯半岛的西北部，打败了阿拉伯的加萨尼人，他们曾以君士坦丁堡的名义帮助保护叙利亚。

然后他带兵包围了耶路撒冷。这座城市也沦陷了。攻城持续数日，战况激烈，破城之日，波斯人怒气冲冲地闯入城内，屠杀民众。"谁能说出那里的一切有多么恐怖呢？"安条克将军（Antiochus Strategos）写道。他根据目击者的描述，将整个场景拼凑起来："不管男女老少，波斯人都像对待动物一样将他们屠杀殆尽，还将他们的头颅砍下，将他们的尸体剁得粉碎。"一个个家庭被赶进城市周围的壕沟，波斯人派兵将他们看守起来，让他们活活渴死、热死。总共有将近 6.7 万名男人、妇女和儿童死在波斯人剑下。耶路撒冷最宝贵的遗迹，耶稣受难十字架（True Cross）的一块残片，也跟曼德兰布一起被放进了波斯档案馆。[15]

希拉克略再次求和。库思老再次拒绝。"我对你不会有怜悯之心，"据传，他这样说道，"除非你宣布抛弃被钉在十字架上的耶稣并转而崇拜太阳。"耶稣受难的十字架被夺已伤透了拜占庭人民的心，似乎上帝已完全不再眷顾这个国家了。现在，波斯人正从东边向君士坦丁堡进军，与此同时，阿瓦尔人和斯拉夫人也从西北逼近。拜占庭全军上下已疲惫不堪，北非和埃及也不再给他们补给粮饷。[16]

希拉克略找不到任何救国之策。他将君士坦丁堡所有的金银珠宝都装上船，运往北非保管，并开始计划弃城逃命。他打算回到迦太基这座承载着他青春的城市，在那里统治拜占庭剩余的领地。

这些计划一直秘密进行，直到 618 年，满载着拜占庭财宝的船刚离开金角湾不久就在暴风雨中沉入了海底。君士坦丁堡的百姓听说这个灾难性的消息，产生了巨大的恐慌。他们没有想到情况已经如此糟糕，也没想到希拉克略居然会想要弃城逃跑，让这个城市就这样毁灭。君士坦丁堡牧首塞吉阿斯（Sergius）将臣民们的恐惧传达给希拉克略，他说服这位皇帝，让他意识到保卫新罗马是他神圣的职责。在圣索非亚大教堂的祭坛上，希拉克略在上帝面前起誓会留在新罗马城。[17]

现在，他已别无他法，必须自己寻求出路，走出绝境。希拉克略还算幸运，库思老二世给他写了一封措辞非常直接的信，要求他投降：

> 最高贵的神，全世界的王和主，致卑鄙邪恶、麻木不仁的希拉克略……你说你相信上帝：那为什么他没有让你从我手中夺回恺撒利亚、耶路撒冷和亚历山大？难道你不知道我已将陆地和海洋统统纳入自己的统治之下？难道我不能同样摧毁君士坦丁堡吗？但我并不打算这么做。如果你带着妻儿一起到这里来，我就原谅你所有的过错。我会赐予你土地、葡萄树和橄榄树，这将保你衣食无忧；我会照顾你，亲切待你。不要妄图欺骗自己，指望着耶稣基督会来救你，他连自己都救不了，无法逃脱犹太人将他钉死在十字架上的命运。[18]

这封信对于库思老来说是一大失策。拜火教是波斯贵族的宗教，将这场战争视为宗教冲突，并不能坚定库思老的士兵们作战的决心。但当希拉克略告诉君士坦丁堡的百姓，说波斯人亵渎基督的时候，百姓顿时满腔怒火，参军的人越来越多。君士坦丁堡牧首塞吉阿斯融掉了君士坦丁堡教堂的财宝，把它们铸成金币，交给了希拉克略。[19]

这场战争已然演变成一场圣战。

希拉克略用教堂筹到的钱给新军发放粮饷、装备新式武器，还组建了舰队。他还拿出钱来与阿瓦尔人缔约换取暂时的和平，保护自己的西侧免受攻击，以免双线作战。与此同时，波斯大军在卡尔西登停滞不前；希拉克略已派舰队守卫博斯普鲁斯海峡，而波斯人则没准备好横渡海峡去发动一场海上的全面进攻。

622年，复活节当天，在圣索菲亚大教堂举行了一场盛大的复活节弥撒仪式，希拉克略从塞吉阿斯手中领取圣餐。这个弥撒仪式同时也是一个送别仪式；复活节次日早上，希拉克略带领大军启程，他是自狄奥多西一世之后，第一位骑马亲临前线的拜占庭皇帝。他走时留下了牧首塞吉阿斯和市政官员博努斯（Bonus）负责君士坦丁堡事务，共同担任他年仅10岁的儿子君士坦丁的摄政。

他并不打算直接渡海前往卡尔西登，毕竟波斯人就等在那里。相反，他命令全军先乘船向南，从小亚细亚绕个弯，然后登临托罗斯山脉的隘口奇里乞亚山口（Cilician Gates）。高山可以保护部队免遭突袭，而且从叙利亚过来的难民也可以登陆，加入战斗。

整个夏天，他都在小亚细亚操练大军。显然，他手下有不少士兵之前从未打过仗。"他发现，全军上下懒散怠惰、胆小怯懦、组织涣散，但遵守纪律。"狄奥法内斯这样写道。因此，他将部队组织起来，让他们用木剑彼此过招，学习实战技巧："就好比身临其境地目睹令人恐惧的可怕景象，却没有致命的危险；也好比人们聚集起来，展开了一场不流血的厮杀。每个人以这场没有危险的杀戮为开端，之后其安全才能得到更大的保障。"[20]

想让这些新兵打败久经沙场的波斯军队是不太可能的，但希拉克略还是决定放手一搏。到了秋天，他开始向亚美尼亚进军。波斯人被迫从卡尔西登开拔，去迎接这场挑战。两军在亚美尼亚边界以南的某地相遇；确切战场不得而知，但希拉克略的士兵攻破了波斯阵线，令波斯军队在慌乱中撤退了。[21] 希拉克略亲自领兵，"冲锋陷阵无处不在，战斗对敌无畏勇敢"。他手下的战士们紧随其后，"谁能想到，战无不胜的波斯军队竟然会在罗马人面前转身撤退？"狄奥法内斯惊叹不已。[22]

战争局势扭转了。在接下来的 3 年中，波斯先遣军被逐一歼灭，希拉克略率军将波斯人逼退到尼尼微（Nineveh）。拜占庭军队收复了小亚细亚以及亚美尼亚和叙利亚的部分地区；再往南去，耶路撒冷仍旧在波斯人手中，但即便如此，士兵们心中仍然一片火热，坚信上帝与他们同在，要为圣子所遭受的羞辱复仇。

到 626 年，库思老认定，必须要采取激烈措施，结束这场战争。他准备围攻君士坦丁堡。

他在发动攻击之前，用了一点幕后的外交手段。他派遣使节造访阿瓦尔人，开出比希拉克略更好的条件缔结友谊，于是阿瓦尔人同意转投库思老一方。他们是珍贵的盟友［"名声显赫，精神可嘉。"《往年纪事》（全称《往年纪事——古罗斯第一部编年史》）如是记载］，库思老安排他们发动对君士坦丁堡西城墙的攻击，与此同时，波斯人越过水域，围困君士坦丁堡东城。[23]

库思老还用金钱收买了斯拉夫人为他效忠，帮他增援进攻西城墙的军队。斯拉夫人和阿瓦尔人原本并非盟友。事实上，阿瓦尔人已经开始压制斯拉夫人，迫使他们纳贡，而且据弗莱德加说，"还奸淫他们的妻女"。623 年，在一名到多瑙河以北的斯拉夫人领地做过生意的法兰克商人萨莫（Samo）的带领下，一些不得志的斯拉夫人部落团结起来。显然，与其说萨莫是个商人，不如说他是一名出色的将领。他丢弃了自己的货品，带领斯拉夫人上阵对抗他们的阿瓦尔统治者。"他谨慎勇敢，常战常胜。"弗莱德加告诉我们。当然，萨莫也得到了实实在在的回报：他迎娶了 12 房斯拉夫妻子。[24]

萨莫的王国仍然与阿瓦尔人为敌，但库思老二世的财富至少劝服了部分斯拉夫人与他们的阿瓦尔邻居一道攻打君士坦丁堡。626

年7月的最后一周，斯拉夫人和阿瓦尔人向君士坦丁堡城进军，而波斯人则准备从对岸起航。此时希拉克略所率的大部分兵力还远在波斯北部边境，于是守卫城池的任务落在了留守的士兵们肩上，由博努斯和牧首塞吉阿斯指挥。[25]

牧首代表狄奥多若（Theodore）在后来的布道中提到了这次攻城的具体细节。攻城第一天，城池被完全包围，城外所有的建筑物都被放火烧毁，君士坦丁堡四周被火海环绕。攻城器械和石弩被搬到城下，弓箭手则在城墙上不断放箭，就像下冰雹一样。阿瓦尔人和斯拉夫人联军至少有8万人，一望无际。"陆地和海上到处都挤满了人，个个兴奋难耐。"狄奥多若说。[26]

长官博努斯组织驻军防守，牧首塞吉阿斯则开始定时组织布道、守夜祈祷、宗教仪式和宗教游行。他意在提醒百姓，他们所进行的是一场宗教圣战。据说，圣索非亚大教堂时刻都在举行礼拜仪式，整个城市热血沸腾，百姓就算遭受更长时间的围城也能坚持得住。[27]

在围城的第十天，负责袭击的波斯将领派遣整个舰队进入海峡。他的计划是让阿瓦尔人和斯拉夫人占据要塞，这样一来，他的船经水路前来时就无须面对更多敌人。但事实证明，拜占庭海军比他预想的要强得多。君士坦丁堡的战船击退了波斯舰队，让波斯人的船只沉没、船员溺亡。"可以说走过整个海湾都打不湿鞋，因为湾里堆满了尸体。"狄奥多若这样说。[28]

东边的攻击结束之后，驻军得以集中精力击退西边阿瓦尔人和斯拉夫人的突袭。成千上万的阿瓦尔人和斯拉夫人阵亡，盟军开始在无序和混乱中撤退。围攻宣告失败。波斯人饱受耻辱地撤退了；波斯指挥官被迫撤离君士坦丁堡，后退到叙利亚。

希拉克略还在很远的地方，他立即采取行动，巩固拜占庭的地位。因为他已经失去了阿瓦尔人和斯拉夫人这两个盟友，所以只好派使者向北寻求另外一个游牧部族的帮助。

像阿瓦尔人一样，这些游牧民已经被突厥人向西赶到了拜占庭边境，他们在黑海北部的山区建立了家园。他们就是可萨人（Khazars）。希拉克略遣使一事是历史上首次出现的有关可萨人的记载。

可萨人同意加入战斗。可萨人战士和希拉克略的军队联合起来，开始一路向南攻入波斯境内，他们在黑海和里海之间向前推进，进入库思老二世名下的土地。可萨人洗劫了杰尔宾特城，同时，希拉克略继续向尼尼微进军。到 628 年，拜占庭军队（没跟可萨人一起，后者留在更靠近他们北方家园的地方）已经兵临泰西封城下。[29]

泰西封的守军中没有像塞吉阿斯牧首那样的宗教领袖能用宗教狂热将他们团结起来。相反，他们对库思老二世反戈相向。他试图逃跑，但他自己的儿子和臣子抓住了他，并将他钉死在十字架上——对于一位国王来说，这是一个痛苦不堪、极为屈辱的结局，他在臣民眼中丧失了所有的尊严。

628 年，他的儿子登基即位，史称喀瓦德二世（Kavadh II）。刚一即位，他就派人拜访希拉克略，寻求和谈。随后签订的条约将所有被库思老二世征服的土地全部归还给希拉克略，也将波斯人从耶路撒冷劫来的耶稣受难十字架残片归还给希拉克略。希拉克略一路得意扬扬地从泰西封行军至耶路撒冷。630 年 3 月 21 日，他亲手奉还耶稣受难十字架。[30]

战争结束了，形势发生了变化。拜占庭再次恢复了原有的版图，波斯帝国则沦为一个弱小又不稳定的国家，统治者也不断更替。喀瓦德二世在位几个星期后就去世了，死因不明。接下来的 4 年时间，波斯由"统治者、皇位觊觎者以及篡权者短暂地"接连掌权，他们当中没有人能连续执政超过几个月。[31]

黑海以北，可萨人已扩大为一股不可忽视的政治力量。阿瓦尔人由于败给君士坦丁堡而势力遭到削弱，又被萨莫领导的斯拉夫王国夺取了更多领地，因此他们的威胁开始变弱。亚速海以北的保加尔人以前曾受阿瓦尔人统治，但现在，他们的领袖，一位名叫库布拉特（Kubrat）的年轻人，直接送信给希拉克略，要求以一个独立主权国的身份与其进行谈判。希拉克略同意承认库布拉特的王权，自 635 年起，这位保加尔人的首领以首个保加利亚王国国王的身份执政，这个王国就是老大保加利亚（Old Great Bulgaria）。

希拉克略凯旋君士坦丁堡，拯救了整个帝国。他摆脱了波斯人的威胁，几乎凭借一己之力缔造了两个新的国家，并归还了十字架。库思老二世屈辱而死，而希拉克略则被捧上了天，几乎神圣不可侵犯。"这位皇帝用了 6 年时间推翻了波斯，"狄奥法内斯写道，"第 7 年，他满心欢喜地回到君士坦丁堡。上帝用 6 天时间创造了万事万物，并将第 7 天规定为休息日。同样，希拉克略用时 6 年完成了大量工作，并在第 7 年带着平安与喜悦归来，让人们休养生息。"[32]

希拉克略完成了他所梦寐以求的一切，扫除了横亘在他的帝国和南方的阿拉伯人之间的所有障碍。

时间线 2

西哥特人	伦巴第人	保加尔人	拜占庭	波斯帝国	突厥人
			查士丁一世 （518—527）		
			查士丁尼大帝 （527—565）		
			《查士丁尼法典》 第一卷（529）		
狄乌蒂斯 （531—548）				库思老一世（531—579）	
					（突厥汗国） 伊利可汗 （552—553）
					木杆可汗（553—572）
阿塔纳吉尔德 （554—567）					
	阿尔博因 （565—572）		查士丁二世 （565—578）		
雷奥韦吉尔德 （568—586）					
			提比略二世 （578—582）		
			教皇佩拉吉二世 （579—590）	霍尔米兹德四世（579—590）	
			莫里斯 （582—602）		
	奥塔里 （584—590）				
	阿季卢尔福 （590—616）		教皇格列高利 一世（590—604）	库思老二世（590—628） 吞并拉赫姆	
			弗卡斯 （602—610）		
维特里克 （603—610）					
			希拉克略一世 （610—641）		
西斯普特 （612—621）			牧首塞吉阿斯 （610—638）	加萨尼被击败	
			君士坦丁堡 被围（626）	喀瓦德二世（628）	
		（老大保加利亚） 库布拉特 （约635—约665）			

/ 03

先知

> 590年至622年，先知穆罕默德聚众而居，并统领聚居之城。

沙漠将南方的阿拉伯部落与北方的激烈争斗隔绝开来，他们在一片环境恶劣的干旱土地上挣扎求存。严格来说，地处半岛西南角的希木叶尔是归波斯人统治的，但对阿拉伯半岛的多数地区来说，波斯人的侵略野心和拜占庭的东征都是无关紧要的事情。他们只是忙着彼此争斗，同时还要与天斗。

590年，南方很远的地方发生了一场灾难，改变并打破了现有的敌友格局。

早在赛伯邑王国（Sabean kingdom，《圣经》称示巴王国）时期，在希木叶尔的中部，靠近马里卜（Marib）的地方，就建成了一座人造大坝。大坝阻断了达纳干河*（Wadi Dhana），雨季时分，雨水从附近的山

---

* 干河是没有水的河谷，下雨期间，谷底会形成一条河流或小溪。

上奔泻而下，汇聚在这里（通常只在4月以及7、8两月中的30天时间）。大坝建成之后，通过连接河谷的灌溉系统，马里卜居民得以用蓄积的雨水灌溉农田。正是由于马里卜大坝的建成，城市人口数量已增至5万左右。阿拉伯半岛鲜有大城市，原因是这里食物匮乏，水量稀少，无法支撑大量人口在一个地区长期居住。不过，马里卜是个例外。[1]

6世纪30年代至40年代，天气变幻莫测，有两次突降暴雨，大坝未能阻拦径流，最终溃决。这两次洪水都造成了严重的损失。"大量洪水倾泻而下，引起极大的恐慌。"贝斯阿萨姆的西缅（Simeon of Beth Arsham）如实写道。他就职于波斯政府，负责编纂希木叶尔史。"突如其来的洪水淹没了村庄，冲走了村民和家畜，摧毁了挡在它面前的一切。许多村落社区惨遭摧毁。"[2]

大坝被修缮过两次。然而，其整体系统已被严重削弱。590年，大坝第三次溃决，这一次造成了一场毁灭性的洪灾。大坝下游的村庄永远消失了；继上次大坝溃决之后，马里卜的城市规模已经缩小，这次几乎荒无人烟了。原本在此依水而居的南方部落，沿半岛东北部迁到更为舒适宜居的绿洲去了。

大坝崩塌的瞬间留在了他们的记忆中，洪水来袭之前的几年则成了神话般的辉煌时期，也是南部阿拉伯文明的极盛时期。大坝最终崩塌的那一刻，辉煌时期终结，后世将永难忘怀。《创世记》中记载了古代近东的特大洪水，同样，马里卜大坝的崩塌也在《古兰经》中留下了回响：

赛伯邑族，在他们的居处，确有一种迹象：两个园圃，分列左右。

"你们可以吃你们的主的给养，你们要感谢他。一个肥美

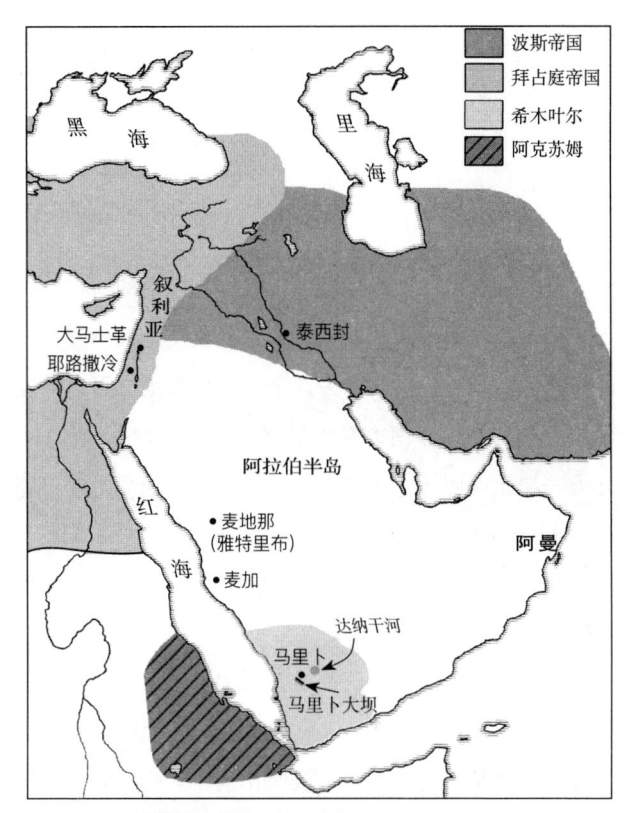

地图 3-1　穆罕默德时期的阿拉伯半岛

的地方,一个至赦的主宰。"

随后,他们悖逆,所以我们*使水库的急流去淹没他们,

---

* 《古兰经》中,第一人称单数和第一人称复数都代指真主安拉。这里的"我们"并不代表第一人称复数形式;在阿拉伯语中,如古英语中国王自称"我们"一样,"我们"表示一种权威和命令,有时也被称为"君尊复数"。有些阿拉伯方言在口语中也将第一人称单数和第一人称复数混合使用。见:Abd Allah ibn Umar Baydawi et al., *Nature, Man and God in Medieval Islam* (Brill, 2001), p. 894; William C. Chittick, *The Sufi Path of Knowledge* (SUNY Press, 1989), p. 385; Abd Allah b.Buluggin, *The Tibyan* (Brill, 1997), p. 11。

> 我们把他们的两个园圃，变成两个只生长苦果、柽柳，和些微的酸枣树的园圃……
>
> 我在他们与我所福佑的那些城市之间，建设了许多显著的城市，我均分各站间的距离。[3]

部落北迁意味着，麦加——天房克尔白的所在地——已不再只是一个部落聚居的较大城镇。麦加确实从迁移中获益；有一条商路经过这里，如今，再往南去几乎没有什么地方可以与麦加比肩。但传统上认为，许多南方难民最终定居在麦地那城（Medina），这是北方一块土壤肥沃、人群聚居的地方。麦地那不如麦加繁荣，但它也有其自身的重要性：这是一座多民族杂居的城镇，多年前移居阿拉伯的犹太人和阿拉伯本地人生活在一起，两族彼此通婚，日渐融合。[4]

人群纷纷北上，令这些城镇压力倍增。麦加的阿拉伯人，与其他城镇的阿拉伯人一样，从根本上说首先是氏族[巴努（banu）]成员，由通婚结成的血脉纽带彼此相连，其所属氏族则与其他氏族松散联合，形成更大的族群或部落。麦加的统治者是由最有权势的氏族族长们组建的委员会。这些氏族包括哈希姆氏族（Banu Hashim）、泰姆氏族（Banu Taim）和马克祖姆氏族（Banu Makhzum），他们都隶属于古莱什族部落；古莱什族部落在麦加居于统治地位，其氏族成员控制着麦加委员会。

但并非一切都那么顺风顺水。古莱什族的优势地位引起了其他部落的不满。事实上，就在马里卜水坝垮塌的5年前，为维护自己在城中的权势，古莱什族就被迫与盖斯部落（Qays）展开了一场血战。这场战争史称亵渎之战（Sacrilegious War），因为战事发生在禁月*；比起宗教信仰，麦加的控制权以及城中的资源才是重中之重。[5]

而古莱什族内部各氏族之间的敌对情绪也日益严重。阿拉伯人几个世纪以来的管理方式是从游牧时代演变而来的，当时，氏族间的合作关乎部落的生存，必不可少。在干燥难耐的沙漠中，氏族之间的战争可能意味着彼此族群的灭绝；他们目标一致，就是找寻食物、发现水源和维持生存。如今，麦加日益富足，氏族间已不是必须合作才行了。相反，他们一直在争夺麦加的财富，而在这一方面，有些氏族略胜一筹，他们的个人财富呈增加趋势。而孤儿寡妇，由于失去了家庭的顶梁柱，就会处处受欺负。[6]

若是有一位强势的国王，那么有些由于平等执政引起的棘手问题或许都能得到解决，但阿拉伯人天生反对国王体制，因为数百年来，他们一直相互依靠，已无法将全部的信任交到任何单独一个人的手中了。[7]

哈希姆氏族是比较贫困的氏族之一，族人不满情绪较重。穆罕默德就出生在这个氏族。**他的父亲在他出生前就过世了，他6岁那年母亲也去世了，他成了一个无父无母的孤儿。两年后，他的祖父也去世了，穆罕默德由他的伯父艾布·塔利卜（Abu Talib）抚养长大。艾布·塔利卜是一个雄心勃勃的人，曾参加过古莱什族的亵渎之战，在他的人生中，让侄子过上舒适的生活从来就不是需要优先考虑的事情。穆罕默德从小就挣扎在生存线的边缘，跟随伯父的商

---

* 阿拉伯部落每年有4个禁月：11月（都尔喀尔德月）、12月（都尔黑哲月）和1月（穆哈兰姆月）连续3个月禁止打斗，再加上7月（赖哲卜月）。阿拉伯旧历属于阴历，因此禁月的起始时间每年都不固定，部落酋长们若是有仗没打完，就会相当随意地推迟禁月的开始日期。

** 为方便起见，通篇我都会将先知穆罕默德称为"穆罕默德"，尽管这并非他的本名。

队在各城市间辗转，以维持生计。[8]

25岁那年，他决定出来碰碰运气，领导另一支古莱什族商队；这支商队属于一个名叫赫蒂彻（Khadijah）的寡妇，她一个人干不了这事。穆罕默德带领的第一趟商队直达叙利亚，他管理得十分出色，寡妇的本钱翻了一番。据8世纪时为穆罕默德立传的伊沙克（Ishaq）称，当他赚了钱回到麦加后，赫蒂彻抓准时机，提出与他结婚，穆罕默德同意了。当时赫蒂彻40岁，比穆罕默德大15岁，但她婚后给他生了3个孩子*，而且穆罕默德在她在世时从未迎娶其他妻子（这有些悖于当地习俗）。

赫蒂彻的商队带来的财富让穆罕默德和他新组建的家庭跻身麦加的上流社会，但城里日益拉大的贫富差距，以及族人无所顾忌的奢靡之风，似乎令他十分烦恼。结婚10年后，穆罕默德参与重建了天房克尔白四周的围墙——这很有必要，因为"有人窃取了部分宝藏"。在贪婪之心面前，就连圣地也无法幸免。[9]

穆罕默德天性虔诚，每年都主动将一个禁月的时间花在扶贫济困上：他的传记作家伊沙克告诉我们，他会祈祷，然后把食物分给向他求助的所有麦加城的穷人，之后步行绕着天房克尔白转7圈。610年，正值他的服务月，天使加百列（Gabriel，《古兰经》中称"吉卜利里"）给予穆罕默德一次启示。他的讲述口口相传，传到伊沙克这里，被他记录了下来。

> 他在我睡觉的时候来到我身边，拿着一床织锦的被单，上面绣着一些文字，他说："读！"我说："读什么？"他用被

---

* 伊沙克在书中提到了7个孩子，但考虑到赫蒂彻的年龄，有可能其中的4个孩子要么是赫蒂彻领养的孤儿，要么就是她和前两任丈夫所生的孩子。

单紧紧地压着我，我以为我要死了；然后他放开我，又说："读！"我说："读什么？"他又压着我，我以为我要死了；然后，他又放开我，说："读！"我说："读什么？"他第三次压着我，我以为我要死了，他又说："读！"我说："我到底要读什么？"我边说边离他远一点，生怕他再次压向我……等我读完，他就转身离开了。然后我从睡梦中醒来，好像这些话已印在了我的心中。[10]

第二天，他又看见了那个天使，收到了剩下的启示：他是神的先知，受命将天使的启示传递给其他世人。

毫无疑问，这番叙述并非原封不动照搬过来的。终其余生，穆罕默德一直都在努力接收、解释并传递神的启示。610年当他第一次收到启示时，他得到的只是后来他终于找到的那种宗教的种子，而这些种子很简单：他要去崇拜唯一的真主——造物主安拉（Allah，阿拉伯人当时已知的一位神），他要去追求个人的纯洁、虔诚和道德，所有这些在阿拉伯人的神圣实践中都有所规定。他用"al-mar'ruf"一词表示义行，这个词的本义是"已知的"。麦加社会的问题并非缺乏启示，它缺乏的是美德：人们不愿意去做那些部落居民（就像穆罕默德一样）肯定早就知道的正确行为。[11]

收到启示之后的3年里，穆罕默德只将此事告诉了自己的家人和亲友。穆罕默德的第一批追随者有他的妻子赫蒂彻；一个名叫扎伊德（Zayd）的仆人，他曾在一次部落战斗中被俘，后与当地的族人结婚；还有穆罕默德的堂弟阿里（Ali），也就是抚养他长大的伯父的儿子；以及他的密友艾布·伯克尔（Abu Bakr）。直到613年，他才开始向麦加的其他人宣讲他的神示。此时，神示的内容已变得更加具体。其间他曾怀疑神示的真实性,经历了痛苦的沉默,随后,启示又出现了,最基本的神圣真理也变得清晰起来。

> 你的主没有弃绝你,也没有怨恨你;
> 后世于你,确比今世更好……
> 难道他没有发现你伶仃孤苦,
> 而使你有所归宿?
> 他曾发现你徘徊歧途,
> 而把你引入正路;
> 他曾发现你家境寒苦,而使你衣食丰足。
> 至于孤儿,你不要压迫他;
> 至于乞丐,你不要呵斥他;
> 至于你的主所赐你的恩典呢,你应当宣示它。[12]

启示的核心简单明了:崇拜真主、照顾孤儿、救济穷人、分享神授的财富。穆罕默德教义的根源始终离不开他孤儿时期的记忆。

当他开始对外宣讲时,穆罕默德的追随者越来越多——主要是一些弱者、穷人和被剥夺了继承权的人。他在麦加的上层阶级新贵中并不怎么受欢迎。古莱什族的氏族首领抱怨说,穆罕默德在侮辱和嘲笑他们的生活方式。"要么你来阻止他,"他们警告他的伯父艾布·塔利卜道:"要么就让我们来做,因为你和我们一样,都处在他的对立阵营,我们可以帮你摆脱他。"[13]

为了荣誉,艾布·塔利卜拒绝背叛自己的家人,哪怕不如此就保护不了自己的财富,他也不会这样去做。眼看着在魅力超群、颇受欢迎的穆罕默德的身后,下层阶级的反抗呼之欲出,其他氏族领袖开始进行恐怖活动，打击任何接受穆罕默德说法的氏族成员。他的追随者在麦加的小巷里遇袭，然后被以莫须有的罪名关押起来，不给吃也不给喝，最后被赶出麦加城。一些新信徒担心性命不保，横渡红海投奔基督教王国阿克苏姆，在那里，他们受到了阿克苏姆国王阿尔玛（Armah）的欢迎，因为他们也相信唯一的上帝。其他人则逃到了更北边的麦地那。留在麦加的穆罕默德追随者（哈希姆氏族）则被迫住进贫民窟，而且当局还颁布了针对他们的禁令：禁止人们与他们做买卖，这切断了他们的生活来源。

在这样的困境下，穆罕默德的妻子赫蒂彻和伯父艾布·塔利卜相继病死了。而正是在这样的困境中，穆罕默德收到了新的启示：真主允许那些蒙冤受屈、被赶出家园的人们进行反击。[14]

在麦加城外，穆罕默德追随者的处境略好一点。麦地那的部落正在设法解决城内的动荡不安以及部落间的战争问题；他们从逃离麦加，来到麦地那街巷间的逃难者那里听说了穆罕默德得到的神示，于是派代表来拜访先知穆罕默德，想听听他的说法。有些人就此皈依；穆罕默德称这些皈依者为"辅士"（Ansar），意思是"助手"，后来，这个称呼常被用来指那些不是麦加居民，也不属于穆罕默德所在氏族的真主信徒。

穆罕默德认为真主还没有同意他离开自己的家乡，因此他在几乎所有信徒都逃走之后还在麦加待了很久。他们的离去使他处于更加危险的境地。他在麦加城中孤立无援，而神示允许他的追随者进行反击，这令古莱什族的领袖比以前更加怀疑他。"当古莱什人看到在他们的部落之外有一伙先知的追随者时，"伊沙克写道，"他们担心先知会与这伙人会合，因为他们知道他已决定与他们战斗。"[15]

因此，古莱什族计划每个氏族派一个代表，一起去刺杀穆罕默德。这样一来，就没有哪个氏族需要对穆罕默德的死单独负责了。"就在这时，"伊沙克断定，"真主允许他的先知离开麦加。"

此时仍与穆罕默德一起留在麦加的只有他的堂弟阿里和他的老朋友艾布·伯克尔。在夜色的掩护下，艾布·伯克尔和穆罕默德从被监视着的艾布·伯克尔家的后窗逃走，前往麦地那，而阿里则留下来确保先知的所有债务都已解决。穆罕默德逃离麦加这一事件，也就是"徙志"（Hijra），开始时间是公元622年9月24日。后来，穆罕默德的追随者——现在被称为穆斯林——将此后所有的日期都称为"徙志之后"。*

"徙志"开始的那一天是新的伊斯兰教历的元年元旦。这一天并非穆罕默德首次得到神示的日子，而是穆斯林开始明确身份的日子。直到穆罕默德来到麦地那之后，信徒的面貌才开始焕然一新。他和君士坦丁一样，发现了一条可以维系一群阿拉伯人的纽带，这些阿拉伯人都不会自然而然地把自己算作某一个氏族、某一个城市或某一个国家的成员。他们怀有同一种信仰，相信只有一个造物主，奉主之名恪守一种公正纯洁的生活，这种信仰将所有信徒联合起来。所有追随穆罕默德的人聚在一起则被称为"乌玛"（umma），意思是"一个属于所有被排斥的人的共同体"。[16]

乌玛成了麦地那迄今为止最强大的族群，作为他们的领袖，穆罕默德是城市事实上的统治者。但并非所有麦地那的居民都是乌玛成员，有些阿拉伯人和全部犹太人都在乌玛之外。穆罕默德的首要任务之一就是捍卫他们的权利。他不想重复家乡的阶层体系，让一个部族的成员去主宰其他人的权益。他开始用启示来解决这个问题：

---

*　英语中表示伊斯兰纪元的 AH 是拉丁语 Anno Hegirae（徙志之后）的缩写。

在麦地那居住的所有男人和女人都享有平等的权利，无论他们是否崇拜真主。

几乎从他到达麦地那的那一刻起，穆罕默德所扮演的角色就不再只是信徒的先知，他还掌管着非信徒的民政事务。麦地那和麦加一样，也因氏族和部落之间的冲突而支离破碎；但不同于麦加的是，统治这里的不是一个必要时能团结起来对抗那些威胁到自身利益的强权集团，穆罕默德给这座城市指出了一条和平发展的道路，这一点得到了认可。他开始掌握政权，这种权力不是通过征服，而是通过他闻名远近的智慧得来的。

打从一开始，伊斯兰教在这一点上就不同于基督教。耶稣的信徒都没有自己的城市，也没有国家，更不用说保罗的门徒和早期的主教了。直到君士坦丁跨过米尔维亚桥，将基督教思想带到罗马，基督教才成为帝国的宗教信仰。在耶稣与君士坦丁之间，基督教经历了几个世纪的信仰的探索、神学的构建以及对镇压的反抗。

而穆罕默德手中却掌管着一座城市。从"徙志"第一天开始，他的启示就主宰着信徒信仰的纯洁和德行，这些启示与制定麦地那民事法规的需要混合在一起。从一开始，由于需要建立政治秩序，他的教义就受到了这种需要的影响。穆罕默德先后失去了父母双亲、家庭、妻子，最终又失去了家园，如今他从聚在一起的信徒中找到了新家。他最关心的是让这些信徒合为一体，让他们互相团结、彼此忠诚、目标一致，为此，他不仅需要公正的天平，也需要一把正义之剑。

时间线 3

波斯帝国	拜占庭帝国	阿拉伯	北非
	查士丁一世（518—527）		
			（阿克苏姆）**迦勒**（约 520—540）
			（阿克苏姆）**阿伯拉哈**（约 525—约 553）
	查士丁尼大帝（527—565）		
	《查士丁尼法典》第一卷（529）		
库思老一世（531—579）			
	查士丁二世（565—578）		
		穆罕默德出生（约 570）	
	提比略二世（578—582）		
霍尔米兹德四世（579—590）			
	莫里斯（582—602）		
		裹渎之战（约 585）	
库思老二世（590—628）		马里卜大坝的崩塌（590）	
			（阿克苏姆）**阿尔玛**（约 600—约 640）
吞并拉赫姆	弗卡斯（602—610）		
	希拉克略一世（610—641）	穆罕默德收到启示（610）	
	牧首塞吉阿斯（610—638）	加萨尼被击败	
		徙志（公元 622 年/伊斯兰历元年）	
	君士坦丁堡被围（626）		
喀瓦德二世（628）			

/ 04

大唐盛世

> 622年至676年，唐朝与吐蕃、突厥作战，并试图兼并新罗王国，日本的大和王朝也参与了战事。

到622年，中国的新皇帝唐高祖已与高句丽言和（结束了隋朝发动的漫长的流血冲突），并开始填补帝国国库的亏空（连年的战争以及运河的修建已掏空了国库）。尽管小规模叛乱频发，国家仍然动荡不安，但唐朝正试探性地寻找国家稳定之路。

唐朝最大的难题来自北方的突厥人。突厥汗国的建立者伊利可汗逝世后，突厥人内乱不断，国家最终分裂为东西两个独立的汗国。

东突厥汗国与唐朝相邻，有一段时间，唐高祖与可汗之间的关系相当不错。唐高祖的家庭在风俗习惯方面与突厥人并没有太大的区别。高祖在中国北方长大，那里混居着中国人和突厥人。他的母亲体内流着游牧民族的血液，他自己的儿子们也是被当成猎人和战士来培养的，比起儒家经书，他们对马匹和猎犬更感兴趣。[1]

但是后来，争强好胜的颉利可汗掌管了东突厥汗国。在颉利可汗之前的几十年里，东突厥平均大约每三年袭扰一次唐朝边境；而颉利可汗掌权之后，突厥人开始每隔两三个月就对中国北疆发动一次袭扰。624年，东突厥汗国的军队一路南下，渡过黄河后兵锋直抵豳州。唐朝军队惊慌失措；幸亏有二皇子李世民在军中坐镇，军队才没有四散奔逃。李世民打马而出，向颉利可汗及其侄突利可汗下战书，要求与他们二人单挑——这在中国汉族的皇子中是绝无仅有的——颉利可汗认为这说明李世民胜券在握。于是他开始怀疑手下有人与李世民勾结，这次决斗恐怕有诈。因此他拒绝应战。李世民凭借自己对突厥人习俗的了解，提出与突利可汗结拜，颉利可汗答应了。颉利可汗接受了巨额赔款并下令撤兵。[2]

唐朝的开国皇帝唐高祖没能继续统治多久。他终结了前朝荒淫无道的统治，但这一角色无法使他自然而然地成为当之无愧的、长期实行德治的天命所归之人。他的儿子李世民继承了唐高祖的皇位，在位统治20余年，令唐朝的统治名正言顺。

李世民帮助父亲打下了天下，使唐高祖坐上皇位；在与突厥人的骁勇作战中，他又为自己赢得了手下的忠心。626年，他杀害了自己的兄长（可能出于自卫）——新成立的唐朝的皇太子——并要求父亲立他为太子。唐高祖应允了。几个月后，高祖退位，将皇位传给儿子李世民。李世民即唐太宗，唐朝的第二任皇帝。和他的父亲一样，他也通过暴力夺权，但他这种暴力没有那么明显，因为他的父亲决定不再挣扎，和平传位给他。[3]

他刚一当上皇帝，东突厥就再次入侵。李世民又开始领兵征战。"突厥所以扫其境内，直入渭滨，应是闻我国家初有内难，朕又新登九五，将谓不敢拒之，"他对其臣下说，"朕若闭门，虏必大掠，强弱之势，在今一举。朕故独出，以示轻之；又耀军容，使知必战。"[4]

事实上，唐朝驻扎在长安的兵力太少，是无法击败突厥人的，但唐太宗依然带着6名骑从来到渭河边（就在城北），指责颉利违背了早先的和平协定。随后，唐军相继而至，颉利可汗见唐军军容大盛，心生畏惧，请和而退。[5]

突厥人打道回府了。但唐太宗刚与颉利可汗结了盟，就努力煽动颉利的臣民举兵造反，其实这与他对待自己亲兄弟的态度并没有多大差别：有两个亲兄弟都为他所杀，成为他走向帝位的垫脚石。他还怂恿突利可汗发动政变。叔侄之间的内战始于629年，唐朝军队前往"助阵"，到630年，唐太宗已迫使颉利可汗流亡他乡，并接受了突利可汗的请降，被尊为"天可汗"。大唐帝国的版图迅速扩张——唐太宗再次彰显出他对北方事务的熟悉，他让部落首领在大唐朝廷任职，成功得到了这些新臣民的拥戴。[6]

之后的近20年里，唐太宗治理的唐朝对内稳定，对外扩张。他倒并未做出多少伟大的创新，而是很好地沿袭并完善了隋朝时已初具规模的政府管理体系；他带领军队在北方、西北（在他新收服的东突厥臣民的帮助下，他在这里征服了西突厥汗国的东部领土）和西南都扩大了统治范围。他不相信学者，却相信和他一样懂得北方作战之法的人。唐朝诗人李白这样描写唐朝士兵："边城儿，生年不读一字书，但知游猎夸轻趫。"[7]

在西南部，唐朝武将遇到了另一个开国之君。但他与唐太宗不同，唐太宗是在前人基础上使帝国发展壮大，而这位国君却是自己打下基业。他就是松赞干布，他居住的地方位于亚洲中部，地势很高，也就是我们所称的青藏高原。几千年前，吐蕃部落与中原人本属同源，但当中原人已经开始从事农耕和城镇建设时，吐蕃人还一

地图4-1 7世纪的东方

直沿袭着游牧民族的生活方式。松赞干布的父亲囊日论赞是吐蕃一个部落的首领。大约629年,他去世的时候,已经试探着迈出了支配邻近部落的第一步,他的儿子,当时可能只有12岁的松赞干布,继承了他的赞普之位。

如同远在西方的法兰克人克洛维或阿尔泰山区的突厥人伊利可汗一样,松赞干布也开始致力于将各部落合而为一,缔造一个统一的王国。和大多数当上国王的部落首领一样,他选择对外征战,以此作为凝聚新领地的方式。630年之后,他征服了附近的部落,随后又在东北方向的青海湖畔与游牧部族吐谷浑开战,其目的可能是分散其他部落首领的注意,令他们忘掉自己已归他统治这个令人不快的事实。他派军队西至印度,东到唐朝边境,但他想的不只是征服领地,他还设法与邻邦结盟,在吐蕃历史上首次确立了外交政策。[8]

634年,他派遣使臣捎信给大唐朝廷:他想与唐朝皇家联姻。

唐太宗对此不怎么感兴趣。在吐蕃,松赞干布是天纵奇才的政坛巨星,在不到一代人的时间里就令自己的臣民脱离了杂乱无章的部落体制,建成了一个统一的王国。但在唐朝帝王的眼里,他只是一个自命不凡的蛮族之王罢了。

唐朝皇帝拒绝送公主西去和亲,于是松赞干布立即入侵唐朝西南边疆,也就是今天的四川地区。唐朝守军设法将他驱赶出境,但唐太宗还是对他的进攻能力感到惊讶,并决定对此人还是怀柔为宜。后来,他派了一个宗室女子文成公主西去吐蕃和亲,她与松赞干布于641年完婚。

与文成公主一起到来的似乎还有些佛教僧侣、佛经,以及中原人的生活习惯,包括饮用茶和酒,以及夜观星象。她临行前还向唐太宗要求带去能工巧匠,这些中原来的能工巧匠教吐蕃人如何酿酒、造纸、养蚕,如何建磨坊磨面,以及中医治病救人的方法。中原文化渗透到了松赞干布的王国。印度文化也传入了吐蕃。文成公主建议她的丈夫派遣一位大臣前往印度北部,带回梵文佛经。吐蕃人以前没有文字,但到松赞干布统治结束时,吐蕃人已经有了以梵文为基础的吐蕃文字。[9]

松赞干布逝世于650年,他用一生的时间缔造了一个完整的国家。就像许多基于个人号召力建造的帝国一样,在他死后,吐蕃王国也开始动摇。他的继承人是他年幼的小孙子芒松芒赞,而王朝的实际掌权者是摄政王、丞相禄东赞。有一段时间,吐蕃不再对外扩张,也不再向外国派遣使节,矛盾的焦点再次集中于国内的权力斗争,以及佛教信徒与古老的游牧民族宗教信徒之间的冲突上来。

松赞干布去世前一年,唐太宗也驾崩了。他的皇位继承人是他最喜欢的儿子李治,即唐高宗,此时高宗已成年,曾在父亲临终前斋戒哭泣。

唐高宗登基称帝后不久,他的后宫新添了一位妃子。他将父皇的嫔妃武则天从太宗去世后被送去修行的佛教寺院中接了出来。显然,这两人暗通款曲已有多时。655年,唐高宗不顾群臣反对,废了他的原配王皇后,改立武则天为后,次年又立她4岁的儿子为储君。[10]

唐高宗在位前期,唐朝对外征战不断。西突厥汗国国内因争夺可汗之位爆发内战,657年,唐军行军至此,突袭了正在彼此交锋的可汗们。镇守西部边境的将领苏定方,在暴雪天集合部队,命令他们踏过深达半米的积雪袭击突厥。"虏恃雪,"他告诉士兵们说,"方止舍,谓我不能进,若纵使远遁,则莫能擒。"毫无防备的西突厥将士遭遇惨败,汗国领地成了唐朝的属国。[11]

如今,大唐疆域一路延伸到了波斯边界。然而,正在大唐统治空前鼎盛时,唐高宗却病倒了。当时的记载告诉我们,他患了严重的头痛病和晕眩症,有一段时间还丧失了视力。他可能是得了中风,他在体弱多病的时候,十分依赖聪慧过人、受过良好教育的武则天。他让她给他读奏折,并准许她以他的名义做出决定。[12]

朝鲜的新罗国使节到来之际正值武则天掌权,他们来大唐是寻求援助的。新罗国王武烈王仍统治着朝鲜半岛最强盛的王国，但他注意到，他的邻邦高句丽与百济已与日本的倭人建交，三国同盟的局势使他坐立不安。

武则天同意派遣一支10余万人的大军，去帮助新罗对抗百济。在两国边界的黄山原一役中，百济军队惨遭重创。百济国王义慈王投降求和、束手就擒，沦为了唐朝的阶下囚，而非新罗的。武则天一直关注朝鲜半岛，唐朝向新罗派出援军，其实也是对朝鲜土地的一次试探。

武烈王宣称自己是新罗和百济的国王，但百济叛军已经在组织抵抗了。黄山原战役的幸存者逃亡日本，被俘的百济国王有一个儿子早就住在那里了；几年前，他作为日本与百济联盟的人质来到了日本。

在那里，他们请求大和王朝的皇太子中大兄皇子帮助他们夺回自己的国家。

642年，日本女天皇皇极天皇在丈夫死后继承了皇位。她的儿子中大兄皇子时年16岁，也许更适合继位，但强大的苏我氏家族站在了皇极天皇身后，因为比起她那精力充沛的儿子，她较少主见，更易操纵。593年，苏我氏家族曾做过类似的事，让前任天皇的妻子继位，自己则在幕后操纵。现在，他们重复这种做法，让皇极成为第二个女天皇，也是第二个需要依靠苏我氏来掌权的人。

中大兄皇子已经成年，足以掌权，他也有足够的雄心壮志反抗这一切。他没有责怪自己的母亲，而是把矛头直指苏我氏，开始制订计划，削弱他们的权势。他在与苏我氏敌对的中臣氏家族中找到了一名自愿与他联盟的重要成员，这个人就是中臣镰足。另外还有一个苏我氏本族的年轻人也对家族心怀不满。几人密谋暗杀苏我氏豪门中最有权势的成员，来摆脱苏我氏的影响。他们的首要目标是苏我入鹿，苏我入鹿与其父苏我虾夷曾是女天皇即位的幕后主使，父子二人通过控制天皇得到了最高的权力。

此事密谋了好久才得以实行。645 年，即乙巳年的 6 月 12 日，密谋有了结果。当日，朝鲜使臣要向天皇进赠礼品。苏我入鹿像往常一样佩剑上朝（据日本编年史《日本书纪》记载，他"为人多疑"），但中臣镰足早已雇好俳优，上演了一场精心编排的表演，说服他解除了武装。苏我入鹿一辈子生性多疑，但在他最需要怀疑的时候却轻信了他人；他哈哈大笑着解下了佩剑，进殿面见女天皇。19 岁的中大兄皇子悄悄下令让皇宫禁卫封锁出入宫殿的 12 个入口。他把暗杀苏我入鹿的任务交给了密谋小组的其他三名成员，但当这三人站在大殿内，听着苏我入鹿的堂兄弟宣读朝鲜使臣的上表时，很显然，这三名剑客逐渐丧失了勇气。[13]

他们都不敢袭击刺杀目标，于是中大兄皇子飞身一跃，向苏我入鹿发出了第一击。这位受伤的政治家摇摇晃晃地走到女天皇面前，向她求饶；但皇极天皇只是起身离殿，走进了宫殿深处，这样她才能对发生的事情不闻不问。皇子的三个同伙随即采取行动，杀死了已经受伤的苏我入鹿。苏我入鹿的父亲苏我虾夷听到这个消息之后，自杀身亡。[14]

这次"乙巳之变"，给了苏我氏毁灭性的打击。但在随之而来的权力真空期，权力的洗牌却有些令人费解。当时转身而去的皇极天皇随即退位，但中大兄皇子并没有继承皇位。取而代之的是他的舅父——女天皇的弟弟。他继任天皇，称孝德天皇，在位统治 9 年。在他死后，皇极重登天皇之位，改称齐明天皇，自 655 年至 661 年又统治了一段时间。

甚至在她死后，中大兄皇子也没有继任天皇，而是以皇太子名义称制。在他舅父和母亲统治期间，中大兄皇子在大和朝廷中行使着诸多权力。事实上，当百济幸存者第一次寻求帮助时，齐明天皇仍然在位，但答应支援的是中大兄皇子，他同意派遣日本战船参战，对抗新罗国的占领者。

战争爆发之前，齐明天皇去世。此时，中大兄皇子实际统治着日本，但他再次拒绝继任天皇。他治而不统。后来人们才弄清楚，他这样做是因为相信大殿上的谋杀事件对他来说是一种亵渎。在天皇面前抛洒鲜血，会玷污抛洒之人。当初中大兄皇子联合三个同伙就是出于这个目的，因为如此才不会让他自己的双手染血。但同伙的胆怯迫使他只能亲自出手。[15]

然而，即使没有神圣的称号，中大兄皇子仍然担任着日本军队的总指挥官。日本舰队驶向百济，声称百济王子扶余丰才是百济的合法国王。此人原是流放外国的质子，现在成了傀儡。

就在日本舰队抵达百济海岸前，新罗国王武烈王去世了。他的继承人文武王登基，发现自己面临着他国的入侵。但他进行反击的能力非常强。在与百济激战时，他就曾为父亲指挥一支水军。

663年，百济-日本盟军以日本的中大兄皇子和百济王子扶余丰为首，与唐-新罗联军展开了白江口之战，战斗地距三年前黄山原战役的所在地不远，唐-新罗联军大获全胜，中大兄皇子回到日本，加强防御，防止敌军入侵。扶余丰则逃到了高句丽。百济已无力回天。

唐朝仍然向新罗增派援军，于是新罗又开始入侵高句丽。668年，高句丽遭受重创。扶余丰被俘后，就像之前的义慈王一样，也被送往唐朝，在历史记录中再也找不到他的消息。

如今，文武王统治着整个朝鲜半岛。在唐朝的协助下，新罗获得了胜利。三国时期转换为统一新罗时期，这一阶段一直持续到935年。

几乎就在同一时期，新罗与唐朝结盟开始变得对新罗国不利了。武则天原本就计划将唐朝的疆域一路延伸到朝鲜半岛，而不是将权力交给三个国王之一。现在，她的丈夫唐高宗身体康复了不少（尽管他余生常犯心脏病），夫妻二人将朝鲜半岛划为多个行政区，统归唐朝管辖。他们册封新罗文武王为大都督，行使唐朝的统治，并设立了"安东都护府"。[16]

文武王并不以此为喜，因为他突然发现原本帮助自己取胜的力量，自己如今却必须向其臣服。为了寻找一个解决困境的办法，他决定求助于高句丽的战士——就是那些几个月前还在与他作战的人，如今他们是仅剩的反唐朝统治的势力了。文武王的军队和高句丽的叛军缔结了新的联盟，共同抗击唐朝。

在5年的时间内，之前的三个国家都有叛军在抗击唐朝的军队。676年，在汉江流域吃了一系列败仗之后，武则天和唐高宗决定把唐朝统治下的一大片土地让给文武王管理，并将安东都护府驻地向西北迁至位于朝鲜半岛之外的辽东城。[17]

唐朝的统治已扩展到突厥人的领土之内，进入青藏高原，但大和仍在唐朝的势力范围之外。而文武王的抵抗则意味着，一段时间内，统一新罗会从唐朝脱离。

时间线 4

北非	阿拉伯人	突厥人	南北朝	吐蕃	新罗	百济	日本
		木杆可汗 (553—572)				威德王 (554—598)	
			周武帝 (561—578)				
	穆罕默德出生 (约570)						敏达天皇 (572—585)
			北齐灭亡 (577)		真智王 (576—579)		
			周宣帝 (578—579)				
			周静帝 (579—581)		真平王 (579—632)		
			北周灭亡/ 隋朝建立 (581)				
			隋朝 文帝 (581—604)				
	褒浈之战 (约585)						用明天皇 (585—587)
	马里卜大坝的 崩塌(590)		隋朝重新 统一中国 (589)				崇峻天皇 (587—592)
							推古天皇 (592—628)
							圣德太子 (593—622)
(阿克苏姆) 阿尔玛(约 600—约640)							《十七条宪法》 (604)
	拉赫姆被吞并 穆罕默德收到 启示(610)		炀帝 (604—618)				
	加萨尼被击败		隋朝灭亡/ 唐朝建立 (618)				
				囊日论赞 (618—629)			

时间线 4（续表）

北非	阿拉伯人	突厥人	唐朝	吐蕃	新罗	百济	日本
			高祖 （618—626）				
		颉利可汗 （约620—630）					
	徙志（公元 622年/伊斯 兰历元年）		太宗 （626—649）				
		东突厥汗国 灭亡（630）		松赞干布 （629—650）			舒明天皇 （629—641）
					善德女王 （632—647）		
						义慈王 （641—660）	
							皇极天皇 （642—645）
							孝德天皇 （645—654）
					真德女王 （647—654）		
			高宗 （649—683）				
				芒松芒赞 （650—676）			
		西突厥汗国 灭亡（657）			太宗武烈王 （654—661）		齐明天皇 （655—661）
					文武王 （661—681）		中大兄皇子 （661—668）
					统一新罗 （668—935）		

/ 05

以信仰为纽带的族群

> 622 年至 642 年,追随穆罕默德的信徒们聚居在一起,形成一个族群,随后,艾布·伯克尔带领族人征服阿拉伯半岛,而欧麦尔则带领他们跨越了半岛的边界。

在麦地那,乌玛的领袖穆罕默德担任着非信徒之间冲突的审判官。即便他从未争过这些头衔,却发现自己在生活的城市里同时担任着先知和国王两个角色;很快,他不得不处理好几个现实的困难,这些困难紧紧压迫着他所创造的理想社会。

一方面,在习惯于认为自己首先归属于某个氏族和部落的人中,很难维持基于信仰的统一。穆罕默德也承认他的信徒是有区别的:他称呼麦地那的阿拉伯人为"辅士",意思是"帮手";而称呼从麦加追随他而来的阿拉伯人为"迁士"(Muhajirun),意为"移居者"。他本人与他的亲密支持者缔结了传统的亲属关系;赫蒂彻死后,他与艾布·伯克尔年仅 6 岁的女儿定了亲(虽说直到这个小女孩长大,两个人才举行了婚礼)。他那基于相同的信仰结成的"新族群"仍是他未来计划的重心,但血缘关系和亲情纽带仍在他考虑之内。[1]

在其他方面，新族群的发展也出乎他的意料。穆罕默德对麦地那的愿景是让整个城市成为一个乌玛共同体。他一直真心真意、宽厚仁慈地细心保护着非穆斯林的各种权利，但这毕竟是暂时的打算，最终他们无疑还是应该蒙主感召，成为安拉的信徒。然而，日趋明了的现实是，麦地那的犹太人总是把自己单列出来。

万分沮丧的穆罕默德再次得到启示，这件事记录在《古兰经》第二章里。《古兰经》中一次又一次地表明，安拉与亚伯拉罕所崇拜的上帝乃是同一位神：是安拉"把经典赏赐穆萨（摩西），并在他之后继续派遣许多使者；把许多明证赏赐给麦尔彦（马利亚）之子尔撒（耶稣），并以玄灵扶助他"。犹太人和基督徒坚持认为"除犹太人和基督徒外，别的人绝不得入乐园"。"这是他们的妄想……凡全体归顺真主，而且行善者，将在主那里享受报酬，他们将来没有恐惧，也没有忧愁。"对于穆罕默德而言，犹太人和基督徒实际上已经隶属于乌玛，他不明白他们为何还要继续与穆斯林隔离。[2]

而且他也不是对所有皈依安拉的阿拉伯人都感到满意。因为乌玛现在是麦地那最强大的"族群"，整个城市的作息时间都围绕着穆罕默德要求忠实信徒进行的每日五次的祷告重新安排。斋戒和救济穷人已写入城市的法规，穆罕默德建造的宗教场所（清真寺）也成了城市的中心。在政治上，成为穆斯林是有利可图的，于是有些阿拉伯人就皈依安拉，以便借此谋利。[3]

但最大的难题来自麦加。"于是信徒准备作战，"穆罕默德的传记作者伊沙克实事求是地说道，"遵循真主的谕示，攻打他的敌人……真主命令他去战斗。"穆罕默德在麦加收到的神示是，允许穆斯林反抗那些把他们逐出家园的人,尽管麦加的敌人如今相距遥远,但神示仍然奏效。于是从623年开始,也就是"徙志"的第二年,穆罕默德开始派遣辅士和迁士作为先头部队离开麦地那远征。他的首要目标并非麦加,而是在麦加和北方之间往返时会途经麦地那的商队。[4]

严格来讲,偷袭商队算不上是战争行为。数百年来,阿拉伯人一直将其他部落的商队当作理所当然的猎物。从路过的商队那里掠夺宝贵的食物和水肯定能让麦地那人的生活轻松一些。但穆罕默德他们准备袭击从麦加来的商队,对方几乎都是古莱什族人,这一行动也是在发出一条信息,这说明,对乌玛的忠诚已经取代了原来对部落的忠诚,血缘关系的纽带已被打破,取而代之的是共同信仰的纽带。[5]

连续数月,麦地那远征军的任务只是刺探、报告,偶尔也与商队的头目进行谈判。没有一个人受伤,直到麦地那有一伙人盯上了一个庞大而富有的古莱什族商队,他们决定发动突袭,夺取商队货物。在混战中,有一名古莱什族商人被麦地那人的弓箭射死了。

当远征军带着战利品回到麦地那时,穆罕默德勃然大怒——倒不是因为有人丧命,而是因为这事发生在禁月期间,一切争斗这时都是被禁止的。正是这种对古老的宗教传统的无视,导致了麦加社会的腐败和颓废,而他不打算让麦地那重蹈覆辙。[6]

他的愤怒使新形成的社会群落面临解体。乌玛的其他成员也开始窃窃私语,认为发动突袭的这伙人该死;麦地那城外,古莱什族则散布消息,说穆罕默德亵渎了神明。穆罕默德收到另一个神示后,城市才恢复和平。神示说:打破禁月禁忌糟糕透顶,但麦加人的罪孽更重。《古兰经》第二章记载道:"禁月内作战是大罪,妨碍主道，不信真主，妨碍朝觐禁寺，驱逐禁寺区的居民出境，这些行为，在真主看来，其罪更大。迫害是比杀戮还残酷的。如果他们能力充足，势必继续进攻你们，务使你们叛教。"[7]

这一神示缓解了麦地那的紧张局势，突袭队也如释重负，回到家中。但这件事的连锁反应牵涉更大。神示起初许可信徒在被人加害时进行反击，不知不觉间，许可的范围扩大了。现在信徒得到允许，打击那些一有机会还会继续加害信徒的人。

神示给穆罕默德和他的信徒对麦加商队发动全面攻击提供了所需要的正当理由。624年，一支大型商队从叙利亚满载而归，途经麦地那。他们的领队是穆罕默德的一个宿敌——阿布·苏富扬（Abu Sufian）。他带领商队走的这条路经过白德尔水井（Wells of Badr），这是麦地那南边的一片绿洲，有饮水池。穆罕默德集结300人（人数众多，击垮一支商队不在话下）前往水井，准备在那里拦截他们。

阿布·苏富扬早就料到会有麻烦。他的侦察队在前面探路，打听任何有动作的大型团体，他们带回了麦地那人计划突袭的情报。阿布·苏富扬送信回麦加寻求支援，结果麦加派出了一支庞大的军队——有上千人，古莱什族的每个氏族都派出了代表。穆罕默德的新宗教和旧制度之间的矛盾到了紧要关头。[8]

624年3月17日，在白德尔水井处，从麦加赶来的古莱什族军队与一小股麦地那的部队相遇了。敌众我寡，穆罕默德给自己的手下打气，向他们保证，要是他们勇敢作战，英勇牺牲的人一定都会上天堂。麦地那军怀着对穆罕默德的忠诚、对宗教的狂热、对敌人的仇恨，以及担心失去所有的恐惧，以弱胜强，打败了对方的大部队。战死的古莱什族人只有50个左右，但其余的人都被赶回了麦加。穆罕默德和他的部下带着缴获的商队货物（阿布·苏富扬逃脱了，带回麦加一部分货物），战胜而归。

这是伊斯兰教的首战，是乌玛生活的一个转折点。624年至630年，战争升级。麦地那的乌玛使用武力驱逐了两个拒绝承认穆罕默德权威的犹太部落。麦加和麦地那军队间的战斗主要发生在625年和627年；第二次战役，即壕沟战役（Battle of the Trench，因麦地那民众在城外挖壕沟据守，故名）之后，最后一个犹太人部落也遭到驱逐。这是因为他们拒绝参战，违反了穆罕默德所宣布的无论是和平还是战争，犹太人和阿拉伯人都要相互扶持的规定。壕沟战役最终打了个平局——寒冷的天气迫使麦加人收兵撤退——其实犹太人参战可能也起不到多大作用。然而，城里的穆斯林认为犹太人与城外的敌军勾结，对这种背信弃义的行为深感愤怒。

犹太人被围困在家中，最终被迫投降。他们可以做出选择——要么皈依伊斯兰教；要么被处死、被奴役——他们选择了后者："我们绝对不会背弃摩西律法的信条，也不会改投他教。"伊沙克记下了他们的说法。穆罕默德委派法官宣读判决，这个法官名叫萨德（S'ad），是一名改投伊斯兰教的犹太人。萨德宣布，将犹太人男子处死，妇女和儿童沦为奴隶。伊沙克的记载毫无粉饰：

> 使者走向麦地那的集市（至今仍然保留），并在里面挖了壕沟。然后，他让人将他们分批带出来，在那些壕沟里砍下他们的头颅……足有六七百人之多，也有人说有八九百人。[9]

当麦地那这个新型社会遭到来自外部的攻击时，过去的宽松气氛就不复存在了。在麦地那，中立者再无立足之地。

630年，麦地那的乌玛规模日趋庞大，势力日益增强，穆罕默德已有实力组建一支万人大军：来自边远部落的辅士、迁士和众多士兵，要么早已信奉伊斯兰教，要么自愿与之联合起来。他率领这支军队最后一次向麦加进军。他又为这次袭击找到了正当的理由。古莱什族的游牧部落盟友袭击了穆斯林的游牧部落盟友，这是对虔信之人的敌对行为，穆斯林只得进行反击。[10]

随着穆斯林的势力日益壮大，麦加人早已开始与其北部的强大邻国讲和（事实上，在过去10年里，两国间缔结的两个条约早已允许穆斯林不时出入该城，参拜天房克尔白了）。即使是在白德尔水井一战中遭袭的商队主人阿布·苏富扬，如今也赞同休战。当天边出现穆罕默德及其部队的身影时，事情已经十分清楚了：要想休战就得投降。

阿布·苏富扬站在城墙上，要求穆斯林承诺进城之后保证不发生流血事件。穆罕默德同意了，城门随即打开。他们信守了承诺，所采取的唯一暴力行为是砸毁并推倒了市内各处的神像。穆罕默德本人在天房克尔白礼拜了安拉。阿布·苏富扬已同意皈依伊斯兰教，也和他一起做了礼拜。

从此以后，麦加成了伊斯兰教的中心，是所有穆斯林礼拜安拉最虔敬的地方。穆罕默德以此地为中心，在接下来的两年里，他都以麦加为总部指挥各种战役。更多的阿拉伯部落开始皈依伊斯兰教。他的征服之路一直向南方延伸，希木叶尔也无法抵挡，向他臣服。乌玛社区正在逐步变成一个王国。

但穆罕默德不是国王。他赋予阿拉伯人一个共同的身份；他为阿拉伯人所做的，与阿拉里克为哥特人或克洛维为法兰克人所做的事情一样。他将各式各样、彼此对抗的部落团结在一起，给他们提供了一种方法，让他们认为自己是一个群体。阿拉伯人憎恶王权，

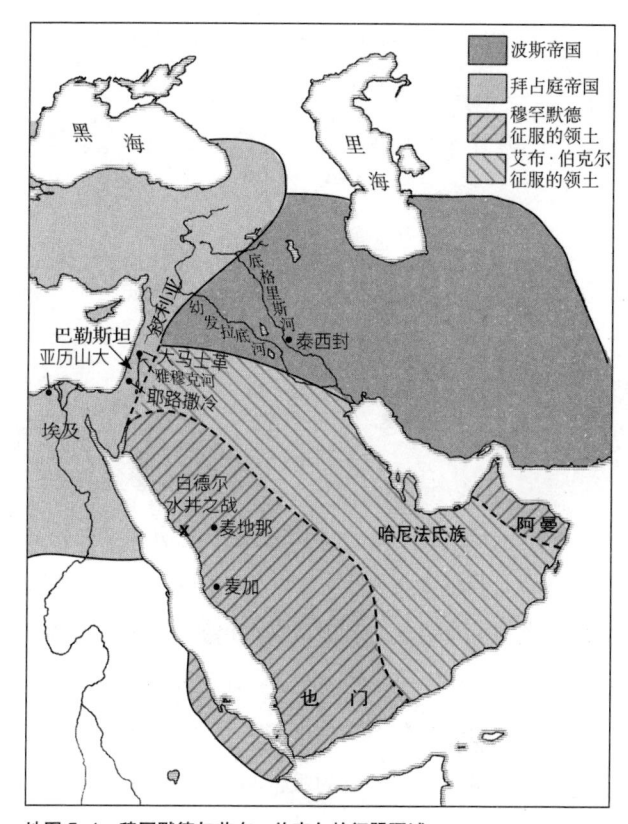

地图 5-1　穆罕默德与艾布·伯克尔的征服疆域

这意味着他既不能像阿拉里克那样当勇士之王,也不能像克洛维那样当基督徒的国王,而是作为先知,缔造了一个新的民族。

632 年,在他离世之前,他发表了辞朝演说,提出了帮助这个新民族形成的宗教和民事法规:

安拉禁止你们放高利贷谋利。

你们的女人有权得到善待，吃饱穿暖。

你们要礼拜安拉。

每日五次礼拜。

斋月当守斋戒。

将你们的财富用于慈善。

如果你们能负担得起，就去朝觐（去麦加朝圣）。

阿拉伯人不比非阿拉伯人优越。

白人不比黑人优越。

在我之后，不会再出现新的使者，也不会有新的信仰产生。[11]

辞朝演说之后不久，穆罕默德病倒，几天之内就去世了。

他没有给他的继任者留下任何指引——没有人受命接掌他的精神领袖之位，没有人接替他成为乌玛的统治者，也没有人能领导下一步的战斗。或许他并没有想到，在他身后会出现一个伊斯兰王国。当然，他也没打算留下某种世袭王权去统治他的信徒。他巨大的成就也有消极的一面：信徒的皈依与他的个人魅力息息相关，因此在他去世后，新的穆斯林聚居区立刻就开始分崩离析。对旧部落的忠诚从他几乎具有催眠作用的个人魅力中解脱出来，重新出现。

他的老友艾布·伯克尔，也是他的少妻阿伊莎的父亲，在麦地那的一次穆斯林集会中当选为他的继任者。但这次选举的结果充满争议，其他的穆斯林，主要是麦加的穆斯林，想要推举阿里·伊本·阿布·塔利卜（穆罕默德的堂弟和女婿）。就在聚会推选艾布·伯克尔为继任者的同时，伯克尔正忙于清洗穆罕默德的身体，哀悼他的死亡。

阿里本人是如何看待自己的处境的，我们并不是特别清楚。有一种说法是，阿里并没有对艾布·伯克尔当选穆斯林的下一任领袖认真地表示异议；他退出争斗，慎重考虑之后，最终表示支持穆罕默德的朋友当选。但根据其他的说法，他深信自己应该继承穆罕默德的职位，并对艾布·伯克尔的当选提出了异议。*

事实就是有许多阿拉伯人反对艾布·伯克尔掌权，无论阿里支不支持都一样。艾布·伯克尔不是以一个先知，而是以一位将军的身份做出了回应。他把自己的追随者分成11支武装队伍，各配有一名指挥官，并下令让他们武力镇压那些显然不服从他领导的地区。[12]

镇压行动大获全胜；艾布·伯克尔成为穆罕默德权力的唯一继承人，即安拉使者的继承者（Khalifat ar-rasul Allah），简称哈里发（Caliph），是替真主的先知传递消息的人。（其实，他起初的头衔是"安拉使者的代位者"，这显示了他在启示传递中排在第二名的地位。）[13]

但这些武装队伍所行之事远比镇压叛乱要多得多。后来的记载将反抗艾布·伯克尔的行为统称为叛教（ridda），并认为能将穆罕默德所征服的地方维系在一起，全靠艾布·伯克尔。事实上，艾布·伯克尔的将军和得力助手哈立德（Khalid）统领下的这11支军队，征服了附近尚未归顺穆斯林统治的部落，使国土呈扇形展开，扩大了伊斯兰王国的疆域。征服范围日益扩大。在艾布·伯克

---

* 尚不清楚的是，阿里本人是否认可艾布·伯克尔的合法性，也许他只是为了维护伊斯兰部落的团结才停止夺权的。在穆斯林的口头传说中，这两种说法都有。接受前一种说法的人自称为逊尼派穆斯林。他们认为，将哈里发之位传给艾布·伯克尔是合法的，因此，在他之后继承哈里发位的哈里发们也是合法的。那些反对艾布·伯克尔并支持阿里为真主选定的穆罕默德的继承人的穆斯林则被称为阿里什叶，即"阿里派"——今天被称为什叶派穆斯林。伊斯兰教直到晚些时候才出现这种分歧，但其根源就是632年的事件。

尔的带领下，半岛剩余地区相继被攻克，一个接一个部落，一片接一片绿洲，都臣服于哈里发的统治。短短一年内，他统一了整个阿拉伯地区。[14]

这样一来，艾布·伯克尔成了一支庞大的军队的领袖，而这支军队不同于先前麦地那和麦加的武装，他们并不绝对信奉伊斯兰教的真理。借用历史学家约翰·桑德斯（John Saunders）的话说，王国里到处都是"皈依不久、半心半意、动摇不定的信徒"，这就是一个炸药桶，盖子上坐着艾布·伯克尔。[15]

艾布·伯克尔决定将炸药桶的威力引到外面去。在与外敌拼杀的同时，麦地那城内一片繁荣；没有什么能像战争一样让人紧密地团结在一起。

633年，他派哈立德将军攻打半岛以外的首个敌人：萨珊波斯帝国。波斯在与拜占庭的长期战争耗损了国力，又由于不断的王位争夺而愈加衰落。最后，被钉死在十字架上的库思老二世的孙子——伊嗣俟三世（Yazdegerd III，泰伯里说他是"一个头发卷曲、双眉相连、牙齿整齐的人"），争取到希拉克略的支持，从而登上了王位。[16]

他统治波斯剩余领土仅有一年，哈立德及其麾下的阿拉伯军队就出现在了幼发拉底河的对岸。与此同时，其余的阿拉伯军队在另外四位指挥官的带领下，也正在向拜占庭的巴勒斯坦和叙利亚行省进发。

拜占庭军队奋起反抗，其战斗力之强超出了艾布·伯克尔的预料。正当哈立德准备攻打波斯人时，艾布·伯克尔将其召回，派他去西边的巴勒斯坦前线增援。伊嗣俟三世得到暂时的喘息，替他承担压力的是希拉克略。拜占庭和波斯一样，长期遭受战乱之苦，土兵们个个疲惫不堪。阿拉伯联军连续打了两场胜仗，夺取了大马士革，并经巴勒斯坦进入叙利亚境内。[17]

当征服之势如火如荼之际，艾布·伯克尔去世了。他担任了两年的哈里发，当时已是一个61岁的老人了。对于由谁来继位的问题，他一直十分注意留下严格的指示。他希望由欧麦尔（Umar）继位，后来，欧麦尔在麦加顺利登基。在前线，军队一刻不停地向前挺进。

欧麦尔知道，自己继任后的第一个任务就是继续战斗。泰伯里告诉我们，他刚登基时，人们尊称他为"真主信使的哈里发的哈里发"。"太啰唆了，"欧麦尔说，"等下一个哈里发上任时，你们再怎么称呼他呢？要称他为真主信使的哈里发的哈里发的哈里发吗？你们是忠实的信徒，而我是你们的指挥官。"这是个转折的时刻。作为忠实信徒的指挥官，欧麦尔已不再只是穆罕默德的继任者了，他同时也是一个崭新的、扩张中的帝国的总指挥官。[18]

此时此刻，希拉克略意识到，自己过于轻敌了。这并不仅是一场令人困扰的袭击，而且是对他手中权力的一场严肃又可怕的挑战。为了迎接这个挑战，希拉克略召集了一支庞大的联军：他自己的部下、亚美尼亚士兵、黑海以北的斯拉夫人、加萨尼王国的阿拉伯人，以及其他任何他能找来的人。通过这种方式，他成功组建了一支15万人的大军。

他指挥的联军在叙利亚的雅穆克河（Yarmuk river）碰上了入侵的阿拉伯军队。战斗持续了整整6天。有关这次战斗，各方说法不一，但结局都是一样的：拜占庭军队溃不成军，希拉克略被迫放弃叙利亚和巴勒斯坦行省，这两处地方是他刚从波斯人手中夺回来的。直到637年底，耶路撒冷战争才告一段落，希拉克略唯一的胜利是在耶路撒冷被迫臣服于阿拉伯占领军之前，成功地将"真十字架"

的残片偷运出城,带回了君士坦丁堡。[19]

同时,哈立德转身向东,朝波斯进军。他一路突进至泰西封,这里与耶路撒冷在同一年投降。在攻城战中,伊嗣俟三世幸存下来,向东逃窜,虽性命无虞,但丢掉了都城。[20]

征服之路仍在继续。639年,阿拉伯军队入侵埃及的拜占庭领土。到640年,希拉克略手下所有的埃及领土,除亚历山大外,全部臣服于阿拉伯人的统治。希拉克略本人的身体每况愈下。他将帝国从毁灭的边缘拯救下来,但当南方意外爆发出一股不可阻挡的力量时,却只能眼巴巴地看着它再次倾倒。他已无力组织反攻,最后于641年死于中风。[21]

君士坦丁堡此时正处于生死关头,形势十分严峻。希拉克略将统治权交给了儿子君士坦丁三世(Constantine Ⅲ),这个儿子常年疾病缠身(他患有癫痫症)。为防君士坦丁三世突然离世,希拉克略生前让幼子充当共治皇帝。希拉克略的这个小儿子名叫赫拉克洛纳斯(Heraklonas),是君士坦丁三世的异母兄弟,其生母为希拉克略的第二任妻子、他的侄女玛蒂娜(Martina)。

希拉克略的第二段婚姻一直不被君士坦丁堡人看好,人们一贯视其违反《圣经》律法。君士坦丁三世加冕才几个月就去世了(正如他父亲所担心的那样),于是赫拉克洛纳斯成为唯一的皇帝,但他当时年仅15岁,因此由他的母亲玛蒂娜做他的摄政。军队不服他的统治,在瓦伦丁(Valentinus)将军的率领下起义造反,俘虏了赫拉克洛纳斯和玛蒂娜。根据惯例,两人流放前遭到割刑:他们割掉了赫拉克洛纳斯的鼻子和玛蒂娜的舌头。[22]

割刑作为一种仪式性的惩罚手段,使谋求皇位的人丧失登基资格,已屡见不鲜。但这在君士坦丁堡却是史无前例的事情,况且这其实也并不是万无一失的，即使割掉了赫拉克洛纳斯的鼻子，也完全不影响其执政能力。不过，这似乎不合《旧约》的要求——《旧约》规定身体残缺的祭司不得供职于圣殿。*君士坦丁堡突然出现割刑，这表明皇帝的作用已远远不只是一国之君，他同时也是某种神赐恩典的担保人，是上帝慈悲惠及信众的渠道。君士坦丁堡民众视希拉克略的乱伦婚姻为一种罪孽，认为这是他们的报应。南方新兴起的宗教正向他们传来，此时他们急需一位君主给他们带来救赎。

他们的选择十分有限，最终元老院选中了君士坦斯二世（Constans II，死于癫痫的君士坦丁三世之子）。他时年11岁，继位时，他向元老院宣读了一份声明，结论是："为了我的臣民们的福祉，我请求你们协助，献言献策。"[23]

毫无疑问，这段话是有人替他写好的。元老院的人希望君士坦斯二世只挂个虚衔，作为上帝的象征继续留在君士坦丁堡的宫殿里，但是实权，他们打算自己掌握。

象征也好，实权也罢，似乎都没什么作用。帝国的疆域自西向东都在日益萎缩。642年，也就是君士坦斯二世加冕的第二年，伦巴第国王罗泰利（Rothari）展开了快速而野蛮的入侵，征服了拜占庭在意大利的剩余领土，只有拉韦纳沼泽还留在君士坦丁堡的控制之下。在意大利的为数不多的拜占庭军队阵亡8000余人，余者皆四散而逃。[24]

与此同时，亚历山大也被阿拉伯人攻陷。埃及完全脱离了拜占庭，伊比利亚多年前就失去了，意大利也几乎遥不可及，北非则与帝国的其余地区隔绝。唯有小亚细亚和君士坦丁堡周围的领土还归

---

* 《利未记》第21章，16—23节。

拜占庭所有。

阿拉伯的新任哈里发欧麦尔的征服野心更大了。他派兵穿过曾被波斯征服的土地，向东远去，一路直抵莫克兰沙地（Makran），这里已超过了波斯东部边境，土地荒芜。近千年前，亚历山大大帝的军队从印度远征归来，途经此处，被莫克兰人残杀了四分之三的将士。莫克兰位于阿拉伯海沿岸，这里房屋零落、人烟稀少，百姓缺水缺粮，靠捕鱼为生，只有人迹罕至的沙滩和礁石。

但是，这片几乎摧毁了传奇的亚历山大军队的沙地对阿拉伯人来说却并不陌生。他们知道如何在干旱的沙地上生存，因此他们得以坚持穿越了莫克兰沙地，一直来到泰伯里所说的"河流"面前。他们已经到达了印度河，这里已是印度的边缘。[25]

时间线 5

南北朝	吐蕃	新罗	百济	日本	阿拉伯	波斯帝国	拜占庭
					穆罕默德出生（约570）		
				敏达天皇（572—585）			
北齐灭亡（577）		真智王（576—579）					
周宣帝（578—579）							提比略二世（578—582）
周静帝（579—581）		真平王（579—632）				霍尔米兹德四世（579—590）	
北周灭亡/隋朝建立（581）							
隋朝 文帝（581—604）							莫里斯（582—602）
				用明天皇（585—587）	袭渎之战（约585）		
隋朝重新统一中国（589）				崇峻天皇（587—592）	马里卜大坝的崩塌（590）	库思老二世（590—628）	
				推古天皇（592—628）			
				圣德太子（593—622）			
炀帝（604—618）				《十七条宪法》（604）	吞并拉赫姆		弗卡斯（602—610）
					穆罕默德收到启示（610）		希拉克略一世（610—641）
					加萨尼被击败		牧首塞吉阿斯（610—638）
隋朝灭亡/唐朝建立（618）							
	囊日论赞（618—629）						

时间线 5（续表）

唐朝	吐蕃	新罗	百济	日本	阿拉伯	波斯帝国	拜占庭
高祖（618—626）							
					徙志（公元622年/伊斯兰历元年）		
					白德尔水井战役（624）		
太宗（626—649）							君士坦丁堡被围（626）
					壕沟战役（627）		
						喀瓦德二世（628）	
	松赞干布（629—650）			舒明天皇（629—641）	穆罕默德去世（632）		
		善德女王（632—647）			艾布·伯克尔当选为哈里发（632—634）	伊嗣俟三世（634—651）	
					欧麦尔（634—644）		
					占领耶路撒冷（637）		
							君士坦丁三世（641）
			义慈王（641—660）				君士坦斯二世（641—668）
				皇极天皇（642—645）			
				孝德天皇（645—654）	奥斯曼（644—656）		
高宗（649—683）		真德女王（647—654）					
	芒松芒赞（650—676）						
		太宗武烈王（654—661）		齐明天皇（655—661）	阿里（656—661）		
		文武王（661—681）		中大兄皇子（661—668）			
		统一新罗（668—935）					

/ 06

转折关头

> 640年至684年，阿拉伯人从印度北部撤军，分裂的印度南部地区团结起来。

在印度河边，阿拉伯军队发现，印度人已集结了一支大军，正在那里等着他们。据泰伯里记载，"莫克兰大军"与国王拉西尔（Rasil）在河岸边集结，显然试图阻止阿拉伯人过河，而且"信德（Sindh）的首领"也已过河与他结盟。[1]

它们都是当地的印度教王国，独立于更东部由戒日王统治的庞大王国。莫克兰和信德的王国一直独立于戒日王的统治之外，更北边的夏希国（Shahi）也是如此。夏希是个佛教王国，已在北部山区存在了数百年时间，据守着开伯尔山口，其都城位于喀布尔。他们从伟大的邻邦借用了波斯人的头衔"王中之王"（波斯语 shahi-in-shahi），但波斯统治的疆域从未到达过印度河。自亚历山大时期以来，还未曾有军队像阿拉伯人一样到达过如此遥远的东方。[2]

夏希目前尚未面临被征服的威胁，并没有南下协助莫克兰和信德国王的军队，最终他们一败涂地。阿拉伯人一路追赶他们来到印度河，将他们赶过河去。于是，渡河之前，指挥官哈卡姆（al-Hakam）在莫克兰安营扎寨，并派使者回到欧麦尔哈里发那里，将战利品带回去了五分之一，并请示下一步的行动。

据泰伯里所说，当使者抵达后，欧麦尔询问了莫克兰土地的情况。他得到的回答让人有点泄气："在这个地方，山区就算是他们的平地，唯一出产的水果是劣质椰枣，出不了一个英雄好汉，这里萧条贫瘠，邪恶长期存在；该多的东西少，该少的东西无；翻过山去，情况更是糟糕至极。"[3]

因此欧麦尔决定，无论是莫克兰还是信德，都不值得他们再耗费任何精力了。他回信给哈卡姆，下令禁止他渡河。于是，阿拉伯军队班师回朝。日益壮大的伊斯兰王国，其东部边境暂时定在了莫克兰沙地。哈卡姆感到挫败，他写诗明志："军队不能责怪我的行为，也不能怪罪我的长剑……要不是领袖的阻拦，我们定当渡河！"[4]

若是欧麦尔当时知道再往东去还有一个伟大的帝国，或许阿拉伯人还会继续进击。此时，戒日王的北部印度王国比萨珊波斯帝国更加富有和强盛。早些年，在遭受遮娄其的重创之后，戒日王向南方扩张的脚步停在了讷尔默达河，但扩张战争仍在继续，直到整个北部和东北部都掌握在他的手中。至少有一段时间，信德的国王和夏希的首领可能都成了他的附庸。这两个独立的王国地处他与西方入侵者之间，形成了有效的缓冲。

如今，戒日王已近不惑之年，成熟睿智。他的都城曲女城已发展为印度北部首屈一指的城市。他不止一次派出使节与其东方邻国唐朝朝廷构建友好关系。据唐朝取经人玄奘称，印度没有苛捐杂税，

地图6-1 7世纪印度的诸王国

如果国王强制人民修路或挖河,他会按时间支付报酬。这一点给玄奘留下的印象尤其深刻,因为他在隋朝长大,曾见证修建大运河时人民所受的苦难。[5]

戒日王的妹妹仍然与他共治,此时印度教有一个凸显女性权力的特殊教派——性力女神夏克提派(shakti)——正在兴盛,这有可能并非巧合。奉行印度教这一教派(众教派之一)的信徒被称为湿婆教徒（Shaivas），他们信奉湿婆神（Shiva）及其配偶女神。对他们而言，智慧自湿婆神流向女神，然后再从女神那里降临人世间。戒日王曾亲自执笔写过一出名叫《龙喜记》（Nagananda）的戏剧，该剧的主角是湿婆神的配偶女神。剧中一个国王因儿子兼王位继承人死去而悲伤不已，她救活了这位王位继承人并赐予他王权。戒日王年轻时，曾将妹妹救出火葬堆；在剧中，女神从火葬堆中托举起死去的年轻男子，并把他救活。[6]

但戒日王也信奉佛教。644年，也就是阿拉伯军队从印度河撤军的第二年，他在都城举行了一场盛大的集会，数千人在那里聆听了玄奘讲道；这位僧人给他留下了深刻的印象，根据当时的记载，他还集合了4000名印度僧人去听玄奘讲道。戒日王临终前，越来越崇尚大乘佛教，动用了更多的国库资金来修建佛教寺院。尽管他戎马一生，却颁布法令称，在他的领土之内不得杀生，也不得吃肉。[7]

647年，戒日王离世。他是否结过婚至今尚不清楚，反正他没有留下子嗣。他的大臣夺取了王位，但只在位几个星期而已。帝国很快就四分五裂，分成了若干个彼此征战不休的小国，之后的几十年里，印度王国的历史记载都混乱不堪。他是能在北方建立帝国的最后一个印度国王，印度北部的下一任统治者是外来者。[8]

在此期间，南方的遮娄其王朝也陷入了困境。

补罗稽舍二世逝世于642年，他的儿子们随之开启了长达13年的内战，这削弱了王国实力，令外敌帕拉瓦趁虚而入。补罗稽舍二世曾将帕拉瓦驱逐出他们北方的家园文吉。655年，当他的三儿子超日王一世（Vikramaditya I）击败两个兄长夺得王位时，帕拉瓦军队已夺回了文吉。超日王一世虽然夺得了王位，但他丢掉了父亲向外扩张所获的土地。

他还失去了王国东部的领土。补罗稽舍二世当时将此地交给自己的弟弟，即超日王一世的叔叔，让他担任总督。补罗稽舍二世死后，超日王的叔叔在东部领地自立为王。遮娄其四分五裂；从那时起，遮娄其国王管辖伐陀毗，而东遮娄其国王则统治沿海地区。

与此同时，在遥远的西南方向，有一个已经衰败的古老王国正在经历一场复兴。古时候，潘地亚王朝（Pandya dynasty）统治着南部海岸；希腊和罗马的地理学家隐约知道他们都是商人和渔民。他们的势力早已衰落，但是好在其氏族本身延续了下来。过去这几十年，潘地亚又开始重整旗鼓，其部族的人先是担任马杜赖城（Madurai）的城主，后来又成为周边村落的统治者。

100年后，有记载显示，马杜赖此时是森格姆（Sangam）的总部所在地，森格姆是诗人及其庇护人聚在一起读书著文的学院。他们用南印度的泰米尔语（Tamil）撰写诗歌和史诗，也会将摩诃婆罗多语（Mahabharata）的著作译成泰米尔语。学院在马杜赖开设了一个半世纪之久，时间跨度从公元600年至750年。[9]

670年，遮娄其的超日王一世在位15年后，再次袭击了帕拉瓦。潘地亚先前被迫臣服于帕拉瓦，现如今也不情不愿地与帕拉瓦结盟，再次被卷入了冲突。尽管帕拉瓦有了潘地亚的援助，遮娄其军队还是令帕拉瓦国王波罗密首罗跋摩一世（Paramesvaravarman I）的军队惨败。争斗仍在继续，4年后，帕拉瓦国王又还以颜色，入侵并发动了另一场大战。这一次，命运开始反转，遮娄其士兵战败，被迫撤兵回国。[10]

680年，遮娄其国王超日王一世去世。他的儿子律日王（Vinayaditya）继位。虽然遮娄其与帕拉瓦王国的敌对局势仍在继续，但律日

时间线 6

阿拉伯	波斯帝国	拜占庭	印度
			（遮娄其王朝）**补罗稽舍一世**（543—566）
			夏希的兴起
			（遮娄其王朝）**诘底跋摩**（566—597）
穆罕默德出生（约 570）			
		提比略二世（578—582）	
	霍尔米兹德四世（579—590）		
亵渎之战（约 585）		**莫里斯**（582—602）	
马里卜大坝的崩塌（590）	**库思老二世**（590—628）		
			（遮娄其王朝）**补罗稽舍二世**（597/610—642）
	吞并拉赫姆	**弗卡斯**（602—610）	（帕拉瓦）**摩诃因陀罗跋摩**（600—630）
			森格姆学院在马杜赖开办（约 600—750）
		希拉克略一世（610—641）	
穆罕默德收到启示（610）		牧首塞吉阿斯（610—638）	**戒日王**（606—647）
加萨尼被击败			
徙志（公元 622 年 / 伊斯兰历元年）			
白德尔水井战役（624）			
壕沟战役（627）		君士坦丁堡被围（626）	
	喀瓦德二世（628）		
穆罕默德去世（632）			
艾布·伯克尔当选为哈里发（632—634）	**伊嗣俟三世**（634—651）		

时间线 6（续表）			
阿拉伯	波斯帝国	拜占庭	印度
欧麦尔（634—644）			
占领耶路撒冷（637）			
		君士坦丁三世	
		（641）	
		君士坦斯二世	
		（641—668）	
奥斯曼（644—656）			击退阿拉伯人的侵略
			东遮娄其王朝独立
			（遮娄其王朝）超日王一世
阿里（656—661）			（655—680）
			（帕拉瓦）
			波罗密首罗跋摩一世
			（670—700）
			（遮娄其王朝）
			律日王（680—696）
			（僧伽罗）
			摩那梵摩（约684）

王在他 16 年的统治期间总算成功避免了重大冲突的出现。遮娄其的势力如今延伸到了次大陆的中心，弥补了先前的损失。

与此同时，帕拉瓦则将自己的势力范围扩大到了南方。地处印度东南海岸之外的岛屿僧伽罗（今斯里兰卡），曾于不同时期臣服于南印度的不同统治者，但往往同一时间，它还主导着几个的小规模的独立王国。684 年，一个名为摩那梵摩（Manavamma）的勇士向帕拉瓦借兵，请求帕拉瓦帮助他成为整个僧伽罗岛屿的国王。最终，摩那梵摩如愿以偿——但借兵的代价是，他被迫臣服于帕拉瓦。和遮娄其国王一样，帕拉瓦王朝也将其统治范围扩大到了周边领地——经水路远至南部岛屿。

/ 07

帝国动荡

> 643 年至 661 年，穆斯林建立帝国，同时也遭遇了权力争斗、暗杀和社会动荡。

643 年，穆斯林军队在哈里发欧麦尔的带领下不断征服新的土地，其扩张速度及幅度均为亚历山大大帝以来之最。然而，到 644 年，欧麦尔停下了迅速扩张的脚步，因为他在麦地那组织晨祷会时，被一名波斯战俘奴隶连刺了 6 刀。奴隶事后立刻自我了断；欧麦尔气息奄奄，几天后不治身亡，但这段时间足够他安排后事、传位给下一个继任者了。他没有自己挑选，而是任命麦加的 6 位圣门弟子组成协商会议，挑选下一任哈里发。[1]

穆罕默德的堂弟和女婿阿里的支持者再次提议他为哈里发，但这一次，阿里又落选了。协商会议推选了穆罕默德的另一位老友奥斯曼（Uthman）接任，他和他们一样是麦加人，出身古莱什族。穆罕默德死后的几年里，阿里大部分时间都在和非古莱什族的穆斯林打交道，而协商会议却希望保持古莱什族掌权的地位。乌玛中的部落忠诚尚存。

作为哈里发，奥斯曼开始将扩张征服的土地建成一个类似中央集权帝国的国家。欧麦尔已经奠定了阿拉伯帝国的根基，这个帝国和罗马帝国一样，在同一面大旗下，汇聚了大量的土地和多种语言。但阿拉伯帝国是在短短几年的时间里迅速兴起的，没有历经数百年的洗礼，帝国并未充分同化，不能保证外来人口得到他们渴望享有的公民权——在伊斯兰教笼罩下，阿拉伯人也几乎没有时间适应帝国这个新事物。

艾布·伯克尔让新皈依的信徒去对抗外敌，如此形成的凝聚力并不算强。欧麦尔临终前，在整个帝国范围内实行一种等级制度——saqiba，即"伊斯兰教的优先级"，其依据是入教时间，让那些最早成为穆斯林的信徒享有最高的地位。[2]

这种制度若能持续，坚守信念的信徒有朝一日就有希望掌权；长期对伊斯兰教的忠诚，可能成为联结新旧领地的纽带。不过，奥斯曼属于守旧派。他打算将全部征服区域都保持在古莱什族的严格控制之下——事实上，他要把它变成麦加的一面巨大的镜子，而这需要自上而下的管控。他将统治中心设在麦地那，任命总督赴帝国周边各地任职，管理当地事务；他本人则严密管理最重要的军政大员，亲自任免他们，并规定他们只对他本人负责。

在他的领导下，征战仍在持续。阿拉伯军队已占领亚历山大。如今，他们可以借助当地的海军，以加强本国的陆军实力。他们拥有了极其重要的新权力：海域使用权。[3]

他们在沙漠里十分顽强，得以穿越莫克兰沙地，然而他们对海事全然无知。欧麦尔惧怕海洋，因而禁止军队走水路："以赐予穆罕默德真理的真主之名，我永远不会让穆斯林下海。"在权力巅峰期,他这样写道。叙利亚的阿拉伯总督穆阿维叶(Muaniyah)曾恳求他改变主意,但他拒绝了。[4]

另一方面,奥斯曼允许穆阿维叶组建海军,前提是只能招募志愿者担任水手。但从零开始组建海军是个缓慢的过程。俘获亚历山大舰队使阿拉伯人掌控海洋的能力向前跃进了好几十年。穆阿维叶成了阿拉伯海军舰队司令,他着手训练新军横渡地中海,向更远的目标航行。

同时,新上任的掌管埃及的阿拉伯人总督命令部下洗劫亚历山大,摧毁其城墙。他们另选了一座新城福斯塔特(Fostat,今开罗)作为新的首府。这是埃及新兴的势力,一个新的开始。一支地面部队自埃及向西,穿过利比亚的古罗马地区。他们止步于迦太基,但包括近海岸由罗马控制的和深入内陆非洲本土的城镇在内,所有的北非城镇都落入了阿拉伯人的统治。被征服的城镇向征服者敬献奴隶,阿拉伯人将埃及以西的所有北非土著均称为"柏柏尔人"(Berbers,非洲人从不将这个称呼用于自称),柏柏尔奴隶被强征进军队,军队规模日渐扩大。[5]

到649年,穆阿维叶的海军整装待发。他派出一支由1700艘船组成的舰队下水,向西航行了一小段,停靠在塞浦路斯岛。塞浦路斯此时仍归拜占庭统治,但几乎立刻就陷落了。[6]

这支新建的海军开始沿小亚细亚海岸向拜占庭各城市发动袭击。同时,一支强大的地面军队经亚美尼亚向高加索山脉进军,力图绕过黑海,自北向南占领君士坦丁堡。君士坦丁堡一直是扩张战争的最终目标。即使是征服北非,最终也是为了将阿拉伯军队带到新罗马城下。"只有穿过西班牙,才能攻占君士坦丁堡。"奥斯曼告诉他手下的将领们。[7]

但绕道黑海的企图最终失败；可萨人开始反击，阻碍了意图穿越的阿拉伯军队。

在此期间，萨珊波斯国王伊嗣俟三世一直潜逃，他被身后的阿拉伯士兵追着一路向东逃窜，但仍然自称是波斯剩余领土的统治者。整个7世纪40年代，他似乎一直躲在法尔斯（Fars），领导着小规模的抵抗运动。直到40年代末，奥斯曼调派一队人马，才镇压了抵抗运动。士兵们追击伊嗣俟向北进入基尔曼（Kirman），但阿拉伯军队遭遇了暴风雪，天寒地冻，寸步难行。"积雪足有矛枪那么高。"泰伯里说。最终，只有指挥官本人、一名士兵和一个奴隶女孩活了下来。女孩能幸存，是因为她的主人剖开骆驼的肚子，把她包在里面取暖。[8]

伊嗣俟显然打算继续抵抗，但他并没有预料到国内经济形势的变化。他来到离阿拉伯边境更远一点的地方锡斯坦（Sistan），在这里，他下令总督上交去年未交的税款。总督愤怒拒绝，伊嗣俟无奈北上来到呼罗珊，这里也许是他唯一能够据而防守、御寒过冬的地方。

不过，与他随行的还有宫廷里的各种人员——约4000名大臣、无家可归的官员、宫殿侍从以及他们的家眷。一个与以前的贸易伙伴断绝了往来的山区省份，是无法养活这么多闲散人员的。呼罗珊总督没有拒绝让国王留下，但他雇了几个杀手，打算杀掉他。受雇的杀手在半夜抵达，解决了伊嗣俟的贴身侍卫。国王本人则向东逃跑，与一名石匠一起躲在了穆尔加布河（Murghab）岸边。当他疲惫得要入睡之际，石匠杀死了他，将尸体扔进了河里。[9]

伊嗣俟三世的国家已经不复存在，现在，他本人也死在了复国的路上。随着他的去世，中世纪的萨珊波斯国家彻底灭亡。波斯帝国已成过往。

奥斯曼把自己占领的土地变成一个国家的尝试如今陷入了低迷期。

在他担任哈里发的前 6 年，即 644 年至 650 年，他致力于对外征服，一切进展顺利，但后 6 年的形势却越来越困难了。据记录他统治历史的阿拉伯历史学家的说法，他命运的转折点是丢失先知的图章戒指一事。这枚戒指是银制品，上面刻有"穆罕默德，真主的使者"的字样，曾被穆罕默德用来封缄其与非阿拉伯人的往来书信。根据泰伯里所说，穆罕默德把戒指传给艾布·伯克尔后，伯克尔又继续传给欧麦尔，最后传到了奥斯曼手中。有一天，奥斯曼坐在麦地那的井沿上：

> 他开始摆弄戒指，拿它绕着手指转来转去。突然戒指从他的手上滑落，掉进了井里。他们找啊找啊，甚至抽干了井水寻找戒指，但还是一无所获……他绝望地寻找图章戒指的同时，又定制了一个形状和款式类似的戒指，材质也是银的，完全符合他的要求。上面仍然刻有"穆罕默德，上帝的使者"的字样。然后，奥斯曼就将它戴在了手指上，直到去世。[10]

这个故事说明，奥斯曼作为先知继任者的合法性不仅遭到了质疑，甚至最终被证明是个幻觉。

此时他面临重重困难。他已经无法阻止被征服的波斯城市的不断反抗，而且适应沙漠环境的阿拉伯军队不擅在波斯各省的山地作战。在那里，波斯贵族继续存在，波斯的宗教、语言和习俗保留了

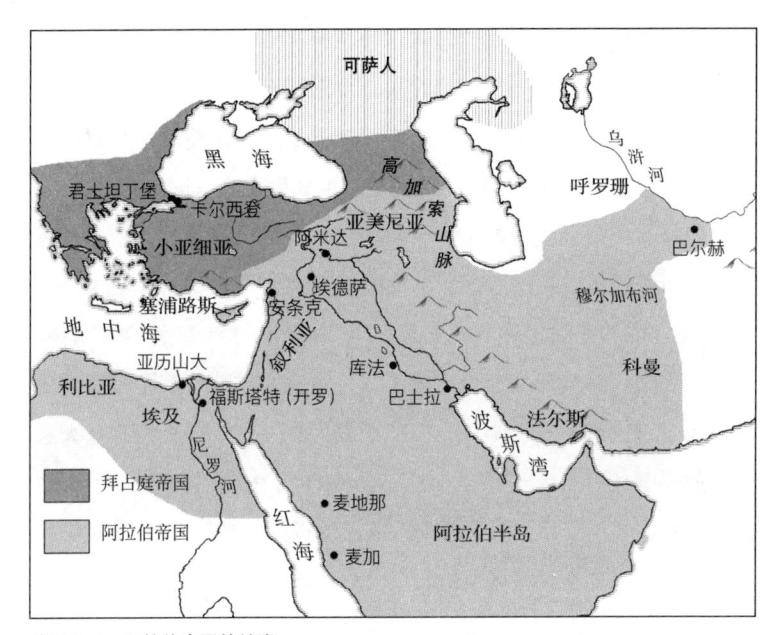

地图 7-1　阿拉伯帝国的扩张

下来，没有受到什么干涉。在西部征服的土地上，并未形成任何形式的统一帝国，反而是沿着北非海岸，存在着分散的、高度固化的阿拉伯势力，而且这些飞地之间的通信需求也要求阿拉伯军队继续征服，将飞地周遭的土地也夺到手中。[11]

奥斯曼希望他的帝国不是仅仅建立在刀剑之上，为此，他做出了努力。他已经开始收集穆罕默德所有教义的权威版本。先知没有亲自动笔写，他的启示都是口口相传，由信徒们记录下来的，有时记载的形式多种多样。随着帝国的不断扩张，地理位置上相隔甚远的穆斯林们也开始编纂各自的版本，它们彼此并不一致，奥斯曼也知道，倘若没有一本统一的圣书，帝国领土的扩张就可能破坏领土内教众的伊斯兰身份认同。

但是,这件事情需要耗费时间,也需要有一定程度的和平才能完成。《古兰经》的权威版本完成后,还必须将其复制,然后带到帝国边缘地区——有一半时间,这些书因战事无法运达。

民众对奥斯曼统治的不满日益增加。边远的占领区时常爆发起义。奥斯曼送信给各地总督,称他们应该"对其治下的人民保持严格管理"并"借助各种活动约束民众",这样才能避免招惹麻烦。而这样一来,事情反而变得更糟了。拜占庭、波斯,甚至是法兰克人的几个王国都不排斥强权,但奥斯曼应该只是一个穆斯林,大家彼此都是兄弟,他不应该是个国王。654年,据泰伯里说,奥斯曼的敌人互通书信,计划聚集起来,抗议他行为失当。[12]

实际起义先在库法城(Kufa)发动,该城位于幼发拉底河西岸。它是阿拉伯人为攻占波斯而建立的军事总部,后来发展成一个熙熙攘攘的穆斯林大城市。阿拉伯人从世界各地的阿拉伯国家迁来此处。然而按照奥斯曼的政策,只有古莱什族人能得到提拔[而且奥斯曼特别偏爱他的本家氏族——倭马亚家族(Banu Umayya)的族人]。当奥斯曼下令将全城所有盈余收入拨给麦地那,供那里的阿拉伯人使用时,民怨进一步加深。

此时,穆罕默德的女婿阿里·伊本·阿布·塔利卜又出现在大家的视野中,他受一群心怀不满的穆斯林委派,替他们去与奥斯曼交涉。他和奥斯曼一样,也在麦地那,这里是奥斯曼所倚重的高度集权的政府所在地。双方争论的焦点在于,奥斯曼任命他的亲戚,一位埃米尔在库法城政府担任要职,这个人很不受欢迎。"我就是偏爱亲戚,"奥斯曼厉声道,"这又有什么不对的呢?"阿里回答道:"你对亲戚太好了,总是对他们言听计从。""他们也是你的亲威。"奥斯曼说。但阿里反驳道："他们和我关系很近,这并不假,但其他人身上才有美德。"[13]

阿里仍然替那些被剥夺了公民权的人发言。一年后,也就是655年,库法民众罢免了这个不受欢迎的地方官。阿拉伯叛军从库法出发,向麦地那挺进,包围了奥斯曼的住所。麦地那人也加入叛军的行列,因为他们苦恼于奥斯曼对本家倭马亚氏族的偏爱。

奥斯曼请求阿里·伊本·阿布·塔利卜代他向民众求情。阿里与奥斯曼一番恳谈后,同意知会大家,3日之内,奥斯曼将秉行"正义,无论正义针对的是他自己还是其他人,他将惩罚一切被大家憎恶的行径,解决大家所有的诉求"。

> 随后,他起草了一份文件……给了奥斯曼3天的宽限期,以根除一切不公正的行径,罢免所有他们不认可的地方官员……阿里让带头的迁士和辅士共同见证了这份文件。就这样,叛军调转方向,撤军了,等着他履行随意许下的承诺。然而奥斯曼却开始集合军队备战……3天过去了,他没有改变任何民众反感的行为,也没有罢免任何官员,民众再次起义反抗。[14]

奥斯曼的敌人包围了他的家,打算杀了他。统治期间,他不是作为真主的先知,而是作为信众的首领进行统治的,尽管他声称自己的权力来自真主的授意,但信众的支持才是决定他的统治地位的终极力量。然而,他已经失去了这种支持。

他站在自家的围墙上,警告杀手:"你们要是杀了我,将会永远不能和大家一同祷告,真主也不会消除你们彼此之间的纷争。"他们回答说:"你原本是称职的,但后来你变了。"[15] 说完,他们闯进他家，像手握长矛一样握着铁箭刺死了他。

奥斯曼的尸体并没有依穆斯林习俗被立即掩埋，而是被扔进庭院，曝尸三日。他的家人不得不恳求阿里（他成了城市的实际统治者），取回尸体。后来，奥斯曼被葬在一个犹太人的公墓里。没有一个穆斯林墓地愿意安放他。

没过多久，阿里的支持者们，包括叛军和非倭马亚氏族的许多古莱什族人集会一堂，宣布阿里为下一任哈里发。他肯定早就料到了这一天的到来。然而，他犹豫了。另一种抗议声响起，声音强而有力——这是阿伊莎的声音，她是先知的遗孀，也是第一任哈里发艾布·伯克尔的女儿。她坚持认为阿里无权统治，整个穆斯林社会（目前十分分散）的领导权应该归于与穆罕默德本人有血缘关系的倭马亚氏族。

阿里发现自己处境尴尬。他不怎么想与先知的妻子起冲突。另一方面，她的说法也不是无懈可击。倭马亚氏族与穆罕默德有关系，但关系疏远：倭马亚氏族和穆罕默德的嫡系氏族哈希姆氏族有一个共同的祖先。而阿里却是哈希姆族人。他不仅是穆罕默德的女婿，也是他的堂弟；他的儿子哈桑（Hasan）是先知的外孙，是穆罕默德的女儿法蒂玛的孩子。

然而，众所周知，阿里无意代表两个氏族所属的古莱什族，进而让这个大氏族继续独霸大权。阿伊莎坚称奥斯曼的氏族，而非穆罕默德的嫡系氏族，是伊斯兰帝国的"皇室家族"，她努力想把权力留在自己的氏族手中。

最终，阿里决定接受哈里发的头衔。后来，他把自己的决定写信告知了同为穆斯林的埃及总督："简直无法想象，阿拉伯人会从神圣先知的家族和后代那里夺取哈里发的位置，而且他们居然会把外人当作哈里发来宣誓效忠。在每一个阶段，我一直让自己在霸权和强权政治的斗争中保持超然的态度，直到我发现异端分子已明目张胆地采取了异端和分裂行径，正试图削弱并破坏我们神圣先知所宣扬的宗教教义。"他认为，在倭马亚氏族中设立哈里发一职将使氏族明确政治地位，破坏其与穆罕默德及其使命的密切联系。[16]

然而，为了防止发生这样的事情，他被迫战斗。阿伊莎及其支持者早就离开了麦地那，前往位于波斯湾岬角处的巴士拉（Basra），他们希望在那里召集更多事业上的支持者。阿里集结士兵，紧随其后。656年12月，上任半年后，阿里在骆驼之战中与敌人在巴士拉城墙外相遇。更多的阿拉伯人从库法赶来增援他，他速战速决，大获全胜。阿伊莎的支持者都死了，她无奈之下，只得退出公共视野。[17]

然而这场争夺哈里发之位的首场战役打响了教派内战——菲特纳（Fitna），这是一场"考验"。阿里将哈里发驻地从麦地那搬到了库法；库法更接近这个新征服帝国的中心，而且是他的坚强后盾。他派遣支持他的新总督去接管反叛省份的管理事务。但是前任总督中有一位拒绝让位。他就是穆阿维叶，阿拉伯海军的创始人，他仍然担任叙利亚总督，奥斯曼是他的表兄。他不愿让位，威胁称要反击，除非将杀害奥斯曼的凶手处以死刑。[18]

尽管阿里并没有直接参与流血事件，但疑犯却是他的一些铁杆支持者，处决他们是不可能的。他无视穆阿维叶的提议，回信指责穆阿维叶所寻求的所谓正义都是为自己谋取私利，甚至说穆阿维叶当初皈依伊斯兰教也是出于同样的目的：

> 当你看到阿拉伯半岛所有的大人物都信奉伊斯兰教，并聚集在先知的旗下时，你也加入其中……真主保佑，我太了解你

了，不屑与你争论或给你建议。背教与贪婪在你脑海中早已根深蒂固，你心智紊乱，不能区分到底什么是对你好的，什么不是……你也写过许多有关杀害哈里发奥斯曼的凶手的事情。你应该做的是像其他人一样宣誓效忠于我，案件则应提交法庭审理，然后，我会根据神圣的《古兰经》的教义做出审判。[19]

穆阿维叶根本无意发誓效忠。两人往来书信的言辞越来越激烈（"我收到你的来信，"阿里写道，"我认为信里全是愚蠢至极的胡言乱语。"），到最后，两人之间的问题显然只有通过武力对抗才能解决了。[20]

657年7月，两人各领一支军队，在幼发拉底河上游相遇。两位指挥官似乎都不太愿意让两伙穆斯林交战。"不要主动出战，"阿里告诉他的手下，"让他们先动手，降兵就不要再打了。"战斗真正打响之后，拖了3天，也没有分出胜负。最后，穆阿维叶的部队撤退，将《古兰经》的书页扎在长矛的矛尖上，他们坚持认为双方头领应依据伊斯兰律法解决他们的分歧。阿里的士兵也同意这一点，双方停战是必然的。[21]

双方通过形形色色的中间人进行了谈判，然而谈了许久，双方都不满意。最终，阿里保留了哈里发的头衔，在库法执政；穆阿维叶则留在叙利亚，没有头衔但独立执政。实际上，帝国已经分裂，它由一位哈里发统治的说法只是一个权宜的神话。

阿里担任哈里发期间，依然麻烦不断。奥斯曼遭谋杀一事使他的阵营里始终流动着一股负罪感的暗流。658年，他的军队中有一部分人叛离，他们指责阿里不公，借口是他没有为奥斯曼的死报仇。他的不公正导致他颁布的法令没有人遵守，不白之冤的存在意味着他无法作为真正的哈里发进行统治。

阿里起初试图对这些叛乱分子进行仲裁，他的其他的部队称叛乱分子为"脱离派"（kharijis）。随后他又向他们发动了攻击。但他除不掉他们，仍然效忠于他的士兵们渐渐厌恶了不断的同胞相残。他的势力逐渐遭到削弱。[22]

661年，一名"脱离派"刺客在阿里的营地中将阿里刺杀。他余下的支持者试图推举他的儿子哈桑（先知的外孙）继任哈里发。但选择站在穆阿维叶一边的阿拉伯人多得多。哈桑当时已经是个年近40岁的成年人了，并不想自己找死，于是他同意与穆阿维叶（及其6万大军）达成和解。他愿意在麦地那安然退隐；作为回报，穆阿维叶承诺，如果自己死在哈桑前边，就将哈里发之位传回给哈桑。

这场伊斯兰内战结束了，倭马亚氏族大权在握：穆阿维叶是先知穆罕默德之后的第五任哈里发，他是倭马亚族人。但像他的前任一样，他也被迫不断与那些憎恶他掌权的叛军作战。

伊斯兰帝国曾一度以信众社群为中心，如今开始变得越来越像其他中世纪帝国：民众处于统治者的控制之下，其中有些人不断制造叛乱，高层不断争权夺利，整个国家始终有四分五裂的趋势。通过派遣第一批阿拉伯战士对外作战，艾布·伯克尔维持住了乌玛的统一。然而，胜利和征服已经开始从内部对其造成破坏了。

时间线 7

印度	阿拉伯	波斯帝国	拜占庭
（遮娄其王朝）补罗稽舍二世（597/610—642）			
（帕拉瓦）摩诃因陀罗跋摩（600—630）		吞并拉赫姆	
森格姆学院在马杜赖开办（约600—750）			弗卡斯（602—610）
戒日王（606—647)			
	穆罕默德收到启示（610）	希拉克略一世（610—641）	
		牧首塞吉阿斯（610—638）	
	加萨尼被击败		
	徙志（公元622年/伊斯兰历元年）		
	白德尔水井战役（624）		
			君士坦丁堡被围（626）
	壕沟战役（627）		
		喀瓦德三世（628）	
	穆罕默德去世（632）		
	艾布·伯克尔当选为哈里发（632—634）		
	欧麦尔（634—644）	伊嗣俟三世（634—651）	
	占领耶路撒冷（637）		
			君士坦丁三世（641）
			君士坦斯二世（641—668）
击退阿拉伯人的侵略	奥斯曼（644—656）		
东遮娄其王朝独立			
（遮娄其王朝）超日王一世（655—680）	阿里（656—661）		
	第一次"菲特纳"（656—661）		
	穆阿维叶一世（661—680）		
			君士坦丁四世（668—685）
（帕拉瓦）波罗密首罗跋摩一世（670—700）			
（遮娄其王朝）律日王（680—696）			
（僧伽罗）摩那梵摩（约684）			

/ 08

法律与语言

> 643年至702年，皇帝试图离开君士坦丁堡，伦巴第人和保加尔人开始建国，北非则落入穆斯林军队的手中。

意大利的伦巴第人并没有因为东方阿拉伯人的入侵而遭受任何不便。事实上，正是由于东方有这些战争，才使得636年当选的伦巴第国王罗泰利有可能摆脱拜占庭几乎所有的残余控制。当拜占庭皇帝疲于应付穆斯林军队时，罗泰利却忙着有条不紊地将皇帝在意大利的领地逐一收回——只剩下拉韦纳的飞地和四面城墙环绕的罗马城。

得到这些斩获，意味着时机已经成熟，伦巴第人起初本是攻无不克的入侵者，现在已经可以建立国家了。

伦巴第人一部分是古老的日耳曼神的信徒，一部分是阿里乌斯派基督徒，还有一部分是天主教基督徒。共同的宗教信仰可以增加他们的凝聚力，但罗泰利是个有远见的人，除了凝聚力之外，他还想给他们别的东西，想让他们建立独立的国家。因此，643年，他制定了一部成文法，这是伦巴第人前所未有的举动。据执事保罗的记载："罗泰利国王在一系列著作中，将伦巴第人以往只保存在记忆和习俗中的法律汇集起来，并将其定名为《法典》（Edict）。"

罗泰利的《法典》共有 388 章，虽以拉丁语写就，但法条是伦巴第式的：在罗马式的外壳下栖息的是日耳曼精神。揪男人的胡子在日耳曼战士之间被认为是一种侮辱，会被处以高额罚款；在战斗中抛弃战友会被判处死刑；要是想将财产过户给别人，必须召集一些自由人作为见证。[1]

伦巴第王国以前没有明确的边界，这些法律帮助他们将边界确定了下来。罗泰利下令："所有的战士（waregang），只要是从外面进入我们王国的边界的，都应当遵守伦巴第的法律。"他这里指的是定居在伦巴第土地上的外国勇士。意大利伦巴第人的土地就这样逐步成为伦巴第王国，一个让那些浪迹天涯的伦巴第人可以称为家乡的祖国。[2]

在形成国家的过程中，伦巴第人开始信奉正统天主教。其首领信奉的阿里乌斯派基督教是他们的日耳曼血统的印记，是从他们还不曾进入正统教派和政治权力中心的日子里遗留下来的。罗泰利的继任者，阿里佩特一世（Aripert I），成为伦巴第王国的第一个天主教国王，这使这个意大利王国更加接近政治主流了。

661 年，阿里佩特死后，他的两个儿子之间爆发了短暂的战争。最后他的儿子们一个死了，另一个跑了，王位则落入贝内文托公爵格里莫尔德（Duke Grimoald of Benevento）手中，他是个半独立的伦巴第人首领，本来应该是忠于伦巴第国王的。

在遥远的君士坦丁堡，君士坦斯二世决定插手。君士坦斯 11 岁登上皇位，眼看着意大利逐渐脱离，埃及和北非也落入阿拉伯人手中。现在，661年，他已年满30岁，是3个儿子的父亲，因为胡子特别浓密而得到"大胡子君士坦斯"（Constans the Bearded）的绰号，并已控制了整个帝国。看到伦巴第的内战，他想出了一个计划。阿拉伯人的攻击看起来可能势不可当，但意大利是比较好对付的，因此君士坦斯二世决定离开君士坦丁堡，在塔兰托（Tarentum）设立作战指挥部，位置就在意大利靴形版图上脚背的位置，然后重新征服这个半岛。[3]

君士坦斯二世在君士坦丁堡并不受欢迎，这无疑使他更加想要在罗马重建皇权，但这个计划也揭示了拜占庭人在多大程度上仍然认为自己是罗马人。他们几乎没人到过这座"永恒之城"，好几代皇帝都没去过罗马，意大利早就不在拜占庭人的手里了。但不知何故，罗马在他们心中仍然占有一席之地。君士坦斯二世向着罗马出发，要去重新实现过去的辉煌。

到663年，君士坦斯二世已在塔兰托立足，对南方伦巴第领土发动的战争也进展顺利。许多南方城市都向他投降，他很快就逼近了格里莫尔德的故乡贝内文托城外。国王格里莫尔德此时正远在北方的伦巴第首府帕维亚，留下来掌管贝内文托的是他的一个儿子。他的儿子派人向他求助，于是格里莫尔德率领王家卫队启程南下。

这肯定是一支庞大的军队，因为君士坦斯二世听说格里莫尔德快要到来的消息时，感到"十分惊慌"。他撤退了，先是撤到沿海城市那不勒斯（该城已同意接纳他；这座城市自从536年被贝利萨留从东哥特人手中夺过来之后，一直效忠于君士坦丁堡），然后又撤到罗马（这是自罗慕路斯·奥古斯都被废黜以来首次有皇帝来到罗马这座古城）。他只在罗马待了12天，出席了由教皇主持的礼拜仪式，将城中剩余的所有金制或铜制饰品劫掠一空，以便将其熔化，为战争提供资金，之后就启程前往西西里岛了。他登岛之后，来到锡拉库萨（Syracuse），并宣布在此建都。他第一眼看到罗马就放弃了将其收回的打算。他一直在想象罗马的辉煌，但他真正看到的罗马却是一幅破旧不堪、人口凋敝、萎靡不振的景象，似乎无法再恢复旧时模样了。[4]

从锡拉库萨出发，他再次开始发动对意大利南部的攻击。他就像从前的皇帝一样统治西西里岛：暴虐、苛刻又专横。他还派人将妻儿接来，这清楚表明，他打算留在西部，远离君士坦丁堡。[5]

由于他的努力，拜占庭保住了意大利南部海岸的控制权。但他的残暴行为使他十分不得人心；他明显遗弃了新罗马，这又使他失去了更多民心。668年，他的一个家仆（毫无疑问参与了一个更大的阴谋）用肥皂盒猛击他的头部，直到把他打死。他的儿子君士坦丁四世（Constantine IV）在君士坦丁堡继位，他接受父亲的教训，一直待在那里没有离开过。[6]

670年，君士坦丁四世继位两年后，阿拉伯人再次开始沿着北非海岸向前推进。与此同时，阿拉伯人向东部的拓展也在继续。在印度北部山区，阿拉伯军队将夏希国王赶出了都城喀布尔；夏希王国仍然保有开伯尔山口的控制权，但被迫向东迁都至乌铎迦汉荼城（Udabhandapura）。[7]

674年，阿拉伯军队多管齐下的扩张终于抵达了君士坦丁堡，他们开始围攻这座城市。围攻持续了4年，但君士坦丁堡能够通过海路不断补充给养，所以情况从未恶化到令人绝望的程度。678年，阿拉伯海军发起了最后的海上攻击，但拜占庭舰队使用了他们著名的"希腊火"（Greek fire），这是一种化学混合物，用炮筒发射，遇水仍能继续燃烧,最后阿拉伯舰队撤退了,不久之后陆军部队也随之撤退。[8]

就在拜占庭皇帝带领手下忙着保卫君士坦丁堡的时候,保加尔各部落得到了扩张的空间和时间。

30年前,希拉克略皇帝已经承认了亚速海以北的保加尔人首领库布拉特的王位。库布拉特死于约665年。之前他长期在位,将老大保加利亚的边界向外拓展,北至顿涅茨河(Donets),南至多瑙河。就像法兰克人的首领一样,他死后将王国留给5个儿子共同继承。

在史书《世界编年史》(*Chronographikon syntomon*)中,9世纪的牧首尼斯福鲁斯(Nicephorus)写道,库布拉特在临终前,将儿子们叫到身边,让他们每个人都试着赤手空拳折断一捆树枝。儿子们全都失败了,于是他把这捆树枝拆开,很容易就一根一根地都折断了。"要保持团结,"他告诉儿子们,"因为抱成一捆就不容易折断。"[9]

可事实上,在他死后,这5个儿子几乎立刻就分道扬镳了。次子科特拉格(Kotrag)率领其追随者向北迁至伏尔加河,他们被称为银色保加尔人(Silver Bulgars)。三子阿斯巴鲁赫(Asparukh)率领3万余名追随者在德涅斯特河(Dniester)和普鲁特河(Prut)之间安顿下来。四子库伯(Kouber)率领一小支保加尔人先到了潘诺尼亚,然后又折回到马其顿;五子阿尔塞克(Alcek)则率众直抵意大利,在那里保有了一块小小的保加尔人飞地。长子巴颜(Bayan)则留在家乡,统治着弟弟们率众远走之后大为减少的人口。库布拉特临终的警告充满智慧,这一点很快就显现出来:可萨人几乎立刻就开始攻打巴颜,将其王国夷为平地,吞噬了他的领地,终结了最初的老大保加利亚王国。

君士坦丁四世试图效仿可萨汗王。679 年，他刚从围攻君士坦丁堡中有所恢复，就开始出兵攻击位于拜占庭西部边境的阿斯巴鲁赫所率领的 3 万保加尔人。起初他获得了成功，但据狄奥法内斯所说，他后来因为患有痛风症而被迫撤离前线，其部队则士气低迷，纷纷四散逃跑。[10]

保加尔人的首领阿斯巴鲁赫随即与附近的斯拉夫部落结成联盟，一路打到色雷斯，让西北边境的拜占庭军队头痛不已。到了 681 年，君士坦丁四世决定最好还是停战讲和。于是他与阿斯巴鲁赫缔结了和约，甚至同意每年向保加尔人纳贡。

征服拜占庭，接受其贡品，使阿斯巴鲁赫不仅暂时安顿下来，而且因为有了君士坦丁堡的贡金支持，他甚至带领着一群难民建立了保加利亚第一帝国（First Bulgarian Empire）。

多少有些出人意料的是，与保加利亚第一帝国缔结和约之后，君士坦丁堡与阿拉伯人之间也实现了和平。

先知穆罕默德之后的第五任哈里发穆阿维叶逝世于 680 年。在他之后，是一连串短命的哈里发：五年之内就换了三个。最后，685 年，一位既有能力指挥作战，又有办法管理日益混乱的帝国的哈里发即位，他就是阿卜杜勒·马利克·伊本·马尔万（Abd al-Malik ibn Marwan）。执政伊始，他无情地镇压了那些支持其他哈里发候选人的阿拉伯人。清除反对派一共花了他六年的时间——这六年，他更多的精力是用来与其他阿拉伯人，而不是与阿拉伯人以外的其他人进行斗争——同时，他还得面对叙利亚的饥荒和疾病的暴发，这有可能是一场轻微的瘟疫。[11]

他写信给君士坦丁四世，主动提出纳贡以确保和平，君士坦丁

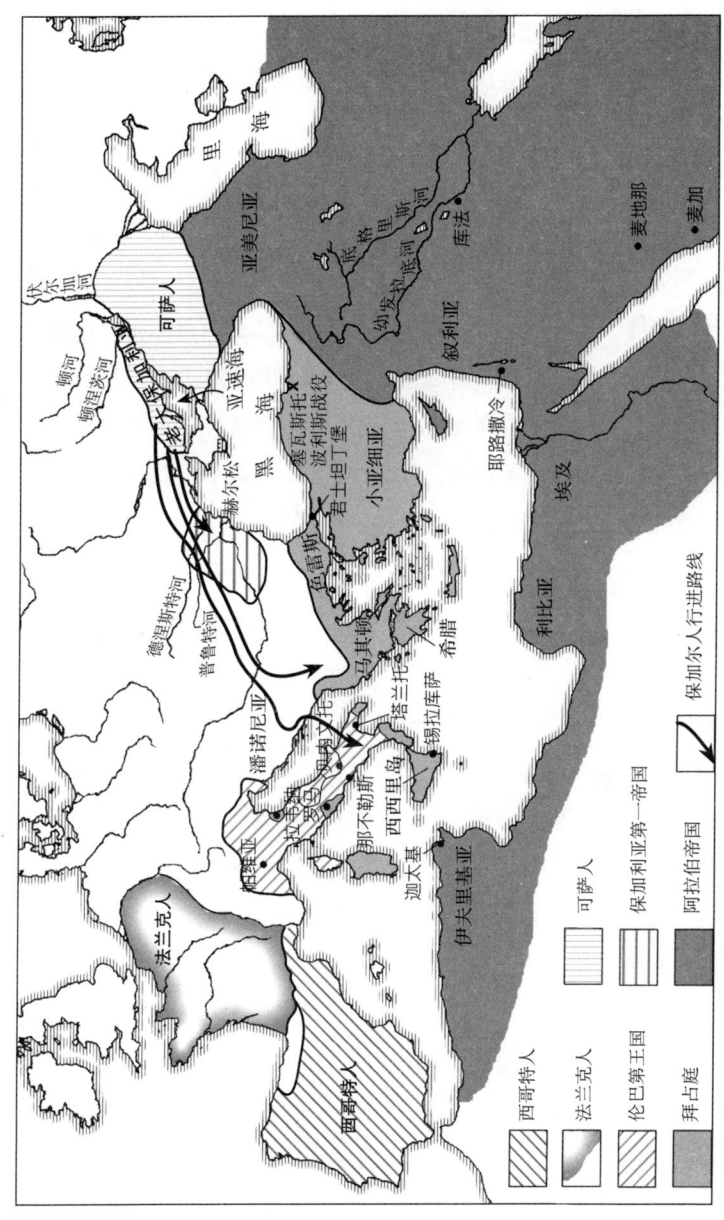

地图 8-1 拜占庭、阿拉伯人和保加尔人

四世同意了他提出的条款。不久之后，君士坦丁四世过世，将君士坦丁堡的宝座留给了儿子查士丁尼二世（Justinian II）。[12]

查士丁尼二世当时只有 16 岁，就这样继承了这个在过去几十年的慢慢整顿后已经变得更为高效、更加易守难攻的帝国。拜占庭如今已不是被划分为早先那样的庞大不便的行省，而是被划分为不同的"军区"（themes）。保护这些军区的不是从首都派遣的、由不熟悉自己领地的军官指挥的部队，而是本地的士兵。自从希拉克略以来，历代帝王逐渐将各军区的土地作为奖励赠予官兵，以换取他们终身服役。税收制度也在逐步进行整顿，让每个军区的公民直接向当地的部队纳税，而不是将税金交往首都，这些钱要是交到首都的话，就可能会也可能不会花到原本应该花的地方。

这样一来，每个军区的军队就有很强的积极性去保护这个地区。对于地方的效忠之心原本有可能会让一个统一的帝国四分五裂，但现在对其加以引导之后，却可以用其来更好地保卫国家。小亚细亚有四个军区，色雷斯也有一个，还有两个在希腊和西西里岛。[13]

查士丁尼二世也继承了与阿卜杜勒·马利克的和约，他同意继续执行这些约定。这给了查士丁尼二世时间让他适应皇帝的角色，而阿卜杜勒·马利克则可以腾出手来平定那些反对他继任哈里发的叛乱。到 692 年，他已经制服了敌人，没有了其他对手，成为穆斯林唯一的哈里发。

现在，这两个人都想破坏和约：阿卜杜勒·马利克想要继续征服大业，而查士丁尼二世则想证明自己不愧是个皇帝。692 年年末，阿卜杜勒·马利克在支付贡银时用了阿拉伯的货币而不是拜占庭的，这为两人提供了一个很好的借口。

阿卜杜勒·马利克当时一直想要稳定金融事务，已经花了一段时间创建了一套标准的阿拉伯货币制度。他向查士丁尼二世缴纳的就是这种货币。查士丁尼二世立刻宣布这些货币是假币，不能接受，然后就向对方宣战了。为了加强自己的军队，他曾花钱请了约3万名保加尔人当雇佣兵。"他征募了3万人，将他们武装起来，并命名为'特种部队'。"狄奥法内斯写道。他"对他们有信心"，相信自己一定能在与阿卜杜勒·马利克的战斗中获胜。[14]

但他想错了，阿拉伯军队进占了拜占庭的领土。当两军于692年在黑海南岸的塞瓦斯托波利斯战役（Battle of Sebastopolis）中相遇时，保加尔人背信弃义，掉头就跑，原因是阿卜杜勒·马利克在背后给他们送了钱，并且答应如果战斗一开始他们就立即撤退，还会再给他们更多的钱。没有了盟友的支持，拜占庭军队守不住前线，只好撤退。阿卜杜勒·马利克受到胜利的鼓舞，开始沿拜占庭海岸四处侵袭。

查士丁尼二世当时还只有23岁，他向那些背信弃义的保加尔人复仇，屠杀他们的妻子和孩子。但他的军队却认为责任在他，而不在那些雇佣兵。695年，军官哗变，抓住了他，割了他的鼻子，拔了他的舌头，用铁链将他锁着送到赫尔松（Cherson），那是一座堡垒，军事犯都被关在那里潦倒等死。他们拥立一位将领，利昂提奥斯（Leontios），代替他成为皇帝。

在利昂提奥斯的带领下，帝国在迦太基吃了最后的败仗，该地被阿拉伯军队彻底占领，就此结束了罗马人在北非800年左右的统治。哈里发阿卜杜勒·马利克任命一个名叫穆萨·本·努萨伊尔（Musa bin Nusair）的阿拉伯地方长官前去统治新的穆斯林行省——伊夫里基亚（Ifriqiya，今突尼斯）。回到君士坦丁堡后，利昂提奥斯将军为惨败付出代价，这回轮到他被推翻了。698 年，他被关押，受割刑，并被发配到一个修道院里，军队又选了另一名军人当皇帝。[15]

702 年，伊斯兰势力几乎已完成了对北非的征服。北非原住民柏柏尔人大量皈依伊斯兰教。他们的部落结构使得皈依更像是一个群体性事件，而不是个人的决定。当一个部落的首领皈依时，部落里的其他人都跟着他一起皈依。

阿拉伯王国本身在阿卜杜勒·马利克老练的治理下，凝聚力也开始变得比以前更强。他已经推出了本位货币；他派自己所信任的兄弟担任最重要的地方长官；他还开始在耶路撒冷建造一座新的清真寺，以提供一个比麦加的天房克尔白更加重要的礼拜和朝圣场所（虽然麦加仍然很重要）。这个清真寺就是圆顶清真寺（Dome of the Rock），建立在被毁坏的犹太人第二圣殿的旧址上*；寺中保藏着一块岩石，据说穆罕默德就是踏着这块岩石升天的。

阿卜杜勒·马利克还下令将阿拉伯语当作帝国的官方语言，这是以前所有的哈里发都没有做过的事。这为日益溃散的国家提供了一种迫切需要的黏合剂。伊斯兰教和阿拉伯语是所有阿拉伯人征服的土地上一成不变的两个重要元素；基督教和拉丁语已经多少开始分道扬镳，因为法兰克人、西哥特人、伦巴第人和希腊人都将基督教教义翻译成他们自己的语言，但伊斯兰教和阿拉伯语（以及伊斯兰教和阿拉伯文化）却将继续被紧密捆绑在一起。

---

* "第二圣殿"建于公元前 6 世纪，取代被巴比伦人摧毁的所罗门圣殿。

时间线 8

波斯帝国	阿拉伯帝国	拜占庭	伦巴第人	保加尔人
吞并拉赫姆		弗卡斯 (602—610)		
	穆罕默德收到启示(610)	希拉克略一世 (610—641)		
	加萨尼被击败	牧首塞吉阿斯 (610—638)		
	徙志(公元622年/伊斯兰历元年)			
	白德尔水井战役(624)			
喀瓦德二世(628)	壕沟战役(627)	君士坦丁堡 被围(626)		
	穆罕默德去世(632) 艾布·伯克尔当选为 哈里发(632—634)			
伊嗣俟三世 (634—651)	欧麦尔(634—644)			(老大保加利亚) 库布拉特 (约635—约665)
	占领耶路撒冷(637)	罗泰利(636—652)		
		君士坦丁三世 (641)		
		君士坦斯二世 (641—668)		
	奥斯曼(644—656)	罗泰利《法典》(643)		
		阿里佩特一世 (653—661)		
	阿里(656—661)			
	第一次"菲特纳" (656—661)			
	穆阿维叶一世(661—680)			
		格里莫尔德 (662—671)		

时间线 8（续表）

波斯帝国	阿拉伯帝国	拜占庭	伦巴第人	保加尔人
		君士坦丁四世（668—685）		保加尔人统治的分裂/老大保加利亚毁灭（668）
	围困君士坦丁堡（674—678）			保加利亚第一帝国的扩张
	阿卜杜勒·马利克（685—705）	查士丁尼二世（685—695）		
		利昂提奥斯（695—698）		

/ 09
创造历史

> 646年至714年,日本天皇颁布《改新之诏》,发布了律法,书写了一段传奇的历史。

每个中世纪国家的国内政治几乎都是由军队如潮汐般一波又一波的进攻和撤退塑造的,只有日本是个例外。日本人生活在大小不一的岛屿上,西边是大海,东边更是广袤无际的大洋,天皇就在这里实行统治,他们的权力边界有些模糊,很少需要使用武力征服,其注意力专注于国内。

虽然唐朝的军舰从未在大和民族统治者的港口停泊,大唐还是侵入了这个国家,这是一种缓慢的、在不知不觉中发生的思想渗透。

645年,皇极天皇因一场宫廷政变退位,由其同母弟孝德天皇继位,其子中大兄皇子为皇太子,主持朝政。654年孝德天皇去世,皇极天皇再次即位,改号齐明天皇。齐明天皇第二次即位之后,于661年过世,将天皇皇位留给了她的儿子。中大兄皇子最终站上了权力金字塔的顶端,他有一个长期的盟友名叫中臣镰足,是他的左膀右臂。但母亲去世后有7年的时间,中大兄皇子一直以皇太子的名义称制摄政。直到668年,他才最终正式即位,称天智天皇。那年他42岁。他花了23年的时间等待因刺杀苏我氏而沾满双手的鲜血褪色,之后才敢拿起权杖。

天智天皇正式即位之后不久,为了犒劳中臣镰足对他终生的忠诚,赐予他一个新的姓氏:藤原氏。他用这个办法让自己的朋友成为一个新氏族的族长、一个新家族的创始人。后来藤原氏的权势稳步增长,最后其影响比元气大伤的苏我氏更大。

中大兄皇子试图参与外国政治,他试图帮助百济国王夺回王位,但结果是灾难性的:唐朝和新罗结成联盟,日军惨败。这次尝试失败之后,大和民族更加一心关注国内事务了。当时大和民族还是由一系列关联松散的氏族构成,各氏族首领小心翼翼地维护着自己的权威。而天智天皇身为皇太子的时候,就在中臣镰足的帮助下,拟定了一系列的改革措施,并尝试着将其付诸实施,目的是改变国家统治现状,将原本由一系列氏族部落相连而成的、由维护自身权威的氏族首领统治的国家统一起来,建立一个没有纷争、由一名君主单独统治的君主国。早在646年,中大皇子就开始主持改革,颁布了著名的《改新之诏》,这标志着"大化改新"的开始。诏令宣布大和民族的所有领地成为一个统一的国家,由天皇代表人民进行统治。私有财产与世袭的家族权利全部被废除。旧的所有权体系也同样被废除。第一条改革诏令这样宣布:"罢昔在天皇等所立子代之民,处处屯仓,及别臣、连、伴造、国造、村首所有部曲之民,处处田庄。"[1] 以前的氏族首领和村长们不再拥有自己的土地和贵族头衔,而是被授权管理土地,这些土地现在都由大和统治者所有。他们也不再拥有贵族头衔,而是将在新成立的官僚机构中被授予各种不同级别的官职。

《改新之诏》的内容不是大和民族发明的，而是从中国远渡重洋传来的。中大兄皇子向唐朝派出了许多学者和僧侣，让他们去学习中国皇权的悠久历史，研究唐朝政府的结构，然后将他们所学到的东西带回日本来。《改新之诏》试图创造的新世界模仿的是古代中国所设想的世界：一组同心圆，皇帝位于核心，其权力无所不包，外围边缘处则是皇帝的代理人，替他行使这些权力。《改新之诏》中有的字句完全就是中大兄皇子派出的遣唐使从他们带回来的中国史书中逐字逐句照搬过来的。无论定都洛阳还是长安，几百年来的改朝换代并没有什么不同。中国皇帝总是声称自己传承的是有史以来即已存在的源远流长的皇权传统，大和民族也渴望加入这个古老的源流。[2]

原来的中大兄皇子如今已成为天智天皇，他决心要建立一个朝廷，在这个朝廷里，他要像中国的皇帝一样，不仅仅担任战争领袖和最高将领（这种位置很容易受到战争胜败的影响），而是要成为整个文化的代表、文明的领袖、宇宙秩序的守护者。历史学家琼·皮戈特（Joan Piggott）借用孔子的话，将这种体制称为"北极星君主制"（polestar monarchy）。孔子在《论语》中说，君主"为政以德，譬如北辰，居其所而众星拱之"。意思是说君主以道德教化来治理政事，就像北极星那样，自己居于一定的方位，而群星都会环绕在它的周围。天智天皇努力要成为日本文化的校准点，因此他将历史学家和诗人带到自己的朝廷上，创办了一所太学。他带着朝廷上下阅读中国经典，这些是660年由一名行脚僧带到日本的。天智天皇带领朝廷效法中国的礼仪，认为这样就可以将天国的秩序带到人间，让尘世和平安宁。[3]

根据他的传记作者的描写，天智天皇还下令让大臣们收集日本法律，编纂内容不同于《改新之诏》的成文法。日本当时列国分立，很久以来一直没有一套统一的成文法典，天皇的统治在许多方面都是名义上的，并不亲力亲为。不过，因为日本与中国唐朝和统一新罗的接触，也因为天智天皇认为天皇的权力应该更大一点，编制成文法的时候到了。

不过这套法典似乎从来也没有完成过。因为天智天皇仅仅正式统治了3年就一病不起，编制的法典无论已经完成了多少，都因此停滞下来。在最后的日子里，疾病给天智天皇带来无法缓解的痛苦。最后，死亡终于抵消了他刺杀苏我入鹿的罪过。[4]

天智天皇的孙子文武天皇于697年继位，时年14岁，还是个孩子。他继续进行天智天皇已经开始的任务，并于701年颁布了日本存世的第一套法律。这就是《大宝律令》，其中包括天智天皇时已开始的立法。它勾画出一个治理得十分严格的国家，其权力布局是精心规划的一系列官僚机构，每个机构的分支都有自己的一套等级和官职设置。[5]

这套律令结构完美，设想出的世界就如同《改新之诏》中所规划的权力同心圆一样秩序井然。但尽管几代天皇都热切地学习唐朝，这些律令却仍然更多地存在于纸面上，而不是现实中。唐朝的模板已经在日本列岛奠定了基础，但在表面上的模板之下，国内大片广袤的土地上还是继续着以前的做法。氏族的首领所拥有的可能是官衔，而不是贵族头衔，但他们仍然行使同样的权力；土地可能名义上属于天皇所有，但在上面经营、分配、耕种和规划的，都还是改新以前土地的旧主人。

文武天皇颁布律令之后没过多久就过世了，终年24岁，皇位由他的母亲继承。她就是元明天皇,天智天皇的女儿,是数十年来第四个坐上天皇宝座的女人——有如此多的女性统治者,这在中世纪世界的其他地方几乎都是不可想象的。这是因为,天皇就像一座古老金字塔的塔尖一样,可以接触到上苍,并将其与位于塔基的老百姓们联系起来。至于占据金字塔塔尖位置的究竟是男人还是女人,这相对来说并不重要。而在中国唐代的文化中,贸易路线和食物供应都在皇帝的职权范围内,女人只有在行政和管理方面具备异乎寻常的才华,才能令朝堂臣服,让朝臣们认为她值得效忠。尽管元明天皇的朝廷采纳了唐朝所有的习俗,但她毕竟不是唐朝的君主,所以不管她是男是女,都可以充当人民的北极星。

在元明天皇统治第四年的时候,她正式宣布迁都奈良。原本文武天皇就打算迁都到这个城市来,但该计划因为他的去世而中断了。迄今为止,大和统治者的都城一直都不固定,每个统治者都宣称自己的住所是政府新的中心。但元明天皇的新都是一个创举。当时该城名为平城,意思是"和平之城",后来当了70多年(日本的"奈良时代")的都城。她还有些新的计划,要将该城扩建并进行美化,这些计划(很自然地)是以唐朝的都城长安为范本制定出来的,因为长安的辉煌给那些到访过这座都城的日本人都留下了极为深刻的印象。[6]

过去,天皇的居所一直是小事一桩,因为天皇所代表的是上天的权力,而不是世俗的权力。世俗的权力没有必要体现在具体的地方,没道理必须建造石质的元老院、宫廷,甚至是皇座来将天皇的统治与尘世联系起来。但在接下来的几十年里,她一直留在奈良进行统治,天皇与政治体制之间的联系变得稍微频繁了一些。天皇这

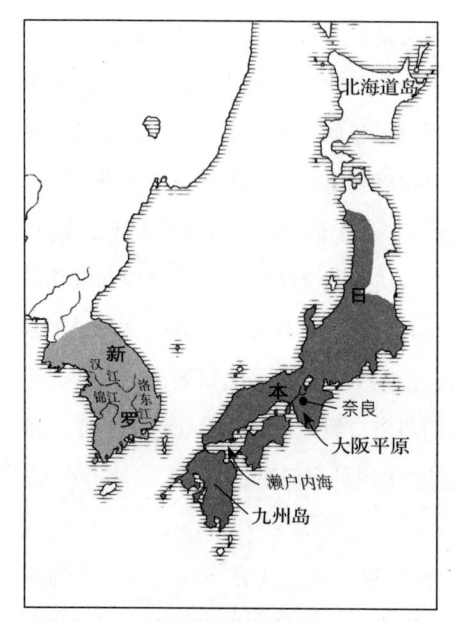

地图 9-1 奈良时代的朝鲜与日本

颗北极星将不只是发光照亮,她还会伸出爱管闲事的双手,干预尘世的事宜。

与此同时,这颗北极星也变得越来越神圣。元明天皇于715年退位,传位于女儿元正天皇。而在其在位的9年期间,元正天皇主持颁布了《养老律令》。这套律令表达了一种越来越深入人心的想法:天皇不仅能够接触天上的神祇,而且她本人就如同女神一般。北极星不是传递天上的光明,它自己就是光的来源。[7]

在下一任天皇、元正天皇的弟弟圣武天皇在位期间,日本皇室特权结构虽仍根基不稳,但已初具体系,而且在其表面之下,又精心打造了一层新的基础。作为一名大和君王,圣武天皇的统治"空前显赫",他的手下有一个苦心经营的朝廷,大小官员人满为患,皇权的各种排场应有尽有。他也将天皇的历史追溯到古老的过去。在他登基之前,关于日本君权的两部神话历史——《古事记》和《日本书纪》已经编写完成。[8]

根据这些记载,第一任天皇是海神之女丰玉姬的儿子、天照大神的玄孙。这个男孩就是神武天皇,他的血管里流淌着大海和天空的血液,因此成为领袖,统治人民。后来他长大成人,做了父亲。一天,他将儿子们召集到一起,给他们布置任务。他告诉儿子们说,很久以前,世界上到处都是一片荒凉,到处都是黑暗、混乱和沮丧。但随后,众神给了人类一个礼物——皇室的领导。在天皇的统治之下,黑暗和混乱让位给美好和秩序,土地也变得肥沃,世间充满光明,庄稼长势喜人,日日夜夜都平静安宁。"而辽遥之地,犹未沾于王泽。"他告诉他们。"遂使邑有君,村有长,各自分疆,用相凌跞……彼地必当足以恢弘大业,光宅天下,盖六合之中心乎。厥飞降者,谓是饶速日欤。何不就而都之乎?"他们果然做到了,打着君权神授的旗号一路高歌猛进,消除了混乱和黑暗。[9]

那时,为日本君权奠定一个神话基础已是势在必行,即使这个神话基础必须有一部分是无中生有也在所不惜。日本君权的历史缔造出一段充满正义战争和君权神授的过去,这段过去为现在和未来精心奠定了基础。它重写了日本大和民族的历史,将日本变成一个建立在英雄主义、丰功伟绩和神灵恩宠基础上的国家。

时间线 9

拜占庭	伦巴第人	保加尔人	日本	隋朝	吐蕃
弗卡斯（602—610）			《十七条宪法》（604）		
				炀帝（604—618）	
希拉克略一世（610—641）					
牧首塞吉阿斯（610—638）				隋朝灭亡/唐朝建立（618）	
				唐朝 高祖（618—626）	
君士坦丁堡被围（626）				太宗（626—649）	
			舒明天皇（629—641）		松赞干布（629—650）
		（老大保加利亚）库布拉特（约635—约665）			
	罗泰利（636—652）				
君士坦丁三世（641）					
君士坦斯二世（641—668）			皇极天皇（642—645）		
	罗泰利《法典》（643）				
			孝德天皇（645—654）大化改新开始		
				高宗（649—683）	芒松芒赞（650—676）
	阿里佩特一世（653—661）		齐明天皇（655—661）		
	格里莫尔德（662—671）		天智天皇（中大兄皇子）（661/668—672）		
君士坦丁四世（668—685）		保加尔人统治的分裂/老大保加利亚毁灭（668）	藤原氏兴起		
		保加利亚第一帝国的扩张		中宗（683—684）	

时间线 9（续表）

拜占庭	伦巴第人	保加尔人	日本	唐朝	吐蕃
				睿宗 （684—690）	
查士丁尼二世 （685—695）					
利昂提奥斯 （695—698）					
			文武天皇 （697—707）		
			元明天皇 （707—715） 奈良时代 （710—794）		
			元正天皇 （715—724） 《养老律令》		
			圣武天皇 （724—749）		

/ 10

女皇当道

> 683年至712年，皇后武则天成为天子。

683年，病重的皇帝唐高宗徘徊在死亡的边缘，他挚爱的皇后武则天守在身边。尽管他已多次中风，头脑却依然清醒。他在贞观殿召见大臣，宣布自己最终选定的继承人，就皇权的传递发布遗诏。12月27日晚上，他在贞观殿去世。当时他的身体过于虚弱，无法移动，已不能再回寝殿去了。[1]

他选择传位于自己27岁的儿子唐中宗，之前还册立中宗的儿子李重照为"皇太孙"。这个举动极不寻常，说明他很担心唐朝根基尚浅，李氏王朝的基业还不够稳固。他的遗诏中还发布了最后的诏令：新皇"军国大事有不决者，取天后处分"。[2]

他上了这样的三重保险，目的是要维护唐朝的统治，这一点最后也确实做到了，虽然过程与他原本的设想有些不同。丈夫遗诏赋予武后做出最终决断的权力，仅仅两个月后，她就将自己的儿子赶下了皇位。他的过错很简单：他想任命皇后韦氏的父亲为侍中，并明确地暗示母亲，她是时候体面地隐退了。

武后却不打算这样做，所以她趁唐中宗大会文武之际，派出宫廷侍卫将其包围。他们捉住了皇帝，将其与怀有身孕的韦氏一起带走，软禁起来。然后，武后不立名正言顺的皇太孙为帝，而是立自己的幼子、中宗的弟弟睿宗为唐朝新君。

唐睿宗此时20岁出头，聪明过人，但有些羞涩，并患有严重口吃。他别无选择，只好让母亲替他临朝称制。"政事决于太后，"一位后世史官如此记载道，"居睿宗于别殿，不得有所预。"[3]

这些做法都不完全合理合法，但也并非完全不合礼法。武后毕竟没有登上皇位——虽然睿宗"继位"半年之后发布的一系列诏令加深了人们对她的怀疑，认为她是有这样的打算的。她诏令大赦天下，改变帝国旗帜的颜色，更改了一些官名和官服的颜色。这是统治者创建新的王朝时才会采取的行动，是变革的象征。

人们都在嘀咕，但唐代中国暂时呈现出一片繁荣与和平的景象，农民们衣食无忧，没有产生民变所必需的普遍不满情绪。针对她事实上已篡夺了的政权的武装反叛确有发生，为首的是一名不久之前被贬官的贵族子弟，但这次反叛不到三个月就被武后派兵镇压了。

随后五年间，武后的势力越来越强。她的丈夫在位时，她在其身后行使权力，已经证明自己是一个有能力的管理者、军事家和立法者。然而，尽管她明显能力卓越，朝廷上的达官贵人们却仍然感到愤愤不平，因为她以前只不过是皇帝的众妃之一，现在却登上了他们做梦也不敢想的权力巅峰。

所以武后开始培植自己的人，她从下层阶级选拔官员，提拔那些能力虽强，之前却由于出身不好而无法得到进一步发展的人。士族们绝不会是她的朋友，但他们就算不情愿，也不得不承认她作为统治者的强大实力。现在，普通老百姓成了她忠实的支持者，因为他们只要有才华，就有机会出人头地，为此他们心怀感激。

但这并不是她唯一的权力基石。她还缔造了一个秘密警察网络，领头的是两个著名的酷吏周兴和来俊臣（审讯手册《罗织经》一书的作者）。

> 这两个人臭名昭著，就像现代的纳粹希姆莱（Himmler）及其帮凶一样。他们成立了学校，专门将他们那一套传授给弟子们，还写了一本书进行说明指导，书中详述了许多用于刑讯逼供的新式酷刑，桩桩令人发指。他们给这些酷刑都取了充满诗意的名字，新抓来个犯人，他们就向其展示这些可怕的刑具，为了避免承受这些酷刑的折磨，犯人往往什么罪都认下来。[4]

支持武后的不仅仅有因为有机会出人头地而心怀感激的人，也包括那些被酷吏所震慑而不敢表示反对的人。

690年，武后迈出了最后一步。一名朝官上表，请其登基称帝，成为天子。如同隋朝的第一任皇帝隋文帝及之前的许多篡位者一样，她拒绝了——这是惯例，说明不了什么。第二次上表请愿有6万臣民签名，她再次拒绝了。此时，幽居别殿的唐睿宗意识到自己正处在悬崖边缘。

唐睿宗也亲自上表，请求武后同意他退位，然后自己荣登大宝。武后准其所请，风度优雅仁慈。她于690年秋天正式登基，睿宗则被降为皇嗣。正是由于睿宗情愿让权，他才在政治旋涡中得以平安。[5]

这回武后的权威得到了正式承认，她终于当上了皇帝。然而，一个女人想要声称自己是真正的天命所归，并无古制可依。为了支撑她真正的政治权力，使其神圣不可侵犯，武后必须要扮演一个新的角色：她要像之前的所有皇帝一样，成为天子。

因此，上朝的时候，她显得特别具有阳刚之气：她并没有改变自己的穿着或外表，没有试图使自己看起来像男性，但她塑造出一种男性的形象，让全国上下能够接受，因为他们实在无法把一个女性统治者摆到过去那种既定的统治者高位上去。她自称是一个新的王朝——周朝——的第一个皇帝，这样她就成了一名家长式的人物；她将都城迁回到洛阳，这样就将她现在的皇帝身份和以前的皇后身份分隔开来。

这是一个以前在中国从来没有上演过的剧本。新皇是新近历史上治国能力最强的人之一，她起用了许多才华横溢、训练有素、精明能干，却出身低微的人。尽管在她的执政中也交织着一道恐怖的阴影，但女皇显然有能力保持唐代中国繁荣富强的局面。然而，武后要想登上皇位似乎别无他法，只能用这个新的天子身份。百姓愿意接受她为天子，这不仅揭示了天子身份建构的力量，也说明了这种建构有多么脱离现实。

女皇帝武则天统治新朝大周的头五年，中国更加繁荣昌盛——虽然不时也会有些士族怨恨抱怨，因为他们被武皇提拔上来的新人挤下原位，丧失了权力，但被提拔上来的平民仍然十分忠诚，而且武皇也知道如何寻找事业同盟，无论是政治上的，还是个人生活上的。

她找了个情人，一个卖药郎，名叫薛怀义，他造成了一些麻烦。按照旧礼，皇帝当然没有纳男妃的道理，所以武皇任命他为一家寺院的住持，这样他就可以名正言顺地出入宫闱了。结果他恃宠而骄，变得爱嫉妒，还充满占有欲，最终一怒之下烧毁了城中最大的一所佛寺。皇帝选出朝中最强壮的侍从女官，派她们前去包围薛怀义，并将其绞杀。当时朝中的女子长期遭受皇家男性的欺压，所以女皇不费吹灰之力就找到许多女官自愿前往。[6]

695年，她面临北方三处叛乱。北方的游牧民族，人称契丹（Khitan），原先住在辽河流域某处，后来南下至唐朝边界，现已来到北方城市幽州（今北京）附近，这里是北方军事重镇。而此前已经重建的东突厥汗国也在袭扰北方边境。这些东突厥人对于自己在唐朝社会中的地位感到越来越不满意，他们放弃了自己的汗国，参加唐朝的军队，为唐朝而战，然而，这些付出没有得到什么回报，有的只是别人对他们的鄙视和不屑一顾。他们以前的王室后裔仍然在世，其中有一个封号为默啜的人成了东突厥人的领袖。当契丹人入侵幽州时，突厥人在默啜带领之下，也正在袭击大周朝的西北边境。[7]

与此同时，吐蕃人则开始了对大周朝领土塔里木盆地的进攻。吐蕃赞普芒松芒赞在摄政大相禄东赞的辅佐下，排除万难，平安度过了幼年时期，却英年早逝。此时禄东赞也已经死了，把持吐蕃政权的是禄东赞的儿子论钦陵，他当时是芒松芒赞的小儿子赤都松赞的摄政大相。这种双重的权力交替——大相传大相，赞普传赞普——使吐蕃王国的政治形势能够保持稳定，也使赤都松赞的曾祖父松赞干布那个时候所开创的征服大业得以继续。[8]

三个敌人同时向大周朝发动袭击，这说明他们彼此之间具有某种形式的联系。三者背后的主要推手可能就是东突厥可汗默啜，他开始设法利用形势为自己谋利。他先是趁契丹人进攻大周朝之机，给武则天皇帝送信，主动提出要替唐朝对抗契丹，以索取巨额回报。武则天同意了这个计划，于是默啜于696年进攻并击败了契丹。然后，从唐朝手中拿到酬金之后，他马上倒戈再次攻打唐朝。几年之内，他已经设法重建了东突厥汗国的力量。而与此同时，吐蕃人则征服了塔里木盆地南部。吐蕃军队长驱直入唐境，一直打到长安城以西仅300千米左右的地方。但他们最远只能打到这里，再远就面临溃败的危险了，所以他们接受了武则天皇帝的收买，拿了钱，就撤兵了。[9]

大周朝军队在战场上的失利，使得武则天更难维持她就是天子的幻象。于是她也像之前许多年华老去的皇帝一样（此时她已年过70岁），通过肉体享乐来证明自己的能力和权力。她开始与张氏兄弟二人同时展开风流韵事。她给了他们许多恩宠，使他们成为朝中两个最招人忌恨的男人，朝官们开始担心，这两兄弟说不定会说服女皇让他们继承她的皇位。越来越多的朝官开始进言，说应该让退位的中宗重新出山，重登皇位。为了让他们闭嘴，武则天皇帝结束了对中宗14年的软禁，将其立为太子，以便将来继承自己的皇位（尽管他其实已经当过一次皇帝了）。中宗此时已经40多岁了，一直与妻儿过着半隐居的平静生活。他之所以能活到现在，完全是由于生性友善，所以他接受了太子的头衔，别的也没多要。[10]

武则天的健康和体力保持得异常长久，但也开始衰弱了。699年，她得了人生第一场重病，尽管喝了太医开的一剂又一剂汤药，她的病还是越来越重了。到705年，女皇已经年过80岁，准备好要退位了。她将皇冠交到儿子中宗手中，就卧床不起了。

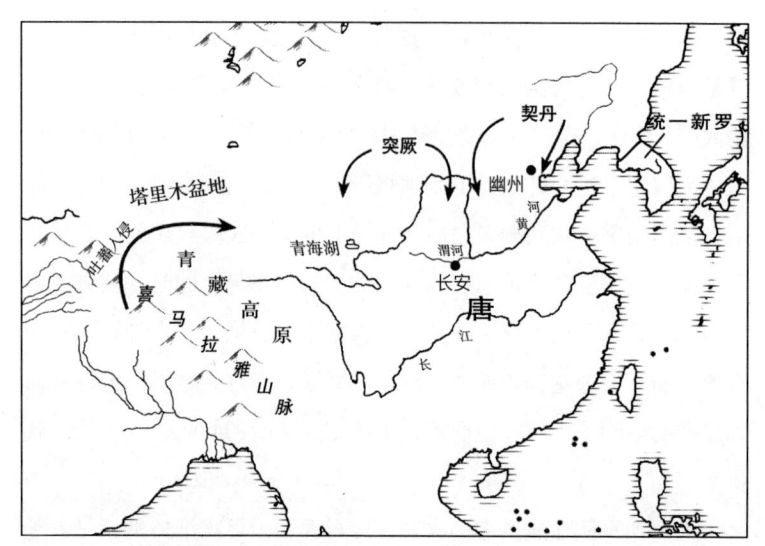

地图 10-1　唐朝面临的外族入侵

　　她在病床上又躺了不到一年，显然还很受人民爱戴，在病床上也备受瞩目，她就像全国人民的祖母一样，年高德劭，直至去世。[11]

　　女皇一退位，朝廷史官们不约而同地全都忽略了她想要建立一个新王朝的努力，立刻就恢复了唐朝纪年。唐中宗复位，成为唐朝第五任统治者（或者说是第六任，取决于当初 683 年的时候，他当的那两个月皇帝到底算不算作一个单独的任期）。

　　他得以保命的友善随和并没有使他成为一个好皇帝。他在位的 5 年，从 705 到 710 年，唐朝的朝政是由他的妻子韦皇后，以及皇后的情人，也是武则天的侄子武三思一起把持的。[12]

韦皇后野心勃勃，想像婆婆一样成为一代女皇，但她缺乏武则天的智慧与能力。5年之内，朝廷就腐败得一塌糊涂，不可救药了。韦后于710年毒杀丈夫中宗，又为这一切雪上加霜。中宗这个不幸之人，在几十年的各种宫廷阴谋中都幸存下来，却死在了一盘点心上。

韦皇后的想法也没有什么出奇之处，她试图立丈夫的幼子（妃嫔所生）为帝，这样她就可以临朝称制——就像武后30年前所做的那样。但朝廷现在已经熟悉了这个套路，中宗的妹妹和侄子发动了宫廷政变，结果小皇帝被监禁，韦皇后则与其亲属以及支持者一起被斩杀于宫中。

政变者拥立中宗的弟弟唐睿宗继位成为下一任皇帝。睿宗当时已48岁，（像他的哥哥一样）已经当过一次皇帝。早在684年，他22岁的时候就登基过一次，在母亲武则天的控制之下统治了6年的时间，直到母亲将其废黜，自己当上女皇为止。

睿宗离开皇帝的宝座之后，得以重享私人生活。他喜欢默默无闻，不想再回宫中继续勾心斗角，但他终于还是被说服重登皇位。710年，他再次登基，但712年，他又厌倦了宫廷的复杂阴谋。因此，当天空中出现彗星的时候，他说这是一个预兆，顺势退位了。

他把皇冠交给了儿子，即后来的皇帝唐玄宗。唐玄宗精力充沛、成熟稳健，他开始收拾父亲留下来的烂摊子。他降低了政府对佛教寺院减免税收的幅度，这迫使一些和尚和尼姑还俗，重新回到平民百姓缴纳赋税的生活；他改革了儒家通过科举考试选官的体系，削弱了士族们往往通过出身特权来垄断朝官位置的权力；他赶走了吐蕃人，迫使他们求和；他在战乱频发的地方设立了一系列节度使辖区，赋予节度使巨大的权力，以应付各种困难，借此稳定了边

时间线 10

拜占庭	伦巴第人	保加尔人	日本	唐朝	吐蕃
				隋朝灭亡/唐朝建立（618）	
				高祖（618—626）	
君士坦丁堡被围（626）				太宗（626—649）	
			舒明天皇（629—641）		松赞干布（629—650）
		（老大保加利亚）库布拉特（约635—约665）			
	罗泰利（636—652）				
君士坦丁三世（641）					
君士坦斯二世（641—668）					
	罗泰利《法典》（643）		皇极天皇（642—645）		
			孝德天皇（645—654）		
			大化改新开始		
				高宗（649—683）	芒松芒赞（650—676）
	阿里佩特一世（653—661）		齐明天皇（655—661）		
	格里莫尔德（662—671）		天智天皇（中大兄皇子）（661/668—672）		
君士坦丁四世（668—685）		保加尔人统治的分裂/老大保加利亚毁灭（668）	藤原氏兴起		
					赤都松赞（676—704）
				东突厥汗国重建	
		保加利亚第一帝国的扩张		中宗（683—684）	
查士丁尼二世（685—695）				睿宗（684—690）	

时间线 10（续表）					
拜占庭	伦巴第人	保加尔人	日本	唐朝	吐蕃
				武则天（690—705）	
利昂提奥斯（695—698）			文武天皇（697—707）		
提比略三世（698—705）					
查士丁尼二世（第二次执政，705—711）				中宗（第二次执政，705—710）	
			元明天皇（707—715）		
			奈良时代（710—794）	睿宗（第二次执政，710—712）	
				玄宗（712—756）	
			元正天皇（715—724）《养老律令》		
			圣武天皇（724—749）		

疆；他将都城迁回长安，而长安则（由于他新的税收政策和边疆的相对和平）再次开始吸引来自远方的商队，其中最远的来自君士坦丁堡。[13]

唐玄宗不像女皇武则天，他能够将自己的全部精力投入治国，不需要费力维护自己执政的合法性。他统治了将近半个世纪，将唐朝从崩溃的边缘带回到辉煌的顶峰，后世人称其为"唐明皇"。

/ 11

通向欧洲的道路

> 705 年至 732 年,阿拉伯军队击溃了西哥特人,但没能占领君士坦丁堡,还被阿基坦的奥多(和查理·马特)赶出了法兰克人的土地。

君士坦丁堡最近的一位将军出身的皇帝提比略三世(Tiberius Ⅲ)通过军事政变夺得政权之后,在皇帝的宝座上坐得并不安稳。他收到一个坏消息:被赶下皇位,并被处以割刑的年轻皇帝"被剜鼻者查士丁尼"(Justinian the Noseless),从位于赫尔松的关押他的监狱中逃了出来。他正躲在可萨人的宫廷中,谋划着要夺回皇位。

可萨汗国曾逼退阿拉伯人,征服老大保加利亚,因此目前可萨可汗布希尔·格拉万(Busir Glavan)是远近最为强大的盟友。但可萨人自从希拉克略大帝时代起就一直是正统拜占庭皇帝的盟友。为了说服布希尔·格拉万同意帮他推翻目前坐在宝座上的提比略三世,"被剜鼻者查士丁尼"向他许诺了他至今不曾拥有,也无法通过战斗获取的东西:让他成为拜占庭的皇亲国戚。他提出迎娶布希尔·格拉万的妹妹,条件是布希尔·格拉万帮他夺回皇位。

布希尔·格拉万同意了。但不久之后，从君士坦丁堡的提比略那里又传来秘信：他愿意支付可汗丰厚的报酬，让可汗暗杀查士丁尼二世。布希尔·格拉万是一个现实主义者。查士丁尼二世必须要努力奋斗才有可能夺回皇位，就目前来说，与提比略三世结成政治联盟比跟一个将来不知哪天才有可能成为皇帝的人结亲更为合算。因此他收下了提比略的钱，派了两个可萨士兵去谋杀他的新妹夫。

但他低估了查士丁尼二世。他妻子警告他说有人正在鬼鬼祟祟地谋划些什么事情，于是查士丁尼二世把那两名士兵叫到他家，可能是以聘请他们当保镖为幌子。查士丁尼把他们让进屋里，等他们放松下来，就用一根绳子把两人都勒死了。然后，他再次逃离，这次是乘一艘渔船逃离了可萨的领地。

他设法驾驶小船向北到达德涅斯特河，像上次那样过河进入保加利亚第一帝国。现在统治保加尔人的是阿斯巴鲁赫的儿子泰尔韦尔（Tervel），他与可萨人为敌，因为对方毁掉了保加尔人原来居住的更靠东方的家园。查士丁尼二世承诺与泰尔韦尔结盟，给他钱，还答应以后要把自己的女儿嫁给他，以此争取泰尔韦尔的支持。到705年，查士丁尼二世得以率领一支保加利亚军队，兵临君士坦丁堡城下。[1]

他们花了三天时间试图通过谈判协商进城，三天之后，查士丁尼二世失去了耐心。他很熟悉君士坦丁堡的给排水系统，所以就带领军队通过给水总管进了城。他们冲进皇宫，擒获了提比略。查士丁尼重新夺回皇位，并下令将提比略处死。他还刺瞎了曾支持提比略统治的牧首，以报复当初他们对自己的残害。

查士丁尼二世第二次当皇帝当了六年，从705年当到711年。他是唯一一位遭受割刑之后又重新执政的皇帝。他戴着一个银质的假鼻子，盖住自己鼻子被割掉之后留下的伤疤，君士坦丁堡的居民发现最好是假装相信他这个假鼻子是真的。[2]

但他第二次登上皇位之后，别无建树，只是在一心一意地抓捕那些曾经背叛他的人，为自己报仇。他这六年的统治带来了一场腥风血雨，他下令将敌人和疑似敌人的人吊死在城墙上，将他们扔在竞技场上让马匹将其践踏至死，把他们装进麻袋扔进海里淹死，给他们服毒，把他们砍头。711年，军队起而造反，查士丁尼二世被杀。[3]此时，在君士坦丁堡，既没有正当的皇位继承人，也没有哪个将军的势力足够强大，所以没人能掌握权力的缰绳。711年至717年间，有三个短命的皇帝走马灯般轮番登上又迅即失去君士坦丁堡的皇位。

但穆斯林军队正忙着别的事情，并未乘虚而入。哈里发阿卜杜勒·马利克于705年过世，他的儿子瓦利德一世（Walid I）继承了他的哈里发之位。在瓦利德一世执政期间，阿拉伯军队开始撤离北非海岸。

穆萨·本·努萨伊尔被任命为北非伊斯兰行省伊夫里基亚的总督，他又任命了一个名叫塔里克·伊本·齐亚德（Tariq ibn Ziyad）的柏柏尔战士做自己的军事指挥官。塔里克曾经为奴，但已通过服兵役赢得了自由。总督和新任指挥官一起领兵对海滨城市丹吉尔（Tangiers）发起了进攻。他们希望丹吉尔可以成为阿拉伯军队越过地中海海口，进入西哥特人的伊比利亚王国的中转站。[4]

西哥特王国已经开始走下坡路了。

近百年来，西哥特人一直在努力维持王国的完整。早在636年，他们已经开始遇到困难，败象初现。当时第五次托莱多会议——一个由教士、学者和官员共同商定国家法律的集会——颁布法令，规定只有具有哥特人血统的哥特贵族才有可能成为国王。653年，第八次托莱多会议又增加了一个新的规定：国王不仅必须是哥特人，而且要由"达官显贵"，也就是执掌重权的哥特贵族世家选出。[5]

这样一来，选举战士做国王的日耳曼人的旧式习俗就被写进了法律——这种做法在其他大部分日耳曼王国中都已经逐渐被抛弃了。这是一种充满活力的做法，非常适合游牧民族，但在具备各种习俗和法律的定居民族的国家，通过选举确立王权会带来不稳定。因为当选的首领知道自己的权力是有限的，任期也很短暂，所以行使职权时十分谨慎。经选举产生的国王进入一种没有持久性的管理体制，并开始行使专制权力，这样很容易给自己树敌。

从托莱多法令中可以看出，西哥特王国没有将保持稳定性的希望，即保持管理体制的连贯性和持续追求共同目标的希望，寄托在法律、习俗或王室的存续上，而只是寄托在保证国王有哥特人的血统上。但随着阿拉伯军队的逼近，这种稳定性变成了泡影。

694年，西哥特人的国王埃基克（Egica）册封8岁的儿子维提扎（Wittiza）为自己的共治国王，并在随后的公元700年前后，当维提扎成年时（14岁左右），为其举行了正式加冕仪式。埃基克已经不得人心了，因为他将一些专供国王使用的土地当作自己的个人财产，这种做法混淆了国王作为一名统治者的权利和他的私人权利之间的界限。而如今埃基克又为自己的小儿子加冕，这明确表明他企图将王位世袭制引入西哥特。这种做法使得无论是那些十分珍视自己选举国王的权利的贵族，还是那些觉得自己有可能获选国王的贵族，都感到十分憎恶。但他们反抗放肆无耻的埃基克的怒火被暂时浇熄了，因为此时暴发了十分严重的瘟疫，只要是花得起钱、能走得了的人，全都逃离了都城。埃基克和维提扎于701年离开托莱多,埃基克不久就去世了,很可能就是因为染上了这种瘟疫。

虽然我们对维提扎的单独统治知之甚少,但有一部当时的编年史提到,他将父亲宣称归自己所有的土地归还了"王家国库",将其从他自己的私人财产恢复成以前那样只是由现任国王使用。他虽然年轻,但他一定是看到了人们对于父亲的新做法的抗拒。[6]

不过就算他做出这个姿态也救不了他。711年,维提扎已从历史记录中消失,他的命运仍然是一个谜。在哥特贵族的支持下,名叫罗德里克(Roderic)的国王坐上了王座。随后发生了什么事情不是很清楚,因为历史记载混乱且自相矛盾。但有材料提到伊比利亚不同地区的其他两个国王,这说明在哥特贵族之间,对于是否支持罗德里克也没有达成一致,而且当时还爆发了内战。选举制度的目的是把有能力的国王推上宝座,同时避免王权世袭,但当有侵略军来袭时,就会难以为继。[7]

这是一支阿拉伯人和柏柏尔人混合组成的军队,由柏柏尔人塔里克·伊本·齐亚德指挥。在西哥特南部的沿海城镇,袭击已经开始。罗德里克尽其所能地召集了防守部队,但有资料显示,与他竞争王座的对手已经与入侵者结盟,甚至可能帮助塔里克进入了伊比利亚。如果是这样,那他们就高估了这些新来的人的好意。711年7月19日,塔里克·伊本·齐亚德率部在瓜达莱特河战役(Battle of Guadalete)中与罗德里克遭遇,罗德里克被打得落花流水,他手下的贵族和军官被全部歼灭。"上帝杀死了罗德里克和他的同伴,将胜利赐予穆斯林,"阿拉伯史学家伊本·阿卜杜勒·哈卡姆(Ibn Abd al-Hakam)写道,"西方世界从未有过比这次更加血腥的战斗。"[8]

这次战争使西哥特王国在西班牙的统治戛然而止,其原因不是国王死了,而是几乎整个贵族阶层,那些有选举君主权利的人,全都被消灭了。再也没有国王了——更严重的是,也没人有权安排一名合适的国王人选。面临侵略的时候,没人能组织抵抗或与对方谈和。

在接下来的7年时间里,阿拉伯人和柏柏尔人的军队一路占领了整个国家,直接领导地方官员,与他们进行各种交涉。仅仅过了一年,塔里克本人即被召回,离开了伊比利亚,这片新征服的领土——现在被称为伊斯兰安达卢斯行省(Al-Andalus)——被交到北非总督的治理之下。

715年,哈里发瓦利德一世去世,当时阿拉伯人已进入欧洲,这是他给后人留下的遗产。他的弟弟苏莱曼(Sulayman)继承了哈里发的衣钵,之后立即将穆斯林军队的力量重新聚集在拜占庭边境。

拜占庭还在遭受最高领导人频繁更换的痛苦。目前坐在宝座上的是三名昙花一现的短命皇帝中的第三个——狄奥多西三世(Theodosius Ⅲ)。*他本是个与世无争的税务官,根本就不想当什么皇帝(事实上,据狄奥法内斯所说,他发现手下们正计划推举他为皇帝时,甚至躲进了树林里),他也没有意愿面对阿拉伯人越来越强的攻击。717年,当尼西亚的军队拥立他们的一位将军,叙利亚人利奥(Syrian Leo)为皇帝时,狄奥多西松了口气,赶紧退位,进了修道院。在那里,他接受训练,成为一名神职人员,并最终成为以弗所(Ephesus)主教。相比之下,他更喜欢这份工作。[9]

战士利奥,现在成了皇帝利奥三世(Leo III),结束了君士坦丁堡的混乱。他立刻准备应对阿拉伯人随时可能发动的袭击。没过几

---

* 三位短命皇帝中的第一个是市政行政长官菲利皮科斯(Philippikos,711—713年在位),他被他的秘书阿纳斯塔修斯二世(Anastasios II,713—715年在位)取代,然后阿纳斯塔修斯二世又被税务官狄奥多西三世(715—717年在位)取代。

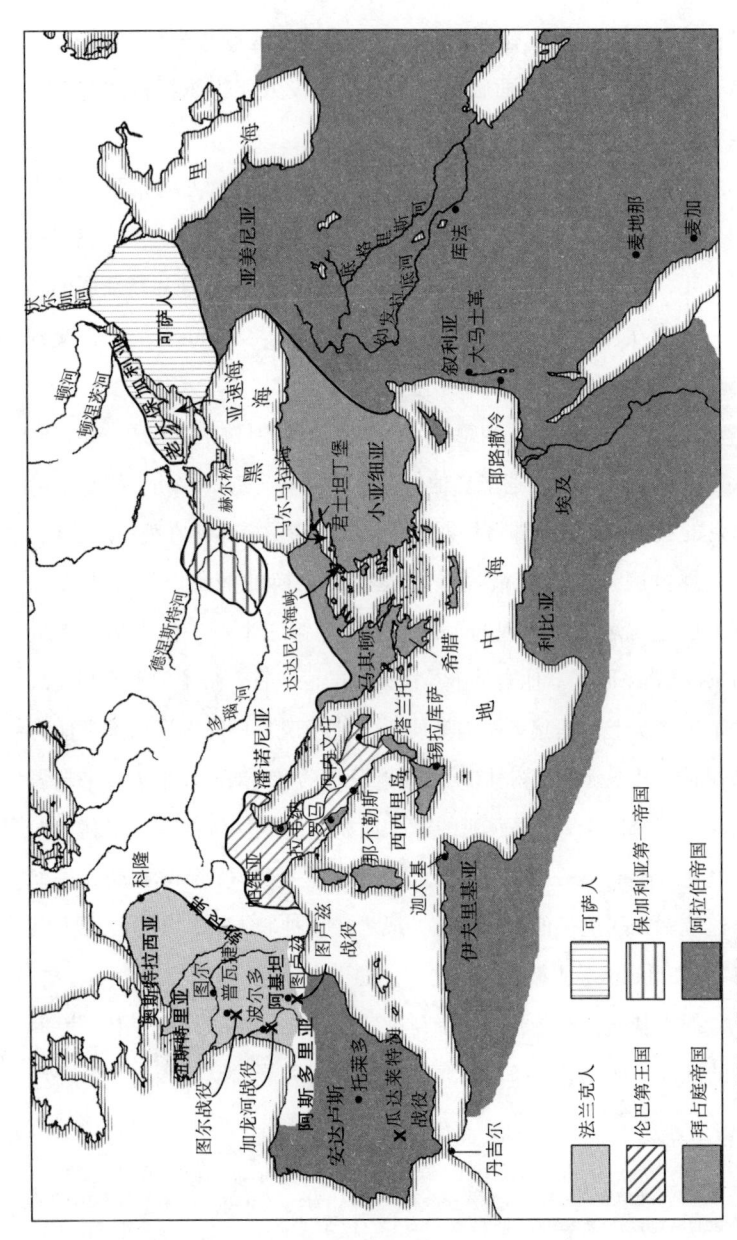

地图 11-1 阿拉伯人前进的步伐

个月，阿拉伯人的舰队开来了，这支舰队由1800艘船组成，穿越了马尔马拉海（Marmara）远端的达达尼尔海峡（Dardanelles）。他们都在新任哈里发苏莱曼的指挥之下。与此同时，苏莱曼还派出一支约有8万人的地面部队穿过小亚细亚袭来。正当地面部队从东边来到君士坦丁堡时，舰队也从南边靠近。[10]

君士坦丁堡的海港是金角湾的入口，周围由一道巨大的锁链防护。地面部队必须奋勇向前，抬起锁链，才能让船驶入港口。但没等他们办到，利奥三世就发起了一次进攻，他向敌人正在驶近的船队放出许多火船，船上燃着遇水不灭的"希腊火"。风也帮了他的忙，几百艘阿拉伯战船被火点燃，要么沉没，要么搁浅。

苏莱曼重组剩余的船只，此时利奥三世本人亲自解开了封锁金角湾的铁链，打开了入港之门。"阿拉伯人以为他想诱敌深入，然后还会围上锁链，把他们锁在里面，"狄奥法内斯写道，"因此他们不敢进港锚泊。"他们撤退了，在附近的一个小湾抛锚停泊。可是，他们还没能重新组织进攻，就遇到了两大灾祸：先是异常严寒的冬天突然降临（"积雪覆盖大地，足有百日之久。"狄奥法内斯写道），接着苏莱曼病逝了。[11]

他的堂弟欧麦尔（Umar）在倭马亚王朝当时的都城大马士革宣布继任哈里发，成为哈里发欧麦尔二世。他从埃及派出了新的舰队司令，新司令于春天到达君士坦丁堡，重新发起攻击。但利奥三世已经与保加尔人订立了新的盟约，保加利亚军队于盛夏抵达，帮助他们解除了封锁。

据狄奥法内斯所说，有2.2万名阿拉伯人在战斗中死在了城墙之下。欧麦尔二世捎话来说应该放弃攻城，于是，718年8月15日，阿拉伯人"十分丢脸地撤退"了。君士坦丁堡再次顶住了阿拉伯军队的洪流。这里仍然是阿拉伯军队无法征服的地方,挡住了他们从东边进入欧洲的道路。[12]

但事实证明,对阿拉伯军队来说,西边的道路要好走得多。西哥特人几乎没有对他们造成任何困难。718 年,出现了短暂的抵抗。一个名叫佩拉约(Pelayo)的西哥特贵族带领手下撤到北部山区,自立为基督教王国的国王。阿斯多里亚王国(Kingdom of Asturias)国土狭小,人民生活贫困,却在阿拉伯人的反复进攻之下幸存,这要归功于山区的天险,但它没能阻止阿拉伯人前进的步伐。在安达卢斯的新任总督萨姆(al-Samh)的带领下,穆斯林军队抵达以前西哥特人土地的边缘,紧邻着法兰克人领土阿基坦的地方。

此时的法兰克人就像西哥特人和拜占庭人一样,也在让谁当领袖的问题上遇到一些麻烦。

墨洛温王朝无为而治的"懒王"们受制于一连串野心勃勃的宫相已经有 40 年左右的时间了。680 年,奥斯特拉西亚的贵族们选择了一个名叫"胖子丕平"(Pippin the Fat)的法兰克官员为宫相。他是"老丕平"的孙子,643 年的时候,就是当时的宫相"老丕平"首次尝试将宫相变成世袭的职位。"胖子丕平"当选的时候,奥斯特拉西亚的王位空缺,最后一任"懒王"刚刚去世。"胖子丕平"[后来被称为"中丕平"(Pippin the Middle),因为他孙子的名字也是丕平]拒绝支持新的人选来做奥斯特拉西亚国王。法兰克贵族也没有反对,所以"胖子丕平"就成了奥斯特拉西亚事实上的国王,统治着这个国家。

这件事让墨洛温王朝的国王感到十分不快。当时坐在纽斯特里亚王座上的是提奥多里克三世(Theuderic III),他是克洛维二世的小儿子，在两个哥哥死后被从修道院接回来继承了王位。687 年，提奥多里克三世开始攻打奥斯特拉西亚，但"胖子丕平"的军队将其彻底击败，因此提奥多里克不得不同意让"胖子丕平"担任全部三个国家的联合宫相。这三个国家就是奥斯特拉西亚、纽斯特里亚和勃艮第。

在此之后，"胖子丕平"开始自称为"全法兰克王国的公爵首领"（dux et princeps Francorum）。他既不是国王，也不是国王手下的官员。他回头采用日耳曼人旧式的说法来描述自己的权力，称自己为许多公爵的首领。他在奥斯特拉西亚作为"公爵首领"统治了将近 30 年，历经数位墨洛温家族的傀儡国王，*最终死于 714 年，享年约 80 岁。当时正是阿拉伯军队对法兰克边境发动暴风雨般袭击的时候。

这个时机非常糟糕。戴上法兰克王冠的几个王室宗亲都不够强大，没有能力指挥任何有效的防御，而丕平死后，宫相的位置也空出来了。他的两个由妻子普来克特鲁德（Plectrude）所生的嫡子都死在了他的前面。他还有两个私生子，均由情妇阿尔派达（Alpaida）所生。但普来克特鲁德憎恨阿尔派达和她的两个儿子，不同意让他们继承丕平的权力。

相反，她坚持说，宫相这一职位真正的继承人应该是她的孙子，她死去的两个儿子的孩子们。为了确保不让阿尔派达的两个儿子得到权力，她将阿尔派达的长子，也是最有野心的儿子查理·马特（Charles Martel）捉住，在科隆（Cologne）囚禁起来。

但是查理·马特几乎立刻就从狱中逃脱，回到了纽斯特里亚。他

---

* 这些傀儡国王包括纽斯特里亚的提奥多里克三世，然后是提奥多里克的两个儿子，克洛维四世（691—695 年在位）和希尔德贝特三世（Childebert III，695—711 年），之后还有希尔德贝特的儿子达戈贝尔特二世（Dagobert II，711—715 年在位）。

在那里迎战普来克特鲁德（替她年幼的孙子摄政）以及其他几个也想当宫相的人。内战持续了两年，到717年，查理·马特成功当上了奥斯特拉西亚的宫相，并将一个王室宗亲抬上宝座来当"懒王"。

他的统治虽然还不很稳定，但已覆盖法兰克王国的大部分地区。不过在南方，当地有个名叫奥多（Odo）的贵族拥有世袭统治阿基坦地区的权力，他抓住内战这个机会为自己争得了部分独立。照理说他应该是忠于法兰克人的，但他将自己的忠诚留给了"懒王"；他对查理·马特的野心有所怀疑，因此与宫相保持了一定的距离，不与其结盟。

于是当阿拉伯军队出现在他的南部边境时，阿基坦的奥多没有强大的盟友来帮助他。721年6月9日，在奥多的指挥下，阿基坦弱小的军队——增援他们的只有来自阿斯多里亚山区的少数抵抗力量——与阿拉伯军队在图卢兹战役（Battle of Toulouse）中相遇。

法兰克人自恋得惊人，他们只关心自己的事情，所以他们的编年史中几乎没有提及这场战役。他们光顾着记录查理·马特的崛起，在他们眼里，阿基坦的奥多只是查理·马特的敌人，而不是法兰克人的救星。但是奥多在图卢兹战役中击败了阿拉伯人，在战斗中杀死了安达卢斯的总督，阻挡了阿拉伯人进入欧洲的脚步。这是所向披靡的穆斯林军队遭受的最严重的（也是最意想不到的）失败之一。"他将萨拉森人（Saracen）赶出了阿基坦。"编年史中如此写道，措辞十分简洁，他因此得以将法兰克人的文化保留下来。[13]

取代死去的安达卢斯总督的是哈里发新任命的继任者，军人出身的阿卜杜勒·拉赫曼·伽菲奇（Abdul Rahman al-Ghafiqi），此后阿拉伯人一度从法兰克边境撤退。伽菲奇用了8年左右的时间治理安达卢斯，然后于732年带领军队开回了东北地区。

阿基坦的奥多再次披上战袍应对阿拉伯人的攻击。这一次，奥多在加龙河（Garonne）战役中遭到惨败。他被迫退回到阿基坦，而阿拉伯军队则过了河，先来到波尔多（Bordeaux），然后到了普瓦捷（Poitiers）。根据弗莱德加在编年史中的记载，他们一路上烧毁教堂、屠杀市民。[14]

无奈之下，奥多派人去找查理·马特，提出若查理·马特能派兵增援，就发誓向他效忠。似乎直到此时，法兰克人还没有完全认识到阿拉伯人的前进有多么危险。但过去这10年，他们已经睁开了双眼，查理·马特立刻南下，任命奥多为其将领，全权负责指挥军中的阿基坦部队。

10月，伽菲奇率领的阿拉伯人和查理·马特率领的法兰克人在普瓦捷附近相遇。战斗持续了一个多星期，双方均无明显的优势。

连续多日的战斗之后，伽菲奇丧命。他死后，阿拉伯军队开始撤退，查理·马特紧追不舍。弗莱德加的编年史明显偏袒查理，轻视奥多，他声称马特追击撤退的阿拉伯人是为了把他们的兵力化整为零，各个击破，进而将其彻底消灭。其实不完全是这样的，阿拉伯人虽已战败，但并没有被彻底击败；他们一路上烧杀抢掠回到安达卢斯，几乎如入无人之境，而查理·马特跟着也来了。[15]

732年的普瓦捷战役，法兰克历史学家将其记为图尔战役（Battle of Tours）永久流传，这一战的确击退了阿拉伯人的进攻。伊斯兰帝国止步于阿基坦边界，没有再向前推进。查理·马特赢得胜利是因为他领导有方、精心策划。但他的绰号"铁锤"（The Hammer）——说他像铁锤一样猛击敌人，将其粉碎——却有些言过其实了。其实，现在沦落到需要向宫相效忠的阿基坦的奥多才是这场胜利的策划者。但查理·马特有最好的宫廷史官。

时间线 11

唐朝	吐蕃	拜占庭	可萨人	阿拉伯帝国
		保加尔人	西哥特人	法兰克人
		（老大保加利亚）库布拉特（约635—约665）		欧麦尔（634—644）
			第五次托莱多会议	
				克洛维二世（639—657）
		君士坦丁三世（641）		
		君士坦斯二世（641—668）		格林莫尔德（643—656）
			奥斯曼（644—656）	
				厄西诺德（641—658）
高宗（649—683）	芒松芒赞（650—676）		第八次托莱多会议	
			阿里（656—661）	
			第一次"菲特纳"（656—661）	
			穆阿维叶一世（661—680）	
		君士坦丁四世（668—685）		
		保加尔人统治的分裂/老大保加利亚毁灭（668）		
	赤都松赞（676—704）	君士坦丁堡被围（674—678）		提奥多里克三世（675—691）
东突厥汗国重建		阿斯巴鲁赫（约680—约701）保加利亚第一帝国的扩张		胖子丕平（680—714）
中宗（683—684）				
睿宗（684—690）		查士丁尼二世（685—695）		阿卜杜勒·马利克（685—705）

时间线 11（续表）

唐朝	吐蕃	拜占庭	可萨人	阿拉伯帝国
		保加尔人	西哥特人	法兰克人
				埃基克 （687—约702）
武则天（690—705）			布希尔·格拉万（约690—约715）	
		利昂提奥斯 （695—698）		维提扎 （694—约710）
		提比略三世 （698—705）		
			泰尔韦尔（约701—约718）	
中宗（第二次执政，705—710）		查士丁尼二世 （第二次执政，705—711）		瓦利德一世 （705—715）
睿宗（第二次执政，710—712）				罗德里克 （约711） 瓜达莱特河战役（711）
玄宗 （712—756）				
		狄奥多西三世 （715—717）		苏莱曼 （715—717）
		利奥三世 （717—741）		欧麦尔二世　查理·马特 （717—720）（717—741） 图卢兹战役（721） 图尔战役（732）

/ **12**

南方的吉罗娑神庙

> 712年至780年,阿拉伯军队在信德设立了行省,南方的罗湿陀罗拘陀王国照原样模仿备受推崇的北方。

阿拉伯军队在君士坦丁堡和普瓦捷相继受阻,但在印度河流域的运气还不算差。

对信德的征服早在643年就开始了,但当哈里发欧麦尔意识到该地区是何等荒凉时便中止了。现在,伊斯兰帝国东部地区的总督哈贾杰(al-Hajjaj)将女婿穆罕默德·本·卡西姆(Muhammad bin Qasim)从法尔斯的军职上召回,派他回到印度去完成这项征服事业。本·卡西姆的第一个目标是港口城市德巴尔(Debal),就在莫克兰沙地的东部边缘。

当时,统治该港口的似乎是一个名叫达希尔(Dahir)的部落首领。在他统治之下的不仅有他自己的部落,还有周边的一些部落。我们是从阿拉伯史书《信德编年史》(*Tarikh-i Hind wa Sindh*)中了解到他的,该书写于8世纪之后的某个时候,用的是阿拉伯语,又于13世纪初由阿拉伯语翻译成波斯语。根据该书的佚名作者所述，712年，当卡西姆向德巴尔进军时，达希尔刚刚自父亲手中继承了对这个港口城市的统治。他并不是一个举足轻重的统治者，但他站在莫克兰的阿拉伯人和东方更远的土地之间，形成了一道障碍。[1]

哈贾杰和卡西姆没有直接出手向他发动攻击，而是先为自己的侵略制造了一个借口。海盗曾袭击自莫克兰海岸出发的阿拉伯船只，于是哈贾杰坚持让达希尔出面惩罚这些海上的凶徒。达希尔收到这个消息之后，开口反驳说，他没有权力对这些海盗发号施令，毫无疑问他说的是真话，他的权力根本就不像那些阿拉伯人认为的那样大。但哈贾杰说达希尔的回答怀有敌意，并指派他的女婿发起攻击。这两个人其实就是想找个理由以便开始侵略——这表明入侵印度这件事可能并未得到大马士革的哈里发的完全批准。

穆罕默德·本·卡西姆从陆路逼近德巴尔，援军和攻城器械则由海路抵达。哈贾杰通过书信监督攻城行动；《信德编年史》中说，他每三天写一封信，在信中发出指令，考虑到8世纪时交通不便的状况，这已经是他所能做到的对战况最为密切的关注了。

在全面的围攻之下，德巴尔被攻陷了。达希尔看到城市已失陷，于是撤回了大部分手下，卡西姆则屠杀了剩余的守城力量。他下令在德巴尔修建清真寺，留下兵力在港口驻守，然后继续挥师东进。

达希尔逃到印度河对岸，放弃了港口和内河之间的土地（所有的村庄一看到卡西姆要来，都向他投降了）。阿拉伯历史学家告诉我们，达希尔不相信卡西姆会试图过河，但卡西姆下令搭了一座横跨印度河的浮桥（将船用绳子绑在一起，形成一条摇摆不定的木制通道），桥头的船上载满弓箭手，后面每多绑上一艘船，桥头的这艘小船就多往前推进一点。弓箭手将达希尔的手下困住，直到这座由许多小船联结而成的浮桥一直伸到了河对岸。[2]

然后卡西姆让手下从这座摇摇晃晃的浮桥上过河。"随之而来的是一场可怕的冲突。"历史学家写道。达希尔及其手下的士兵骑着大象,阿拉伯士兵则将燃烧的箭矢射入象轿,也就是装在大象背上的固定座椅。傍晚,达希尔被一箭射中,从大象背上摔落在地,地面上有个斧头兵砍下了他的头。[3]

达希尔的部下撤退到河的上游,在东北方向的婆巴门巴里亚(Brahmanabad)重整旗鼓。但在随后3年的时间里,卡西姆征服了印度河两岸的大片土地,其中包括婆巴门巴里亚,并将此设为首府。后来证明这个新的印度行省是帝国东部的一座宝库,在这块被征服的土地上,各部落定期向占领者支付昂贵的贡品。9世纪的波斯历史学家拜拉祖里(al-Baladhuri)写道,总督哈贾杰估算了一下第一年收到的贡品价值,获得的利益是战争花费的两倍。[4]

印度北部的土地一直不断地受到外来侵略者困扰,他们要么是跨过印度河向东而来,要么是翻越群山南下而来。但数百年来,在印度南部,本地人一直在进行着周而复始的奋力拼杀,几乎完全不受外部势力的影响。南方的王国依然存在,其边界时而扩张,时而收缩,每个王朝都竭力抓住权力不放,但他们的权力范围几乎每年都在发生变化。

8世纪时,遮娄其再次扩张,在国王超日王二世(Vikramaditya II)的统治之下控制了南部的中央平原。这不是什么新鲜事,超日王二世的征服只是将王国的边界恢复到与100年前补罗稽舍二世统治时期一样而已。

但在745年,一个新的南方国家崛起了,其国王不仅北上迎击

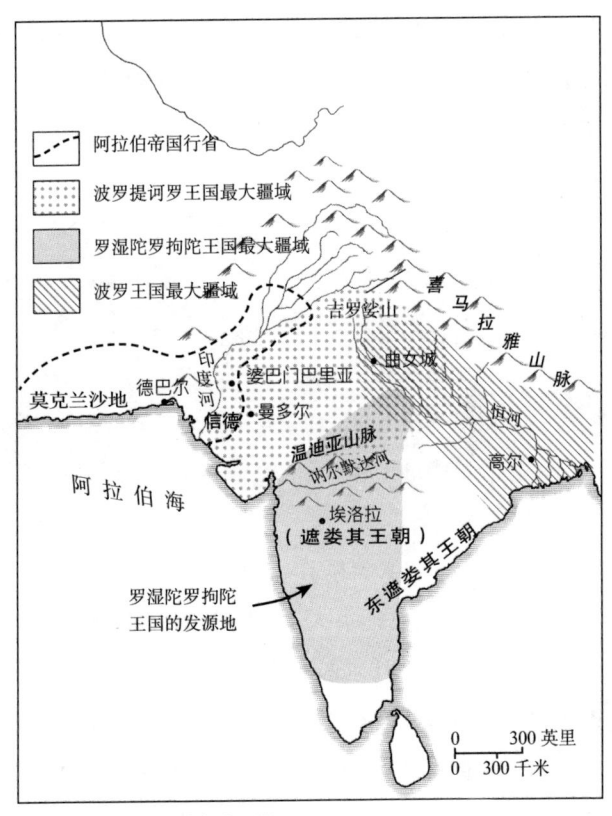

地图 12-1　8 世纪的印度王国

外来侵略者，还试图在南部再现北部的繁荣景象。

　　他就是丹提杜尔迦（Dantidurga），745 年，他继承了南方部落的统治权。他的母亲是遮娄其贵族小姐出身，他的父亲将其绑架，并强行与其成亲。所以无论丹提杜尔迦多么不情不愿，他的血管里也流淌着遮娄其的血液。他那渴望征服的冲动显然就来自这种血脉。他先是与相邻的部落开战，获得越来越大的成功。753 年前后，他觉得自己已强大得足以与诘底跋摩二世（Kirtivarman II），也就是遮娄其国王超日王二世的儿子与继承人对抗了。有一首诗记录了这次战斗的结果。显然是丹提杜尔迦以少胜多，取得了这场战役的胜利：

> 仅有几个人的帮助
> 仿佛只是将眉毛一蹙
> 他就这样将其征服
> 征服那不知疲倦的皇帝（诘底跋摩二世）
> 他的武器锐利如初[5]

诘底跋摩二世只保住了一小块父亲传下来的领土，其余的部分都被丹提杜尔迦拿下，并入了丹提杜尔迦的国土。

紧接着，丹提杜尔迦又一路向北跨过讷尔默达河。诘底跋摩二世是他在南方最大的敌人；在北方，他的目标自然是波罗提诃罗（Pratihara）的首领，其统治的范围以曼多尔（Mandore）为中心，一直延伸到信德。

丹提杜尔迦一过河进入信德，就与一支驻扎在那里的阿拉伯军队相遇，但他将他们击退，一路直向曼多尔进军。754年，他来到该城，并将其占领，迫使波罗提诃罗国王纳加巴塔一世（Nagabhata I）投降。

但北方并没有沦陷，因为丹提杜尔迦显然派不出人手，或者说是没有适当的官僚机构，去统治这样一个遥远广袤的帝国。于是他从纳加巴塔那里收了些贡品，然后就回到了南方。他一回到讷尔默达河南岸，纳加巴塔后脚就跟着来了，又重新夺回了北方的全部领土。

丹提杜尔迦下一步可能会有什么打算永远也不会有人知道了。他两年后就死了，终年 32 岁，亚历山大大帝也同样死于 32 岁的年纪。但是丹提杜尔迦勾画出了一个伟大的印度政权——罗湿陀罗拘陀王国（Rashtrakuta）——的边界。[6]

他很年轻的时候就成为部落的首领，无休止的作战显然让他无暇娶妻生子，因此他死后，部落首领和国王的角色由叔父克里希那一世（Krishna I）继承。克里希那一世用了将近 18 年的时间通过不断的战争来填充侄子画出的轮廓。他最大的成就是扳倒了遮娄其国王，并将遮娄其剩余的土地据为己有。

克里希那从来没像他的侄子那样敢走到那么远的北方，但北国风光显然占据了他的脑海。为了庆祝自己的胜利，他让人在埃洛拉（Ellora）石窟群中修建了一座新的寺庙：这座寺庙就是吉罗娑神庙（Kailasa 或 Krishnesvara），是在岩石中整体雕刻出来的，一个接缝都没有。正如记载克里希那的一处铭文所描述的那样，这是"一座惊人的雄伟庙宇"，"众神之神"也会为之惊叹不已。[7]

不仅如此，它还是北方的一面镜子。吉罗娑不是一个普通名字，它是北方冈底斯山脉一座山峰的名字，*印度教认为生命之源恒河就发源于此。吉罗娑山位于山脉的最高处，是最神圣的地方，世界万物都从这里诞生。克里希那在讷尔默达河河谷两侧耸立的山崖上建造印度北方的镜像，相当于宣称自己在南方就等同于古时候那些古老、神圣的统治者，就像印度北方那些充满神话色彩的君主一样。他把温迪亚山脉低矮的山丘坡地变成了"德干高原上的喜马拉雅山

---

* 吉罗娑山（Kailash）即冈仁波齐峰，海拔 6656 米，是冈底斯山脉的主峰。——编者注

脉",一个新的神圣边界。[8]

克里希那死后,他的儿子德鲁瓦(Dhruva)再次入侵北方,这是他父亲从未做过的事情。786年,德鲁瓦永久占领了曼多尔城,然后继续北上,直奔曲女城。

曲女城并没有立刻落入他的手中。这座城市坐落在三个王国交界的地方:他自己的罗湿陀罗拘陀王国,疆域从南方延伸而来;波罗提诃罗王国,其疆域在北部和东部略有改变,现在延伸到了恒河流域;还有波罗王国(Pala),其都城是高尔城(Gaur),离恒河三角洲更近,但向西已推进至曲女城。

在之后一个世纪的时间里,曲女城一直位于这三个王国之间硝烟弥漫的战场上。但即使没有占领这座北方的城市,德鲁瓦仍然成功地将北方和南方的土地统一在一个王权之下。当他跨过恒河的时候,他实现了父亲的宏愿:罗湿陀罗拘陀王国的边界终于横跨圣河两岸了。

时间线 12

拜占庭	可萨人 保加尔人	西哥特人	阿拉伯帝国 法兰克人	印度
				（遮娄其王朝）补罗稽舍二世（597/610—642）
			欧麦尔（634—644）	
		第五次托莱多会议		
			克洛维二世（639—657）	
君士坦丁三世（641）				击退阿拉伯人的侵略
君士坦斯二世（641—668）			格林莫尔德（643—656）	东遮娄其王朝独立
			奥斯曼（644—656）	
		第八次托莱多会议	厄西诺德（641—658）	（遮娄其王朝）超日王一世（655—680）
			阿里（656—661）	
			第一次"菲特纳"（656—661）	
			穆阿维叶一世（661—680）	
君士坦丁四世（668—685）				
	保加尔人统治的分裂/老大保加利亚毁灭（668）			（帕拉瓦）波罗密首罗跋摩一世（670—700）
君士坦丁堡被围（674—678）			提奥多里克三世（675—691）	
	阿斯巴鲁赫（约680—约701）		胖子丕平（680—714）	（遮娄其王朝）律日王（680—696）
	保加利亚第一帝国的扩张			
查士丁尼二世（685—695）			阿卜杜勒·马利克（685—705）	（僧伽罗）摩那梵摩（约684）
			埃基克（687—约702）	

时间线 12（续表）

拜占庭	可萨人 / 保加尔人	阿拉伯帝国 / 西哥特人	法兰克人	印度
	布希尔·格拉万（约690—约715）			
利昂提奥斯（695—698）		维提扎（694—约710）		
提比略三世（698—705）				
	泰尔韦尔（约701—约718）			
查士丁尼二世（第二次执政，705—711）		瓦利德一世（705—715）		
		罗德里克（约711）		
		瓜达莱特河战役（711）		（德巴尔）达希尔（约712）
狄奥多西三世（715—717）		苏莱曼（715—717）		阿拉伯人侵略印度北部
利奥三世（717—741）		欧麦尔二世（717—720）	查理·马特（717—741）	
		耶齐德二世（720—724）	图卢兹战役（721）	
		希沙姆（724—743）		
				（波罗提诃罗）纳加巴塔一世（约730—约760）
			图尔战役（732）	（遮娄其王朝）超日王二世（733—746）
君士坦丁五世（741—775）		马尔万二世（744—750）		（遮娄其王朝）拘陀诘底跋摩二世（746—757） （罗湿陀罗）丹提杜尔迦（约745—约756）
				（罗湿陀罗拘陀）克里希那一世（约756—774）
				（罗湿陀罗拘陀）德鲁瓦（780—793）

/ 13

净化运动

> 718年至741年，哈里发试图严格遵循穆罕默德的教义，拜占庭皇帝奋力破坏偶像，而教皇则得到了一个属于自己的王国。

在718年围攻君士坦丁堡失败后，哈里发欧麦尔二世带领倭马亚王朝进行了第一次改革。帝国的历史尚不足百年，但国内的紧张局势已近临界点。

大约在围攻君士坦丁堡的同时，欧麦尔二世已经注意到，在帝国的管理中出现了一个令人伤脑筋的问题。很久以前，穆罕默德就制定了"人头税"政策，规定居住在穆斯林聚居区内的基督徒和犹太人需要缴纳一定的费用，以换取伊斯兰国家的保护。从理论上说，只要这些人皈依伊斯兰教，即可立即免于缴纳人头税。但穆罕默德之后的历任哈里发，管理着一个穆罕默德或许从未预见到的蓬勃发展的新兴帝国，他们不愿意放弃这样一个利润丰厚的税收项目。地方官员越来越频繁地"忘记"免除新皈依者的人头税，于是新皈依者就得继续缴纳。

结果是国内几乎所有的非阿拉伯裔穆斯林都在向大马士革缴纳人头税。欧麦尔二世是一个力求严格遵守先知谕示的激进分子，他认为这是腐败行为，因此他宣布，所有的穆斯林，不管他们出身于哪个种族，皈依伊斯兰教有多长时间，都应免征其人头税。

这使他广受拥戴，但这种做法破坏了帝国的税收基础——特别是由于当时广大被征服民族突然开始大批皈依以避税。然而，欧麦尔二世无须处理这项改革所带来的后果。他于720年寿终正寝，而他的继任者耶齐德二世（Yazid II）则在帝国崩溃之前立即重新征收此税。[1]

耶齐德二世的声望因此一落千丈，新皈依者人数最多的是呼罗珊的非阿拉伯部落，他们造反了，还派人送信给东突厥汗国的可汗——默啜的侄子兼继承人默棘连（Mo-chi-lien），向其求助。默棘连继续叔父的征服大业，让东突厥汗国向阿拉伯边境扩张，将原本属于西突厥汗国的土地吞并，重新建立了一个统一的突厥帝国。默棘连很高兴有个借口可以进一步向西南方向推进，于是他向乌浒河出兵，突厥和穆斯林军队在呼罗珊地区的10年战争就此展开。[2]

阿拉伯军队在忙其他地方的事情时，拜占庭皇帝利奥三世趁机也在国内进行了一番清理。他下令要求帝国境内所有的犹太人都要受洗成为基督徒。有些人遵命受洗了，但更多的人却逃走了，有的去了阿拉伯人的领地，其他人则北上来到可萨人的土地上。然后利奥三世又着手开展了一场反对在基督教的礼拜活动中使用圣像的运动，这种做法他早就看不顺眼了。

君士坦丁堡充斥着各种各样的圣像——圣徒、圣母马利亚，甚至是基督本人的画像。一幅圣像（icon，源自希腊语eikon，意思是

13 净化运动

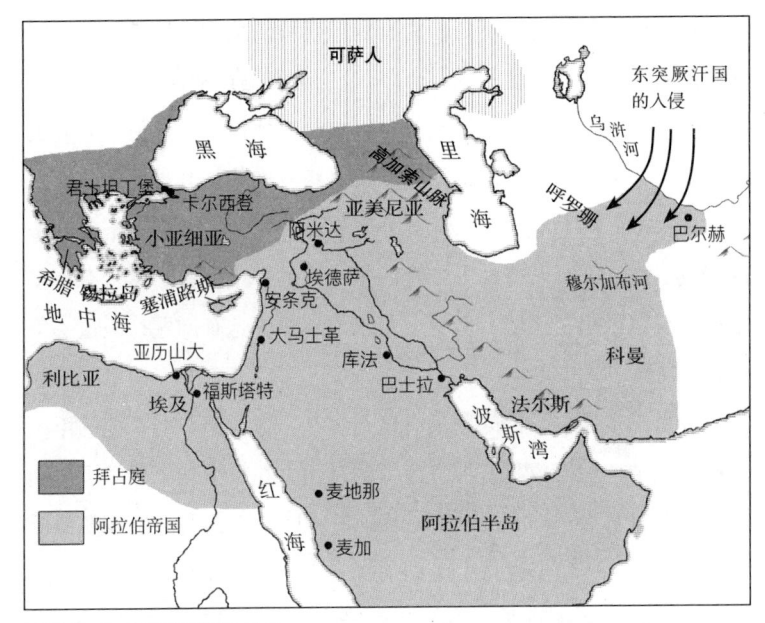

地图 13-1 呼罗珊地区的战争

"影像"或"肖像")不只是一个符号,却也算不上一个偶像:圣像是进入神圣之地的一个窗口,是礼拜者可以站在那里,并接近神圣之地的一道门槛。

数百年来,基督徒一直使用圣像作为祈祷和冥想的一种辅助手段,但从一开始,基督教中就有一种对这些圣像的隐隐不安。在最早的使徒时代,基督徒与旧式罗马宗教信徒最主要的区别就在于他们拒绝崇拜偶像,在 2 世纪和 3 世纪的神学家看来,使用圣像接近于偶像崇拜,这是十分危险的。

古罗马的习俗完全消亡之后,基督徒受其引诱的风险也随之消失,因此使用圣像的危险性也大大降低了。但基督教的神学家们仍然反对使用圣像,这倒不是因为有偶像崇拜的危险,而是由于绘制基督的肖像,突出了上帝之子的人性,而不是其神性。上帝是灵,是无法用画笔描绘的;如果基督可以描绘,那岂不是说他并非真正的上帝吗?难道不能说,基督的形象"将其肉体从其神性中分离出来",并赋予了其肉体一个独立的存在吗?关于是否使用圣像的争论变成了关于耶稣基督神人二性的争论中的一个部分。尽管有许多宗教会议都做出了声明,希望一劳永逸地解决这个问题,但这一争论还是持续了几个世纪。[3]

利奥三世所关心的问题没有这么复杂:他所担心的是他的臣民们有可能把圣像当成具有神奇魔力的东西。在君士坦丁堡被围困期间,牧首日耳曼(patriarch Germanos)就曾经手捧君士坦丁堡最受尊崇的圣像,一幅据说是由《路加福音》的作者路加(Luke)亲手绘制的圣母马利亚的肖像,带领教徒沿着城墙游行。[4]围城解除后,太多君士坦丁堡的市民将胜利归功于这幅圣像[将它称为赫得戈利亚(Hodegetria)],就好像它是巫师向着敌人挥舞的魔杖一般。这种想法在基督教中没有立足之地。

也许利奥三世是看到自己来之不易的胜利被归功于一幅圣像而感到有些愤慨吧,这也是情有可原的。但是他在之后几年中所采取的行动却差点使他失去皇位,这些行动是不能实现其自身最大利益的,只有坚定的信仰可以解释他的这些行动。[5]

726年,利奥决定让人民戒除认为圣像具有魔力的想法。据狄奥法内斯所说,激发他采取行动的是锡拉岛上火山的一连串剧烈喷发。"海面上到处是一块块的浮石,"狄奥法内斯写道,"利奥认为这是上帝在对他表示愤怒。"他反对使用圣像的第一个试探性的动作是,派出一队士兵取下了挂在青铜大门上方的基督圣像,这里是进

/ 13 净化运动

入皇宫的主要入口之一。[6]

他担心人民对圣像依赖过度，这种担心很快被证明是有道理的。大批民众聚集起来，想弄清发生了什么事，当圣像被取下时，人群骚乱，士兵遭袭，至少有一名士兵被打死。利奥进行了报复，将暴民逮捕，鞭打他们，对他们处以罚款。冲突以惊人的速度迅速蔓延到帝国更加偏远的地区。希腊军区的军队反叛，并推举了自己的皇帝，声称他们不能遵从一个侵害圣像的人的领导。

叛乱是短暂的，新皇帝被抓获并被斩首，但人民的情绪仍然十分激昂。在全国各大城市里，反崇拜圣像者（iconoclasts，即圣像破坏者）和卫护圣像者（iconodules，也叫"圣像奴"，意思是圣像爱好者）在彼此争论；而在君士坦丁堡，利奥三世也在传道，反对"偶像崇拜"。反崇拜圣像的主教们将圣像从他们的教堂里搬走，而卫护圣像者则写了很长的文章来捍卫使用圣像的做法。"对他那血肉之躯的形象记忆深深地烙印在我的灵魂里，"大马士革的修道士约翰写道，"要么拒绝崇拜任何物质，要么停止你们的革新。"[7]

对于一名卫护圣像者来说，圣像破坏运动的背后有一个哲学基本问题，就是它对于物质的怀疑态度，它想要把基督教完全归入精神领域，而将尘世的存在当作具有根本性缺陷的存在并将其排除在外。而且，就像所有的神学争论一样，使用圣像还有一个政治上的考虑：卫护圣像者们指责利奥三世过于同情那些拒绝使用生物肖像的穆斯林。卫护圣像者狄奥法内斯中伤他说，他受"他那些阿拉伯老师"的影响太深了。[8]

在西方，教皇格列高利二世（Gregory II）十分愤慨。他本人支持使用圣像，但与是否使用圣像这个问题相比，更根本的问题是利奥三世居然自行发布了神学上的敕令。教皇写了一封措辞严厉的信，拒绝承认利奥的敕令。"整个西方……依赖于我们和使徒之首圣彼得,而你竟然想要毁坏他的肖像,"他写道,"你没有权力发布基本教条,你对于教条没有正确的认识;你的想法太粗糙、太好战了。"[9]

而对利奥来说,更为严重的则是教皇对其教众下令,让他们不要理睬皇帝下达的毁坏圣像的命令。此时,意大利只有少数城市仍然对拜占庭皇帝保持忠诚,其中包括南部城市那不勒斯、北亚得里亚海岸的港口城镇威尼斯,以及罗马和拉韦纳,这些地方都还驻有拜占庭总督。意大利的其余部分则大多都在伦巴第国王柳特普兰德(Liutprand)的统治之下。教皇格列高利二世的谴责意味着,这些领土上的人民现在有了一个宗教上的理由,可以最终抛弃君士坦丁堡了。[10]

意大利诸城邦受越来越高的帝国税收之苦已经有一段时间了,所以人民都很欢迎有这样一个理由。那不勒斯公爵试图执行皇帝的命令,毁坏城里的圣像,结果被愤怒的暴民打死了。在拉韦纳,总督也死在自己的臣民手中。在罗马,教皇则越来越无视皇帝的威严。

伦巴第国王柳特普兰德看准时机,侵吞皇帝的领地,积极扩大自己的势力。他进攻拉韦纳,把港口据为己有,但市民们积极抵抗,柳特普兰德无法深入滩涂;拉韦纳现在成了无主之地,既无法与君士坦丁堡联络,也不归哪个总督治下。教皇对此并无异议,他已决定将柳特普兰德和伦巴第人看作反对皇帝暴政的同盟,而柳特普兰德也愿意促成他的这种看法。

当利奥三世任命的新总督从君士坦丁堡来到这里时,教皇和柳特普兰德之间越来越紧密的联盟得到了进一步的加强。这位总督名叫优迪基乌(Eutychius),他在那不勒斯登陆后(拉韦纳港现在无法

/ 13 净化运动   147

地图 13-2　第一个教皇国

通航），给柳特普兰德送去了许多礼物和金钱贿赂，并答应说如果这位伦巴第国王能帮助自己刺杀皇帝，还会给他更多回报。[11]

柳特普兰德拒绝了。相反，他南下至罗马，控制了附近的拜占庭领土——苏特里城（Sutri）及其周围的土地。728 年，他主动把这块土地交给教会管辖——这是一个"礼物"，后来被称为"苏特里捐赠"（Sutri Donation）。事实上，这不算是捐赠，教皇格列高利二世为此从教会的金库中支出了巨额的款项。但每个人都从中受益了。柳特普兰德收回了进攻拉韦纳所花费的大笔金钱，而教皇现在则首次拥有了属于自己的小王国。这是教皇的统治第一次延伸至罗马的城墙之外：第一个教皇国出现了。[12]

利奥三世并没有被各种批评吓住，他也不惧怕在意大利遇到的困难。730年1月，他颁布了一项正式法令，命令在整个帝国范围内毁坏圣像。当牧首日耳曼拒绝支持该法令时，利奥将其废黜，并任命了一位新牧首接替他的职位。[13]

不久之后，教皇格列高利二世去世。其继任者教皇格列高利三世于731年召集了一次宗教大会，把所有圣像破坏者都逐出了教会。而利奥三世对此的回敬则是，宣布意大利为数不多仍属于拜占庭的领地不再听命于教皇，而改由牧首管辖。教会的东部和西部分支就此渐行渐远。

利奥三世死于741年，身后留下的是失去的土地、被破坏的圣像和流离失所的人民。但在他死后，帝国的状况也没有得到任何改善。他的继承者是他时年23岁的儿子君士坦丁五世（Constantine V），他精力充沛，比他父亲更加狂热地反对崇拜圣像。

13 净化运动

时间线 13

印度	拜占庭	阿拉伯帝国 突厥人	法兰克人 伦巴第人
			厄西诺德（641—658）
（遮娄其王朝）超日王一世（655—680）		阿里（656—661）	阿里佩特一世（653—661）
		第一次"菲特纳"（656—661）	
		西突厥汗国灭亡（657）	
		穆阿维叶一世（661—680）	
			格里莫尔德（662—671）
	君士坦丁四世（668—685）		
（帕拉瓦）波罗密首罗跋摩一世（670—700）	君士坦丁堡被围（674—678）		提奥多里克三世（675—691）
（遮娄其王朝）律日王（680—696）			胖子丕平（680—714）
（僧伽罗）摩那梵摩（约684）			
	查士丁尼二世（685—695）	阿卜杜勒·马利克（685—705）	
		（后突厥汗国）默啜（695—716）	
	利昂提奥斯（695—698）		
	提比略三世（698—705）		
	查士丁尼二世（第二次执政，705—711）	瓦利德一世（705—715）	
（德巴尔）达希尔（约712）阿拉伯人侵略印度北部			柳特普兰德（712—744）
	狄奥多西三世（715—717）	苏莱曼（715—717）	教皇格列高利二世（715—731）

时间线 13（续表）

印度	拜占庭	突厥人	阿拉伯帝国	伦巴第人	法兰克人
	牧首日耳曼 （715—730）				
		（后突厥汗国） 默棘连（716—734）			
	利奥三世 （717—741）		欧麦尔二世 （717—720）		查理·马特 （717—741）
	君士坦丁堡 被围（718）		耶齐德二世 （720—724）		
					图卢兹战役 （721）
			希沙姆 （724—743）		
					苏特里捐赠 （728）
（波罗提诃罗）纳加巴塔一世（约730—约760）					教皇格列高利三世（731—741）
（遮娄其王朝）超日王二世（733—746）		（后突厥汗国） 登利可汗 （734—741）			图尔战役 （732）
	君士坦丁五世 （741—775）				
（遮娄其王朝）诘底跋摩二世（746—757）	（罗湿陀罗拘陀）丹提杜尔迦（约745—约756）		马尔万二世 （744—750）		希尔德里克三世 （743—751）
					艾斯图尔夫 （749—756）
（罗湿陀罗拘陀）克里希那一世（约756—774）					
（罗湿陀罗拘陀）德鲁瓦（780—793）					

/ 14

阿拔斯王朝

> 724年至763年，可萨人皈依犹太教，倭马亚家族失去了哈里发之位，而新的阿拔斯王朝的哈里发们则放弃了西部地区。

哈里发耶齐德二世一直维系着倭马亚王朝使其免于崩溃，但他只在位4年就去世了，当时帝国边境地区正处于一片混乱之中。他的兄弟希沙姆（Hisham）继位，开始在动荡的帝国实行铁腕统治：他派遣突击部队进入呼罗珊和亚美尼亚地区镇压反叛的皈依者，同时也派兵与北部的可萨人作战。

在亚得里亚海以东的土地上出现了三足鼎立的局面。权力三角的一个顶点由拜占庭皇帝占据，哈里发占据着另一个顶点，而在这个三角形的顶端则是可萨人的汗王——比哈尔可汗（Khan Bihar）。他一直在稳步征服周围的土地，如今他的领土从黑海延伸到里海，一直延伸至更远的北部地区——这是一个幅员辽阔的帝国，是世界上面积最大的国家之一。可萨人从阿拉伯人手中夺取了阿达比尔城（Ardabil）；作为回应，阿拉伯人入侵了伏尔加河沿岸的可萨领土；

两军为争夺杰尔宾特的控制权而战，这是一个里海沿岸的港口城市，位于两国之间。[1]

同时，比哈尔可汗结成了一个极为有利的联盟。732年，他的女儿齐齐格（Tzitzak）同意受洗成为基督徒，取教名为伊琳娜（Irene），并嫁与君士坦丁堡的君士坦丁五世为妻。

尽管结成了这样的联盟，可萨人还是十分珍视自己的独立——这一点在8世纪中叶可汗决定让全国人民都皈依犹太教一事上表现得十分清楚。关于可汗是如何发现犹太教的，并没有什么神秘之处。在利奥三世试图逼迫犹太人皈依基督教的时候，许多犹太人逃到了可萨人的领地，而在这之前，犹太商旅早就到过可萨人的各大城市了，这是毫无疑问的。但我们还是必须从字里行间仔细推敲，才能发现他这样做的动机。10世纪的一则记载中写道，无论是拜占庭的皇帝，还是阿拉伯的哈里发，都被可汗皈依犹太教的决定"激怒"。后来又有一位信仰犹太教的可萨汗王写道：

> 拜占庭和阿拉伯的君主听说此事后，分别派遣特使和大使带着大量财富和礼物送给汗王，他们还派来一些智者，试图说服汗王皈依他们自己的宗教。但汗王……认真地进行了各种研究、询问和调查，还找来了一位神父、一位拉比（rabbi，犹太教律法专家）和一位卡迪（qadi，伊斯兰教律法专家），让他们辩论，一展各自宗教所长……他们开始辩论，但没有达成任何结论，直到汗王对基督教神父说："你觉得犹太人和穆斯林的宗教怎么样？哪种更好？"神父回答说："以色列人的宗教比穆斯林的好。"汗王于是问卡迪："你怎么说？以色列人的宗教更好吗？还是基督徒的更为可取？"卡迪回答道：

"以色列人的宗教更可取一些。"听到这里,国王说:"既然如此,你俩都亲口承认以色列人的宗教更加可取,因此,相信上帝和全能真主的仁慈,我选择以色列人的宗教,也就是亚伯拉罕的宗教。"[2]

也许更重要的是,他并没有选择两个强大邻国的宗教;就像250年前阿拉伯的德·努瓦斯一样,他找到了一条中间路径。

到743年,希沙姆已经制服了境内所有的叛乱和入侵。但他为得到这个胜利消耗了巨额财富,而且虽然呼罗珊的局势已经得到控制,却仍然不太稳定。[3]

当希沙姆死于白喉之时,倭马亚王朝也开始走向衰亡。他的继任者是他侄子瓦利德二世(Walid II),一个酒鬼诗人,他继任哈里发不到一年即被表弟谋杀;这位表弟,耶齐德三世(Yazid III),也上任半年就病倒了。他临死的时候指名让弟弟易卜拉欣(Ibrahim)当继承人,但易卜拉欣还没能巩固自己的权力,马尔万(Marwan)将军就将从亚美尼亚率军而下,一路破敌(易卜拉欣谨慎小心,主动投降并加入了马尔万的队伍),并于744年在大马士革的清真寺自立为哈里发,称为马尔万二世(Marwan II)。然后,他将倭马亚王朝的都城迁至哈兰(Harran),这里更接近他以前在亚美尼亚的领地。[4]

他差点就能将帝国重新统一起来了,因为当时国家处于领导不力情况下的时间还不是很长,而且他还有希沙姆20年安定统治的良好基础。但君士坦丁五世趁此机会发起了攻击。马尔万在国内的统治还不稳固,君士坦丁五世就入侵了叙利亚,并于747年在一场海战中重创阿拉伯海军。

这次战败给国内反对马尔万统治的情绪火上浇油。马尔万像他的历届前任一样，也出自倭马亚一族。自从 661 年穆罕默德的女婿阿里死后，哈里发的位置就一直掌握在倭马亚一族手中，这是穆罕默德的老朋友奥斯曼所在的家族。身为阿拉伯人的倭马亚哈里发统治着阿拉伯帝国。近一个世纪以来，将伊斯兰征服地区联结在一起的最强力的黏着剂就是阿拉伯文化，包括阿拉伯语、身居高位的阿拉伯官员，以及通过重新向非阿拉伯裔征收人头税而养活的官僚机构。当然，对真主的崇拜与阿拉伯语和阿拉伯文化都有着千丝万缕的联系。但深入分析的话，倭马亚的哈里发，与其说他们是先知，不如说他们是政客；与其说他们是礼拜者，不如说他们是战士。

因此，当他们在政治和军事上都不走运的时候，他们对权力的掌控就随之支离破碎了。"在阿里死后的 90 年里，"历史学家休·肯尼迪（Hugh Kennedy）写道，"许多心怀不满的穆斯林普遍认为，社会问题永远都不会得到解决，除非领袖由神圣家族的成员担任"——也就是由穆罕默德本人所属家族的成员来担任。[5]

在海军惨败的同一年，马尔万同时面临着叙利亚的起义和呼罗珊的另一场叛乱。有些叛军希望由阿里的后代来担任哈里发。自从阿里死后，阿拉伯人内部就有一股强大的潜流，许多人坚持认为，只有阿里的后代才配当他的继任者（持有这种观点的人认为，阿里的继任者是十分合适的精神和超自然的统治者；他们被称为"阿里什叶"，即阿里派，又被称为什叶派）。其他人则愿意放宽标准，他们认为哈里发只要出自穆罕默德的氏族，即哈希姆氏族即可。他们一般被称为哈希姆派（Hashimites）。[6]

呼罗珊的叛乱很快就蔓延到整个行省，使其脱离了马尔万的统治。749 年年底，哈希姆派齐聚库法，选举穆罕默德家族的一名成员，艾布·阿拔斯（Abu al-Abbas），担任他们的哈里发。艾布·阿拔斯的血统能够追溯到穆罕默德的叔父身上，但他的当选并不是大家一致同意的。什叶派叛军仍然希望选择阿里的后裔，拒绝支持他当选。但即使没有什叶派的支持，艾布·阿拔斯也能够在身后聚集起庞大的叛军队伍。

马尔万二世纠集10万余人，从都城哈兰出发，向呼罗珊进军。750年年初，他与艾布·阿拔斯及其支持者在底格里斯河东岸相遇。叛军认为自己是为某种正义事业而战的，而马尔万的士兵则大多是不情不愿应征入伍的新兵，所以倭马亚军队被逼退并被打散了。马尔万本人也被迫逃亡。他先是逃往叙利亚地区，然后向南来到巴勒斯坦，然后又继续向南进入埃及，试图再次聚集战斗力量。

同时，艾布·阿拔斯派出许多骑兵，他们的使命是找到并杀死剩余的倭马亚家族成员。希沙姆的孙子和哈里发之位继承人、时年19岁的阿卜杜·拉赫曼（Abd al-Rahman）与家人一起生活在大马士革。听说了马尔万战败的消息，他和弟弟带着一名希腊仆人一起东逃，显然是希望能在古老的波斯土地上找个不起眼的小村庄隐藏起来。阿拔斯的手下在幼发拉底河畔追上了他们，阿卜杜·拉赫曼跳入水中，向对岸游去，但他弟弟犹豫了。阿拔斯的士兵将其就地斩首，曝尸岸边。[7]

但阿卜杜·拉赫曼游到了对岸，他的希腊仆人也跟他一起。两个人脚步不停，继续逃亡。他们显然改变了路线，很快就到了埃及，然后继续向西穿过伊夫里基亚，因为埃及并不安全。750年8月，正在埃及试图重整旗鼓的马尔万二世在一座清真寺里睡觉的时候被围住了。他的多数追随者都弃他而去，于是他只身冲向迎面而来的阿拔斯士兵，结果被杀死在门前。他的人头被送回到阿拔斯那里，此时，阿拔斯已经赢得了"萨法赫"（Al-Saffah）的绰号，意思是"屠夫"。[8]

阿拔斯以库法为中心统治着他的哈里发帝国，尽自己所能确保新生的阿拔斯哈里发王朝的安全。他承诺，倭马亚家族的所有幸存成员都将得到特赦，而且如果他们回来，并宣誓向他效忠，就把他们的家族财产都还给他们。当时的一部编年史告诉我们发生了什么事：有90个毫无防备的男人和女人现身，并在一个欢迎宴会上就坐，但没等他们开始就餐，阿拔斯的卫兵就包围了宴会厅，把他们全都杀死了。[9]

新的阿拔斯哈里发不得不面对来自领土最东边和最西边的两处攻击。

第一个威胁来自东方。若干年来，唐玄宗手下的将军高仙芝，一直领兵缓慢地横跨亚洲的高原，几乎一路推进到伊斯兰帝国东部的粟特（Sogdiana）地区，就在乌浒河的东边。倭马亚哈里发的统治越来越无力，越来越无序，一直没能阻止他的前进。如今，10万阿拔斯大军向东进军，目的就是解除这个威胁。

高仙芝远离故土、装备不足，他的3万兵力根本不是阿拔斯的对手。在751年的怛罗斯战役（Battle of Talas）中，阿拔斯王朝打败了唐朝的军队，终止了唐朝夺取中亚地区控制权的企图。唐朝的部队大败，只有几千人幸存。高仙芝没有足够的人手可以发动反击，只好打道回府。

"屠夫"阿拔斯死于754年，他的弟弟曼苏尔（al-Mansur）接替他成为哈里发。阿拔斯的统治中心是库法，但曼苏尔将都城迁到了巴格达。这里是积累帝国财富的战略要地。"这里是底格里斯河，我们和中国之间没有什么障碍，所有经海路来的物品都可以直接抵

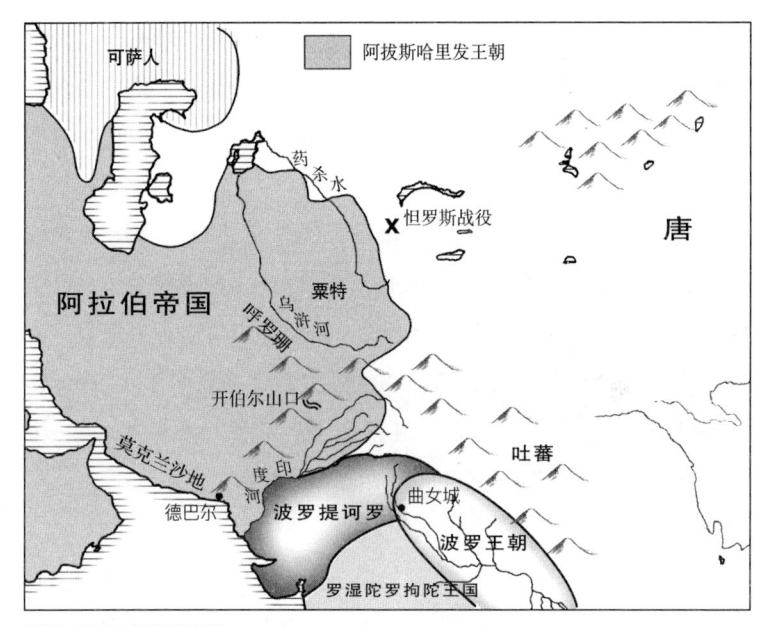

地图 14-1　怛罗斯战役

达,"他告诉手下的军官说,"那里还有幼发拉底河,所有从叙利亚及其周边地区来的物品也都可以到达。"他开始建设,将一个小村镇改造成帝国的都城。[10]

此举表明帝国的重心在东移,而当哈里发帝国的西部边界出现另一个问题时,曼苏尔并没有特别认真地去努力解决。756年,流亡的倭马亚王朝继承人阿卜杜·拉赫曼抵达安达卢斯。他用了长达6年的时间,横跨北非来到伊斯兰世界残留的最后一个倭马亚行省的边境。

他传话给倭马亚的安达卢斯总督优素福·菲赫利(Yusuf al-Fihri),宣布他已抵达,并要求承认安达卢斯是其合法领地。这个消息并不受欢迎。在阿拔斯人夺取政权之后,优素福·菲赫利立刻开始作为一个独立的倭马亚统治者进行统治。他很不高兴看到这么一个比他更有资格的人统治安达卢斯,因此他拒绝将领土交给阿卜杜·拉赫曼。

于是,两人在科尔多瓦(Cordoba)城外交上了手。阿卜杜·拉赫曼取得了胜利。他击败了优素福·菲赫利,并将其斩首,自己则成为安达卢斯地区事实上的哈里发。但他并未自立为哈里发,而是采用了一个次一级的头衔——"科尔多瓦的埃米尔"(Emir of Cordoba),意思是王公,而不是国王。但他仍然是科尔多瓦第一个伊斯兰王朝的统治者,完全独立于哈里发的统治之外。

763年,曼苏尔派出一支阿拔斯军队前往安达卢斯,意图将其收回阿拔斯王朝手中。阿卜杜·拉赫曼进行反击并将其击败后,曼苏尔决定,最明智的做法是放弃安达卢斯,把这里让给倭马亚家族,以保证东部的兵力充足。

倭马亚王朝的哈里发已将其权力基础逐渐转移到越来越靠近地中海的地区,向东一直延伸到叙利亚,这里更接近伊斯兰帝国的中心。而阿拔斯王朝则将权力基础重新集中到原来的波斯领土上,在自己和西部地区之间留出了一段距离。[11]

他们也变得越来越专制。曼苏尔和他哥哥一样,以杀人开始了他的哈里发统治。他安排人刺杀了一些曾拒绝支持阿拔斯执政的著名什叶派领袖。他继续进行残酷无情的独裁统治,利用间谍网络铲除持不同政见者,并下令殴打、监禁、处死他的敌人。他的情报人员效率极高,令人畏惧,以至于有传言说他有一面神奇的魔镜,可以告诉他谁效忠于他,谁又在谋反。[12]

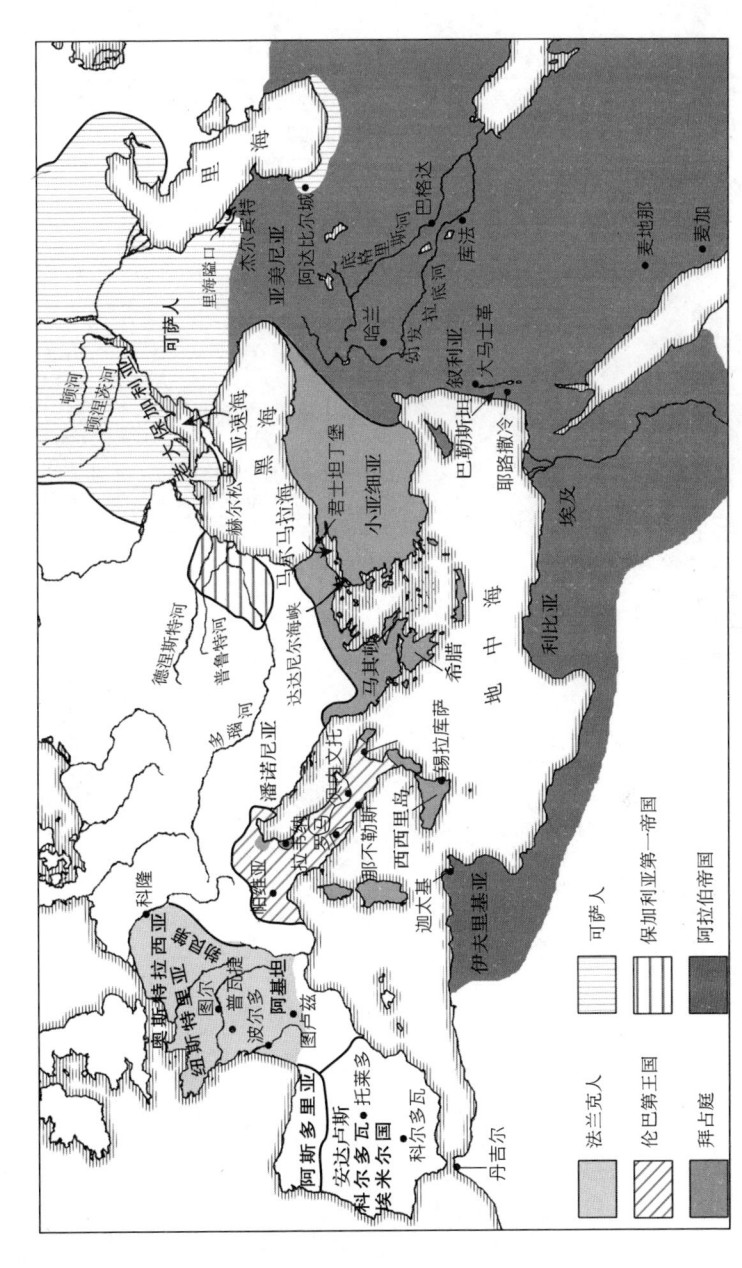

地图 14-2 早期的阿拔斯哈里发帝国

时间线 14

拜占庭	突厥人	伦巴第人	法兰克人	阿拉伯帝国	可萨人	唐朝
君士坦丁四世 (668—685)		格里莫尔德 (662—671)		穆阿维叶一世 (661—680)		
			提奥多里克三世 (675—691)	围攻君士坦丁堡 (674—678)		
			胖子丕平 (680—714)			
						中宗 (683—684)
查士丁尼二世 (685—695)				阿卜杜勒·马利克 (685—705)		睿宗 (684—690)
	（后突厥汗国） 默啜(695—716)			布希尔·格拉万 (约690—约715)		武则天 (690—705)
利昂提奥斯 (695—698)						
提比略三世 (698—705)						
查士丁尼二世 (第二次执政, 705—711)						中宗 (第二次执政, 705—710)
						睿宗 (第二次执政, 710—712)
		柳特普兰德 (712—744)				玄宗 (712—756)
狄奥多西三世 (715—717)		教皇格列高利 二世(715—731)		苏莱曼 (715—717)		
牧首日耳曼 (715—730)						
	（后突厥汗国） 默棘连(716—734)					
利奥三世 (717—741)			查理·马特 (717—741)	欧麦尔二世 (717—720)		
				围攻君士坦丁堡 (718)		
				耶齐德二世 (720—724)		
			图卢兹战役 (721)	希沙姆(724—743)		

时间线 14（续表）

拜占庭	突厥人	伦巴第人	法兰克人	阿拉伯帝国	可萨人	唐朝
		苏特里捐赠（728）			比哈尔（约730—约742）	
		教皇格列高利三世（731—741）				
			图尔战役（732）			
	（后突厥汗国）登利可汗（734—741）					
君士坦丁五世（741—775）		希尔德里克三世（743—751）		瓦利德二世（743—744）		
				耶齐德三世（744）		
				马尔万二世（744—750）		
		艾斯图尔夫（749—756）		阿拔斯（750—754）		
				阿拔斯王朝（750—1258）		怛罗斯战役（751）
				曼苏尔（754—775）		
				（科尔多瓦）阿卜杜·拉赫曼一世（埃米尔，756—788）		

巴格达市中心有他精心打造的哈里发家族居所，这里建起了越来越华丽的建筑，哈里发和他的整个家族都住在这里，极尽奢华。在曼苏尔的手中，哈里发的宗教权威与其政治野心相比无疑是处于第二位的，阿拔斯王朝的哈里发开始变得越来越像是一个帝王了。[13]

/ 15

查理曼

> 737年至778年，教皇膏立法兰克国王，法兰克国王保护教皇，伦巴第铁王冠则戴到了查理曼的头上。

737年，法兰克的"懒王"提奥多里克四世死后，查理·马特没有费心去指定另一个统治者。他是法兰克人的宫相，"全法兰克王国的公爵首领"，全罗马旧土上最显赫的基督教勇士，而且他的权力比西方任何人都大——只有伦巴第国王柳特普兰德可能是个例外。

因此，当教皇格列高利三世于738年和柳特普兰德反目之时，他就向查理·马特求助去了。纷争是由斯波莱托公爵引发的，他违抗伦巴第国王的命令，然后逃到罗马去寻求庇护。当教皇拒绝将他交给国王时，柳特普兰德收回了新成立的教皇国的部分土地，以示不满。格列高利已经跟君士坦丁堡断绝了来往，所以找不到人帮忙，于是他孤注一掷，向查理·马特发出了求助的信息。"在巨大的灾难面前，我们认为有必要给你写信，"格列高利开始写道，"我们再也无法继续忍受伦巴第的迫害……你，哦孩子，如果你能迅速出动，帮助教会，帮助我们，那么现在和将来，在上帝面前，你都将获得使徒之首圣彼得的眷顾，因为你捍卫圣彼得，保护我们和上帝的选民，所有的人都看得出你的信仰多么虔诚，你的爱多么深沉，你的目的多么单纯。如果你能这样做，必将在人世间留得美名，并且可以升入天堂，得到永生。"[1]

从这封信中可以看出，是格列高利三世首先提出了后来激励着十字军战士的目标之一——救赎。这是那些以教会的名义四处征战的人常打的旗号。不幸的是，这对查理·马特不起作用。"全法兰克王国的公爵首领"给格列高利回了礼，但拒绝卷入他们的争端。他和柳特普兰德不止一次并肩作战，与伦巴第为敌对他来说绝对没有任何好处（显然，他并没有被格列高利那套有关救赎的说辞所打动）。[2]

意大利的僵局又拖了好几年，最后相关各方相继死去，问题才得以解决。查理·马特和教皇格列高利三世均死于741年，柳特普兰德则死于744年，这时他已当了32年的伦巴第国王，在位时间长得惊人。这次政治纠纷其实不大，但格列高利向查理·马特求助一事揭示了局势的转变。没有了拜占庭皇帝的保护，罗马教皇只有自己可以依靠，所以必须与任何有可能愿意保护自己的人结盟。

751年，拜占庭皇帝在意大利就连名义上的统治也不复存在了。伦巴第在其咄咄逼人的新任国王艾斯图尔夫（Aistulf）的领导下占领了拉韦纳，并俘虏了此地最后一任拜占庭总督。还有几块意大利的土地仍然忠于皇帝——特别是威尼斯城，宣布自己仍然属于拜占庭——但现在在整个意大利半岛上都没有拜占庭的政府了。君士坦丁堡没有派代表来，威尼斯和其他拜占庭城市只好自治，教皇也全靠自己了。

不过,新的"全法兰克王国的公爵首领"不像查理·马特,他愿意保护罗马,对抗好战的伦巴第人,希望以此得到些好处。

查理·马特死后,他的两个儿子卡洛曼(Carloman)和小丕平(Pippin the Younger,又被称为"矮子丕平")继承了他的权力,卡洛曼在奥斯特拉西亚,小丕平则在纽斯特里亚,分别担任宫相。兄弟二人决定把一个傀儡国王推上法兰克已经空了7年的宝座。他们选择的是希尔德里克三世(Childeric III)。他是前国王的儿子,但他的血统无关紧要,因为他根本不参与执政。

几年之后,卡洛曼也退出了政治舞台。747年,在他32岁的时候,他将妻儿留给弟弟照顾,自己去罗马受祝圣之礼,成了一名修道士。他就这样实现了毕生的梦想。据弗莱德加所说,尽管他在奥斯特拉西亚当了那么多年的宫相,但他一直"对宗教冥想的生活有着火热的激情"。根据查理曼的传记作者艾因哈德(Einhard)的记载,卡洛曼本欲在罗马附近的一座修道院里生活,但不断有法兰克贵族前来探望,使他不堪其扰,因此他在祝圣仪式之后不久即前往卡西诺山,进了修士本笃亲手创建的修道院,那里严格执行沉默与隔绝的院规。"在那里,"艾因哈德写道,"他在宗教生活中度过余生。"[3]

如此一来,小丕平就成了唯一的宫相。751年,他决定让希尔德里克三世下台,自己称王。然而,王室血统的问题挥之不去,他需要寻找比自己更有分量者的认可来支持他篡夺王位。

于是他派了两个人南下罗马,给教皇格列高利三世的继任者扎迦利(Zachary)送去一封短信。法兰克国王的官方记录《法兰克王国编年史》(*Annales Regni Francorum*)中给我们留下了这样一段简短的记录：

> （他们）被派去扎迦利处，询问当时在法兰克是否允许不掌握任何实权的国王存在。教皇扎迦利告诉丕平，说与其让没有实权的人做国王，不如让执掌实权的丕平本人称王更好。为使社会不至于陷入混乱，他借助教皇的权威，下令让丕平登上王位。[4]

扎迦利正面临着艾斯图尔夫的敌对，因此他愿意用教会的支持来换取小丕平的保护，抗击伦巴第人。

丕平下令让希尔德里克三世出家，并将其送往修道院，4年之后，这位墨洛温王朝的末代皇帝就死在那里。丕平在苏瓦松加冕为加洛林王朝（Carolingian dynasty）*的首任国王，他举行了全新的加冕仪式，加冕时还像《旧约》中政教合一的神权国王那样受了圣膏。

扎迦利死于752年，但他的继任者教皇斯德望二世（Stephen II）十分精明地从这次加冕中得到了好处。754年，他北上来到法兰克人的领地，举行了更加复杂的仪式，再次为丕平涂膏加冕，同时还恩膏丕平的两个儿子——12岁的查理和3岁的卡洛曼——为丕平的继承人。"与此同时，"某佚名人士对图尔的格列高利写下的法兰克历史进行了补充，"他让所有的法兰克王公保证，今后绝不从未受教皇祝福、未行圣礼的人中推举国王，违者将受到停止教权、逐

---

* 加洛林王朝的名称来自卡罗勒斯（Carolus）一词，这是查理·马特的拉丁语名字。

出教会的处罚。"[5] *

他将法兰克国王的权力与教皇的权威捆绑在一起。作为回报，国王丕平则派兵翻越阿尔卑斯山进军意大利，将艾斯图尔夫逐出教皇的土地和一度处于拜占庭总督管辖之下的土地，并将这些土地全部交予教皇。艾斯图尔夫的军队惨败，被迫奉丕平为主。756年，在艾斯图尔夫因打猎时不慎坠马，一命呜呼之后，丕平选择让伦巴第贵族德西德流斯（Desiderius）成为意大利的下一任国王。5年之内，丕平不仅成为法兰克国王，还成了意大利事实上的统治者。[6]

教皇斯德望二世同样表现不俗。他如今统治的教皇国面积扩大了很多，既包括罗马，又包括以前帝国的中心拉韦纳。为了证明他理当拥有这些土地，他向丕平提供了一份文件，声称该文件为君士坦丁大帝亲笔手书，一直由教会保管。在这份文件中，君士坦丁解释说，4世纪的教皇西尔维斯特（Sylvester）治好了他一直隐瞒的麻风病。为表达感激之情，他下旨说教皇之位"应当比我们的帝国及俗世宝座更加光荣崇高"，教皇从此应高于"安条克、亚历山大、君士坦丁堡和耶路撒冷这四大主教，也高于全世界的所有教会"，并表示君士坦丁本人要将"罗马城及意大利所有的行省、地区和城市全部拱手交予教皇……我们放弃这些土地，这是我们神圣的礼物，将其赠予教皇及其继任者，以实现他们的权力和影响力"。[7]

这份文件是由某个颇有才能的教士伪造的，上面的墨迹当时还没干透。丕平不是白痴，无疑也看透了这是怎么回事。但教皇将他所渴望的权力给了他，作为回报，他也愿意让教皇掌管罗马及其

---

* 将一个人逐出教会就剥夺了他参加教堂圣礼的权利，停止教权则适用于整个教区的所有教民。当教会宣布停止一个国家或地区的教权时，这个国家或地区的所有人都不能行圣礼，所有的公众礼拜活动都要停止。

周边的土地。这份伪造文件被称为"君士坦丁献土"(Donation of Constantine),它给权力的移交披上了合法性的外衣。

但只要没人对此事较真,这件合法性的外衣就完全能够满足有关各方的需求。

在安达卢斯完全独立于巴格达5年之后,法兰克国王丕平过世。

他将王冠留给两个儿子联合继承,他们是时年26岁的查理和17岁的卡洛曼,*这两个年轻人都于754年和父亲一起涂过圣膏,所以都可以说是上帝认可的统治者。他们将帝国一分为二,各自治理,但不是按照传统的分法分成纽斯特里亚和奥斯特拉西亚两个部分,而是由查理统治北部和沿海地区,卡洛曼则统治南部地区。

查理登基两年之后,迎娶了伦巴第国王德西德流斯的女儿,丕平曾一手包办这位国王的登基。艾因哈德写道:"没有人知道他为什么要这样做,但他在一年后抛弃了这个妻子。"然后他又娶了一个阿勒曼尼姑娘取代她的位置,这个姑娘名叫希尔德加德(Hildegard),当时年仅13岁。这使他和帝国东部地区不时侵扰的阿勒曼尼人产生了联系,这对他很有好处。当然,这件事激怒了伦巴第国王,他向卡洛曼提出建议,说可以联合起来消灭查理。但是771年,他们的计划尚未成形,卡洛曼就死了。[8]

查理现在成了全法兰克领土上唯一的君主。他几乎立刻开始通过军事征服进行扩张。772年,他出兵攻打莱茵河对岸的撒克逊人。此时他尚未考虑南部的问题,在那里,伦巴第国王德西德流斯还在谋划着进攻的事情。查理打算先将帝国领土向北方扩张,因为莱茵河两岸的土地十分富饶,而且撒克逊人的各个部落也不怎么团

---

* 查理的出生年份不是很确定,习惯上说是742年,但更有可能是在747年或748年。

图 15-1 伦巴第铁王冠
由黄金和宝石制成,内部可以看见铁环(据说本是基督的十字架上的一枚钉子)。
图片来源:Scala/Art Resource, NY

结。他们分成三个部分:位于中部的撒克逊人在威悉河(Weser)沿岸,伊斯特伐利亚人(Eastphalians)在易北河沿岸,威斯特伐利亚人(Westphalians)在靠近海岸的地方。但他们很少联合作战。[9]

查理于772年推进到撒克逊人的领地,打破撒克逊人杂乱无章的抵抗,进入条顿堡森林(Teutoburg Forest)。在这里,他命令手下毁掉了撒克逊人最神圣的圣物——圣树伊尔明苏尔(Irminsul)。它象征着支撑天堂拱顶的神树。他这样做,意在向撒克逊人表明,作为上帝指定的基督教国王,他既能主宰撒克逊人,也能支配他们的神。但破坏伊尔明苏尔这件事后来使他不堪其扰。虽然撒克逊人在政治上不够团结,无法组织坚强的防御,但他们都有一套相同的宗教信仰,过了几十年,他们依然无法忘怀伊尔明苏尔被毁一事。[10]

暂时制服撒克逊人之后,查理回国准备进军意大利。第二年,他越过阿尔卑斯山,准备惩罚德西德流斯的阴谋,意在将意大利据为己有。

德西德流斯率领伦巴第军队在意大利北部与他相遇,但查理将伦巴第国王逼回了首都帕维亚,并将其包围。围攻持续了将近一年,查理(用他传记作者的话说)"直到将德西德流斯拖垮,打到他投降才作罢"。[11]

查理并没有处死德西德流斯,而是将其囚禁在法兰克北部的一座修道院里。德西德流斯的儿子和继承人则逃到君士坦丁堡,在那里的朝廷避难。时年32岁的查理当上了全法兰克以及意大利伦巴第的国王。774年,他戴上了伦巴第传统的铁王冠(这个名字的由来是伦巴第人相信其内侧的铁环是用基督十字架上的一枚铁钉打制而成的),伦巴第王国自此不复存在。这是查理在帝国扩张过程中获得的一系列伟大胜利中的第一次,这些胜利为他赢得了查理大帝或"查理曼"(Charlemagne)的称号。

受到在东北和东南方向取得的胜利的鼓舞,查理曼接着将目光转向了西南方向。

阿卜杜·拉赫曼得到了科尔多瓦的埃米尔之位,但此事并未得到安达卢斯所有穆斯林的支持。778年,在安达卢斯东北部,一些持不同政见者,以该地区行政长官苏莱曼·阿拉比(Sulayman al-Arabi)为首,邀请查理曼来帮助他们摆脱倭马亚家庭的统治。他们向查理曼许诺,埃米尔辖地深处的萨拉戈萨(Zaragoza)将打开城门欢迎他,他可以将此地作为行动基地。

当时这看起来一定是个不错的主意,但结局却是灾难性的。查理曼率部向萨拉戈萨进军,心里想着要征服安达卢斯。然而,当他来到城墙边时，该市的长官此前虽然一直与苏莱曼及其他持不同政见者结盟，此时却改变了主意，拒绝让他进城。查理曼在城墙外扎营数周，但城门一直没有打开。没有一座四面有城墙的城市可以为他提供庇护，他最终被迫穿越比利牛斯山脉撤退。他怒不可遏，在回程经过潘普洛纳（Pamplona）要塞时洗劫了这个地方。

这就像他破坏伊尔明苏尔一样，属于判断错误。潘普洛纳并不在科尔多瓦埃米尔的牢固控制之下，而是法斯康人（Vascone）的家乡，这个部族在罗马人到达之前就生活在伊比利亚，在罗马人占领、西哥特人接管以及阿拉伯人到来时，他们借助山区优势，始终屹立不倒。* 他们十分坚忍独立，而且足智多谋，他们在查理曼翻山越岭回自己王国的路上对他进行了报复。在龙塞斯瓦耶斯关口（Pass of Roncesvalles），法斯康人袭击了法兰克人军队的队尾，毁掉队伍的辎重，消灭了后卫部队。他们轻装上阵，熟悉山上的地形，大肆屠杀之后，便借助崎岖的地势消失不见了。法兰克人却被自己的武器和盔甲所累，无法追击他们。[12]

这次伏击对查理曼造成了毁灭性的打击，因为当法斯康人来袭时，他有许多手下的官员和私交甚笃的朋友都在队尾。其中有一个人被艾因哈德称为"罗兰，布列塔尼边区总督"（Roland, Lord of the Breton Marches）——这位贵族管辖着法兰克西部海岸的领土，就在卢瓦尔河河口的北面。据说这一仗开始只是场小埋伏，后来却变成了关键一战。罗兰也成为法国第一部史诗——12 世纪的《罗兰之歌》（Song of Roland）——中的英雄主人公，故事将这场流血事件描写成萨拉戈萨的阿拉伯人和查理曼自己阵营中的一名叛徒共同

---

* 法斯康人很可能是今天仍然住在同一个山区的巴斯克人（Basque）的祖先。

/ 15 查理曼

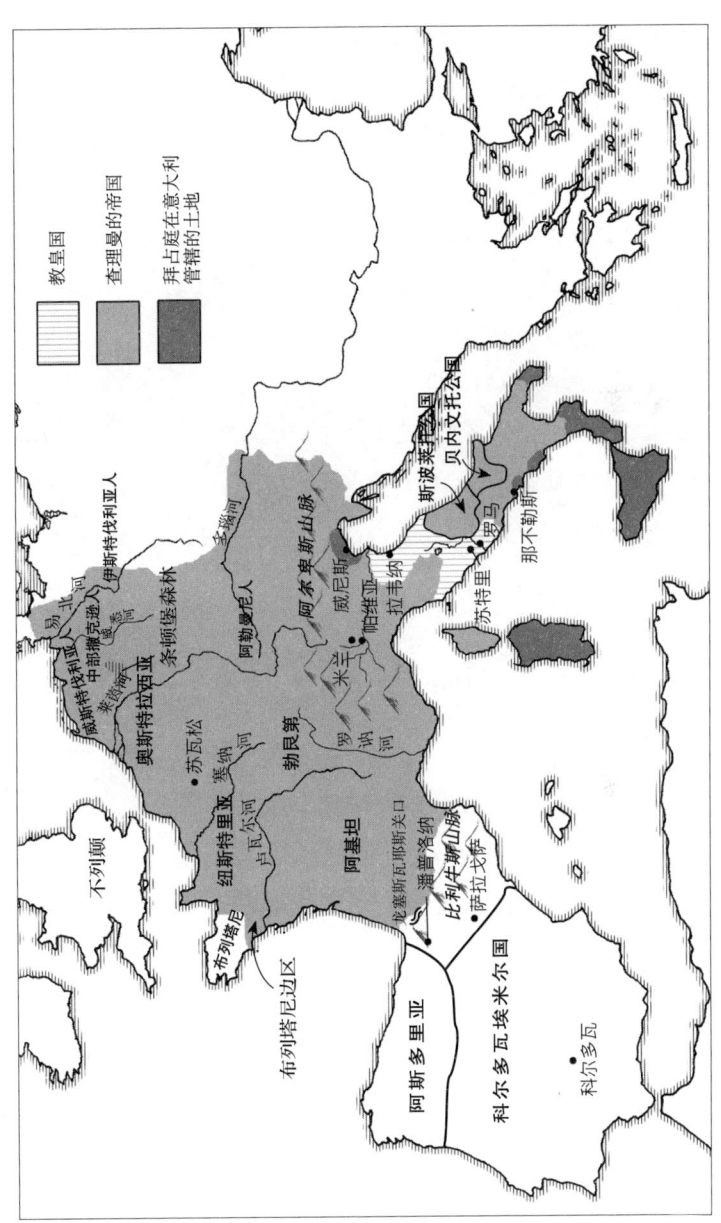

地图 15-1 查理曼的帝国

谋划的一个重大阴谋。在这部史诗中，40万阿拉伯大军从天而降，袭击了法兰克军队的队尾，罗兰战至最终力竭才吹响了求援的号角。当他终于吹响号角时，查理曼策马扬鞭，从队伍前方赶来援救，但号角声音太响，震裂了罗兰的头骨。

后来查理曼在上帝的帮助下向阿拉伯人复仇：

> 上帝为查理曼创造了伟大的奇迹：
> 让太阳停在天上不落。
> 异教徒在逃窜，法兰克人紧追不舍，
> 穿过暗影笼罩的山谷，敌人就在前方；
> 在萨拉戈萨奋力赶上敌人，
> 将他们击杀砍伤。[13]

但在现实中，龙塞斯瓦耶斯战役终止了查理曼对安达卢斯的野心。他此后再也没有试图穿越比利牛斯山脉。

时间线 15

阿拉伯帝国	唐朝	可萨人	法兰克人	拜占庭	突厥人	伦巴第人
			提奥多里克三世（675—691）			
			胖子丕平（680—714）			
	中宗（683—684）					
	睿宗（684—690）					
阿卜杜勒·马利克（685—705）				查士丁尼二世（685—695）		
	武则天（690—705）	布希尔·格拉万（约690—约715）			（后突厥汗国）默啜（695—716）	
				利昂提奥斯（695—698）		
				提比略三世（698—705）		
	中宗（第二次执政，705—710）			查士丁尼二世（第二次执政，705—711）		
	睿宗（第二次执政，710—712）					
	玄宗（712—756）					柳特普兰德（712—744）
苏莱曼（715—717）				狄奥多西三世（715—717）		教皇格列高利二世（715—731）
				牧首日耳曼（715—730）		
					（后突厥汗国）默棘连（716—734）	
欧麦尔二世（717—720）			查理·马特（717—741）	利奥三世（717—741）		
围攻君士坦丁堡（718）						
耶齐德二世（720—724）			图卢兹战役（721）			
希沙姆（724—743）			提奥多里克四世（721—737）			
		比哈尔（约730—约742）				苏特里捐赠（728）

阿拉伯帝国	唐朝	可萨人	法兰克人	拜占庭	突厥人	伦巴第人
			图尔战役（732）			教皇格列高利三世（731—741）
			卡洛曼（741—747）/小丕平（741—751）	君士坦丁五世（741—775）		教皇扎迦利（741—752）
瓦利德二世（743—744）耶齐德三世（744）马尔万二世（744—750）			希尔德里克三世（743—751）			
阿拔斯（750—754）阿拔斯王朝（750—1258）						艾斯图尔夫（749—756）
	怛罗斯战役（751）		小丕平（751—768）			
曼苏尔（754—775）			加洛林王朝开始			教皇斯德望二世（752—757）
（科尔多瓦）阿卜杜·拉赫曼一世（埃米尔，756—788）						德西德流斯（756—774）
			查理（768—814）/卡洛曼（768—771）			
						查理（774—814）

/ 16

安史之乱

> 745 年至 779 年，唐明皇爱上了自己的儿媳，又失去了她，连同皇位一起，唐朝的国运也由盛转衰。

高仙芝在怛罗斯战役之后回到家乡，却发现皇帝遇到了麻烦。

唐玄宗在位已近 40 年，领导着唐朝进入了有史以来最为辉煌的时代。帝国在国力和国土面积上都达到了顶峰。文化艺术蓬勃发展。唐朝的瓷器像玻璃一样轻薄透亮，通过丝绸之路被卖到西方各国，所到之处，无不受到欢迎。唐朝画家吴道子所绘制的肖像画和壁画都令人屏息惊叹，甚至有传言说他在一幅风景画上画了一扇门，然后就开门走了进去。唐朝诗人也创作了可以流传千古的诗句。李白的名声传遍全国，他写的诗豪迈奔放、想象丰富：

抽刀断水水更流，
举杯消愁愁更愁。
人生在世不称意，

明朝散发弄扁舟。[1]

诗人和画家王维，擅写绝句——只有四行的"截短"了的律诗，这种诗言简意赅，却意境深远，让读者回味无穷。

渭城朝雨浥轻尘，
客舍青青柳色新。
劝君更尽一杯酒，
西出阳关无故人。[2]

但文学艺术的繁荣不能掩盖朝廷根源上的腐败。唐明皇年近60岁时迷上了自己年轻的儿媳杨玉环。他强迫儿子休妻，自己纳其为贵妃。杨国忠是杨贵妃的族兄，通过她的关系，在朝廷上官运亨通、权势日盛；杨贵妃十分喜爱（也许是过分喜爱）军官安禄山，唐明皇很听她的话，授予安禄山的权力也越来越大。他罢免了通过科考登上官场的丞相张九龄（他以智慧、自律和严格的道德标准闻名于世，曾撰谏文作为寿礼进献给唐玄宗），并任命专断的宗室权贵李林甫接替其相位。[3]

而且帝国的扩张也并非没有付出代价。唐明皇穷兵黩武，招致民怨。"古来唯见白骨黄沙田，"在一次对北方胡人的持久战结束后，李白这样写道：

烽火燃不息，
征战无已时。
野战格斗死，

> 败马号鸣向天悲。
> ……
> 士卒涂草莽,
> 将军空尔为。
> 乃知兵者是凶器,
> 圣人不得已而用之。[4]

皇帝日益耽溺于个人享乐,而边关却战事不断,这意味着边关将领的自主权越来越大。751年,正当高仙芝与阿拉伯人在遥远的西方苦战之时,契丹人再次入侵北方,唐朝与契丹的对抗开始了。与吐蕃之间的和平也遭到破坏,吐蕃人对唐朝中亚边境的攻击和劫掠愈演愈烈。

同年末,唐朝西南属国南诏发生叛乱。南诏王国由洱海周围白族的六个部落合并而成。就像许多其他的新兴国家一样,南诏王国的存在也可以追溯到某一个人的征服本能上去,这个人就是白族首领皮逻阁。738年,皮逻阁不但取得了所有六个部落的统治权,而且还活活烧死了其他五个部落的首领。

唐明皇看到,皮逻阁统治的加强,可以在唐朝和吐蕃边界的敌对形势下形成缓冲,这对唐朝有利,因此他给皮逻阁封王。但皮逻阁继任者阁逻凤却看到了唐朝的弱点,并趁机对唐朝发动进攻。唐朝剑南节度使出兵回击,但阁逻凤和白族军队使唐军意外落败,颜面扫地。[5]

752年年底,宗室出身的宰相李林甫过世,杨贵妃利用自己的影响力使族兄杨国忠升任唐朝的下一任宰相。这不是一件坏事,杨国忠虽然野心勃勃,常会利用家族关系谋利,但他忠于皇帝。一旦

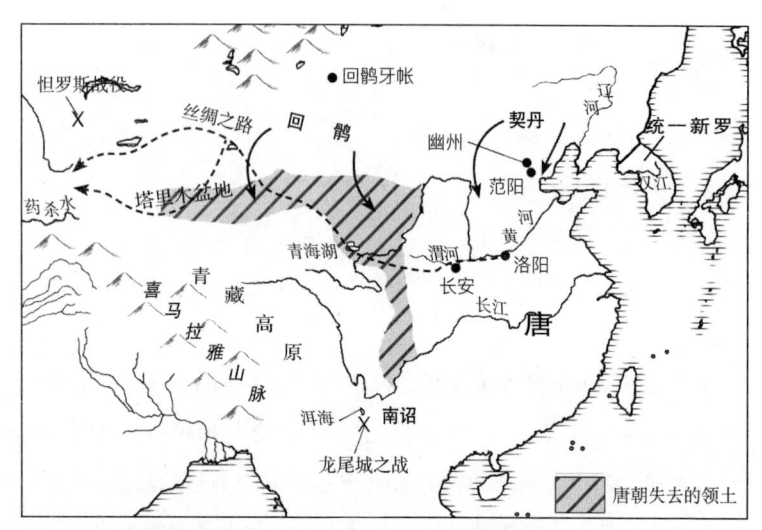

地图 16-1　唐朝与周边民族政权并立形势图

进入了朝廷的权力核心，他变得越来越担心族妹对安禄山将军的明显偏爱之情。在他看来，安禄山不仅野心勃勃，而且毫无原则，他担心这位将军正在计划谋反。[6]

754年，南诏的第二次胜利给安禄山将军提供了机会。阁逻凤居然战胜了唐朝西南边陲的军事力量，因此皇帝派了另一个将军率领大军前往南方去惩罚他。但在龙尾城之战中，唐朝军队惨遭屠戮。幸存者又几乎全部在狼狈撤回的路上死于瘴疫。据说前后共有20万士兵在与这个南方小国的战争中身死。3年前唐军在怛罗斯战役中战败时就已颜面尽失，军中也因此产生了一股愤怒和不满的情绪，这回，这种情绪又进一步加剧了。

755年，安禄山与另一位将领史思明联合宣布反唐，定都范阳。这是一处北方军事要塞，他已在此驻守多年，手下兵马有10余万人，由训练有素的士兵和从契丹招募的北方骑手混合而成。他们跟着他一路沿黄河南下，直抵洛阳城下，这是帝国东部的政治中心，他们不费吹灰之力就将其攻克。安禄山在此地停顿下来，休整军队，准备进攻长安。[7]

唐明皇震怒。他给怛罗斯战役的指挥官高仙芝下令，命其迎战安禄山，但这名老将未能迅速获胜，皇帝一怒之下将其处斩。为了平息圣怒，忠于皇帝的宰相杨国忠策划正面迎敌。这与统兵将领的意见相左，后者建议据守潼关，然后派一支军队去袭击安禄山的老巢范阳，让叛军自溃。

洛阳沦陷半年多后，在756年7月的酷暑之下，唐朝的皇家军队正面迎击叛军，结果惨败。长安城无人防守，唐明皇和宰相杨国忠西逃避难。战斗结束后不久，安禄山兵临长安城下，很快即将其占领，几乎没有遇到任何反抗。

在逃亡途中，唐明皇手下禁军哗变，他们把矛头指向了宰相杨国忠，指责他带来了灾难，尽管皇帝反对，他们还是包围并诛杀了杨国忠和他的儿子。然后，他们又要求唐明皇交出他的宠妃，美丽的杨贵妃，并将其处死。因为她帮杨国忠步步高升，在他们眼里，就是因为她既偏向族兄，又偏向安禄山，才导致唐朝江山岌岌可危。

皇帝先是敷衍，继而表示反对，拒绝这样做，但他最后终于意识到，自己已别无选择。他不愿将贵妃交到愤怒的士兵们手中，最后接受了一名亲信宦官的建议，将杨贵妃赐死。半个世纪后，在诗人白居易的笔下，他的悲伤被传唱天下：

> 君王掩面救不得，
> 回看血泪相和流。

> 黄埃散漫风萧索,
>
> ……
>
> 天长地久有时尽,
>
> 此恨绵绵无绝期。[8]

　　唐明皇退守南方城市成都,一路上都在悼念他的爱妃。

　　安禄山叛乱的结果对唐明皇和叛臣安禄山来说都不是太妙。756年,唐玄宗的太子李亨,迫使年迈体衰的老皇帝退位,自己(在流亡中)登上了皇位,是为唐肃宗。不久之前,安禄山也在洛阳僭位称帝,定国号为大燕。但他染上了某种疾病,导致他身上长满毒疮,极其痛苦,因此他的脾气也变得越来越暴躁、偏执。他变得喜怒无常、凶狠残暴。几个月后,757年的某日夜半时分,他被自己的儿子派出的一名家奴刺杀身亡。[9]

　　安禄山的儿子接过了他的权力,但同年,唐肃宗派兵再次攻入长安,把残余的叛军赶走了。不过战斗并未就此结束,在旷日持久的一场接一场战斗中,叛军的抵抗又持续了6年。唐肃宗于762年病逝,763年,他的儿子唐代宗才终于肃清了安禄山叛乱最后的余孽。[10]

　　但唐朝已经丧失了那种令全世界畏惧的力量。几乎所有的戍边部队都被内战双方分别召回参与战斗,帝国的边疆开始破碎。763年末,当新皇唐代宗正带着手下大将在洛阳镇压叛军余孽的时候,吐蕃人一路疾驰攻进长安,将其洗劫一空,然后撤军。之后10年的时间里,吐蕃年年都会从西南向大唐发动攻击。[11]

　　在北方和西北地区,唐朝边境遭受回鹘部落的入侵也同样严重。回鹘人一直是东突厥汗国的附属部落,但是他们已经脱离领主,建立了自己的汗国，王庭（牙帐）设于鄂尔浑河流域。唐肃宗和他的儿子唐代宗都曾雇用回鹘佣兵来帮助他们打击叛军，皇帝支付的重金大大加速了回鹘人的财富积累。佣兵将汉语文字的一些知识（连同自长安和洛阳劫掠的战利品一起）带回了家乡，这成为回鹘文字体系的基础。他们引进的文化引发了一场变革，使一个能征善战的游牧部落逐渐变成一个更加稳定的汗国。[12]

在帝国的东北方向，统一新罗王国正在景德王的领导下统治着半岛大部分地区，他们也受到了唐朝内战的刺激。新罗的历代国王在唐朝势力的帮助下维持着国家统一，他们需要唐朝的支持，因为他们的力量在朝鲜半岛并不是不可动摇的。高句丽王国已被摧毁，但其残余部族已逃往北部，并在那里定居下来，他们与半游牧部族靺鞨人通婚，形成了一个新的王国，人称渤海国。在安禄山叛乱发生之后，渤海文王大钦茂趁着唐朝影响的降低征服了周围的领土，渤海国领土增至比其南边的统一新罗还大。[13]

由于各处边境都在打仗，大唐帝国的人口纷纷远离北方和西部，而迁往中原和南方地区。北方的古老城市走向没落。等到779年唐代宗去世的时候，大唐已失去中亚地区的全部领土。西去的贸易路线也受阻中断了。帝国的边疆地区日渐缩小，负责戍守的将军们手中的权力却越来越大，无论是唐朝皇帝还是他的大臣们都无法遏制他们日益增长的独立性。周围各民族——吐蕃、南诏、回鹘、渤海、统一新罗——都蠢蠢欲动起来。安史之乱所影响的不仅仅是中国唐朝的政治格局，而且是整个亚洲大陆的政治格局。[14]

时间线 16

法兰克人	拜占庭	突厥人	伦巴第人	唐朝	南诏	统一新罗	阿拉伯帝国
	查士丁尼二世 （第二次执政， 705—711）			中宗 （第二次执政， 705—710） 睿宗 （第二次执政， 710—712）		圣德王 （702—737）	
			柳特普兰德 （712—744）	玄宗 （712—756）			
	狄奥多西三世 （715—717） 牧首日耳曼 （715—730）		教皇 格列高利二世 （715—731）				苏莱曼 （715—717）
		（后突厥汗国） 默棘连 （716—734）					
查理·马特 （717—741）	利奥三世 （717—741）						欧麦尔二世 （717—720） 围攻君士坦丁堡 （718） 耶齐德二世 （720—724）
图卢兹战役 （721） 提奥多里克四世 （721—737）				吴道子			希沙姆 （724—743）
			苏特里捐赠 （728）		皮逻阁 （728—748）		
图尔战役 （732）			教皇 格列高利三世 （731—741）				
		（后突厥汗国） 登利可汗 （734—741）					
				李白 王维		孝成王 （738—742）	

| 法兰克人 | 拜占庭 | 突厥人 | 伦巴第人 | 唐朝 | 南诏 | 统一新罗 | 阿拉伯帝国 |

时间线 16（续表）

法兰克人	拜占庭	突厥人	伦巴第人	唐朝	南诏	统一新罗	阿拉伯帝国
卡洛曼（741—747）/小丕平（741—751）	君士坦丁五世（741—775）		教皇扎迦利（741—752）			景德王（742—765）	
希尔德里克三世（743—751）							瓦利德二世（743—744）
							耶齐德三世（744）
							马尔方二世（744—750）
			艾斯图尔夫（749—756）		阁逻凤（748—779）		
小丕平（751—768）				怛罗斯战役（751）			阿拔斯（750—754）
加洛林王朝开始			教皇斯德望二世（752—757）				阿拔斯王朝（750—1258）
				龙尾城之战（754）			曼苏尔（754—775）
				安史之乱（755—763）			
			德西德流斯（756—774）	肃宗（756—762）			（科尔多瓦）阿卜杜·拉赫曼一世（埃米尔，756—788）
				代宗（762—779）			
						惠恭王（765—780）	
查理（768—814）/卡洛曼（768—771）							
			查理（774—814）				

/ 17

奥古斯都皇帝

> 775 年至 802 年，皇后伊琳娜在君士坦丁堡夺权，而查理曼则为基督教王国征服邻国，并让自己加冕为帝。

君士坦丁五世在拜占庭当了 30 多年的皇帝，其间，卫护圣像者和圣像破坏者之间争执不断；他经历了倭马亚哈里发王朝的终结和阿拔斯王朝统治的兴起；他目睹了拜占庭在意大利统治的崩溃，罗马终于摆脱了君士坦丁堡的掌握；他听说了小丕平加冕成为加洛林王朝的首任国王，也见证了查理曼的崛起。他娶了一个可萨人妻子，还一直受到阿瓦尔人突袭和阿拉伯军队入侵的困扰。

775 年是他在位第 35 年，他开始计划攻打保加利亚第一帝国。

保加尔人自 718 年泰尔韦尔及其手下帮助利奥三世解除对君士坦丁堡的围攻以来，一直或多或少算是拜占庭的盟友。但君士坦丁五世习惯将俘虏们（大多来自他与阿拉伯人之间的战斗）安置在色雷斯，这导致保加利亚边境人满为患，惹恼了保加利亚汗王。

为了报复，保加利亚军队开始劫掠拜占庭的土地。君士坦丁五世认为，需要让保加尔人认清形势，回到自己的位置上去。但775年9月，正当他准备展开对保加尔人作战时，自己却病倒了，狄奥法内斯描述说是他的腿上感染了"极为严重的炎症"，导致高热不退。当月14日他就病死了，死前尖叫着说自己好像要被活活烧死一样。[1]

入侵保加利亚的计划因此被暂时搁置了下来。君士坦丁五世的继任者是他有着一半可萨人血统的儿子利奥四世（Leo Ⅳ），利奥放弃了攻打保加利亚的计划，以确保自己的皇位不失。他有五个同父异母的兄弟，都是他父亲在第三段婚姻中所生的儿子，他们对他的权力是有力的威胁，一当上皇帝，他立刻就放逐了五个兄弟中的两个，因为他发现他们正在密谋将他从皇帝的宝座上赶下来。然后，他开始计划对叙利亚的阿拉伯人发起进攻，他认为这比与保加尔人作战更加紧急。[2]

但他未能派兵投入战争，780年，他在皇位上只坐了5年就死了，留下年仅9岁的儿子登基成为皇帝君士坦丁六世（Contantine Ⅵ）。这个小男孩的母亲替他摄政，她的名字叫作伊琳娜（Irene），和她的可萨人婆婆同名，但她来自一个古老的雅典家族。

君士坦丁堡的皇帝如此年幼，又由一个女人摄政，这使得曼苏尔的儿子，新兴的阿拔斯王朝的哈里发马赫迪（al-Mahdi）觉得，拜占庭出现了致命弱点。于是他对小亚细亚发动了新的攻势，以雷霆之势将拜占庭守军驱散，一路席卷至博斯普鲁斯海峡，在港口城市克利索波利斯（Chrysopolis）安营扎寨，这里与君士坦丁堡只有一水相隔。[3]

这令摄政的伊琳娜十分为难，她为了让马赫迪撤军，同意付给他巨额的赎金，并且每年都向他进贡。也许是感觉有必要结成强大的联盟以获取支援，782 年，伊琳娜派了两名使者穿越整个法兰克王国，请求查理曼将一个女儿许配给时年 11 岁的皇帝君士坦丁六世。

到这个时候，查理曼很容易认为自己跟君士坦丁堡的摄政是平起平坐的。他控制着法兰克和意大利的土地，创建了一个王朝；他让三儿子丕平*做意大利之王，四儿子"虔诚者路易"（Louis the Pious）做法兰克领土阿基坦之王，他自己则如同统治诸侯的皇帝一样管理着自己的这两个儿子。他的二儿子，"小查理"（Charles the Younger），则被指定继承法兰克王国的王位。查理曼已经担起了保护和划定教皇国的责任（教皇的领地如今从罗马横跨意大利，包括罗马、苏特里，还有以前在拉韦纳总督治下的拜占庭领土），这使他成为基督教信仰的后盾。

他是西方最强大的君王，也是在帝国疆域扩张的过程中最重视基督教传教活动的君王。加洛林王朝和拜占庭皇帝之间的联盟不仅会形成一道对抗阿拉伯人的统一战线，而且会创造一个精神的帝国：这将是东方的帝国在西方的一面镜子，是快速崛起的伊斯兰王国在基督教世界的对立者。

查理曼有不少女儿可以用来结成有益的联盟（他还有许多儿子，在他漫长的一生中，一共娶了 4 个妻子，另外还有 6 个情妇，生了 20 个子女），他答应将三女儿罗特鲁德（Rotrude）许配给君士坦丁六世。小姑娘当时才 8 岁，所以订婚只是名义上的，两个孩子仍与各自的父母一起生活。[4]

从理论上说，这场婚姻很有可能在罗特鲁德长大之后成为现

---

* 查理曼的长子驼背丕平（Pippin the Hunchback）与他反目，被剥夺了继承权，于是查理曼将三儿子卡洛曼改名为"丕平"，这样，家系里面仍然能有一个叫丕平的。

实——什么时候算是长大了，这在 8 世纪界定是相当宽泛的。当然，在君士坦丁六世 16 岁那年，也就是 787 年，他本来是可以要求把 13 岁的罗特鲁德送到他身边来的。但是，他的母亲伊琳娜破坏了婚约，因为现在她的位置坐稳了，不再需要与法兰克国王结盟了。事实上，查理曼的势力不断增长，已威胁到意大利半岛上仍忠于拜占庭的剩余几块飞地。

婚约破裂对查理曼来说是一种侮辱，不仅他手中的权力日益增长，他作为一名基督教国王的角色也逐渐强化。当一名宫相、甘愿不完全掌握王权的日子早已成为历史了。在查理曼的周围，聚集了一批王家学者和神职人员，他们填补着他早年受教育不足的缺口（他从父亲那里得到的更多是军事训练，而不是书本知识，他从来就没有学会写字）。他们不仅与他讨论神学、哲学和语法的细微之处，也用《旧约》中上帝精心挑选出来领导选民的君主"大卫王"的称号来称呼他。* 他有一个私人教师，名叫阿尔昆（Alcuin），是一名英格兰教士，查理曼让他来教自己的儿子，在这个私人教师的指导下，法兰克国王的传教意识越来越强了。在他自己的眼中，他的征服是强力的福音传道：给那些顽固的异教徒带来福音，他们需要被拯救的不仅是罪孽，还有对福音听而不闻的态度。[5]

前几年，他正是带着这种信念与撒克逊人作战。撒克逊人的抵抗使他的军队多有伤亡，这激怒了他，于是，在 782 年，他下令屠杀了 4500 名撒克逊战俘。他们的领袖维杜金德（Widukind）逃脱，但流亡 3 年后，他终于还是被迫投降了。作为投降的条件之一，维

---

* 查理曼的求知欲和他私人教师的教学相结合，激发出一场文艺复兴，通常被称为"加洛林文艺复兴"（Carolingian Renaissance）。这一时期美术、音乐、建筑、书法的创新，都可以追溯到查理大帝的支持。

杜金德不得不同意接受基督教的洗礼,之后查理曼下令,任何"未受洗的撒克逊人若是隐瞒自己的情况,拒绝受洗,仍然选择当异教徒的,必被处死"。撒克逊人若是在教堂里盗窃,或是对神父施暴,或是举行以前的撒克逊礼拜仪式,而不是基督教的礼拜,都要被处死。任何在大斋节期间不严格遵守斋戒的撒克逊人也都要被处死。[6]

阿尔昆对此表示反对。他对国王说:"不要总是威胁恐吓,不要总是强迫他们,就等到信仰在他们心中彻底扎下根来吧。"[7]查理曼考虑之后同意了他的意见,取消了死刑规定。但这并没有降低他的责任感。他给西方世界带来的不仅是救赎,还有正确的教义和实践。

拜占庭的伊琳娜却没有把查理曼看作西方基督教世界之王。在她看来,她自己才是上帝恩准的全世界最高的权威。在她破坏了与君士坦丁六世的婚约之后,又拒绝把权力交给儿子,尽管他已经长大,足以独立统治了。她不是只以摄政的身份,而是以女皇之名进行统治。以女皇的名义,她召集了一次教会大会——第二次尼西亚公会议(Second Council of Nicaea)——推翻了利奥三世及其继任者统治期间发布的所有反圣像崇拜的诏令。[8]

伊琳娜作为女皇勉力统治了3年,但君士坦丁堡怨恨她篡权的男人太多了,790年,军队强迫她将权力移交给君士坦丁六世。不幸的是,事实证明,这个合法的皇帝残酷成性、软弱无能。791年,他开始继续祖父曾计划进行的保加利亚战役,结果两次被保加利亚汗王卡尔达姆(Kardam)击败:"他没有考虑清楚就贸然发动战争,"狄奥法内斯写道,"因而遭到惨败。损失了许多手下之后,他潜逃回城。"帝国卫队认定自己犯了一个错误,于是又开始谋划叛乱,打算将君士坦丁六世的叔父尼基弗鲁斯(Nikephorus)——当初曾参与密谋推翻君士坦丁六世父亲的那几个同父异母的兄弟之一——推上宝座。[9]

像他父亲一样,君士坦丁六世也发现了这个阴谋。但他不像父亲那样对这些阴谋家手下留情,只是将其放逐而已,相反,他将五个叔父全部逮捕并送上了法庭。他刺瞎了尼基弗鲁斯(他甚至可能不是这一阴谋的主要参与者),并且十分残忍地割掉了其他四个叔父的舌头。

然后,他又莽撞轻率地回到与保加利亚的战斗中去。这一次,汗王卡尔达姆威胁说,除非君士坦丁六世向他纳贡,否则就要入侵色雷斯。"皇帝用毛巾包着马粪,"狄奥法内斯写道,"给他送了封信,说'我给你上的这个贡配你正合适'。"但在侮辱了卡尔达姆之后,他又失去了勇气,当保加利亚汗王领兵前来的时候,君士坦丁六世倒屣相迎,终于还是同意向其纳贡了。[10]

这对军队来说实在是无法接受,于是伊琳娜成功地说服了朝廷官员和军队的主要将领,密谋推翻她自己的儿子。在797年4月的一天早晨,君士坦丁六世刚看完赛马,正要离开竞技场的时候,看到有些宫廷侍卫向他走来。他立刻就意识到他们要来抓捕他。于是他奔跑着穿过城市的街道,一直跑到港口,登上一艘战舰打算逃跑。但船上的人已经被他母亲收买了,他们把他带回城里,领他进了皇宫,并把他关在自己当年出生的地方:紫色寝宫(Purple Room),这是为皇后分娩准备的房间。狄奥法内斯告诉我们:"按照他的母亲及其谋臣的意思,在被关起来差不多第九个钟头的时候,他被挖去了双眼,他的眼伤很重,无法治愈,他们的目的就是要他死……就这样,他的母亲伊琳娜又上台了。"[11]

对查理曼而言，君士坦丁堡的宝座现在是空着的。伊琳娜是个女人，而且她也不能合法地登上拜占庭皇位。查理曼热切维护正统教义，认为伊琳娜支持圣像崇拜的做法不可接受。虽然教皇向他保证，说圣像不是"偶像"，但他并不信服。他甚至成立了自己的神学委员会，专门研究第二次尼西亚公会议的报告，并撰写了反驳书。[这份反驳书被称为《加洛林书》(Libri Caro-lini)，被送往罗马，但显然被教皇无视了。]在他眼中，伊琳娜不仅是一名女性，一个篡位者，也是一个偶像崇拜者。[12]

与此同时，查理曼在西方的各个王国不断得到自己地位崇高的证明。798年，安达卢斯北部山区的基督教王国阿斯多里亚的统治者向他派出了正式的使团，请求他承认自己是合法的国王。718年，阿斯多里亚开始的时候还是一个渺小、贫困的反抗穆斯林统治的王国，如今这个国家已经发展壮大，阿斯多里亚国王阿方索二世（Alfonso II）现在统治的领土包括了邻近的莱昂城（Leon）和沿着海岸一直延伸到里斯本（Lisbon）的区域。阿方索二世希望查理曼认可自己王位的合法性，因为他是西方世界最伟大的基督教国王。查理曼从来不怀疑自己有这样的权力，所以就表示了认可。

次年，他被请求承担更加崇高的责任。利奥三世于795年在罗马登上了教皇的宝座，现在他遇到了麻烦。他在罗马不是特别受欢迎，因为他既不是贵族出身，为人又不诚实道德。其实没有证据可以证明对他的后一项指责，因此很难追查这种坏名声究竟从何而来。无论出于何种原因，对他的敌意在罗马逐渐累积，直到799年，他的敌人在宗教游行的时候向他发动攻击，并试图挖出他的眼睛，割掉他的舌头。[13]

与在君士坦丁堡有过同样遭遇的不幸的尼基弗鲁斯不同，利奥三世设法逃脱了，他的脸被割伤，但保住了眼睛和舌头。他逃到查理曼那里，恳求国王帮他将敌人赶走。

在利奥三世以教皇的身份为他涂油加冕的时候，查理曼曾承诺要保卫他。"我虔诚敬奉上帝，任务就是处处捍卫基督的教会，"他曾给利奥写信这样说道，"在国外，使用武力反击异教徒的入侵，防止由于背弃信仰而带来劫难；在国内，则在传播天主教信仰的同时保护教会。"他没想到利奥会需要他在国内使用武力保护教会，而由于他的大部分法兰克将领都认为对利奥的指控确有其事，情况就变得更加复杂了。[14]

但利奥三世究竟是否有罪几乎可以说只是个题外话。罗马主教的地位不容置疑。如果教皇为上帝代言，那么他就不能像君士坦丁六世那样被尘世的阴谋诡计赶下台，落得一个悲惨的结局。为了避免教皇也成为靠武力竞争就能夺取的位置，查理曼将不得不以武力支持教皇。

他没有马上采取行动，而是先进行了彻底而全面的思考。最后，似乎是他的谋士阿尔昆影响了他。阿尔昆指出，查理曼现在是上帝在这个世界上仅存的代表，只有他才有权力伸张正义：

> 迄今为止，世界上一共有三个伟大的杰出人物。第一个是教皇，他是圣彼得的继承者……你已经告诉过我他出了什么事；第二个是统治着第二罗马帝国的皇帝——这样一个帝国的统治者是怎样被无情地废黜的，这件事已经众所周知了……第三个就是由我主耶稣基督扶上王位的你，是他让你统治我们基督教人民。与前面说的两个贵人相比，你的力量更加强大、洞

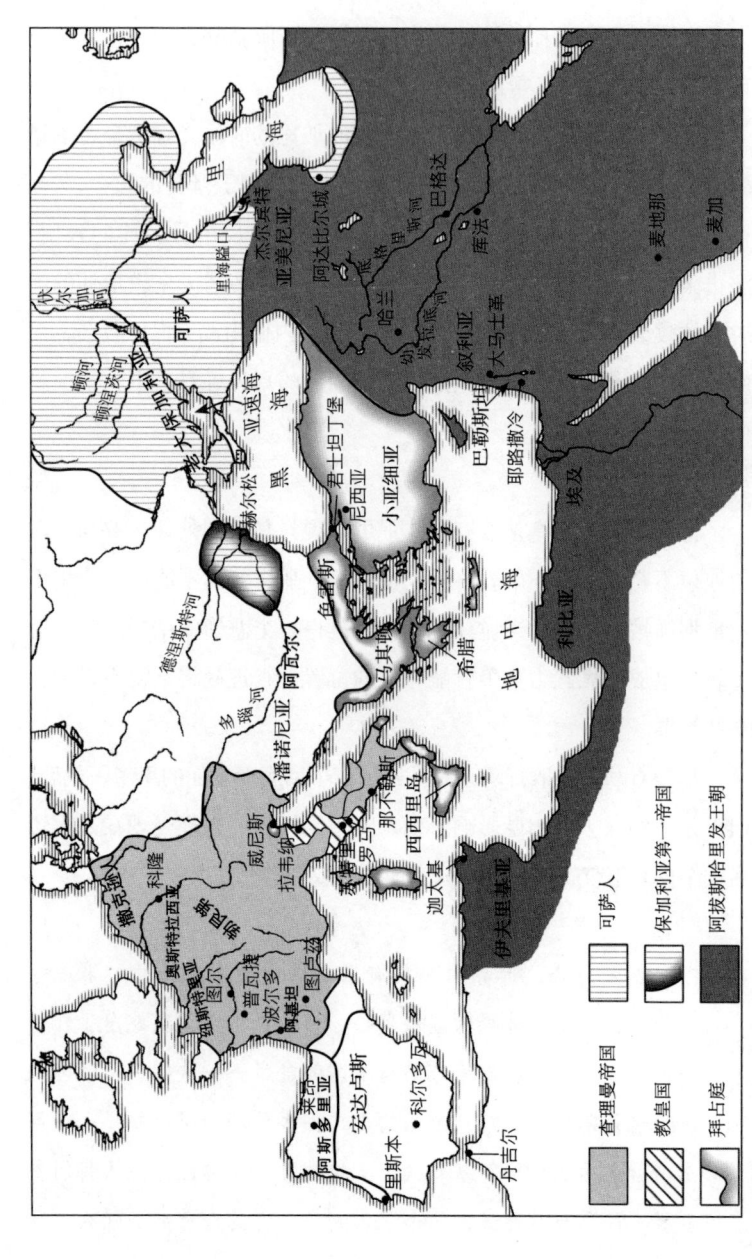

地图 17-1 查理曼的帝国

察力更加敏锐、权力更为尊贵。基督教会安全与否全都指望你一个人了。[15]

作为教会的最终保护者，查理曼的责任十分明确。

因此，公元800年，查理曼派军护送教皇回到罗马。他本人则紧随其后，全副武装地率军入城。当他赶到时，利奥三世把手放在圣彼得大教堂的福音书上，当着围观的众人，发誓自己没有过任何不当行为。有查理曼和他的士兵们站在旁边做见证，这个誓言是有效的。[16]

查理曼在城里一直待到圣诞节。圣诞节那天他去参加晨间弥撒，跪下祈祷，当他正要起身的时候，利奥三世突然上前，将金冠戴在了他的头上。人群欢呼起来，这都是预先准备好的。"祝查理长命百岁、战无不胜，他是最虔诚的奥古斯都，是由上帝加冕的、爱好和平的伟大皇帝！"他被加冕为皇帝和奥古斯都，这两个头衔都归罗马皇帝所有——在拜占庭朝廷的眼中，这两个头衔早就转移到君士坦丁堡了。[17]

但在查理曼的眼中，皇帝的称号一直无人占据，直到他加冕为止。对本次事件的官方记载是由一名法兰克神父事后书写的，他解释道："在希腊人的土地上，没有人当皇帝，导致皇权掌握在女人手中，这时候，对教皇利奥本人和……全体基督教徒来说，似乎将皇帝的头衔赋予法兰克人的皇帝查理最为恰当。"[18]

查理曼的传记作者艾因哈德声称，查理曼对于为自己加冕的计划一无所知，并否认自己曾经想过要这个皇帝的称号。但他是唯一一个认为如此头脑敏锐、谨慎警惕的国王会对这样的大事一无所知的作者。圣诞节的加冕只不过是正式承认了查理曼一段时间以来一直宣称拥有的无上权威,也就是他作为信仰的保护者、文明的保证人和基督教世界最高世俗力量的权威。

在君士坦丁堡,这次加冕被嗤之以鼻。但是伊琳娜想要捍卫自己作为真正的信仰保护者、文明保证人的地位却有些力不从心。她的统治混乱不堪、杀机四伏、效率低下。802年,她的财务大臣带人发动政变,将她赶下了皇位。他将女皇流放到之前她曾命人建造的一处遥远的修道院里,而自己则接替她的位置加冕做了皇帝,称为尼基弗鲁斯一世(Nikephoros I)。[19]

次年,尼基弗鲁斯一世派遣特使去见查理曼,提议缔结和约,希望能保住仍然忠于拜占庭的威尼斯城,使其免于被法兰克人占领。最终,双方缔约,即《尼斯弗利条约》(Pax Nicephori)。尼基弗鲁斯一世和拜占庭将继续控制威尼斯及其重要港口,作为回报,查理曼将每年获得优厚的补偿。

条款说得很清楚,这是个平等的条约。但在签约时,尼基弗鲁斯一世自己保留了皇帝的称号,却不肯称查理曼为"皇帝"。

时间线 17

唐朝	南诏	统一新罗	阿拉伯帝国	法兰克人 拜占庭	保加尔人 阿斯多里亚	伦巴第人
		圣德王 (702—737)			泰尔韦尔 (约701— 约718)	
玄宗 (712—756)						柳特普兰德 (712—744)
			苏莱曼 (715—717)	狄奥多 西三世 (715—717)		教皇格列 高利二世 (715—731)
				牧首日耳曼 (715—730)		
			欧麦尔二世 (717—720)	查理·马特 利奥三世 (717—741)(717—741)		
			围攻君士坦丁堡 (718)		佩拉约 (718—737)	
			耶齐德二世 (720—724)	图卢兹战役 (721)		
吴道子			希沙姆 (724—743)	提奥多里 克四世 (721—737)		
	皮逻阁 (728—748)					苏特里捐 赠(728)
				图尔战役 (732)		教皇格列 高利三世 (731—741)
李白 王维		孝成王 (738—742)		卡洛曼 (741—747)/ 小丕平 (741—751)	君士坦 丁五世 (741—775)	教皇扎迦利 (741—752)
		景德王 (742—765)				
			瓦利德二世 (743—744)	希尔德里 克三世 (743—751)		
			耶齐德三世 (744)			
			马尔万二世 (744—750)			

时间线 17（续表）

唐朝	南诏	统一新罗	阿拉伯帝国	法兰克人 拜占庭	保加尔人 阿斯多里亚	伦巴第人
	阁逻凤 （748—779）		阿拔斯 （750—754）			艾斯图尔夫 （749—756）
怛罗斯战役（751）			阿拔斯王朝 （750—1258）	小丕平 （751—768）		教皇斯德望二世 （752—757）
龙尾城之战 （754）			曼苏尔 （754—775）	加洛林王朝开始		
安史之乱 （755—763）			（科尔多瓦）阿卜杜·拉赫曼一世（埃米尔，756—788）			
肃宗 （756—762）						德西德流斯 （756—774）
代宗 （762—779）		惠恭王 （765—780）				
				查理 （768—814）/ 卡洛曼 （768—771）		
			马赫迪 （775—785）	利奥四世 （775—780）		查理 （774—814）
					卡尔达姆 （777—约803）	
德宗 （779—805）				君士坦丁六世/伊琳娜 （780—797）		
				虔诚者路易 （分封国王，781—813）		丕平 （分封国王，781—810）
				第二次尼西亚公会议 （787）		
					阿方索二世 （791—842）	
				伊琳娜 （797—802）	教皇利奥三世 （795—816）	
				查理曼加冕（800）		
				尼基弗鲁斯一世（802—811）		

/ 18

西拿基立第二

> 786年至814年，阿拔斯商人遍布西方，查理曼成为耶路撒冷宗教信仰的保护者，保加利亚的克鲁姆汗则几乎推翻了君士坦丁堡的统治。

阿拔斯王朝的哈里发哈伦·拉希德（Harun al-Rashid）比尼基弗鲁斯一世更乐于向查理曼献殷勤以博取其欢心。作为阿拔斯王朝的盟友，查理曼不仅可以阻止拜占庭向西扩张，而且也可以维护阿拔斯王朝的利益，打击安达卢斯的倭马亚领地——科尔多瓦的埃米尔国。

这些利益更多是与贸易路线有关，与征服关系不大。786年，哈伦·拉希德在父亲马赫迪死后继任哈里发，并很快为自己赢得了"正义者"的称号。他当上哈里发后最先采取的行动之一就是亲自领导一年一度的麦加朝圣之旅，他一到阿拉伯半岛，就给了麦加和麦地那的长官数额巨大的礼金。"通过哈伦之手，光明照进每个地方，"他的一名宫廷诗人这样写道，"由于他的行为公平公正，康庄大道已经铺就。作为领袖，他最关心的是搜捕异教徒，还有就是朝圣之旅。"[1]

实际上，拉希德对贸易活动比对搜捕异教徒更感兴趣。他并没有完全忽视与拜占庭之间正在进行的战争，但在他担任哈里发的前15年里，他更关心的是安全与繁荣，而不是征服；他把大部分精力都投入到建立和守护贸易路线上了。就任10年之后，他将都城由巴格达迁到了拉卡（Ar Raqqah），因为这里更接近北方通向可萨人领土的贸易路线。由于他们与可萨可汗之间保持半和平状态，所以阿拉伯商人现在可以向北行进，穿过里海隘口（穿越里海以西群山的路径），到达伏尔加河，在那里他们不仅可以与可萨人，也可以与斯堪的纳维亚商人进行交易。到了8世纪，来自斯堪的纳维亚北方王国的冒险者已越过波罗的海，沿着河流深入欧洲内陆，建立了一些小商栈。他们向阿拉伯买主提供充满异域情调和奢侈气息的皮草，而他们自己则希望得到本国所缺乏的金币和银币。[2]

拉希德对贸易路线的关注，意味着阿拉伯人已将手伸到武力征服所不曾触及的遥远土地。在查理曼的宫廷和拉希德位于拉卡的宫廷之间，使节们来回穿梭。阿拉伯使节走的是从地中海沿岸出发的海上航线，他们向南绕过意大利，来到港口城市热那亚，然后向北走陆路到达查理曼位于亚琛（Aachen，他新选的都城）的宫廷。拉希德派这些使节送出礼物：水力驱动的时钟、国际象棋、香料，还有一头名为阿布尔·阿巴斯（Abu'l-Abbas）的白象，是从一位印度国王那里获得的。查理曼喜欢在战争中使用战象这个主意。他带着这头大象参加了与北方入侵的斯堪的纳维亚人之间的战斗，吓了他们一大跳。[3]

拉希德的钱币所到的地方，甚至比他的大象更远。在8世纪和9世纪之交的某个时候，阿拔斯的一个商人将一枚第纳尔金币付给一个斯堪的纳维亚商人，后者把这枚金币带回北方，用它从一个盎格鲁-撒克逊商人手中购买货物,这个盎格鲁-撒克逊商人又带着这枚金币乘船回家,在英格兰麦西亚王国(Kingdom of Mercia)的一个港口登岸。此时,麦西亚已扩张至覆盖英格兰东南相当大的一部分地区,其统治者是国王奥法(Offa),一位基督教君主,他认为自己差不多像查理曼一样尊贵。*奥法甚至发出外交信函,建议让他的儿子兼继承人与查理曼的女儿结亲——查理曼认为他太放肆了,下令法兰克港口暂时向麦西亚船只关闭。[4]

这个商人一到麦西亚,就把这枚金币付给旅店老板,在那里住了一个晚上,旅店老板则于当年晚些时候将金币付给了国王的税收人员。就这样,这枚金币落入了奥法的金匠之手,他当时正在考虑来年英格兰的钱币应该如何设计。他很喜欢拉希德的黄金第纳尔上面漂亮的图案,于是决定照搬这些图案。次年,英格兰君主铸造出来的货币一面刻着"奥法国王",另一面上则用阿拉伯文刻着"万物非主,唯有真主,穆罕默德是真主的使者"。当然,金匠并不知道这些话是什么意思。"奥法国王"是正着写的,而那些阿拉伯字母却都写颠倒了。[5]

而在拉卡,通过与如此遥远的土地进行贸易(也通过实行在富有臣民死后没收其财产的政策),拉希德变得越来越富有。他的声名如此显赫,在他死后不足两代人的时间里,围绕着他已经产生了许多传说。一个世纪之内,这些故事初步定型,成为著名的《天方夜谭》(*Arabian Nights*):这是一千零一夜中所讲述的故事,故事里有盗贼和英雄、妓女和王后,哈伦·拉希德和他的小丑都是里面的重要角色。[6]

---

* 基督教在597年奥古斯丁出使埃塞尔伯特宫廷之后,已在英格兰南部地区传播开来。664年,惠特比地区宗教会议(Synod of Whitby)宣布英格兰为基督教国家,服从教皇的领导。

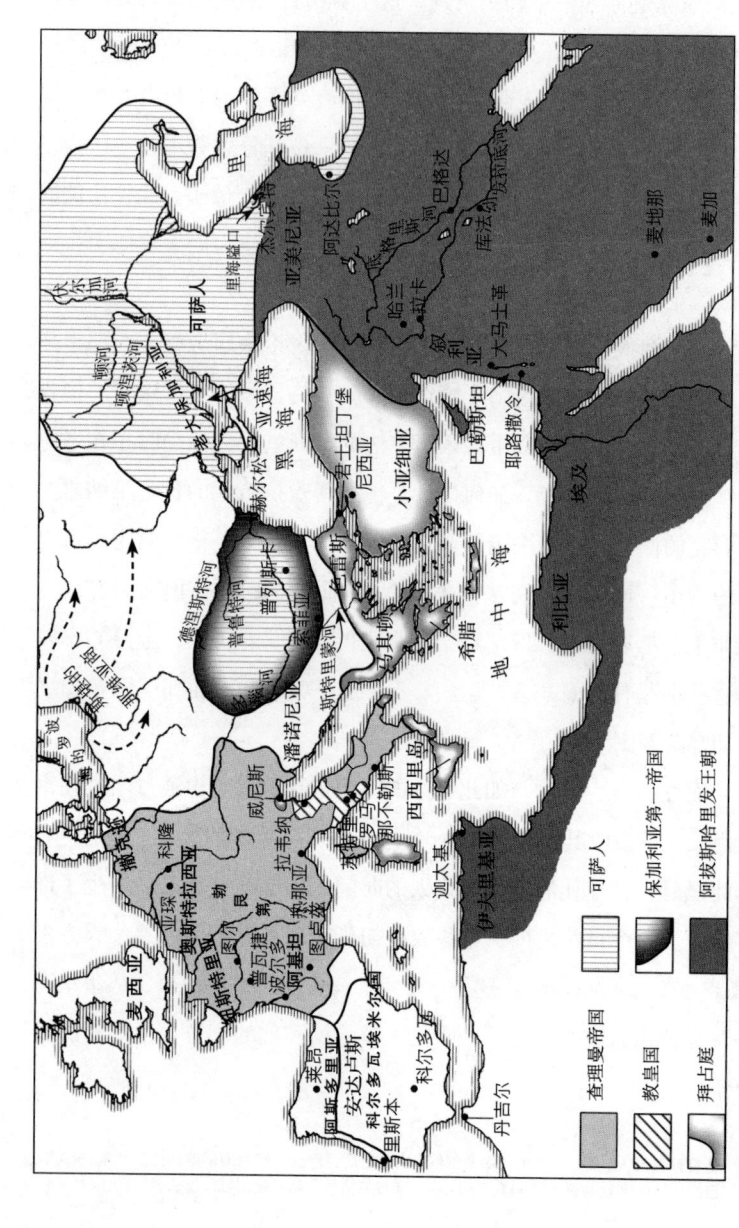

地图 18-1 保加利亚第一帝国的扩张

图 18-1 麦西亚的奥法所铸钱币

钱币上面刻有从阿拔斯第纳尔上复制过来的颠倒的阿拉伯文字。图片来源：©The Trustees of the British Museum / Art Resource, NY

拉希德对于帝国的防御也十分小心。他加强了东部边界的防御，目的是遏制扬言要入侵乌浒河附近阿拉伯人土地的吐蕃人。他同意手下对拜占庭的土地进行突袭，从而捍卫了西部边境，最后迫使尼基弗鲁斯一世每年缴纳一笔为数可观的岁贡——30万第纳尔——来维持和平，这每年为哈里发的国库增加约 1.3 吨黄金的财富。*

807 年，拉希德再次用行动证明了法兰克国王查理曼在基督教体系中的重要地位。他颁布法令，保护处于阿拉伯统治之下的耶路撒冷的基督教圣地，允许基督教朝圣者不受任何限制地参观圣墓教堂〔Church of the Holy Sepulchre，据说其所在的各各他（Golgotha）

---

* 第纳尔是一种标准重量 4.25 克的金币，迪拉姆是重 3 克的银币。通常情况下，20 迪拉姆等于 1 第纳尔。见：Jere L. Bacharach, "The Dinar versus the Ducat", International Journal of Middle East Studies 4:1 (Jan. 1973), pp. 82–84。

山就是耶稣基督被钉死在十字架上的地方〕、十架苦路（Via Dolorosa，意思是"受难之路"，是基督走向死亡的道路），以及他们信仰的基督教的其他标志性建筑。这道法令本来自然应该是要呈送教皇——所有基督徒的精神之父的，但拉希德的承诺却是向查理曼做出的，他还保证要给法兰克朝圣者优待。

与此同时，耶路撒冷主教派了两名教士到亚琛去，向查理曼赠送圣墓教堂的钥匙。尽管教皇已亲自加冕查理曼为基督教信仰的保护者，但这些对利奥三世来说肯定也是杯难咽的苦酒。[7]

而在君士坦丁堡，皇帝尼基弗鲁斯一世也无暇抱怨查理曼篡夺了自己作为罗马人的皇帝的角色，因为他整天都在担心保加利亚汗王。保加利亚汗王突然崛起，已成为西方伟大的统治者之一（虽然当时的历史学家们并不怎么注意他）。

保加利亚汗王名叫克鲁姆（Krum），大约在796年至803年之间的某个时候登上汗位，在他的统治之下，保加利亚力量壮大，变成一个大国。克鲁姆统治的南部疆域直接与拜占庭边境接壤，君士坦丁六世曾企图挑战克鲁姆的前任保加利亚汗王卡尔达姆（也可能是他的叔叔），结果却是灾难性的，这清楚地表明了拜占庭的领土现在是多么的脆弱。[8]

尼基弗鲁斯深谙这一点。805年前后，克鲁姆入侵曾经辉煌的阿瓦尔人的领土，将其吞并之后，保加利亚的领土直接与查理曼领土的东部边界相接。尼基弗鲁斯决定向保加利亚进攻，他认为不能等着克鲁姆变得更加强大，于是开始让军队备战。

他花了一年多的时间才让部队上路，部分原因是在他做准备的时候发生了宫廷叛乱，他必须先将其镇压下去。但到了808年，他已将部队开进斯特里蒙河（Strymon）河谷，就在保加利亚的南部边境上。但他们还没准备好，克鲁姆的人马就突然现身，杀死了许多拜占庭士兵和军官，将他们赶了回去，甚至更糟糕的是，还缴获了他们所有的钱，这些钱都是尼基弗鲁斯让将军们带来发军饷用的——据狄奥法内斯说，一共有半吨黄金。[9]

现在，敌对状态开始变得严峻起来。809年，克鲁姆率领军队攻克了拜占庭的一座边境城市塞尔迪卡（Serdica），屠杀了6000名拜占庭士兵和数百名平民。尼基弗鲁斯不能接受这次失败。那些从屠杀中幸免的军官害怕自己会受到审判，丢掉性命，就给他去信请求豁免，但遭到了他的拒绝，于是他们都逃跑了，并且纷纷加入保加利亚军队。[10]

尼基弗鲁斯一世花了一年多的时间才让军队做好准备进行反击，因为这段时间他又被国内的另一次叛乱分了心，这次叛乱是他决定提高所有人的税额导致的。他认为，只有将克鲁姆一举消灭才是恰当的回击，为此他从色雷斯和小亚细亚引入兵力以补充君士坦丁堡的损耗。811年，拜占庭军队向克鲁姆位于黑海西侧普利斯卡（Pliska）的大本营前进。[11]

起初，拜占庭军队不断向前推进，克鲁姆的守军节节败退。看到对方部队如此勇猛，克鲁姆决定放弃普利斯卡。尼基弗鲁斯于7月20日抵达保加利亚首都，他站在大部队的最前面，命令手下对该城进行烧杀抢掠："他下令把那些愚蠢无知的动物、婴儿、所有的人，无论老少，全部屠杀殆尽，毫不留情。"狄奥法内斯这样写道。他终于占了上风，而且拒不接受克鲁姆提出的和谈建议。[12]

但克鲁姆并没有就此罢休。他带着所有能召集起来的人撤到一处山区，这里是拜占庭军队回家的必经之路，他们在山口处修建了一道木墙。7月25日,在向君士坦丁堡凯旋的路上,尼基弗鲁斯和他的手下一头撞上了这道木墙。在障碍面前,人群拥堵,部队被困,保加尔人趁势发动了袭击。尼基弗鲁斯在前线战斗,很快就战死了。保加尔人还在木墙的另一边挖了一个大坑,里面装满了点燃的木头,试图爬墙逃生的拜占庭士兵纷纷掉进火坑里。[13]

拜占庭军队遭到屠戮。克鲁姆获胜之后,一点也不比对手仁慈。他将皇帝的尸体斩首,把他的首级插在棍子上,待皮肉腐烂殆尽之后,将骷髅头以银镶嵌,当成酒杯使用。

与此同时,尼基弗鲁斯的儿子兼副将斯陶拉基奥斯(Staurakios)逃了出来,但他的脊椎遭到重击,受了重伤。同伴把他拖回君士坦丁堡,他躺在担架上继承父亲的位置,被加冕为皇帝。不过,后来证明斯陶拉基奥斯所受的伤是无法治愈的。他瘫痪了,并于10月被迫让位给妹夫米海尔·朗加比(Michael Rangabe)。第二年年初,斯陶拉基奥斯过世。几个月来,他的背上生了褥疮,伤口感染了坏疽:"他散发着恶臭,没人能够忍受,都不愿意靠近他。"狄奥法内斯写道。[14]

克鲁姆向米海尔·朗加比建议休战,但即使是这位保加利亚汗王已开始接近君士坦丁堡(812年初,保加尔人已掌控了色雷斯的大部分地区),新任皇帝仍拒绝妥协。克鲁姆一度在整个欧洲最强大的君主中排名第二(或者第三),但他的骷髅头酒杯所代表的是一个野蛮残暴的世界。在米海尔·朗加比的眼中,克鲁姆是个汗王,而不是国王;是个野蛮人,是和自己不一样的人;是蛮族的首领,而不是一个西方王国的统治者。因为抱有这样的想法,所以米海尔·朗加比认为最好能与查理曼缔约。查理曼这个法兰克国王可能有些狂妄,但他毕竟是基督徒,而且法兰克人至少有两个世纪没有过将敌人肢解之后,再拿他们身体的某个部位当餐具的行为了。

眼看克鲁姆就要兵临城下了,米海尔·朗加比急忙同意承认查理曼是皇帝。但协议的用语极其勉强。米海尔·朗加比称颂查理曼为法兰克人的皇帝,赞美他建立了罗马帝国;但他自始至终都不曾称其为罗马人的皇帝。他不太情愿地承认了查理曼的帝位,作为交换,查理曼答应不再与拜占庭争夺对意大利城市威尼斯及其港口的控制权。[15]

确保会让克鲁姆腹背受敌之后,米海尔·朗加比又重新开始对保加尔人作战。到813年,他已经收复了色雷斯的部分领土,并在哈德良堡附近召集军队,准备发动一场大决战。

两军于6月22日相遇。狄奥法内斯写道:"基督徒在战斗中惨败,敌人获胜,大多数基督徒甚至都没等到开始交锋,就仓皇逃跑了。"显然,米海尔的军队对这次袭击是否明智产生了严重的怀疑。[16]

米海尔·朗加比被迫逃回君士坦丁堡,克鲁姆一直追到城下,然后开始围攻这座城市。一回到城墙里边,米海尔·朗加比就提出退位,因为如果他还留在宝座上,几乎肯定会被暗杀。军队和军官们都"对于被他继续统治下去感到绝望",他们认为亚美尼亚的利奥,即拜占庭在小亚细亚地区的军政长官,应被立为新的皇帝。

在象征性的拒绝之后,亚美尼亚的利奥表示接受,他从小亚细亚出发,前往君士坦丁堡。他一路打进城去,于7月12日由牧首加冕为皇帝利奥五世(Leo V),而米海尔和他的儿子们则在一座教堂里避难,他们穿上教士的服装,表明自己愿意放弃权力。这保住了他们的性命,但没保住他们的"命根"。利奥五世的第一个行动就是阉割了米海尔的儿子们,然后将他们放逐到修道院里,使他们没有任何机会再回来争夺皇位。[17]

在此期间，克鲁姆让整个城市恐惧不已，尤其是他在金门前面举行了一次召唤魔鬼的献祭仪式。用狄奥法内斯的话来说，他是"西拿基立第二"（new Sennacherib）：古代的亚述王西拿基立在攻击耶路撒冷时曾试图灭绝上帝的子民，*克鲁姆正在做的也是同样的事情。[18]

利奥五世以休战为名提出与克鲁姆会晤。但他不打算遵循此类会晤的惯例。在基督教君主之间当然需要遵循惯例，但惯例不能约束皇帝对待野蛮人的方式。于是，当克鲁姆走近会面地点时，就在城墙外，利奥的手下试图暗杀他。"但他们十分无能，"狄奥法内斯写道，"他受的伤并不足以致命。"[19]

克鲁姆逃过一劫，但他也受伤病所累，无法继续攻城。盛怒之下，他在被迫撤退回国养伤之前，命令军队洗劫了君士坦丁堡周围的土地。一路上，他放火烧掉了色雷斯的大片农田和村庄，还俘获了大量俘虏，他将这些俘虏安置在保加利亚，让他们离乡背井，始终提醒着人们拜占庭的背叛。

克鲁姆伤愈之后，就开始计划对君士坦丁堡发动最后一击。但在 814 年，他还没准备好就死了。没有了克鲁姆的愤怒驱使，保加利亚战车势头大减。利奥五世派兵与保加尔人对战，试图将其从色雷斯赶走，他取得了一些胜利。没过多久，克鲁姆的继任者、他的儿子奥穆尔塔格（Omurtag）同意与拜占庭签订 30 年的和平协定。

这场危机结束了，但蛮族几乎打垮了希腊人的帝国。更重要的是，克鲁姆的统治揭开了保加利亚持续百年强盛的序幕。源自拜占

---

* 见《列王纪·下》第 18—19 章。

时间线 18

唐朝	拜占庭	阿拉伯帝国	法兰克人 不列颠	保加尔人 阿斯图里亚	伦巴第人
玄宗 （712—756）		苏莱曼 （715—717）			
	利奥三世 （717—741）	欧麦尔二世 （717—720）	查理·马特 （717—741）		
		围攻君士坦丁堡（718）		佩拉约 （718—737）	
		耶齐德二世 （720—724）	图卢兹战役 （721）		
吴道子			提奥多里克四世 （721—737）		
		希沙姆 （724—743）			
李白 王维					苏特里捐赠 （728）
					教皇格列高利三世 （731—741）
			图尔战役 （732）		
			卡洛曼 （741—747）/ 小丕平 （741—751）		教皇扎迦利 （741—752）
	君士坦丁五世 （741—775）				
		瓦利德二世 （743—744）	希尔德里克三世 （743—751）		
		耶齐德三世（744）			
		马尔万二世 （744—750）			
		阿拔斯 （750—754）			艾斯图尔夫 （749—756）
怛罗斯战役 （751）		阿拔斯王朝 （750—1258）	小丕平 （751—768）		教皇斯德望二世 （752—757）
龙尾城之战 （754）		曼苏尔 （754—775）	加洛林王朝开始		
安史之乱 （755—763）					
肃宗 （756—762）		（科尔多瓦）阿卜杜·拉赫曼一世 埃米尔，756—788）	（麦西亚）奥法 （757—796）		德西德流斯 （756—774）
代宗 （762—779）					

时间线 18（续表）

唐朝	拜占庭	阿拉伯帝国	法兰克人 不列颠	保加尔人 阿斯多里亚	伦巴第人
			查理 (768—814)/ 卡洛曼 (768—771)		
	利奥四世 (775—780)	马赫迪 (775—785)		卡尔达姆 (777—约803)	查理 (774—814)
德宗 (779—805)	君士坦丁 六世/伊琳娜 (780—797)		虔诚者路易 (分封国王, 781—813)		丕平 (分封国王, 781—810)
		哈伦·拉希德 (786—809)			
	第二次尼西亚 公会议 (787)				
				阿方索二世 (791—842)	
	伊琳娜 (797—802)				教皇 利奥三世 (795—816)
	尼基弗鲁斯一世 (802—811)		查理曼加冕 (800)	克鲁姆 (约803—814)	
顺宗 (805)					
	斯陶拉基奥斯 (811)	艾敏 (809—813)			
	米海尔·朗加比 (811—813)				
	利奥五世 (813—820)			奥穆尔塔格 (814—831)	

庭俘虏那里的基督教已经在保加尔人之间传播开来，在基督教的帮助下，克鲁姆的后代开始将保加尔的游牧部落重新塑造成一个足以在西方世界占据一席之地的王国。[20]

/ 19

城堡领主与摄政

> 790年至872年,贵族世家控制着新罗,而藤原氏家族则掌控日本。

在摇摇欲坠的唐朝以东,统一新罗和渤海国的诸王正在调整自己,以适应新的格局。由于唐朝军队的因素,二者之间曾一直存在敌意,如今没有了唐朝的影响,他们达成了协定。几十年来第一次,新罗人不再置身于一场无休止的战争之中,而是可以投入一些精力,考虑一下国内的情况了。

当时的情况不算太好。8世纪的时候,新罗的权力所在几乎完全基于血统,这被称为"骨品制"。一个贵族,若其父母双方都具有王室血统,他就拥有傲视天下的"圣骨"地位;如果父母只有一方是王室出身,孩子就是"真骨"。直到7世纪中叶,还只有圣骨贵族才能统治新罗,但在太宗武烈王时代之后(他在660年已通过征服百济,开始在朝鲜半岛实现统一),真骨贵族也坐上了新罗的王座。[1]

在这些王室出身的特权阶层下面是一个又一个贵族阶层，他们持有各种"头衔"，地位根据其家庭血统的纯洁性依次递减。一共有17个不同骨品，若是没有骨品出身，就终生无法享有任何特权。在新罗，骨品等级是仕途发展的关键，一位名叫薛罽头的官员十分厌恶地写道："新罗用人论骨品，苟非其族，虽有鸿才杰功，不能逾越。我愿西游中华国。"[2]

薛罽头最终的确去了中国，在那里，他希望通过尽忠职守得到晋升。在8世纪中国的儒家书院里，一名勤奋的学生若能努力奋斗，德才兼备，精通支撑儒家社会的各项礼仪，就能在身份地位的等级上一路攀升。而在新罗，骨品制则继续固化新罗社会，过细的社会等级划分保持不变，让权力只集中在贵族手中，禁止有能力的平民爬上高位。

790年前后，新罗元圣王开始想方设法绕过这些僵化的、不能变通的规定。元圣王是真骨出身，但他不是直系王裔。5年前，由于宣德王无嗣，所以死后由他继承了王位。元圣王能够掌权，要感谢的是真骨贵族，但正是由于这些真骨贵族坚持世袭特权，导致国家衰败。

因此元圣王决心把权力赋予那些具备经国之才的人。他在继位5年后，创立了一套新的国家选拔制度；候选人不再按照各自出身的骨品等级获得官职，而是必须展现自己对于中国儒家经典和学说的理解。这些内容在国家设立的太学中都有讲授，太学成立于4世纪的高句丽时期，历经数百年乱世而延续下来。元圣王建立了新的考试制度，其核心是儒家思想所倡导的德才兼备，而不是仅凭社会关系，这是新罗的领袖人物需要具备的素质。[3]

强调学识，而不仅仅是出身，这是儒家子弟所支持的，比如薛聪,他出名是因为他能将中文经典转译成人们日常使用的语言。"以方言读九经,训导后生。"他的传记作者在《三国史记》一书中这样告诉我们。[4]

这并不是一件容易的事。因为文字是从中国传到朝鲜半岛的,有学问的人都使用汉字,但他们使用汉字也都是用来写作汉语作品,新罗的语言仍然没有一个自己的文字体系。为了完成翻译工作,薛聪只好发明了一套新的体系,用中文字符来记录新罗的词汇。虽然字符和词汇之间的匹配十分别扭,不够完善,有成千上万个新罗词汇没有对应的书写形式,但薛聪的方法仍然沿用了差不多有 700 年的时间。朝鲜半岛正在非常缓慢地从中国文化这把巨大的保护伞之下一步步走出来。[5]

就像薛聪的文字体系一样,元圣王的改革也不是那么完善的。他试图让政府向那些骨品等级较低或非骨品出身的人开放,这在真骨贵族当中很不得人心,因为这样一来,他们对权力的掌握就松动了。新罗政府中最有权力的高官执事史带头反对元圣王的改革。元圣王的儿子先他而死,留下一个体弱多病的孙子作为他唯一的继承人,这进一步削弱了他的力量。798 年元圣王死后,他的孙子昭圣王统治了不到 2 年的时间也过世了。昭圣王年幼的儿子哀庄王继承王位,但他此时尚不足 13 岁,所以由其叔父担任摄政王,掌握实权。[6]

统一新罗自此缓慢走向衰落,历史学家将这一阶段划为新罗晚期。统治者更换十分频繁,过程充满暴力。809 年,年轻的哀庄王被叔父杀害,后者登基为王,是为宪德王。宪德王一上台就有一场叛乱需要平定,叛军首领是武烈王的后代,他以宪德王篡权为借口,在中部城市忠州自立为王。叛乱被镇压之后,叛军首领的儿子再次领导叛乱，又再次被镇压。[7]

元圣王的后裔依然留在宝座上，但王权已开始旁落。而且，虽然新罗贵族也加入了抵制国王改革的运动，但贵族们没能保持团结。相反，那些高骨品的贵族蓄养私兵，开始彼此斗争，他们好不容易从国王手中夺取到权力，每个人都想多分一点。他们努力保持自己生来即已具有的权力，但在不经意间，这种权力的基础开始有了变化：一个人的私兵规模及其战斗技巧，而不是他的骨品级别，成为其影响力大小的决定性因素。[8]

篡权者宪德王死于826年。继任者是他的弟弟兴德王，他所面对的是一个武装起来的、斗争不断的农村。国王的部队已向内地收缩，向首都撤退。来自中国的海盗沿着海岸逡巡，阻挡贸易路线，绑架没有防备的新罗人，再把他们当奴隶卖掉。当兴德王手下一名年轻的指挥官张保皋请求允许他在西南方的莞岛上组建一支沿海驻军时，兴德王立刻就同意了："大王与保皋万人，"《三国史记》这样告诉我们，"此后海上无鬻乡人者。"张保皋在黄海巡逻，将大部分海盗赶出了新罗水域，但这也使他的权力越来越大。在他的海上基地，在国王看不见的地方，他为自己建立了一个小型的私人王国。[9]

兴德王死后无嗣，公开的战争爆发了。他的堂兄弟和侄子对王位展开了争夺。一个被杀害，另一个在宝座上坐了不到一年就自杀了，第三个宗亲戴上了王冠。但几个月后，他也被当时已是黄海霸主的张保皋及其盟友金祐徵赶下台去。两人一同步入都城庆州，金祐徵自立为王，是为神武王，张保皋则在幕后掌权。

神武王登上王位4个月就一病不起，其子文圣王继位。但与前几任新罗王不同，文圣王在王位上一坐就是将近20年——这在很大程度上是因为已经有了让新罗贵族和他们的私兵比较满意的权力分配办法。他们不再争取控制都城，夺取王位，而是转向外围，就像张保皋一样，他们在边远地区经营自己的领地，在那里称王称霸。在他们的私人王国里，他们像张保皋那样，与中国唐朝和日本进行贸易，在掌握权力的同时也累积财富。文圣王之所以能在王位上坐这么长的时间，部分原因其实是他越来越无关紧要了。[10]

846年，张保皋——第一个建立这种私人小王国的人——提出要将他的女儿嫁给文圣王，这样一来，他就跟王室有了直接的关系，这对他蓄养私兵和维持海上霸权都有利。真骨贵族认为这样一来他的权力就太大了，于是几个人联手刺杀了张保皋。[11]

文圣王留在了宝座上，但已无实权。不到一个世纪，统一新罗已经徒有统一之名而无其实。最有权势的贵族蓄有最强大的私兵，他们在自己的领地中心建起堡垒，在地方上当土皇帝。他们被称为"城主"，有权自己收税，不需要将税金上交给设在庆州的名义上的中央政府。分散在乡下各处的佛教寺院利用国王的软弱，也如法炮制，为私人利益圈地敛财。农民和商人没有军队，也得不到王的保护，于是越来越不遵纪守法，许多人都落草为寇、占山为王。[12]

新罗已是摇摇欲坠，大厦将倾。

在一水之隔的东方，也开始飘过几片云朵，掩住人民的北极星——日本天皇——的光芒。

坐在宝座上的是桓武天皇，但他已不在曾颁布《养老律令》的首都奈良。相反，他决心与过去决裂。他现在统领的崭新的朝廷位于奈良西北约50千米的地方——长冈京。

桓武天皇是日本的北极星，是国家与上天联系的纽带，是秩序和法律的保证——但这些听上去很响亮的职责正迅速变成象征

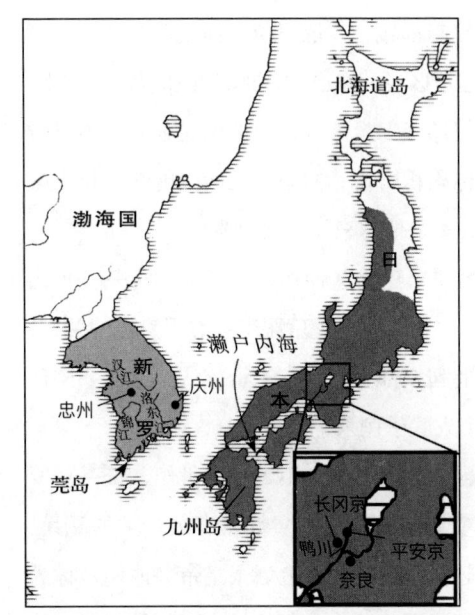

地图 19-1 统一新罗与日本

性的。日本的权力分散在全国各地，各部族领袖在这些地方继续保持自己的权威。从桓武天皇时期的编年史中可以看出，奈良的寺院和贵族一直在积极为自己聚敛越来越多的财富和权力。在朝廷搬迁前后，有历史记录告诉我们，"比来，或王臣家，及诸司、寺家，包并山林，独专其利"，而"丰富百姓，出举钱财。贫乏之民，宅地为质，至于迫征，自偿其质，既失本业，进散他国"。像寺院一样，贵族们也放高利贷，还不上钱的人就要以其田产抵债。[13]

有一个贵族家族藤原氏——天智天皇的终身挚友中臣镰足的后代——在奈良的权势比其他家族都大。藤原家族从中臣镰足那里继承了监督朝廷礼仪和仪式的特权，这给了藤原氏控制宫廷中心的权力。桓武天皇统治伊始，这个家族有多达 4 个主要分支生活在都城内外。

桓武天皇迁都至长冈，在很大程度上就是为了摆脱一天到晚包围着他的来自藤原家族的朝臣们。迁都的决定是一怒之下做出的，甚至有些孤注一掷，进行得十分仓促。30 万人夜以继日地劳作，在不到半年的时间里就建成了一个完整的皇家宫殿建筑群。但是，虽然天皇可以离开奈良，却仍然难逃藤原氏权势的包围。他的正妃是藤原氏贵族之女，左右大臣都是藤原氏，而且他还不得不任命了一名藤原氏官员为他督造新都。[14]

桓武天皇在他位于长冈的奢华宫殿里生活了 10 年时间。在此期间，他厄运连连，经历了罹患疾病、家人离世、朝官内讧，到了 794 年，他确信这座城市遭受了诅咒。但他也不愿再回奈良，因为那里同样令他头疼。于是他再次迁都，这次迁往的是山城国。怀着美好的愿望，他下令将其改名为平安京，意思是"和平之都"。[15]

这次，都城在这里固定了下来。长冈京逐渐衰落，而平安京——现在的京都——在之后近千年的时间里，一直是日本的首都。*

桓武天皇死于 806 年。他在位 20 余年，生了 32 个子女。806 年至 833 年间，他有 3 个儿子先后继承皇位。这几个儿子有一个共同的特点：他们都是主动退位将皇位传给下一任的。他的长子，平城天皇，在位仅 3 年，就因病重而退位，将皇位传给了弟弟嵯峨天皇。** 在位 14 年后，嵯峨天皇也退位了，他将皇位传给了三弟淳和

---

* 迁都平安京标志着日本历史上"奈良时代"（710—794）的结束和"平安时代"（794—1185）的开始。

** 不料平城天皇后来病愈，试图夺回皇位，结果惨败。嵯峨天皇将其挫败，其同谋或被捕或自杀，平城天皇被迫遁入佛寺，在那里一直待了 14 年后去世。

天皇。淳和天皇在位10年,又于833年将皇位传给了侄子,嵯峨天皇时年23岁的儿子仁明天皇。[16]

这一系列退位、传位十分清楚地说明了一件事:天皇不是皇帝,不是中国、拜占庭或波斯的君主。天皇不像皇帝那样进行统治,不能控制军队、制定法律。他统而不治,其光芒所及之处,权力分散在其他人身上。藤原家族出身的官员们掌管着朝廷的礼仪及其日常运转。远离京城的各国由地方长官掌管,他们负责自行收税——而且经常将这些税款留为己用,而不是上交到都城去。[17]

他们还经常虚报税单,而无论都城内外,日本的农民和小商小贩都不断发现有人压榨自己,逼迫自己从微薄的利润中再多拿出些钱来上交。这样的敲诈勒索,天皇并不加以制止,结果本来受到桓武天皇两次连续迁都所累已经压力深重的乡村地区,更加不堪重负了。每次迁都,既要建设新都,又要打造天皇的新居,都需要提高赋税、摊派徭役。842年,在仁明天皇统治期间,史书中有一条记载,让我们可以粗略地了解一点平安京城墙外极端贫困的状况:"敕左右京职,东西悲田,并给料物。令烧敛嶋田及鸭河原等髑髅,总五千五百余头。"《续日本后纪》这样告诉我们。沿着流经平安京的鸭川而居的农民极端贫困,甚至连死后埋葬在坟墓或墓穴里的费用都负担不起,他们只能在沙地上挖个洞将尸体埋住,结果河水将沙子冲走,骸骨都被冲上岸来。[18]

仁明天皇于850年退位。他娶了一个出身藤原家族的妻子,其具有一半藤原氏血统的儿子文德天皇即位。文德天皇时年23岁,在任期间几乎无事可做。藤原氏官员代他治理国家,他的时间似乎大半都在后宫度过。他在30岁出头的时候,已经生了27个子女。[19]

但他的正妃藤原顺子是野心勃勃的藤原良房的女儿。这桩婚姻是藤原良房一手策划的，他满意地看着顺子诞下了皇位继承人，然后利用自己与皇家的姻亲关系于857年被任命为众臣之首——太政大臣。一年后，文德天皇去世，终年31岁。他的儿子，年仅8岁的清和天皇继位，而作为孩子的外祖父，藤原良房借口天皇年幼，把持了朝政大权，几年后更是正式就任摄政。

这是第一次由一个"外人"、一个不是出身皇室的人，登上摄政的位置。但此时，皇室和藤原氏的血脉早已错综交缠，所谓纯净的皇家血脉只是象征性的——就像年幼的天皇手中的权力一样。清和天皇坐在宝座上，像一颗北极星一样，美丽、崇高，却没有什么权力，代他进行统治的是摄政。

即使在清和天皇成年之后，摄政仍然不肯下台。他不受法律约束，不属于皇家范畴，他的权力来自天皇，但凌驾于天皇之上。藤原良房甚至替清和天皇安排婚姻大事，让他娶良房自己的侄女为妻（她是年幼天皇的表亲，和他隔了一代）。这让藤原良房同时成为皇帝的外祖父、摄政和岳叔父。这个婚姻使皇室和藤原氏之间又多了一重联结，藤原氏的权力又大了一点。这位年轻姑娘藤原高子本人，在这个问题上根本没有选择权。她有自己的爱人，但后世的诗歌告诉了我们她这个爱人的不幸命运：他被逐出朝廷，被迫遁入空门，直到年老体衰都没再见到自己心爱的人。[20]

872年，藤原良房过世，但他将自己的职权传给了养子藤原基经。清和天皇此时22岁，并不需要什么摄政了，但藤原基经急于行使摄政的所有权力。4年后，清和天皇26岁时，藤原基经说服其退位，将皇位传给了太子，清和天皇年仅7岁的儿子阳成天皇。

天皇死后将皇位传给年幼的继承人，这种事往往不可避免，但天皇主动退位将皇位交给一个小孩子，这清楚地表明了一个事实：

时间线 19

法兰克人 不列颠	保加尔人 阿斯多里亚	伦巴第人	唐朝	日本	统一新罗	阿拉伯帝国
卡洛曼（741—747）/ 小丕平（741—751）		教皇扎迦利（741—752）			景德王（742—765）	
希尔德里克三世（743—751）						瓦利德二世（743—744）
						耶齐德三世（744）
						马尔万二世（744—750）
		艾斯图尔夫（749—756）				阿拔斯（750—754）
小丕平（751—768）		教皇斯德望二世（752—757）	怛罗斯战役（751）			阿拔斯王朝（750—1258）
加洛林王朝开始			龙尾城之战（754）			曼苏尔（754—775）
		德西德流斯（756—774）	安史之乱（755—763）			（科尔多瓦）阿卜杜·拉赫曼一世（埃米尔，756—788）
（麦西亚）奥法（757—796）			肃宗（756—762）			
			代宗（762—779）		惠恭王（765—780）	
查理（768—814）/ 卡洛曼（768—771）						
			查理（774—814）			马赫迪（775—785）
	卡尔达姆（777—约803）		德宗（779—805）			
虔诚者路易（分封国王，781—813）		丕平（分封国王，781—810）		桓武天皇（781—806）	宣德王（780—785）	

时间线 19（续表）

法兰克人 不列颠	保加尔人 阿斯多里亚	伦巴第人	唐朝	日本	统一新罗	阿拉伯帝国
				迁都至长冈京	元圣王 （785—798）	哈伦·拉希德 （786—809）
	阿方索二世 （791—842）					
		教皇 利奥三世 （795—816）		迁都至平安京	薛聪	
					昭圣王 （798—800）	
查理曼加冕 （800）					哀庄王 （800—809）	
	克鲁姆 （约803—814）		顺宗 （805）			
				平城天皇 （806—809）		
				嵯峨天皇 （809—823）	宪德王 （809—826）	艾敏 （809—813）
	奥穆尔塔格 （814—831）					马蒙 （813—833）
丕平一世 （分封国王， 817—838）/ 日耳曼人路易 （分封国王， 817—876）						
				淳和天皇 （823—833）	兴德王 （826—836）	
					张保皋	
				仁明天皇 （833—850）		穆阿塔绥姆 （833—842）
				神武王（839）		
无地的查理 （840—877）				文圣王 （839—857）		
						穆瓦塔基勒 （847—861）

时间线 19（续表）							
法兰克人 不列颠	保加尔人 阿斯多里亚	伦巴第人	唐朝	日本	统一新罗	阿拉伯帝国	
	奥多诺一世 （850—866）			文德天皇 （850—858）		
	鲍里斯 （852—889）					
				清和天皇 （858—876）		
				藤原良房摄政 （866—872）		
				藤原基经摄政 （872—891）		
				阳成天皇 （876—884）		

天皇不再需要进行实际统治。摄政身上体现着天皇的荣耀，将替他进行统治。而天皇本人则只需要存在即可：他将人民与神圣秩序连接起来，他的存在是必需的，但也是被动的。

/ 20

外来者的胜利

> 806年至918年,藩镇割据、义军作乱、外族进犯。唐朝被摧毁,五代十国时代就此展开,而统一新罗则被乱军首领和流亡王子瓜分,形成后三国。

大唐帝国版图缩水、挣扎求存,不过尚未丧失一切。在安禄山叛乱的余波中,唐朝皇帝重建的税收制度相当有效。食盐的销售现由皇家垄断,为皇室金库带来大笔现金收入。皇权虽被削弱,但尚未被贫穷困扰。

税收和食盐已在皇家控制之下,但曾由唐朝牢牢控制的边远地区就不是这样了。早期的皇帝划出了许多藩镇,任命了许多节度使,如今他们纷纷在自己的领地上称王称霸、为所欲为。这些节度使有的是汉族血统,也有许多是"蛮夷"出身,他们都是战士的首领,得到允许率领族人定居在唐朝境内,作为交换,他们同意保卫唐朝领土,抵御外族入侵。

各藩镇对唐朝是否忠诚,情况千差万别。有些边境民族,比如沙陀突厥,正在自我改造,被汉人同化,但也有些民族完全无视长安城的皇帝。唐帝国的边境不仅已被渗透，而且变得模糊不清。人们旅行在外，走得离长安越远，就越难弄清自己是否已经走出唐朝地界。[1]

805 年，唐宪宗即位后，开始试图在这些边远地区重振皇权。806 年至 817 年，他发动了一系列战争，逐渐削弱藩镇。他擒获那些顽抗到底的节度使，将其带回都城处死。到 820 年，他几乎完全恢复了朝廷对唐朝原有土地的控制权。[2]

然后，正当这位充满干劲的年轻皇帝打算最终一统帝国时，却英年早逝，终年仅 42 岁。有传言说他是被宫中两名对皇权心怀怨恨的宦官毒害的，更有人确信他的儿子兼继承人唐穆宗也参与了谋害之事。无论传言是真是假，穆宗最终继承皇位，而他却没能保住父亲征服的成果。唐穆宗及其继承人唐敬宗，都以游乐无度著称，整日置酒欢宴，特别爱打马球。他们让宦官掌管朝廷的日常运作，有一位史家哀叹道："国统几绝。"[3]

到 826 年，各藩镇再度割据，朝廷事务则完全掌握在宦官手中。他们杀害了唐敬宗，当时敬宗年仅 18 岁，在位不足 3 年。他们拥立敬宗的弟弟唐文宗登基为帝。

唐文宗死前在皇帝的宝座上坐了 14 年，能坐这么久，只是因为他愿意放弃皇帝的实权，而将其拱手交给帝国边境的藩镇和宫中的官员，这些官员多数是宦官（因宦官不太可能篡夺皇位，建立新朝）。这种状况本来有可能导致混乱无序，就像统一新罗一样，但唐朝的宦官们干得不错，国家运转良好。838 年，文宗的傀儡统治进入第十二个年头，日本僧人圆仁来到唐朝。他在游记中记录的是一个秩序良好、效率很高的国家，看起来欣欣向荣：给他留下深刻印象的是，在都城长安的一个中心区域，就有 4000 余家店铺，运河两岸华屋美厦

20 外来者的胜利

鳞次栉比,河上到处都是满载官盐的大小商船,密密麻麻。[4]

尽管宦官们在行政管理方面干得很好,但他们遇到军事危机就无能为力了,因为他们都是文官,没学过兵法。但幸运的是,当时没有外敌入侵的威胁。藩镇虽已坐大,却也没有接管大唐帝国中心的野心;渤海国、统一新罗和日本大和民族都在忙着各自的内政。在唐文宗的继任者统治期间,北方的回鹘帝国因内战而分裂瓦解;来自北方的游牧民族乘虚而入,将回鹘牙帐洗劫一空,回鹘人纷纷逃向南方和西方。而长久以来一直侵扰唐朝西南边境的吐蕃帝国,则由于一场宗教战争而分裂。[5]

唐朝暂时保持稳定,这使皇帝和宦官都得以集中精力开展贸易、垄断官盐、征收赋税,并鼓励对文学艺术的追求。869年,唐懿宗在位期间,统一新罗的君王甚至派太子到唐都长安来学习。

一切都很正常——直到可怕的军事危机爆发。危机并非来自外部,而是来自内部。危机并非哪个藩镇势力主导的,而是源自一种令藩镇也能感受到的紧张局势:一个外来者想要打入内部,成为圈内人。

874年,一个名叫黄巢的年轻人科举考试失利,怒气难平。黄巢从小就聪明过人,素有才名,如今赴考居然落第,他对此简直难以置信。科举制度之前就曾受过抨击。数十年前,出仕为官的大诗人韩愈就曾恨恨地抱怨说,学子所受的应试训练教给他们的只是"俳优者之辞",答案都是早就准备好的,根本不是真才实学。现在,黄巢因落第而耿耿于怀,他宣称科举制度只不过是一种排除工具而已,被政府用来排除异己,不让他们出仕。[6]

黄巢变得目无法纪。他立足北方东部沿海地区,就在黄河以南,开始倒卖私盐,打破官盐垄断——因为他觉得这不公平。很快就有许多其他同样对现状不满之人加入。而且中国北方连续几年收成不好，广大农民饥肠辘辘，也不免铤而走险。走私者的队伍日渐壮大，开始有了一些绿林行为。他们在附近拦路抢劫富商，也劫掠富裕的城镇，还在沿海地区袭击并杀害外国商人。[7]

朝廷终于从长安派兵捉拿这些肇事者，但黄巢和他的同伙进行了回击。加入他们事业的农民越来越多，不久，起初的一伙绿林好汉就成长为一支羽翼丰满的起义军，据说足有50多万人马。

之后，战事在北方持续了4年。起义军未能占领洛阳，于是就一路向南攻城略地，越过长江，直抵广州。黄巢将其大本营建在这里，又掉头向北，开始向长安城进军。881年初，他兵临城下，最终占领了长安。[8]

当时的皇帝是唐懿宗的继任者唐僖宗，他带领朝廷逃离长安，在西南城市成都驻扎下来。黄巢占领了长安城，控制了皇宫，他登基自立为帝，宣布开始一个新的朝代。[9]

唐僖宗决心反击，他雇用了来自北部边境沙陀部落的突厥佣兵，以加强受损的兵力。像藩镇一样，他们是唐朝外围一支多少能独立的军事力量；但与希望完全摆脱唐朝控制的藩镇不同，沙陀人本是外来者，却迫切希望变成圈内人。

沙陀将领李克用本是突厥人，但他取了中国名字，遵循中国习俗。他率领4万骑兵南下，帮助唐僖宗围攻长安。882年，在长安城外，唐朝军队和突厥佣兵携手迎战黄巢指挥之下的起义大军。次年，梁田陂一役，黄巢战败，被迫向北撤退，远离长安和他已征服的土地，而离沙陀人的地盘却越来越近。李克用紧随其后，一路对义军骚扰不断。

为他提供帮助的是黄巢的前盟友朱温。此时朱温已背弃黄巢，转而归唐。他受命统率部分唐军，与李克用一道镇压叛乱。

884年，起义军与政府军于黄河岸边再次相遇。这一次，黄巢及其手下被彻底击败。黄巢虽自屠杀中脱身，最后却走投无路，自杀身亡，以免被李克用所擒。

唐僖宗嘉奖李克用，封他为陇西郡王。然后，唐僖宗回到长安，但他这次入城远称不上是凯旋。帝国支离破碎，洛阳和扬州两座城池已被付之一炬，长安城也破败不堪，人们意志消沉。诗人韦庄哀叹道：

> 长安寂寂今何有？
> 废市荒街麦苗秀。
> 采樵斫尽杏园花，
> 修寨诛残御沟柳。
> ……
> 昔时繁盛皆埋没，
> 举目凄凉无故物。
> ……
> 天街踏尽公卿骨！[10]

唐僖宗保住了帝位，但权力已失，大唐王朝也走上了末路。

888年，他的儿子唐昭宗继位，他所统治的唐朝濒临灭亡。帝国又苟延残喘了近20年，其间叛将朱温和突厥将领李克用的权势继续增长。在北方受封为陇西郡王的李克用已在封地建立了独立王国——就像那些有机会坐大的藩镇一样。他在自己的领地上四处安插沙陀亲信，让他们担任官职，不再服从唐朝皇帝的统治。[11]

他和从前并肩作战的将领朱温也闹翻了。叛乱平息之后，朱温由于李克用获得的封赏比自己更多而感到愤愤不平。他逐渐蚕食长

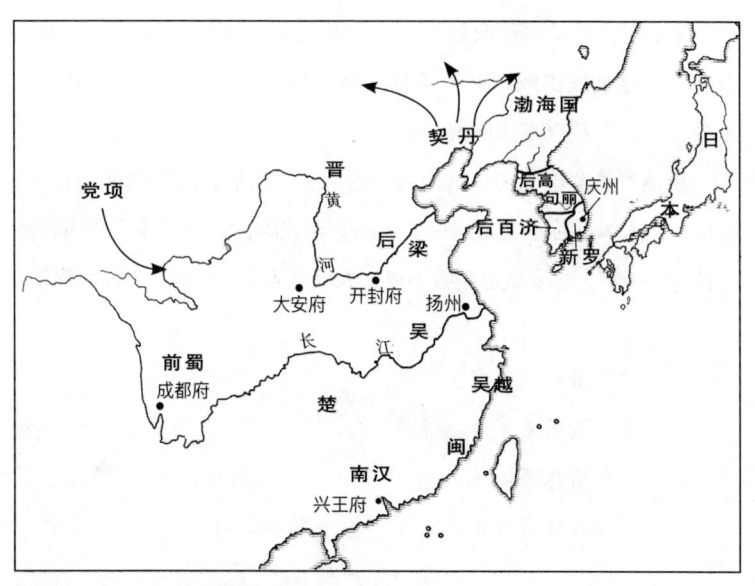

地图 20-1　五代十国（后梁时期）与后三国形势图

安城和李克用的领地之间的土地。901 年至 902 年，他两次试图侵入李克用的领地，两次都被击退。

不过朱温在长安城里的运气更好一些。皇帝担心李克用权力过大，同时为了让朱温保持忠诚，赐他名为"全忠"。朱温接受了封赏，之后开始一步步小心谨慎地将皇帝从其拥趸之中孤立出来：他给这些忠臣安上反贼的罪名，将其或杀害，或流放，然后把他自己的手下安插在倒霉的皇帝身边，最后以皇帝的名义下令，将整个朝廷迁至洛阳。[12]

这引起了朝廷其余官员的警惕，在许多城市，忠于皇帝的官兵纷纷赶往洛阳，决心要把皇帝从奸臣手中拯救出来。朱温听说此事，派人刺杀了皇帝，之后又处死那些刺客，宣称自己忠于皇帝。那些原本的救兵，要么为其所骗，要么彻底死心，纷纷转身撤离。

于是，904 年朱温授意让唐昭宗年仅 12 岁的儿子登基，是为唐哀帝。他是个真正的傀儡皇帝，对朱温唯命是从。外来者朱温现在几乎已到达大唐帝国的中心，他只是在名义上还不是皇帝罢了。

下一步就是真正当上皇帝了。次年，朱温迫使唐哀帝下令处死他的 9 个兄弟，以及所有仍旧忠于皇室的大臣。他们全部被绞杀，尸体被扔进附近的河里。907 年，朱温已经准备好自己称帝了。他迫使 15 岁的皇帝退位，建立了自己的朝代——后梁。[13]

这是一个短命的王朝：后梁只从 907 年延续到 923 年即宣告结束。但唐朝末代皇帝唐哀帝退位（以及他次年被杀）之事使中原陷入众多小国彼此角逐、兵燹不断的乱世之中。这个时期被称作五代十国，一直持续到 979 年。在短短 70 多年的时间里，割据政权此起彼落，北方地区有 5 个朝代依次更替，各地则陆续出现了 10 多个割据政权。*

在遥远的北部地区，一个新的帝国兴起了。北方的契丹首领耶律阿保机与沙陀人结盟，开始了一系列征服活动，最终创建了幅员辽阔的契丹国。随着唐朝末代皇帝殒命，中国的内核消失不见，剩下的只有外围。[14]

在中国各藩镇割据称雄的同时，统一新罗的城主们也在国土上划线圈地，他们划出的裂缝越来越深，国家濒临崩溃。

而景文王，就是那位送儿子去中国唐朝留学的新罗王，无意中又在这道裂缝中插入了一个楔子，加速了国家的分裂。他娶了一位

---

* 五代包括：后梁（907—923）、后唐（923—936）、后晋（936—947）、后汉（947—950）与后周（951—960）；十国则为吴（902—937）、吴越（907—978）、闽（909—945）、楚（907—951）、南汉（917—971）、前蜀（907—925）、后蜀（934—965）、荆南（924—963）、南唐（937—975）和北汉（951—979）。

出身名门的贵族小姐，但妻子未能为他诞下继承人，所以他又娶了她的妹妹为妃。这位妃子也同样不育。正当这对姐妹在宫中彼此明争暗斗的时候，景文王的另一个妃嫔却为他生下了一个儿子。

这对姐妹又妒又怕，命人杀死那位妃嫔和她的儿子。眼看女主人性命不保，奶妈挺身带着孩子从刺客手中逃脱，最终躲入一座寺庙。这个小男孩名叫弓裔，由寺院的僧人抚养长大，他知道自己出身王室，从未忘记母亲被人杀害和自己流离失所。被刺杀的时候，他还失去了一只眼睛。[15]

数年之后，景文王的王后终于诞下一子。景文王悉心保护这个孩子，将其立为太子，并送他去中国学习儒家政府的治国之道。回国之后，这个男孩在父亲死后继位，他就是宪康王。他肯定发现了自己还有一位同父异母的哥哥流亡在外，存身寺庙之事，但不知道他对此有何反应。

宪康王在位12年，尽其所能粉饰太平，他花钱如流水，将都城修整得流光溢彩。所有的房屋都以瓦铺顶；房间里所有的火炉烧的都是木炭，而不是廉价的柴火，因此空气洁净，没有烟尘。与此同时，在距庆州百里之外的地方，乡间贼寇四起，城主们野心勃勃、拥兵自重。[16]

宪康王的朝臣似乎多数都跟着他粉饰太平，只有诗人兼学者崔致远是个例外。崔致远是一名新罗贵族的儿子，求学时代是在中国唐朝度过的。与宪康王不同，他在唐朝真正学到了儒家的治国之道。《三国史记》告诉我们，他在唐朝参加科举考试，一举及第，后被任命为唐朝某地的主官。但他的故乡开始陷入混乱，于是崔致远荣归故里。[17]

885年，崔致远在宪康王的朝中谋得一职。他想趁新罗尚未像唐朝一样分崩离析，先对其进行改革，但宪康王和他那帮只知溜须拍马的手下对此并不热心。"致远自以西学多所得，"《三国史记》中写道，"及来将行己志，而衰季多疑忌，不能容。"[18]

次年，宪康王死后无嗣，他弟弟定康王和妹妹真圣女王先后继承王位，接下新罗的烂摊子。真圣女王于887年至897年在位共10年，在此期间，新罗崩溃。

当时的记载将真圣女王描写得十分糟糕。《三国史记》中说她"骨法似丈夫"，然后又转而指责她把一些"少年美丈夫"带进朝廷，给他们安置些闲职。如果一个濒临崩溃的中世纪王国的王权掌握在女性手中，那么人们通常都会指责她纵欲、腐败又邪恶：女王的性生活很容易被人拿来当作一个时代结束的缘由。但在新罗，持续危机的真正罪魁祸首是那些城主，他们继续盘剥治下的广大农民，依靠他们供养，过着奢侈享乐的生活。[19]

真圣女王试图通过严格税收来保证政府的财政收入。农村的税费已有多年未上交国库，所以她下令武装人员强制征税。用这种方法解决问题属于孤注一掷、目光短浅。因为其实农民和工匠一直都在交税，只是税银都进了当地城主的小金库里。现在他们是在交双倍的税。贫穷和绝望驱使更多的人成为匪盗（史书称他们为"草寇"），不久，他们就被一些有能力的叛军首领组织起来，成为许多支人数少而精的反政府武装的成员。毗邻庆州的土地在赤裤军控制之下；一个名叫甄萱的农民放下锄头，扛起刀枪，带领着西南部的一支起义军；一个名叫梁吉的贼首则在东北部组织反叛。梁吉的副将正是弓裔，那位独眼王子。如今他已长大成人，希望能夺回一部分本来有可能属于自己的权力。[20]

但是就目前而言，农民甄萱是实力最强的叛军领袖。892年，他自称"上柱国汉南郡开国公"。有了这种半官方的称号作为凭恃，甄萱与梁吉及其副将弓裔协商：由他统治西南，梁吉他们则统治北部地区。

随后几年间，甄萱巩固了自己对西南地区的控制，而独眼王子弓裔则在北方有了一席之地。名义上，弓裔仍是贼首梁吉的副将。但实际上，弓裔却在为自己收买人心，他与手下同吃同住、同甘共苦。[21]

与此同时，真圣女王仍然在位，但她很快就仅是个名义上的君主了。儒家学者和诗人崔致远再次试图帮助朝廷走出困境，他提交了一份改革建议书，里面列出了10多条建议，据他估计，进行这样的改革可以将新罗王国拉出泥潭。不过他的改革建议再次被新罗朝廷拒绝。

崔致远离开注定要灭亡的朝廷，退隐到边远山区的寺庙里，他在那里转而献身于精神追求，用中文写下许多哀婉的诗句：

> 狂喷垒石吼重峦，
> 人语难分咫尺间。
> 常恐是非声到耳，
> 故教流水尽笼山。[22]

而在朝廷中，真圣女王被迫放弃王位。朝臣们找出了一个男孩，宣称他是宪康王的一个儿子，说他是王上于某次出猎途中，在某个偏远村庄过夜时与村里的姑娘生下的孩子。897年，真圣女王退位，这个男孩登基，成为孝恭王。

899年，弓裔的野心暴露无遗，他杀死了首领梁吉，自己做了北部起义军的领袖。[23]

900年，汉南郡开国公、农民出身的甄萱认为自己已经可以放心大胆地称王了。甄萱实际上出生在古老新罗的旧土上,但他势力最强的地方以前是百济的领土,于是他将自己的新国家命名为后百济。第二年,弓裔也如法炮制。他也是个土生土长的新罗人,但他将自己新国家的首都定在开城,这里原本属于高句丽,因此他将自己的新王国命名为后高句丽。

统一新罗时代结束了。半岛上再次出现三国鼎立的局面,和平不再。崔致远悲叹道,那些或饿死或战亡的人尸横遍野。王建,一名在弓裔军中作战的水军战将也说过同样的话,他写道:"往者新罗政衰,群盗竞起,民庶乱离,曝骨荒野。"后三国时期就这样以战争和饥荒拉开了帷幕。[24]

独眼的弓裔被愤怒和野心驱使,打算彻底消灭新罗的残余力量。他当上后高句丽国王的第一年就一步步深入推进新罗领土,而年轻的新罗王孝恭王则感到未来无望,只得借酒浇愁。慢慢地,弓裔的怨愤之情使他的头脑丧失了冷静。不打仗的时候,他就会骑着白马、披着王袍、头戴金冠在自己的新王国里四处巡游,身后跟着 200 名僧侣,齐声为他歌功颂德。他变得疑神疑鬼,先是下令杀了自己的妻子,接着是两个儿子,罪名都是通敌。他手下的将领王建写道:"前主……俄以酷暴御众,以奸回为至道,以威侮为要术。徭烦赋重,人耗土虚,而犹宫室宏壮,不遵制度。"[25]

不过王建的评论也算不上客观。因为 918 年,弓裔的暴虐专制变本加厉,让人忍无可忍,于是他手下的军官杀死了他,拥立王建为王。弓裔虽然宣称自己与现在的王室和过去的高句丽王室都有血缘关系,但他的统治靠的是武力支持,而不是贵族血统。他的王冠靠征服得来,而不是通过出身特权阶级。结果他最终死在了自己借以发迹的那把剑下。

时间线 20

法兰克人	阿斯 保加尔人	多里亚 伦巴第人	唐朝	日本	突厥/契丹	统一新罗
虔诚者路易 （分封国王， 781—813）		丕平 （分封国王， 781—810）		桓武天皇 （781—806） 迁都至长冈京		元圣王 （785—798）
	阿方索二世 （791—842）					薛聪
		教皇利奥 三世 （795—816）		迁都至平安京		昭圣王（798—800）
查理曼加冕 （800）						哀庄王（800—809）
	克鲁姆 （约803—814）		顺宗 （805） 宪宗 （805—820）			
				平城天皇 （806—809）		
				嵯峨天皇 （809—823）		宪德王 （809—826）
	奥穆尔塔格 （814—831）					
丕平一世 （分封国王， 817—838） 日尔曼人 路易（分 封国王， 817—876）						
			穆宗 （820—824）			
				淳和天皇 （823—833）		
			敬宗 （824—826）			
			文宗 （826—840）			兴德王 （826—836）
				仁明天皇 （833—850）		张保皋
						神武王（839） 文圣王 （839—857）
无地的查理 （840—877）						

时间线 20（续表）

法兰克人	阿斯多里亚	唐朝	日本	突厥/契丹	统一新罗
保加尔人	伦巴第人				
	奥多诺一世		文德天皇		
	（850—866）		（850—858）		
鲍里斯					
（852—889）					
			清和天皇		
			（858—876）		
			藤原良房摄政		
			（866—872）		
		懿宗			景文王
		（859—873）			（861—875）
			藤原基经摄政		
			（872—891）		
		僖宗			
		（873—888）			
			阳成天皇		宪康王
			（876—884）		（875—886）
		黄巢起义		沙陀将领李克用	
		梁田陂战役			
		（882）			
					崔致远
		昭宗			真圣女王
		（888—904）			（887—897）
					孝恭王
					（897—912）
					（后百济）甄萱
					（900—935）
					（后高句丽）弓裔
					（901—918）
		哀帝			
		（904—907）			
		唐朝灭亡/			
		后梁建立			
		（907—923）			
		五代十国		（契丹）耶律阿保机	
		（907—979）		（907—926）	
					（后高句丽）
					王建（918—943）

/ 21

第三个王朝

> 809年至833年，阿拔斯哈里发帝国受到在东方独立的塔希尔王朝的挑战。

809年，哈里发哈伦·拉希德率领军队前往呼罗珊。因为当地人民发动起义，所以拉希德决定亲自处理此事。但他在途中不慎染病，被迫在小城图斯（Tus）停留，结果死在了那里。他留下了一大笔财产。泰伯里写道："有人说，国库里有9亿多迪拉姆。"如果此说属实，那就意味着拉希德死时拥有3000吨白银的财产。[1]

拉希德在继承人的选择上曾举棋不定。他显然应该选择长子艾敏（al-Amin），但他也很喜欢庶出的年纪略轻的另一个儿子马蒙（al-Mamun），因为他认为马蒙更有治理国家的才干。最终，他做出一个奇怪的、几乎是法兰克式的安排。他下令，让艾敏接替他担任哈里发，而马蒙则成为呼罗珊总督和他兄长的继承人。[2]

艾敏自己有孩子，所以他不喜欢这样的安排。他坚持让马蒙到巴格达来，承认艾敏的长子为哈里发的继承人。但在两年的时间里，马蒙始终拒绝前往。因为如果他离开呼罗珊,很有可能就再也回不来了。与此同时,他停止向巴格达进行任何汇报,并将艾敏的名字从呼罗珊官袍上绣的官方题词中去掉——这些行动都相当于是在宣告独立。[3]

艾敏的回应则是下令不许任何人在周五布道时再为马蒙祈祷。马蒙收到这个消息的时候,就意识到长兄正准备剥夺他的呼罗珊总督之位。于是他开始为战争做准备,艾敏也是一样。811年初,两兄弟的军队在战斗中相遇。虽然马蒙的军队规模较小,却以少胜多,击败了哈里发的部队。马蒙的胜利在很大程度上归功于其主将塔希尔(Tahir)指挥有方。[4]

二人之间的敌对状态转为公开,战斗继续。有一年多的时间,阿拔斯王朝因内战而分裂。马蒙领导叛军攻占了哈马丹(Hamadan)、巴士拉(Basra)和库法,而麦加和麦地那则宣布自己反对阿拔斯王朝的哈里发,效忠于马蒙。刚过了一年多,马蒙就来到了巴格达城下——不是作为兄长忠实的臣民,而是作为一个入侵的征服者。

艾敏及其手下设置路障、加固城防,围城又拖了一年时间。城墙在攻城车的撞击之下开始坍塌。马蒙的投石车连珠般向城内投掷石块,漂洋过海而来的商人们只得四处躲避。周围的村庄被迫投降,拒绝投降的则被放火焚烧,夷为平地。巴格达城里,人们万念俱灰、饥肠辘辘,开始胡作非为。而在城外,马蒙的大将塔希尔则承诺说,谁要是出城加入攻击者阵营,就好吃好喝好招待,还有礼物送给他们。

813年夏末,守军终于放弃抵抗,塔希尔带兵入城。在随后的战斗和混乱中,艾敏试图游过底格里斯河逃到安全地带去,结果被一队士兵俘获并斩首,他们将其首级交给塔希尔,后者又将其交给

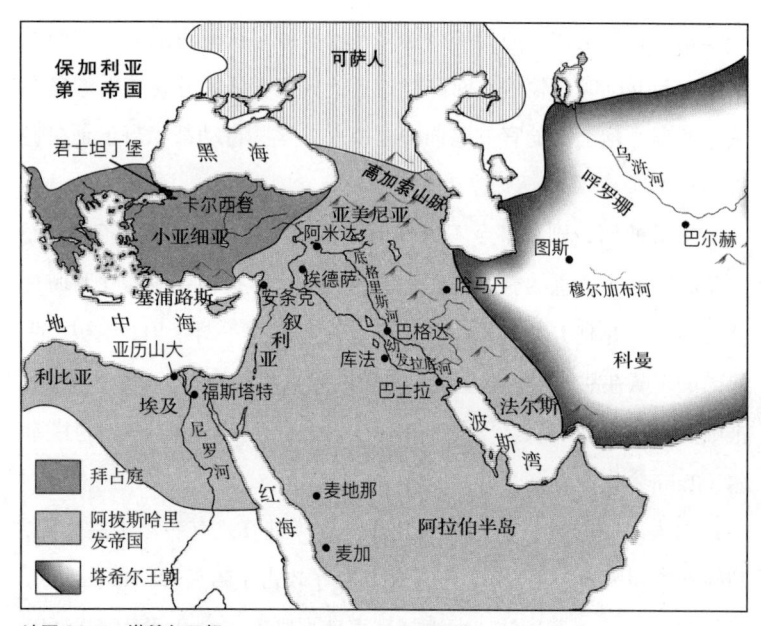

地图 21-1 塔希尔王朝

了主公马蒙。如今马蒙不必做出杀害兄长的决定，行事更加便利，于是做出一副悲痛欲绝的样子。但这并未阻止他让人将艾敏的首级挂在城墙上——这是对篡位者和叛乱分子的处罚，本不该发生在合法继承哈里发之位的哈里发身上。[5]

马蒙宣布自己成为合法的哈里发，到了9月份，帝国多数地区已同意向其效忠。但他通过武力夺取的权力并不那么容易掌握。815年，帝国爆发了严重的叛乱，817年，他自己的叔父又带人发动了另一场叛乱，他不得不将其一一镇压。埃及也是麻烦不断，那里的人们对税收负担不满，对总督也怨声载道。他同时也在失去对东部地区的掌握：他已将呼罗珊总督之位给了手下大将塔希尔，以示感激之情。塔希尔则开始无视哈里发的命令。822年一个周五的晚上，塔希尔在周五布道中没有为哈里发祈祷，以此明确宣布了自己的独立。[6]

马蒙在呼罗珊的情报人员立即将此公然犯上的消息向巴格达传递，但布道的当天晚上，塔希尔就死了。他死得不清不楚。他有个小儿子说他是在睡眠中突发高热而死的。又有一位官员报告说，当时塔希尔正在跟他讲话，讲着讲着突然脸部抽搐，倒地而死。不管他是怎么死的，反正他的死对马蒙来说是个好消息。马蒙刚听人报告了老朋友塔希尔公然犯上的消息，就听说了他的死讯，不由得拍手庆贺。"赞美真主，"他宣布，"是他送塔希尔往生，让我们留下。"[7]

但他的庆祝为时过早。塔希尔的长子塔尔哈（Talhah）接替父亲挑战哈里发，宣布自己为呼罗珊地区的统治者。在已经分裂的阿拉伯帝国中又出现了一个新的王朝：塔希尔王朝在东部进行统治，完全蔑视哈里发的权威，实现了独立。

马蒙通过征服的手段赢得自己的位置，至死都没有放手。他一直担任哈里发，直到833年死于伤寒。继位的是他亲自指定的继承人，他同父异母的兄弟穆阿塔绥姆（al-Mu'tasim）。塔尔哈也将他的权力传给了弟弟，塔希尔王朝的力量在东部地区正如倭马亚王朝在安达卢斯一样日益壮大起来。现在，在曾经统一的伊斯兰大地上，有三个王朝三足鼎立，而这种分裂还会继续发展下去。

时间线 21

唐朝	日本	突厥/契丹	统一新罗	阿拔斯王朝	拜占庭
	桓武天皇 （781—806）				君士坦丁六世/伊琳娜（780—797）
	迁都至长冈京		元圣王 （785—798） 薛聪	哈伦·拉希德（786—809）	
	迁都至平安京				第二次尼西亚公会议（787）
			昭圣王 （798—800）		伊琳娜（797—802）
			哀庄王 （800—809）		尼基弗鲁斯一世（802—811）
顺宗 （805）					
宪宗 （805—820）					
	平城天皇 （806—809）				
	嵯峨天皇 （809—823）		宪德王 （809—826）	艾敏（809—813）	
					斯陶拉基奥斯（811）
					米海尔·朗加比（811—813）
				马蒙（813—833） 塔希尔王朝建立	利奥五世（813—820）
穆宗 （820—824）					米海尔二世（820—829）
	淳和天皇 （823—833）			塔尔哈·伊本·塔希尔（822—828）	
敬宗 （824—826）					
文宗 （826—840）			兴德王 （826—836） 张保皋		
	仁明天皇 （833—850）			穆阿塔绥姆（833—842）	
			神武王（839）		
			文圣王 （839—857）		米海尔三世（842—867）

时间线 21（续表）

唐朝	日本	突厥/契丹	统一新罗	阿拔斯王朝	拜占庭
	文德天皇 （850—858）			穆瓦塔基勒 （847—861）	
	清和天皇 （858—876）				
	藤原良房摄政 （866—872）				
懿宗 （859—873）			景文王 （861—875）	蒙塔希尔 （861—862）	
					巴西尔一世（867—886）
	藤原基经摄政 （872—891）			穆塔米德 （870—892）	
僖宗 （873—888）					
	阳成天皇 （876—884）		宪康王 （875—886）		
黄巢起义		沙陀将领 李克用			
梁田陂战役（882）					
			崔致远		
昭宗 （888—904）			真圣女王 （887—897）		利奥六世 （886—912）
				穆塔迪德（892—902）	
			孝恭王 （897—912）		
			（后百济）甄萱 （900—935）		
			（后高句丽）弓裔 （901—918）		
哀帝（904—907）					
唐朝灭亡/ 后梁建立 （907—923）		（契丹） 耶律阿保机 （907—926）			
五代十国 （907—979）					
			（后高句丽）王建 （918—943）		

/ 22

维京海盗

> 813年至862年,查理曼帝国一分为四,维京长船沿塞纳河而下,罗斯人首次在君士坦丁堡露面。

到813年,虽然有些勉强,但查理曼的皇权还是得到了拜占庭和巴格达的承认。他自己划定的领土北至斯堪的纳维亚半岛,他曾在那里对战北方的民族:如今被称为瑞典人的斯威梯迪人(Suetidi)的各个小部落王国;丹尼人(Dani),又称丹麦人(Danes);以及在今天挪威的土地上生活的霍达兰人(Hordaland peoples)和罗加兰人(Rogaland peoples)。他将帝国向南扩张至西班牙边境地区,也就是科尔多瓦埃米尔国与法兰克边境之间的多山地区;他控制了意大利北部地区,即以前的伦巴第王国,并担起了半岛中部教皇国保护人的角色;他还是统治意大利斯波莱托和贝内文托领土的公爵们的主公。[1]

他在年近70岁时,打算死后按照传统的法兰克人的方式,将自己的王国分给三个儿子。806年,他立下遗嘱,将王国一分为三,三个儿子一人一份,彼此完全独立。他的继承人们只在"保卫圣彼得的教会"时需要联合起来。他是罗马人的皇帝,但在他心中,这并不意味着他应当将其治下的罗马帝国完整地传到继任者手中,只意味着他有义务保卫教皇,并在尘世建立上帝的王国。[2]

但他划分领土的计划未能实现。因为到813年,他的三个儿子中只有一个尚在人世。他的三儿子丕平是意大利国王,死于810年;小查理是他的皇储,第二年也中风死了。唯一幸存的继承人是他的幼子"虔诚者路易",时年35岁,当时统治着法兰克的阿基坦领土,听命于自己的父亲。*

查理曼将宫廷贵族们召集起来,在他们的见证下加冕路易为联合国王(joint king)和共治皇帝(co-emperor),因为根据日耳曼选举国王的旧俗,虽然他不打算让这些贵族在继承人问题上有任何发言权,但举行仪式还是需要他们出席的。次年,查理曼去世。"最重要的是,"编年史家尼塔尔(Nithard)如此写道,"我相信他会因为刚柔并济地制服了那些凶狠坚毅的法兰克人和野蛮人而备受景仰。罗马人那样强大,都没能制服这些人,但他们在查理的帝国中却什么乱子都不敢惹,只能与百姓和睦相处。"作为皇帝,查理做到了古代统治者未能做到的事:他用文明教化了蒙昧之人。[3]

文明的守护者、罗马教皇的捍卫者,这些都是对罗马人的皇帝所扮演的角色的溢美之词。但路易在皇位上没坐多久,皇帝的定义就明显已经发生了变化。

路易由于热爱美德和秩序而获得了"虔诚者"的绰号,他原以

---

* "驼背丕平"(Pippin the Hunchback)是他的长子,已被剥夺继承权,送到修道院幽禁,并于811年死在那里。("意大利的丕平"原名为卡洛曼,但在"驼背丕平"被剥夺继承权之后,查理曼给三儿子改名为丕平。)

为自己只能得到法兰克领土的一部分，没想到最后继承了整个帝国。现在，作为罗马人的第二任皇帝，他不但出人意料地继承了一个正式的头衔，而且继承了一个完整的巨大帝国，于是他立即调整了思路。查理曼直到生命的终点，都不怕麻烦地称自己为"查理，统治罗马帝国的尊贵的奥古斯都，以及法兰克人和伦巴第人的国王"，这个称呼简洁明了地区分了他的各部分领土。但路易在继位的第二年，就开始只称自己为"皇帝奥古斯都"。在他的心目中，他治下的不同领土已经彼此融合。[4]

像他父亲一样，路易也给自己的儿子们封王。长子洛泰尔（Lothair）被加冕为意大利国王和共治皇帝；二儿子路易在巴伐利亚加冕，这是地处东部的一小片日耳曼领土，由几个以前的部落合并而成；幼子丕平则成为阿基坦之王。不过与其说他们都是国王，不如说更像是总督，因为他们全都由父亲统领。路易将所有并立的法兰克领土都归于自己名下，使用"皇帝"的称号来加强自己对帝国领土的掌控。

但他的儿子们却不愿意接受这种过度监管，因为他们和路易一样，是在祖父的统治下长大的，而在查理曼治下，这些领土是相对独立的。"虔诚者路易"可能是将儿子当作自己的臣民，将帝国当作一个整体，但他的儿子却认为各自名下的王国就是属于自己的。829年，这两种不同的看法发生冲突，帝国陷入内战之中。

战争的直接起因是路易对新生儿子的明显偏爱。在他的第一任妻子死后，路易再婚，新娘又生下了一个儿子：生于823年的小查理。路易对查理极为宠爱。829年，他认为6岁的小查理应该有自己的王国，于是他为小查理挑了阿勒曼尼亚。这块土地原本属于日耳曼的阿勒曼尼人，现在则处于法兰克人的统治之下。

不幸的是，阿勒曼尼亚是洛泰尔领土的一部分，因此路易将其分给小查理，就得减少洛泰尔的土地。这在他看来似乎也很合理，因为他毕竟是皇帝，整个帝国都是他的，怎么分都是他说了算。但洛泰尔觉得父亲拿走的是他自己的王国的一部分，因此怒不可遏。

他对两个弟弟说，下一次要拿来分给同父异母的小弟弟的就会是他们两个王国的土地了。到830年，他已说服阿基坦的丕平（又称丕平一世）和巴伐利亚的路易［通常被称为"日耳曼人路易"（Louis the German），因为他那片土地上富有日耳曼风情］一起向父亲宣战。

三个国王和他们父亲之间的恶战持续了3年。最后，833年，兄弟三人占了上风。他们诱捕了"虔诚者路易"，由洛泰尔取而代之，并把路易和小查理都看守起来。"他将父亲和查理软禁，"尼塔尔告诉我们，"并下令让修士们陪伴查理，他们要让查理适应修道院的生活，并督促他主动修行。"[5]

但小查理并没有接受他的安排。与此同时，被废黜的路易派人送信给另外两个儿子，丕平和"日耳曼人路易"，向他们承诺说如果他们联手反对洛泰尔，帮他夺回皇位，那么他就分给他们更大的领土。

两个儿子都同意了。尼塔尔写道："路易许给他们更大的领土，他们就十分急切地遵命行事了。"路易出人意料地在公众集会上出现，洛泰尔这才发现自己是独自与父亲和所有兄弟为敌。他被迫返回意大利，并发誓终身安于现状。[6]

但父子之间的关系依然十分冷淡。838年，丕平在阿基坦意外身亡；"虔诚者路易"宣布阿基坦现由小查理接管，这时小查理统治阿勒曼尼亚尚不足一年。但阿基坦人民不接受小查理，他们起兵造反，拥立了自己的国王：丕平的亲生儿子，丕平二世（Pippin II）。路易已经失去了对阿基坦的控制，他的帝国丧失了一大块领土。

此时，法兰克人戏称小查理为"无地的查理"[Charles the Landless，有时也称为"秃头查理"(Charles the Bald)]。"虔诚者路易"决定从自己治下的中心区域——纽斯特里亚——的土地中划出一块来分给他最年幼的儿子。当他于840年去世后，查理成为法兰克人的国王。

洛泰尔仍然是共治皇帝和意大利国王，"日耳曼人路易"依然坐在巴伐利亚的宝座上，阿基坦则属于他们的侄子丕平二世。"无地的查理"继承了父亲的王位，但他的两个同父异母的哥哥都不愿意看到他这个权力暴发户继续统治他们的祖国。于是战争再次爆发，又持续了3年，主要原因是洛泰尔对自己失去的土地耿耿于怀。"皇帝的称号唤起了洛泰尔的虚荣心，"《圣波尔廷年代记》(Annals of St. Bertin)告诉我们，"他拿起武器对抗两个兄弟，路易和查理，先袭击了其中一个，然后是另一个，就这样将他们拖入战争，但在两者身上都收获甚微。"[7]

841年，三兄弟率军在丰特努瓦(Fontenoy)相遇，一番激战之后，4万名法兰克士兵阵亡，这震惊了整个法兰克世界。"我，恩格尔伯特(Engelbert)，与其他人并肩作战，眼看着罪行展开，"有一个目击者在诗中描述了这场大屠杀：

> 在查理和路易双方的战场之上，
> 裹尸布遍布各处，大地上一片洁白，
> 就像秋日的大地落满了鸟羽。
> 这战斗不值得赞美，也不适宜传颂。
> 惟愿这该死的一天，未出现在日历上。[8]

正当内战使法兰克战士阵亡、让庄稼遭到毁坏之时，来自斯堪的纳维亚和安达卢斯的海盗从塞纳河逆流而上，他们焚毁了鲁昂，还摧毁商栈、袭扰海岸，在各地乡间引起了恐慌。最后，兄弟们认为趁着整个国家尚未灰飞烟灭，他们还是和解为佳。编年史家普兰的雷吉诺（Regino of Prum）写道，法兰克的国王们本是"世界的征服者"，如今他们人员伤亡如此惨重，甚至无力保卫自己的边境。[9]

他们于843年会面，同意将帝国（包括阿基坦在内，如今已经重新回到依附帝国的状态）一分为三，分法或多或少沿用了将近40年前查理曼在遗嘱中的想法。他们将领土划分后立约存照，这就是《凡尔登条约》（Treaty of Verdun），三个人都在上面签了字。"无地的查理"分到了纽斯特里亚及原来西法兰克王国的其余部分；"日耳曼人路易"拿到了巴伐利亚，以及东法兰克的土地（大致相当于以前奥斯特拉西亚的领土）；而洛泰尔则在意大利的土地之外加上了莱茵河和罗讷河之间的土地。勃艮第现在也被一分为二，较大的一半位于东南，归洛泰尔所有，西北边较小的部分则分给了"无地的查理"。*

这个条约又重新将法兰克人的土地永久性地分成了彼此独立的王国。统一的帝国再次成为只是理论上而非实际上的存在；洛泰尔在理论上是罗马人的皇帝，但他实际统治的国土并不比另外两个人多。"日耳曼人路易"的东部领土与法兰克王国的西部分开，开始与"无地的查理"统治之下的西部领土呈现出略有不同的特点。法

---

* "无地的查理"得到纽斯特里亚、布列塔尼、阿基坦、加斯科涅（Gascony）、西班牙边境地区、塞普提马尼亚和勃艮第位于西北的三分之一领土；"日耳曼人路易"得到东萨克森、阿勒曼尼亚、奥地利、巴伐利亚和卡林西亚（Carinthia）；已在意大利执政的洛泰尔（以及他的儿子小路易二世）则得到洛林（Lorraine）、阿尔萨斯（Alsace）、普罗旺斯（Provence）、勃艮第东南部的三分之二领土，以及弗里西亚地区（Frisia）周边的北部低地国家。

兰克人的领土一分为三，自此再也没能统一。

不久之后，"无地的查理"发现自己正面临着一个比他那些渴望土地的兄长更难解决的威胁，那就是来自北部的入侵者，这些入侵者发现通过辽阔的卢瓦尔河，很容易就可以进入查理的王国。

他们就是维京海盗（Viking），是来自斯堪的纳维亚陆地上的年轻的冒险者，从父辈们艰难求生的寒冷故乡出发，漂洋过海而来。几百年来，他们一直冒险出海，但气候的异常的气候改变突然给他们提供了条件，使他们得以登上以前从未踏足过的土地。

这种气候改变是后来被称作"中世纪暖期"（Medieval Warm Period），或"中世纪气候异常期"（Medieval Climactic Anomaly）的现象。大约自公元 800 年起，欧洲的温度开始上升——虽然只升高了几度，但足以将北部海洋航线上的冰层融化，打通了一些以前无法通行的航线。以前，在寒冷的北海航行是一件十分冒险的事，而且每年只有那么几个月的时间有可能成功，但到了 9 世纪中期，那些不安分的年轻人已经可以全年出海，踏上寻找财富的探险之旅了。

在法兰克人内战期间，就是维京人将鲁昂城焚毁、并沿塞纳河一路摧毁各个城镇的，他们还入侵了查理领地西南方的几个王国。几年前，一帮维京海盗锁定了潘普洛纳（Pamplona），一个以 60 年前查理曼曾鲁莽侵犯过的那座堡垒为中心发展起来的独立小国家。潘普洛纳是个基督教王国，但它独立于科尔多瓦埃米尔国和法兰克王国。维京人绑架了潘普洛纳国王伊尼戈一世（Inigo I）的儿子，索取巨额赎金之后将其释放。

844 年，也就是《凡尔登条约》签订后的第二年，维京人也袭击了科尔多瓦的埃米尔阿卜杜·拉赫曼二世。他虽然把他们赶走了（维京人仍然更喜欢发动突袭，来去如风，而不是安顿下来进行长期的战争），但也意识到再有一次这样的袭击恐怕就难以抵挡了。因此，他开始成立舰队。

次年，维京海盗大举入侵"无地的查理"的王国。事实证明，法兰克人在应付入侵方面既不如伊尼戈一世，也不如科尔多瓦的埃米尔。几周之内，海盗船队就长驱直入，直逼巴黎，海盗们一路劫掠。复活节当天，船队到达城外。"无地的查理"用3吨黄金收买了海盗头子拉格纳·罗德布洛克（Ragnar Lodbrok）。不过即使是在船队沿河撤退之时，劫掠也仍在继续。

858年至860年之间，维京舰队对伊比利亚南部和东部海岸袭扰不断。维京人的其他船只则进入地中海，骚扰意大利海岸，有些甚至穿越整个地中海，试图劫掠亚历山大城。859年，维京侵略者再次试图占领潘普洛纳。此时，伊尼戈一世已不在人世（在与科尔多瓦的埃米尔拉赫曼二世交战时，由于计划不周，他重伤瘫痪，不久后死去），统治着潘普洛纳的是他的儿子、曾被维京人绑架的加西亚一世（Garcia I）。潘普洛纳的加西亚与曾获查理曼承认的基督教王国阿斯多里亚的奥多诺一世（Ordono I）一起，击退了大多数维京入侵者。[10]

"无地的查理"就没有这么成功了。海盗绑架了他的专职神父，逼他支付赎金。他们烧毁了普瓦捷的大教堂，在他统治的北方大地上四处游弋。每次他给他们钱，他们就会离开，但过一阵子又回来了，这使得查理在向国库缴税的法兰克人民当中越来越不得人心。"我认为，"教士帕斯卡西乌斯·拉得伯土（Paschasius Radbertus）气愤地写道，"就算是在几年以前，世上的任何统治者也都无法想

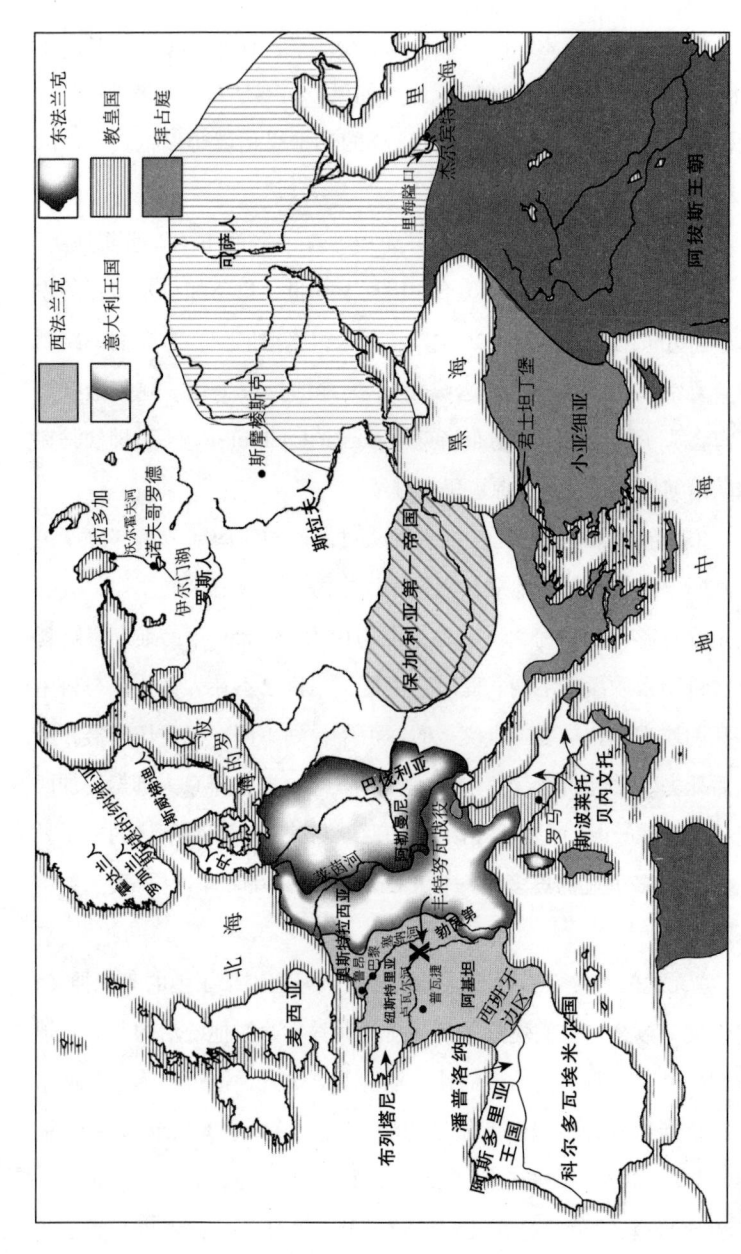

地图 22-1 凡尔登条约

象……外邦人居然能攻入巴黎……谁能想到,这样一个光辉灿烂的王国,如此强大,如此辽阔,人口如此众多,如此朝气蓬勃,竟然会遭受这种肮脏堕落的民族的羞辱与践踏?"[11]

860年,查理开始在河上修建防御设施完善的桥梁,希望能够阻挡维京侵略者。事实证明,塞纳河上的第一批桥梁十分有效地减缓了维京人海盗船的前进速度,因此全国各地都修建起一大批粗制滥造的防御工程,查理不得不下令禁止修建这种"未经授权的要塞"。他自己的防御工事则是一项长期工程,那些桥花了好些年才建好。与此同时,靠近河口的低地农庄仍然极易受到维京海盗的袭击,他们常在缭绕的晨雾中出人意料地突然出现,打得人们措手不及。[12]

大批涌入的维京海盗在地中海激起一阵涟漪,向东直抵君士坦丁堡的城墙。

在冰川开始融化之前,斯堪的纳维亚的商人们就已经开始离开家乡,渡过波罗的海,在对岸建起一些定居点。这些定居点规模都比较小,周围的土地大部分都未被征服。但300年来,商人们已将其当成自己向更远的东方前进道路上的中转站。在拉希德的哈里发任期内,这种贸易已发展得更加繁忙,越来越多的迪拉姆银币向西流去,从那边换来奢侈的毛皮制品。斯堪的纳维亚商人成群结队地前往里海的杰尔宾特港,他们在那里与可萨人和穆斯林商人进行交易。[13]

他们穿过的土地上居住着一些族群,所讲的语言彼此相近,都属于语言学家们所说的芬兰-乌戈尔语族。这些芬兰-乌戈尔人不去很远的地方做买卖,也不像斯堪的纳维亚人那样走水路。他们将那些来往于乡间的旅人称为罗斯人（Rhos，或 Rus），这个词的意思可能是"红色"，指的是这些外族人红润的脸色。[14]

显然有些旅人也采用这个词来称呼自己。据一部法兰克编年史记载，839 年，拜占庭皇帝向"虔诚者路易"派出使者，向其确认米海尔·朗加比与查理曼所签订的和约依然有效。陪伴拜占庭使者的是一些陌生人，"他们说自己是罗斯人，他们的首领被称为可汗，是为了友谊派他们来的"。在"虔诚者路易"看来，他们有点像瑞典人。他知道瑞典人是什么人，因而怀疑这些人是间谍。[15]

但他们既不是间谍也不是瑞典人。他们是留下来并与芬兰-乌戈尔人通婚的商人，他们现在居住的地方是一个新近合并而成的国家，统治者被称为可汗，这是一个外来词，意思是"国王"。他们的国家很小，中心可能是伊尔门湖（Lake Ilmen）上的戈罗季谢村（Gorodishche），就在沃尔霍夫河（Volkhov）南端。[16]

不管罗斯人的可汗是谁，总之他对周围这些斯堪的纳维亚新移民和芬兰-乌戈尔本地人的控制不严，也不那么正式。但在 860 年前后，当维京人纷纷离开家乡在周边海域四处探索时，其中有相当一部分人似乎横跨北方水路，来到了罗斯人的土地上，他们发现自己的远亲已在此定居，生意也做得红红火火。

这本来有可能带来灾难，但罗斯人的可汗对斯堪的纳维亚人的行事了解得比"无地的查理"更多。如果他直接驱逐这些维京人，肯定会发生小规模的战争，所以他没有这样做，而是建议他们到南方的君士坦丁堡去，因为那里有更肥的羊可宰。他十有八九还是派人陪他们一起去的。[17]

君士坦丁堡的现任统治者是米海尔三世（Michael Ⅲ），他是那位雄心勃勃又能力过人的将军米海尔二世的孙子，米海尔二世是在

820 年的圣诞弥撒期间刺杀了利奥五世之后夺取皇位的。842 年，时年仅有 2 岁的米海尔三世继承了拜占庭皇位，但掌握君士坦丁堡实权的是他的母亲和叔父。*

与"无地的查理"一样，在维京人的突然袭击面前，这两位摄政也感到茫然无助。200 艘船舶顺流而下，涌入黑海，船上的侵略者成千上万，他们上岸之后，在君士坦丁堡城外烧杀抢掠。他们对城墙上的守军挥舞手中的刀剑，就足以令人胆寒。东正教牧首佛提乌（Photius）后来说，他们的到来简直是"晴天霹雳"，比历史上的其他任何袭击都更加突如其来、野蛮残暴：

> 有一个民族居住在遥远的地方，他们野蛮残暴、四处游牧，他们傲慢自大、无人管束、无人挑战、无人领导。突然，转瞬之间，他们就像海浪一样，涌入我们的边境，就像一头野猪吞食地上的青草、稻谷或庄稼那样吞食着我们的居民（哦，是上帝的惩罚降临到我们的头上！），人兽都无一幸免。他们不顾及女人的娇弱，不怜悯幼儿的柔嫩，不敬畏老人的白发，任何能触及人性，使人心生怜悯的东西都不能软化他们的铁石心肠……他们挥舞着刀剑，无论男女老少，见人就刺。[18]

劫掠持续了一个多星期，君士坦丁堡一直大门紧闭，然后这些侵略者就乘船离开了。米海尔三世的两位摄政立即宣称敌人是由于惧怕拜占庭的报复才走的。但实际上，维京海盗最擅长的就是将目

---

* 米海尔二世的统治时期是 820 年至 829 年，之后由其子狄奥菲雷斯（Theophilus）继位（829—842 年在位）。米海尔二世、狄奥菲雷斯和米海尔三世（842—867 年在位）合起来组成了拜占庭帝国的"弗里吉亚王朝"（Phrygian dynasty）。

标洗劫,之后随即撤退。他们惯常的行为模式就是到达、抢掠,然后离开。[19]

沃尔霍夫河沿岸到处都是断壁残垣,这说明维京来客在回家之前可能与主人罗斯人彻底闹翻了。在进攻君士坦丁堡大概一两年后,戈罗季谢的一部分和旧拉多加(Staraia Ladoga)附近的全部村庄都在大火中毁于一旦。

据成书于约 250 年后的《往年纪事》记载,北欧战士留里克(Rurik)在欧洲定居,在斯拉夫本地人之中建立了自己的王国,定都诺夫哥罗德(Novgorod)。《往年纪事》还补充说,他不得不与其他维京人争夺对斯拉夫臣民的控制权。留里克或许只是传说中的人物,但他的故事让我们多少看到一些新来的维京人与早已沿沃尔霍夫河定居下来的罗斯人之间,可能有过一些什么样的斗争。[20]

最终似乎是定居下来的罗斯人技高一筹,获得了胜利,但他们的人数似乎突然发生了膨胀,这表明肯定有一些新来的维京人也定居下来,留在了这里。戈罗季谢的木头房子得到了修复,旧拉多加也重建了,这次用的是石头。罗斯人且战且适应,吸收了这股维京海盗的浪潮。他们的这种灵活性,是君士坦丁堡皇帝和法兰克国王都不具备的。

时间线 22

阿拔斯帝国	拜占庭	科尔多瓦埃米尔国	罗斯人	法兰克人罗马皇帝	意大利	潘普洛纳阿斯多里亚
	君士坦丁六世/伊琳娜（780—797）			虔诚者路易（分封国王，781—813）	丕平（分封国王，781—810）	
哈伦·拉希德（786—809）						
	第二次尼西亚公会议（787）					
	伊琳娜（797—802）				教皇利奥三世（795—816）	阿方索二世（795—816）
	尼基弗鲁斯一世（802—811）			查理曼（800—814）		
艾敏（809—813）	斯陶拉基奥斯（811）					
	米海尔·朗加比（811—813）					
马蒙（813—833）	利奥五世（813—820）			虔诚者路易（813—840）		
				丕平一世（分封国王，817—838）/日耳曼人路易（分封国王，817—876）	洛泰尔一世（822—855，817—855为罗马皇帝）	
	米海尔二世（820—829）					伊尼戈一世（824—852）
塔希尔王朝建立 塔尔哈·伊本·塔希尔（822—828）		阿卜杜·拉赫曼二世（822—852）				维京人进攻潘普洛纳
				（阿基坦）丕平二世（838—852）		
				无地的查理（840—877）		
	米海尔三世（842—867）	维京人进攻科尔多瓦（844）		凡尔登条约（843）	路易二世（844—875）	
				维京人进攻法兰克人		
				路易二世（850—875）	奥多诺一世（850—866）	
						加西亚一世（852—870）
	维京人/罗斯人进攻君士坦丁堡（860）		留里克（约862—约879）			

/ 23

长寿的国王们

> 814年至900年，在印度，北方有三个王国在争夺曲女城，南方则有一位新任国王一边用武力获得权势，一边通过与东部岛屿贸易积累财富。

在印度北部，有三个王国都紧邻曲女城这座城池。三国领土彼此交织，国王都健康长寿。他们各自的父亲也一样健康长寿。波罗王朝的统治者是提婆波罗（Devapala），他从父亲达摩波罗（Dharmapala）那里继承的王国吞并了其他地区，领土得到扩张；波罗提诃罗王国由纳加巴塔二世（Nagabhata II）统治，之前他的父亲瓦特萨拉贾（Vatsaraja）统治了20年，其间使波罗提诃罗日渐强大，力量不容忽视。而814年，14岁的阿目佉跋沙（Amoghavarsha）则从他的父亲戈文达三世（Govinda Ⅲ）手中接过了罗湿陀罗拘陀王国。*

---

* 波罗提诃罗，亦称瞿折罗·波罗提诃罗（Gurjara-Pratihara）。"瞿折罗"（Gurjara）一词指的可能是他们的祖先，他们是中亚瞿折罗人的后裔，是在笈多王朝倒台后穿越北部山区而来的。参见：Rama Shankar Tripathi, *History of Kanauj* (MotilalBanarsidass, 1964), pp. 221–222.

曲女城城中建有许多印度教神庙和佛教寺院，大约200年前它曾是伟大的戒日王的都城，如今已发展成一座大都市，三个国王都对其垂涎不已。该城已在波罗王朝和波罗提诃罗王朝的国王们之间来回换了几次手，每次有新来的军队从城门席卷而入，城里的居民就得找地方逃命，这令人十分沮丧不安，他们生活在这样一个象征着统治地位的城市中是极其不便的。

814年，该城落入波罗王朝的提婆波罗国王手中，但波罗提诃罗王朝的国王纳加巴塔二世正计划着将其夺走。此时是纳加巴塔二世统治的第九个年头，他在对波罗王朝的战争中已经取得了一些胜利，吞并了波罗王朝北部的一些土地（以前是摩揭陀国的领土）。他还击退了一支试图穿过信德省一路猛攻，最终企图占领王朝都城乌贾因（Ujjain）的穆斯林军队。"他粉碎了强大的无道昏君蔑戾车（Mleccha）国王的大军。"瓜廖尔城（Gwalior）中关于他的碑文上刻着这样的话，用的是印度人传统上对这些讲阿拉伯语的入侵者的称呼。[1]

到820年——或许还要更早一些——纳加巴塔二世就已经将波罗王朝的势力赶出了曲女城，自己在那里临朝当政。"纳加巴塔……独自鼓舞着三个世界的中心，"他的碑文上这样夸耀道，"他就如同太阳一样，虽然只是初升，但已是照耀着三个世界的所有光明的唯一来源，光线穿透浓厚可怖的黑暗……安德拉（Andrah）、信德、维达巴（Vidarbha）和卡林阿（Kalinga）的国王们都向他年轻的活力屈服，如同飞蛾扑火一般。"这些铭文无疑是一种公关手段，不过如果说里面有任何真实成分的话，那就是纳加巴塔二世所统治的波罗提诃罗王朝不但将领土推进到波罗王国境内，而且也夺取了罗湿陀罗拘陀王国的一些领土。[2]

自戈文达三世死后，罗湿陀罗拘陀王国的领土就已经缩小了。阿目佉跋沙只有十几岁，年纪太小，在继位后的头 10 年，一直被迫竭力镇压反叛。事实上，反叛已经变得如此普遍，所以 818 年，阿目佉跋沙只得从自己的国家逃走，留下堂兄卡尔卡（Karka）独自处理这些问题。[3]

卡尔卡不但平息了所有叛乱，而且在国王归来后，罗湿陀罗拘陀王国也重新稳定下来之后，他又将王国物归原主，自己则功成身退，回到西海岸的家，而不是夺取王位，取而代之。但对阿目佉跋沙来说不幸的是，卡尔卡的儿子德鲁瓦（Dhruva）就没有那么忠诚了。父亲一死，德鲁瓦就宣布独立，阿目佉跋沙随后战斗了 20 年时间，才使他屈服。由于国内的麻烦事这么多，所以阿目佉跋沙根本无力抵抗波罗提诃罗的进攻。[4]

鉴于整个南亚次大陆的印度王国基本上都是相似的（他们的政府、军队和军事策略都大致相同），因此决定它们命运的是两个密切关联的品质：一个是国王心中是否存在勃勃雄心的星星之火，另一个则是国王坐在宝座上的时间够不够长，能不能把这星星之火燃至燎原。阿目佉跋沙治下的罗湿陀罗拘陀王国领土日渐萎缩，他基本上不是一个好战的统治者。他在埃洛拉城（Ellora）建了一座美丽的石窟寺，整日吟诗作画，让将军们去操心国土防御之事。不过他在王位上坐的时间够久，这使王国得以保持稳定，没有被完全征服。波罗提诃罗王国暂时占优势，但波罗王国还依然强大，而且罗湿陀罗拘陀王国也没有完全消失。[5]

得意扬扬的纳加巴塔二世死于 833 年，此后波罗提诃罗的形势略有动荡；他的儿子兼继承人福轻命薄，在王位上坐了 3 年就死去了。836 年，他的孙子米希尔霍吉（Mihirbhoj）继位后，波罗王国

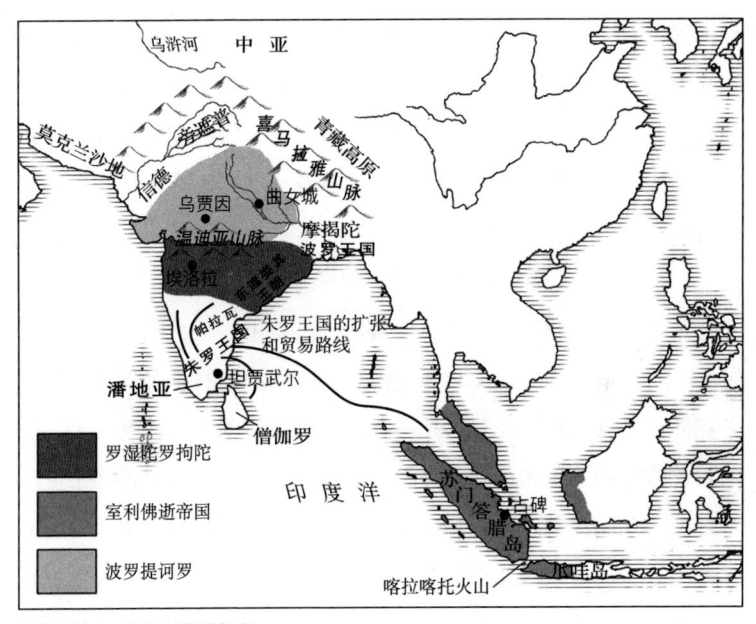

地图 23-1　朱罗王朝的崛起

试图入侵，米希尔霍吉必须设法将其击退。起初，米希尔霍吉对波罗国王提婆波罗的袭击十分奏效，但之后形势逆转。此时正值提婆波罗 40 年统治的第三个十年，他经验丰富，在对抗年轻的波罗提诃罗国王时赢面越来越大。他自己的碑文中宣称他重新征服了从喜马拉雅山脉到温迪亚山脉一带的领土，还充满诗意地将其描述为"一堆堆被大象发情的汁液濡湿的岩石"。另一篇碑文中则夸耀说"提婆波罗大大打击了波罗提诃罗的气焰"。[6]

波罗提诃罗国王和波罗国王碰巧都很长寿，使这两个国家得以获胜，但这样的好运却突然抛弃了波罗王国。850 年，国王提婆波罗死后，继位的统治者都很短命，无法继续他的征服大业。而波罗提诃罗的国王米希尔霍吉则在王位上又坐了 35 年，并在此期间逐渐收复失地。"他想要征服那三个世界。"一篇碑文中这样写道。幸运的钟摆又慢慢摆回到西部来了。在米希尔霍吉统治的最后几年，波罗提诃罗王国的国土变得极为辽阔，波罗王国则沦为东部一个小小的附属国。

878 年，罗湿陀罗拘陀王国的国王阿目佉跋沙终于寿终正寝，此时米希尔霍吉仍然坐在波罗提诃罗的王位上。阿目佉跋沙已统治了 64 年，时间长得惊人。尽管他不像两个邻居那样能征善战，但国王如此长寿，就足以使罗湿陀罗拘陀王国具有强大的凝聚力了。但阿目佉跋沙的儿子和继承人克里希那二世（Krishna II）比父亲更加不好战，还缺少父亲身上那种坚韧的适应性。因此他一继位，几十年来一直软弱分裂的东遮娄其，就立刻强硬起来，宣布反对克里希那二世，同时波罗提诃罗也再次对其边境地区发起了新的攻击。[7]

克里希那二世在北方受困，在南方的情况也同样糟糕。他很不幸，正好被夹在两个精力旺盛、雄心勃勃的国王之间。北方有米希尔霍吉，南方则有一位新加冕的统治者，他的名字叫作阿迭多（Aditya）。

数百年来，印度最南端一直在两个彼此竞争的势力——帕拉瓦和潘地亚——手中。阿迭多所属的部族，朱罗族（Chola），曾臣服于帕拉瓦。他的父亲是朱罗的军事领袖维贾亚拉（Vijayala），帕拉瓦国王曾允许他进攻坦贾武尔城（Thanjavur），将其作为自己的大本营。在坦贾武尔，这位朱罗首领趁帕拉瓦和潘地亚国王忙着彼此争斗，无暇顾及其他之机，自己征服了一个王国。

阿迭多于 871 年继承了父亲的王位，之后统治了将近 40 年，他是另一位雄心勃勃又十分长寿的国王。在位期间，他带领朱罗王国变得更加强大富饶。朱罗商人在东方积极从事海上贸易,驾船越过印度洋,直抵苏门答腊岛。在535年喀拉喀托火山那次灾难性爆发过后,苏门答腊岛上原先的居民逐渐回到岛上重建家园,岛上的占碑村(Jambi)已经从一个小村庄变成了大城市,势力横跨整个水域,直抵爪哇岛东部。到9世纪时,爪哇岛、苏门答腊岛和从亚洲大陆突出的半岛,都服从同一个国王的统治。朱罗人将这个王国称为室利佛逝帝国(Srivijayan empire),这是一个富强的贸易伙伴,可以帮助朱罗王国在南部异军突起。

到9世纪末,阿迭多已杀死帕拉瓦国王,占领了他的土地,并开始逐渐蚕食罗湿陀罗拘陀王国的南部边境。[8] 与遥远北方的波罗提诃罗国王一样,他的寿命也很长,这使他得以实现自己的抱负:建立一个新的王朝。无论一个国王宣称自己怎样合理合法——不管他声称自己的统治权是来自血统还是骨品,来自祭司恩膏涂油还是坐拥天命——只有当国王在世时,他的王位是否合法才是重要的问题。而在印度,在整个9世纪,统治者的寿数决定着各方权力的进退。

9世纪初,印度的权力争夺集中在北方,军队从东边一路打到西边,再从西边打回东边,彼此争夺控制权。但到9世纪末,冲突的轴线已经转移,变成在南北方向上,波罗提诃罗在北,罗湿陀罗拘陀在中,朱罗则在南,三国彼此对战,都想征服对方。罗湿陀罗拘陀王国的位置最为凶险,夹在了两个顽强坚韧的邻国中间,这两个邻国都只有穿过它才能到达彼此。

时间线 23

法兰克人	意大利 罗马皇帝	潘普洛纳 阿斯多里亚	印度
查理 (768—814) / 卡洛曼 (768—771)			
	查理 (774—814)		(波罗王国) 达摩波罗 (770—810)
			(波罗提诃罗) 瓦特萨拉贾 (780—800)
虔诚者路易 (分封国王, 781—813)	丕平 (分封国王, 781—810)		(罗湿陀罗拘陀王国) 德鲁瓦 (780—793)
	教皇利奥三世 (795—816)		(罗湿陀罗拘陀王国) 戈文达三世 (793—814)
	查理曼 (800—814)		(波罗提诃罗) 纳加巴塔二世 (805—833)
			(波罗王国) 提婆波罗 (810—850)
	虔诚者路易 (813—840)		
			(罗湿陀罗拘陀王国) 阿目佉跋沙 (814—878)
丕平一世 (分封国王, 817—838) / 日耳曼人路易 (分封国王, 817—876)	洛泰尔一世 (822—855, 817—855 为 罗马皇帝)		德鲁瓦反叛
		伊尼戈一世 (824—852)	
			(波罗提诃罗) 米希尔霍吉 (836—885)
		维京人进攻 潘普洛纳	
(阿基坦) 丕平二世 (838—852) 无地的查理 (840—877)			

23 长寿的国王们

时间线 23（续表）				
法兰克人	意大利 罗马皇帝	潘普洛纳 阿斯多里亚		印度
凡尔登条约（843）				
	路易二世（844—875）			
维京人进攻法兰克人				（朱罗王国）维贾亚拉（848—871）
	路易二世（850—875）	奥多诺一世（850—866）		
		加西亚一世（852—870）		
				（朱罗王国）阿迭多（871—907）
				（罗湿陀罗拘陀王国）克里希那二世（878—914）

/ 24

国内外关系

> 856年至886年，拜占庭传教士发明了一套新的斯拉夫字母表，"日耳曼人路易"和米海尔三世在摩拉维亚和保加利亚展开争夺，米海尔三世则被复杂的国内局势缚住了手脚。

856年，拜占庭的米海尔三世年满16周岁，他小心翼翼又冷酷无情地开始掌权。他宣布最值得信赖的叔父为自己的继承人，下令将其他摄政或流放或杀害，并将母亲和姊妹们送进一座女修道院。

君士坦丁堡相对稳定，这在很大程度上归功于米海尔的母亲和叔父；他们主持了一场宗教会议，允许拜占庭恢复使用圣像，从而最终结束了这场历时百年的神学之争。但帝国与外部势力遭遇时却损失惨重。罗斯人在拜占庭土地上肆意劫掠，阿拔斯王朝的军队在战场上将其击溃，而可萨人则拒绝了拜占庭与他们结成紧密联盟的提议。

862年，米海尔得到了一个扭转帝国对外关系不利局面的机会。有个名叫拉斯蒂斯拉夫（Rastislav）的国王写信向他求助。"没有人教给我们真理，向我们解释《圣经》的含义，"拉斯蒂斯拉夫写道，"主啊，请派个能教给我们全部真理的人来吧。"[1]

这不仅是一个派遣传教士的机会,更是一个改变政治格局的机会。

拉斯蒂斯拉夫所统治的王国是摩拉维亚(Moravia),立国不足40年。拉斯蒂斯拉夫的叔父莫吉米尔(Mojmir)是保加利亚以北一个斯拉夫部落的首领,他征服了相邻的部落,将双方领土合二为一。833年至846年,莫吉米尔一直统治着这个王国。他去世时,已当上东法兰克国王的"日耳曼人路易"派遣亲兵前往摩拉维亚,以确保拉斯蒂斯拉夫可以继承叔父的王位。路易这样做并不是出于善心,他想要的是让摩拉维亚的国王依赖他,并将该王国置于法兰克的监管之下。路易还派遣手下的法兰克传教团去向摩拉维亚人传福音,希望能让他们皈依罗马教会,这样他对摩拉维亚人就又能多一层控制。

拉斯蒂斯拉夫看得出"日耳曼人路易"意图整个吞并他的王国。他将目光转向东方,认为还不如让人民归顺君士坦丁堡的牧首,因为牧首在政治上不欠法兰克人什么人情。[2]

米海尔三世看出这一请求是将摩拉维亚从法兰克人手中夺走的一次良机。他立即向摩拉维亚宫廷派遣了两名传教士,他们是兄弟俩,名字分别是西里尔(Cyril)和美多迪乌(Methodius)。他们曾组织传教团一起去过可萨人那里(这次传教并不成功,因为可萨人拒绝放弃犹太教改信东正教)。他们俩在塞萨洛尼基(Thessalonica)长大,那里居住着许多斯拉夫人,所以他们从幼年就学会了斯拉夫语。*

西里尔和美多迪乌于863年抵达拉斯蒂斯拉夫的宫廷,身上带着米海尔三世赠给他们的礼物,还有在君士坦丁堡的教堂里怎样举

---

* 西里尔也多被称为君士坦丁,这是他出家之前的名字。

图 24-1 5 世纪《圣经》华盛顿抄本

该抄本使用希腊安色尔字母书写。
图片来源：Freer Gallery of Art

行礼拜仪式的记录副本。但在摩拉维亚皈依东正教之前，必须先将祷告文翻译成斯拉夫语——而斯拉夫语并没有书写形式。

西里尔不屈不挠，他以被称为安色尔字母（uncials）的希腊字母为基础，创造出一套新的字母表，称为格拉哥里字母表（Glagolitic，源自斯拉夫语，意为"说话"）。然后，他和兄弟美多迪乌一起，花了 3 年时间，将祷告文和福音书翻译成斯拉夫语。用这种新发明的文字写下的第一段话就是《约翰福音》里的：太初有道。[3]

那时人们仍然认为斯拉夫语乃蛮族语言，作为一种礼拜用语，

图 24-2　10 世纪《圣经》佐格拉芬西斯（Zographensis）抄本
该抄本使用格拉哥里字母书写。
图片来源：Quattuor Evangeliorum Codex Glagoliticus

其地位当然远远低于希伯来文、希腊文和拉丁文（传统上在耶稣基督受难的十字架上写的就是这三种语言）。但米海尔三世和他的传教团不在乎这些。让斯拉夫人讲自己的语言——一种与东边的希腊语，而不是西边的拉丁语更为接近的语言——这对削弱法兰克人的统治作用更大。[4]

这兄弟二人还待在摩拉维亚的时候，米海尔三世发现"日耳曼人路易"正在跟他唱对台戏。路易也派了法兰克传教团前往保加利亚，他意图做的事跟米海尔三世在摩拉维亚做的一模一样。保加利亚面积太大，跟法兰克离得太近，而且兵强马壮，米海尔三世不愿看到法兰克与其结盟。他决定这次不再玩传教这一套，而是组织了一支军队，打算军事入侵。因为保加利亚分量太重，不能只让传教团来解决。

保加利亚国王鲍里斯（Boris）对皈依之事已经考虑了一段时间。他已经打算送信给"日耳曼人路易"，宣布自己已准备好加入罗马教会了。但保加利亚的贵族却为此而感到震惊："他手下那些重臣都很愤怒，"《圣波尔廷年代记》中这样写道，"他们煽动人民起来造反，打算杀死他。周围远近 10 个伯国所有的战士全都赶了过来，包围了王宫。"[5]

于是鲍里斯悬崖勒马，退后一步。他派人送信给"日耳曼人路易"，说自己还有很多问题，需要再多来些教士为他解答。然而，当米海尔三世率大军压境，拜占庭的海军也向黑海岸边逼近时，鲍里斯改变了策略。他与米海尔做了笔交易：他将皈依拜占庭的教会，并在君士坦丁堡受洗，取教名为"米海尔"，以向这位皇帝致敬。作为回报，拜占庭撤军。[6]

米海尔三世对他目前的成功感到自豪，他又派了一名传教士溯流而上，去罗斯人那里传教，但没有人皈依，因为罗斯人对此不感兴趣。而派到摩拉维亚和保加利亚的传教团，像米海尔三世所有的外交手段一样，到最后也并没有为他带来什么好处。鲍里斯如今成了保加利亚的米海尔一世，信仰基督教，但 866 年，他宣布自己服从罗马教皇；后来，到了 870 年，他又反悔了，保加利亚再次接受君士坦丁堡牧首的领导。不过这也是暂时的。他已经决定，保加利亚真正需要的既不是罗马的教会，也不是拜占庭的教会，而是自己的国家教会，只有这样才能让保加利亚保持独立。

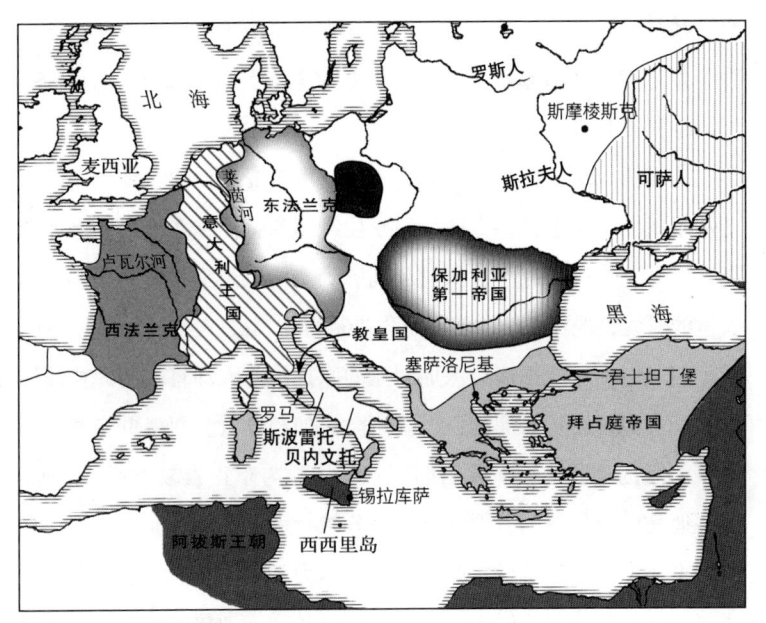

地图 24-1 摩拉维亚

而在摩拉维亚，西里尔和美多迪乌还在为自己的使命努力奋斗。西里尔于 869 年病逝，死前恳求弟弟继续完成使命，因此美多迪乌继续忠实地将《圣经》译成斯拉夫语。但西里尔死后一年多，"日耳曼人路易"又在摩拉维亚采取了新的行动。他答应帮拉斯蒂斯拉夫国王的侄子斯瓦托普鲁克（Svatopluk）篡夺王位。870 年，法兰克军队陪同斯瓦托普鲁克来到王宫，捉住拉斯蒂斯拉夫，并把他交给了路易。为了报复拉斯蒂斯拉夫皈依东正教一事，路易将他弄瞎，监禁起来，不久拉斯蒂斯拉夫就死在狱中。

如今斯瓦托普鲁克统治着摩拉维亚，而"日耳曼人路易"则控制着他。一些法兰克主教来到摩拉维亚，试图让摩拉维亚重新回到罗马基督教的怀抱，他们将美多迪乌捉住，投入监狱。他在监狱里待了差不多 3 年时间都无人关注，后来教皇终于得知了他的遭遇，才命令"日耳曼人路易"将其释放。

美多迪乌出狱后试图继续完成自己的事业，但这时神学领域早已转了风向，原来那些支持他的摩拉维亚基督徒现在都逃往保加利亚，以避免在法兰克主教那里遇到麻烦。所以当美多迪乌于 885 年去世的时候，他在摩拉维亚的工作进行得支离破碎。

但是，那些选择流亡保加利亚的摩拉维亚人却将他们的礼拜仪式和经文又传给了保加利亚的教士。保加利亚教会变得更愿意采用美多迪乌的方式，而非希腊的仪式，从而与东正教教士渐行渐远。美多迪乌的门徒追随着他的足迹，开始特别为保加利亚语创立一套新的书写形式，还是以希腊安色尔字母为基础。他们将这种字母命名为"西里尔字母"（Cyrillic），以纪念传教士西里尔。这种字母很快就在保加利亚生根发芽，发展壮大起来。10 年后，保加利亚教会禁止其神职人员在祷告文中使用任何希腊语。如今保加利亚教会在做礼拜时只能使用自己的民族语言了。[7]

美多迪乌和西里尔原本的目的是将摩拉维亚人从法兰克人的手中解放出来，没想到他们最终却使保加利亚既不受罗马，也不受君士坦丁堡的制约。但两个人都没能活着看到这一幕。

与此同时，米海尔三世则在为国内的问题头痛不已。

他的烦恼几乎完全可以说是自找的。从 15 岁开始，他一直跟一个女人有染，这个女人就是他的情妇欧多基娅·英格里娜（Eudokia Ingerina）。然而，他的母亲却不同意他把英格里娜娶回家，而是自己为他挑选了一个姑娘，欧多基娅·德卡波利提萨（Eudokia Dekapolitissa），命令他娶其为妻。米海尔不敢违逆母亲，他同意娶德卡波利提萨为妻，但却在婚后把妻子晾在一边，继续与英格里娜同床共枕。

君士坦丁堡的牧首不赞成这种三角关系，因此，为了保持形象，米海尔将情妇英格里娜嫁给了自己最好的朋友巴西尔（Basil）——一名来自马其顿的驯马师。不过米海尔还是与英格里娜保持着情人关系，为了补偿巴西尔，他将自己的一个姐妹从女修道院中接出来，将其安置在宫中，给巴西尔当情妇。[8]

由于米海尔三世和巴西尔有这层关系，所以两个人变得更加亲近，巴西尔也得以看到真正的权力是什么模样。他开始向米海尔进言，说米海尔的叔父兼继承人在朝中势力太大，最终说服米海尔同意让他暗杀那个倒霉的人。接着，米海尔任命巴西尔接替叔父成为自己的共治皇帝与继承人。867 年，他还按照法律收养巴西尔为子。米海尔时年 27 岁，而巴西尔则已经 56 岁了。

这种怪异的养父子关系让人觉得十分别扭。米海尔这样做是因为前一年英格里娜生了个儿子。从法律上说，孩子是巴西尔的，但几乎可以肯定，他的生父是米海尔。因此，米海尔若是收养巴西尔，就能成为自己私生子法律上的祖父，而这个小男孩，利奥，以后也就可以名正言顺地继承皇位了。

不幸的是，把皇位传给利奥需要先经过巴西尔这一步。既然他现在已经被收养，成了共治皇帝和皇位继承人，米海尔对他就再也没什么用处了。867 年末的一个晚上，米海尔三世在宴会上喝得酩酊大醉，脚步踉跄地上床睡觉，巴西尔派人趁皇帝睡着将其杀死，然后自己登基称帝，成为巴西尔一世，新的马其顿王朝（Macedonian Dynasty）的创始人。

巴西尔与多数邻国多少都能和平共处，只有阿拔斯王朝例外。这两个帝国之间继续进行着没完没了的战争，对双方都造成了破坏。

878 年，阿拉伯人占领了西西里岛上的锡拉库萨城，之前这里一直是属于拜占庭的。巴西尔当皇帝期间所做的最重大的一件事就是试图修订查士丁尼大帝的法律。他打算将法律修订后结集出版，这一巨著就取名为《古法纯净》(*Purification of the Old Law*)。对于一个采用旁门左道登上皇位的人来说，他进行这样的工作有些奇怪，这件事到最后也没能干成。[9]

后来不知从什么时候起，巴西尔也开始与妻子同床共枕，米海尔死后她又为他生了两个儿子。（与长子相比，巴西尔更偏爱两个小儿子，这也是可以理解的。）

886 年，巴西尔和随从们一起打猎，他把其他人甩在后面，只身追赶一头巨大的牡鹿。牡鹿转身向他冲来，导致巴西尔的坐骑受惊，他被甩下马来，一头撞在鹿角上面，牡鹿将他拖入林中，最后一名护卫找到他，才把他解救出来。巴西尔身受重伤，奄奄一息，他用尽剩下的最后一点力气指责那位拔剑救他的护卫，说他拔剑是为了谋害他。他下令将其处死，不久之后自己也死了。因此他那伟大的《古法纯净》最终得以发表的只有序言部分。[10]

当巴西尔的随从们带着他的死讯回到君士坦丁堡时，他们受到了怀疑。不止一个史学家认为，他真正的死因可能是暗杀，而且或许是由巴西尔的儿子利奥主使的。因为随着利奥日渐长大，父子二人之间的关系也随之不断恶化，原本就有谣言说利奥实际上是死去的米海尔三世的儿子，这样一来谣言更是甚嚣尘上。

但利奥从未因巴西尔的死而受到公开的指责。他被加冕为皇帝利奥六世（Leo Ⅵ）。不久之后，他将原来位于君士坦丁堡城外一座修道院里的米海尔三世的墓地打开，将其尸骨重新移葬到了君士坦丁大帝的陵寝中。[11]

时间线 24

印度	拜占庭 摩拉维亚	法兰克人 意大利	罗马皇帝 保加利亚
		查理曼 (800—814)	
	尼基弗鲁斯一世 (802—811)		克鲁姆 (约803—814)
(波罗提诃罗) 纳加巴塔二世(805—833) (波罗王国)提婆波罗 (810—850)			
	斯陶拉基奥斯(811)		
	米海尔·朗加比 (811—813)		
	利奥五世 (813—820)	虔诚者路易 (813—840)	
(罗湿陀罗拘陀王国) 阿目佉跋沙(814—878)			奥穆尔塔格 (814—831)
德鲁瓦反叛		丕平一世 (分封国王, 817—838)/ 日耳曼人路易 (分封国王, 817—876)	洛泰尔一世 (822—855, 817—855 为 罗马皇帝)
	米海尔二世 (820—829)		
	莫吉米尔 (约833—846)		
(波罗提诃罗) 米希尔霍吉(836—885)		(阿基坦) 丕平二世 (838—852)	
		无地的查理 (840—877)	
	米海尔三世 (842—867)		
		凡尔登条约 (843) 维京人进攻 法兰克人	

时间线 24（续表）

印度	拜占庭 摩拉维亚	法兰克人 意大利	罗马皇帝 保加利亚
		路易二世 （844—875）	
（朱罗王国） 维贾亚拉（848—871）	拉斯蒂斯拉夫 （846—870）		
			路易二世 （850—875）
			鲍里斯（米海尔一世） （852—889）
	维京人/罗斯人进攻君士坦丁堡（860）		
	西里尔和美多迪乌到来		
	巴西尔一世 （867—886）	口吃路易 （866—879）	
（朱罗王国）阿迭多 （871—907）	斯瓦托普鲁克 （870—894）		
		教皇约翰八世 （872—882）	
			无地的查理 （875—877）
（罗湿陀罗拘陀王国） 克里希那二世 （878—914）			
	利奥六世 （886—912）		

/ 25

第二个哈里发国

> 861年至909年，突厥战士掌握了阿拔斯哈里发帝国的控制权，帝国东部分裂出新的王朝，还有一位新的哈里发在埃及脱颖而出。

861年12月初，阿拔斯王朝的哈里发被谋杀。

谋杀哈里发并不是什么新鲜事，不值得大惊小怪。但到了861年，将伊斯兰世界联结在一起的表面张力已经由于各种不同宗教教义和实践潮流的交叉碰撞而极度拉伸，而这次谋杀强化了这样的趋势，直至表面上的团结最终彻底崩裂。

导致最终发生这次谋杀的一连串事件，可回溯到9世纪初的哈里发马蒙身上。马蒙在833年逝世之前，就对一种被称为穆尔太齐赖派（Mu'tazilism）的伊斯兰教派观点特别感兴趣，并据此认为自己有责任净化伊斯兰世界——必要的话，甚至可以为此动用武力。

穆尔太齐赖派认为真主是完全理性的，这意味着真主对人的审判，无论是对罪人还是义士，都是完全理性的。在穆尔太齐赖派教义中，真主的旨意没有任何不确定性。因此没有必要向真主祈求仁慈，因为祈求仁慈就意味着祈求真主改变主意，减轻惩罚，而真主的旨意是不会像人心一样易变的。真主是超越一切的，他远远超出人类存在的局限，几乎就是一个抽象的概念——天道。[1]

与中世纪（和现代）关于真主之本性的所有说法一样，这个说法也是为政治服务的。穆尔太齐赖派的领袖们认为，既然人类是有理性的，那么他们就能通过思考而清楚地判断对错，也就是说他们可以准确预知真主将对他们的行为做何审判。然而他们却不一定总是选择正确的做法。因此，引导社会坚持正确的信仰与正确的行为就是领袖的责任。*

杜绝错误的信仰和邪恶的行为也是领袖的责任。马蒙十分重视这项工作，他设立了宗教裁判所：米哈奈（mihna）。阿訇、学者和领袖们都需要经受频繁的审讯，有时候还会采取相当暴力的手段，直到被审讯者"信服"穆尔太齐赖派的教义是真理为止。[2]

在许多情况下，这种"信服"都是表面上的，因为要尽快同意马蒙规定的教义，这样他们才能尽早从监狱里出来。但是当马蒙的宗教裁判所还在正常运转的时候，他就去世了，所以他并没有意识到这一点。他给同父异母的弟弟兼继承人穆阿塔绥姆留下遗命，让他继续进行宗教审讯，因为他确信，这样做不仅能使伊斯兰社会更加强大，而且也能使哈里发的权力得到巩固。

不幸的是，在执行兄长的遗愿时，穆阿塔绥姆陷入了另一场麻

---

* 穆尔太齐赖派有五个基本原则，萨义德·侯赛因·纳瑟（Seyyed Hossein Nasr）将其定义为独一性（真主之本性是一个单一的超然存在）、正义性（真主的审判遵循理性原则）、赏罚分明（服从于真主的人将得到奖赏，死不悔改的人则将受到永久的折磨）、穆斯林罪人居于信与不信的"中间地位"（他们在犯下罪行之时既非信徒，也非异教徒，而是"介于两者之间"）、领袖有责任劝诫社会行善止恶。见：Seyyed Hossein Nasr, *Islamic Philosophy from Its Origin to the Present* (State University of New York Press, 2006), pp. 120–125；进一步阐释请参阅：FauzanSaleh, *Modern Trends in Islamic Theological Discourse in Modern Indonesia* (Brill, 2001)。

烦。根据穆尔太齐赖派教义,他相信自己作为哈里发,有权力惩恶扬善(也有权界定何为善恶)。但在他统治的时候,在究竟谁可以称得上是真正的哈里发,谁是社会的合法领袖这些问题上,伊斯兰社会的分歧正在日益扩大。

关于哈里发该由谁来当这个问题,争论已经持续了两个世纪。许多穆斯林仍然认为伊斯兰世界应当由先知的直系后裔来领导。自从661年穆罕默德的女婿阿里死后,他们一直希望能够看到阿里与妻子(先知穆罕默德的女儿法蒂玛)的后代当上哈里发。然而,哈里发之位先是由倭马亚人担任,到了750年,又被阿拔斯人接手,阿拔斯家系可追溯到穆罕默德的叔父,而非穆罕默德本人。在领袖之位更迭的两次紧要关头,阿里的支持者——什叶派——都呼吁由阿里的血脉担任哈里发。

但这两次,他们的声音都不够大,无法压倒人数上占据多数的逊尼派。因此,阿里一派不承认哈里发为其合法领袖,他们推崇的领袖不是哈里发,而是伊玛目(imam),伊玛目是宗教领袖,拒绝效忠哈里发。什叶派(与多数派逊尼派混居,有时二者之间能和平共处,有时则会爆发小型战争)愿意绝对服从他们的伊玛目。他们相信先知穆罕默德本人已亲自指定了继承人,而且每个伊玛目都有真主赐予的、绝无谬误的知识,因此可以准确指定下一个继任者。伊玛目是不会犯错的,因为他们充满神圣的智慧。[3]

但阿拔斯的哈里发却不具备什叶派赋予其伊玛目的那种权威。逊尼派穆斯林的哈里发候选人必须出自阿拔斯血统,但究竟由谁来担任哈里发则是通过选举产生的。这对穆阿塔绥姆派来说是一个问题,因为尽管真主和先知不会犯错,但穆斯林社会却有可能在他们选出哈里发之后,意识到自己犯了大错。

如果一个哈里发开始将伊斯兰社会中那些与他意见相左的人都抓起来严刑拷打的话，那么大家可能会更早发现选他担任哈里发是个错误。在穆阿塔绥姆的哈里发任期内，出现了三次互不相关的大规模叛乱，以及一些小叛乱，都需要他一一镇压。很明显，如果哈里发想要保住自己的权力，就需要有一支来自伊斯兰社会以外的军队——这支军队要能为他而战，但没有权力让他下台，另选一个哈里发取而代之。[4]

穆阿塔绥姆以自己的私人卫队为核心组建了一支这样的军队——他们都是阿拉伯人在战争中擒获的西突厥汗国及乌浒河对岸各突厥部落的俘虏，战后被带回了巴格达。这些突厥俘虏成了阿拔斯哈里发帝国的奴隶，其中又有许多受训成为阿拔斯军队的士兵。表现良好的奴隶常会重获自由，有些甚至能进政府机关谋个职位。

在之前一个世纪的战争中，不断有突厥人通过这种方式流入巴格达，因此穆阿塔绥姆在当上哈里发之前，就有一支由 4000 名突厥奴隶组成的私人卫队。成为哈里发之后，他开始将这支卫队打造成一支真正的军队。几年之内，他就将队伍扩张至 7 万人——主要是突厥人，也有一些是在战争中被俘为奴的斯拉夫人和北非人。[5]

穆阿塔绥姆选用这些突厥奴隶，正因为他们是外来者。现在由他们围绕哈里发左右，保护哈里发，就将朝廷中的阿拉伯人和波斯人挤到了核心集团的外围。怨恨之情在巴格达日益滋长，突厥人与那些被他们取代的阿拉伯人经常会在街上扭打在一起。最后穆阿塔绥姆决定迁都到另一个城市：他将都城沿底格里斯河向北迁往萨迈拉（Samarra），在那里为突厥人保留了单独的区域，与其他人隔离开来。这样一来就不容易出现街头骚乱了，但这也使突厥人变成一个具有高度凝聚力和独立性的团体，他们并不特别忠实于伊斯兰的教义。继承穆阿塔绥姆哈里发位的先是其长子，后来是幼子穆塔瓦基勒（al-Mutawakkil），两个人都住在萨迈拉。在两人先后担任哈里发期间，突厥人的势力继续增强，直至最终成为阿拔斯社会最有权势的力量。[6]

861年，当穆塔瓦基勒威胁要剥夺其长子蒙塔希尔（al-Muntasir）的继承权时，种种矛盾达到了顶点。他的长子去找突厥人，说服他们相信，与他的任何兄弟相比，由他本人继位才对突厥人最为有利。于是，穆塔瓦基勒还没来得及将威胁付诸实施，就在自己的住处被他的突厥卫队杀害，随后突厥人支持蒙塔希尔当选为新任哈里发。

蒙塔希尔登基之后不久就病逝了，突厥人又挑选出下一任哈里发。但新任哈里发得罪了他们，他们试图推翻他。于是哈里发逃往巴格达，躲在这个旧都城里。因此突厥人开始攻城，一年之后，哈里发终于被迫退位，而新任哈里发又是突厥人选的。如今巴格达在突厥人控制之下，再次成为哈里发帝国的政治中心。

引入突厥人的最初目的是维护哈里发的权力，最后却变成由他们决定哈里发人选了。新选出来的穆塔兹（al-Mu'tazz）只当了3年哈里发，因为他算错了账，宫廷支出过多，导致无力支付军饷，于是突厥人再次插手。泰伯里亲眼看到他们怎样将这位22岁的哈里发拖出宫去：

> 我想他们已经拿棍子揍过他了，因为他出来的时候，衣服撕破了好几处，肩膀上还有血迹。当时烈日当头，他们让他站在太阳地里。我看到他一次次抬起脚来，因为脚站的地方太烫了。我还看到有些人扇他耳光，他抬手去挡……据说在被废黜之后，他又被交给一些人折磨，三天水米未进……最后他们用

厚厚的灰泥封住了一间小小的地下室，把他关在里面。[7]

到了第二天早上，这个年轻的哈里发就死了。突厥人大权在握，这件事已经十分清楚了：阿拔斯哈里发或许可以说自己是真主的代言人，但这种说法也无法再保护他了。

哈里发失去了对巴格达哈里发宫的控制，帝国则失去了对曾经属于阿拔斯王朝的东部地区的控制。

在呼罗珊的塔希尔王朝，塔希尔将军的后裔仍然统治着半个世纪前马蒙赐予他们的领土，但他们的力量很快就被动摇了。867年，有个铜匠出身的强盗，名叫叶尔孤白·伊本·莱伊斯·萨法尔（Ya'qub ibn al-Layth al-Saffar），他在自己的家乡扎兰季（Zaranj）以南，底格里斯河与印度河之间的区域，开始开疆辟土。塔希尔人奋力保卫自己的领土，但到873年，萨法尔已一路攻入塔希尔的都城内沙布尔（Nishapur）。他捉住了年轻的塔希尔统治者，把内沙布尔据为己有。塔希尔王朝覆灭，该王朝在历史上仅存在了50多年的时间。

然后，萨法尔开始向巴格达进军，打算向该城发起猛攻，以迫使哈里发正式承认他是合法的穆斯林统治者。当然，哈里发其实也是身不由己。此时突厥人已精心挑选了另一个候选人穆塔米德（al-Mu'tamid）为新一任哈里发，后来他在哈里发位上待了22年，这要归功于他放任手下官员和军队控制朝廷。然而，尽管神授哈里发之位的幻象已近破灭，但其影响仍在。即使萨法尔已经建立了自己的独立王国，他仍然想要得到哈里发的正式认可。[8]

本来，这个问题最直接的解决办法是派遣一支大军彻底摧毁萨法尔的叛乱，但过去20年的混乱局面使得这一办法变得有些不切实际。于是，哈里发手下的官员着手寻找盟军，以便从另一方向给萨

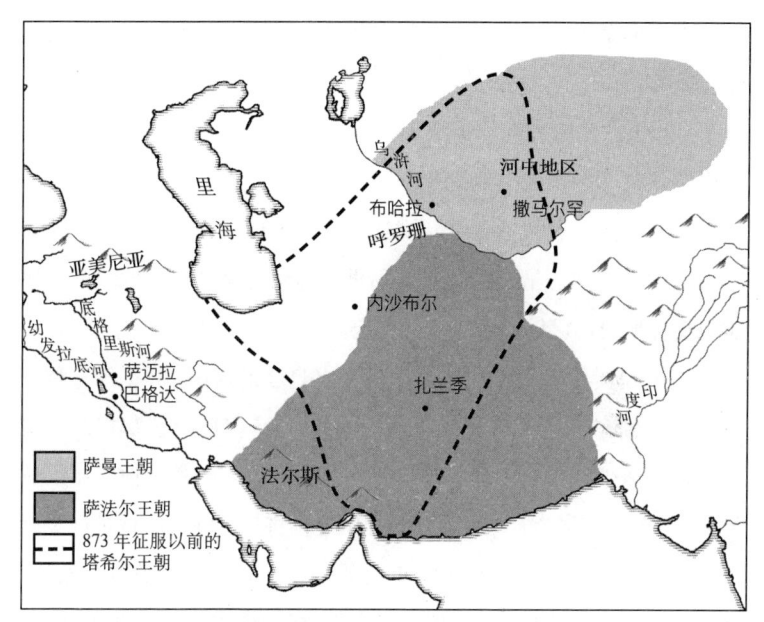

地图 25-1 萨法尔王朝和萨曼王朝

法尔施压。他们派人送信给乌浒河对岸的撒马尔罕城（Samarkand），表示如果城主肯派兵对萨法尔作战，就封他为"河中统治者"（Ruler of Transoxania）。

城主名叫纳斯尔（Nasr），他也在担心萨法尔不断扩张的势力。他的家族是来自波斯的萨曼族（Samanids），自819年起就是撒马尔罕城主，多年来，他们一直是塔希尔王朝以东最强大的势力。既然塔希尔王朝已化为乌有，那么唇亡齿寒，未来萨法尔很有可能会将枪口对准萨曼人。

于是纳斯尔接受了哈里发的提议，萨曼家族成了"河中统治者"。在纳斯尔的兄弟伊斯玛仪（Ismail）的率领下，萨曼人开始从东北方向向萨法尔进攻，而突厥军队则以阿拔斯王朝之名，在西边进行防御。

876 年，突厥人和阿拔斯人战胜了萨法尔的部队，挡住了他们向巴格达进军的步伐。他们还夺回了三年来一直被囚禁在萨法尔军中的塔希尔的年轻统治者穆罕默德。他们送他回到呼罗珊，以便夺回统治权，但他力量已失，权威不再，即便有突厥势力的帮助，他也没能夺回自己已输给萨法尔的土地。

他的软弱使萨曼王朝得以伺机建立自己的帝国。892 年，萨曼统治者纳斯尔一世（Nasr I）死后，他的兄弟伊斯玛仪掌权，事实上，多年来他虽未登王位，却一直在背后掌握着实权。他在布哈拉城（Bukhara）设立了军事总部，开始逐步将自己的统治权扩展至整个呼罗珊地区。这时，阿拔斯王朝的偏远地区几乎已被蚕食殆尽，取而代之控制东部的，是萨法尔和萨曼这两个独立王朝的埃米尔。

而在巴格达，哈里发的宫殿仍在不断变换着主人。在穆塔米德之后继位的依次是他的侄子、他侄子半突厥血统的儿子，以及这个儿子的儿子。哈里发由谁担任并不重要，因为在这 25 年里，执掌大权的并不是哈里发，而是哈里发卫队和朝廷命官。维齐尔（vizier，其字面意思是哈里发的"帮手"）所掌握的权力越来越大，到了最后，维齐尔的权力都赶上以前的哈里发了。[9]

随着巴格达的阿拔斯哈里发的权力被架空，伊斯兰领土那遍布裂痕的表面上出现了一道鸿沟。

在北非西部那块通常被穆斯林称作"马格里布"的土地上，越来越多的什叶派穆斯林聚集起来。这些什叶派穆斯林是一个特别激进的团体。数十年来，什叶派在伊玛目的合法性问题上存在着分歧。他们都同意应当指定一个伊玛目来领导先知的子民，但究竟应该指

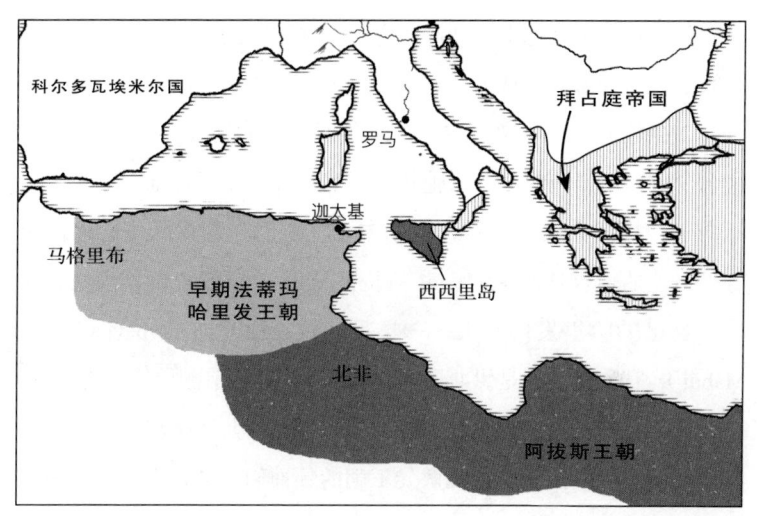

地图 25-2　法蒂玛王朝的哈里发帝国

定哪个人却十分难办。所有的什叶派都同意，什叶派被指定的伊玛目应当从阿里本人开始，然后是他的儿子、孙子、曾孙，再到他的玄孙贾法尔·萨迪克（Ja'far al-Sadiq）。*

---

* 在什叶派教义中，阿里的继任者依次为其子哈桑·本·阿里（Hasan ibn Ali, 625—670），其次子侯赛因·本·阿里（Husayn ibn Ali, 626—680）侯赛因的儿子阿里·本·侯赛因［Ali ibn Husayn，又名栽因·阿比丁（Zayn al-Abidin），654—713］，阿里的儿子穆罕默德·本·阿里［Muhammad ibn Ali，又名穆罕默德·巴基尔（Muhammad al-Baqir），676—743］，以及穆罕默德的儿子贾法尔·本·穆罕默德［Ja'far ibn Muhammad，又称贾法尔·萨迪克（Ja'far al-Sadiq），702—765］。贾法尔之后，什叶派产生分裂，贾法尔的后裔有两个分支。十二伊玛目派（多数派）认为，合法的伊玛目应出自贾法尔的次子穆萨（Musa）那一支，认为前后共有 12 代伊玛目，最后一位是穆萨的后代穆罕默德·本·哈桑·马赫迪（Muhammad ibn Hassan al-Mahdi），他 10 岁那年隐遁，十二伊玛目派的信徒们认为，他终有一天会再次现身。伊斯玛仪派（Ismaili）则坚持认为伊玛目之位应传于贾法尔的长子伊斯玛仪。什叶派中还有第三个，也是人数较少的一派，栽德派（Zayid），他们承认阿里及其子是先知穆罕默德真正的接班人，但认为之后的伊玛目可以是他两个儿子的任何一名后代。见：Efraim Karsh, *Islamic Imperialism* (Yale University Press, 2006), p. 54; Paul E. Walker, *Fatimid History and Ismaili Doctrine* (Ashgate, 2008), 2.3。

就是在这个问题上，什叶派内部出现了争论。什叶派穆斯林中人数最多的一派坚持认为，合法的伊玛目应该是贾法尔次子穆萨的后裔，少数派则声称贾法尔的长子伊斯玛仪才是其合法的继承人。这个少数派伊斯玛仪派与其他什叶派穆斯林相比更加咄咄逼人，更倾向于使用武力强力推行他们的主张。他们一直在北非远远地看着巴格达的迷雾逐渐消散，最终水落石出。909年，伊斯玛仪派推出了自己的哈里发候选人——奥贝达拉·马赫迪（Ubaydallah al-Mahdi），宣称他不但是伊斯玛仪的后裔，而且（追溯他的几代祖先）是伊斯玛仪的高玄祖母、即先知穆罕默德的女儿法蒂玛的后裔。马赫迪并没有像萨法尔王朝和萨曼王朝的领袖们一样，直接自立为埃米尔，而是自称马格里布的哈里发。

北非的这个哈里发——法蒂玛王朝（Fatimid）的哈里发——是对阿拔斯王朝权威的直接挑战。在此之前，伊斯兰帝国的所有碎片都被涂成同一种颜色，就连安达卢斯的倭马亚埃米尔都没敢自称为哈里发，就连萨法尔和萨曼叛军也都在口头上承认阿拔斯的哈里发。

但是现在，在穆罕默德死去近300年以后，伊斯兰世界不可挽回地分裂成了两半。100多年来，"伊斯兰帝国"只是一个虚幻的神话，然而现在就连这种虚幻的神话也破灭了。与西方一样，东方也不存在建立于宗教基础上的统一帝国了：存在的只是一些民族和国家而已，他们各自都在为生存而战。

时间线 25

拜占庭 摩拉维亚	法兰克人 意大利	罗马皇帝 保加利亚	阿拔斯王朝 东方穆斯林王朝	北非	科尔多瓦 埃米尔国
利奥五世 (813—820)	虔诚者路易 (813—840)		马蒙 (813—833)		
	丕平一世 (分封国王, 817—838)	奥穆尔塔格 (814—831)			
	日耳曼人路易 (分封国王, 817—876)				
	洛泰尔一世 (822—855, 817—855 为罗马皇帝)			塔希尔王朝建立	
米海尔二世 (820—829)			塔尔哈·伊本·塔希尔 (822—828)		阿卜杜·拉赫曼二世 (822—852)
莫吉米尔 (约833—846)			穆阿塔绥姆 (833—842)		
	(阿基坦) 丕平二世 (838—852)				
	无地的查理 (840—877)				
米海尔三世 (842—867)	凡尔登条约 (843)				
	路易二世 (844—875)				维京人进攻科尔多瓦 (844)
	维京人进攻法兰克人				
拉斯蒂斯拉夫 (846—870)			穆塔瓦基勒 (847—861)		
	路易二世 (850—875)				
		鲍里斯 (米海尔一世) (852—889)			穆罕默德一世 (852—886)

时间线 25（续表）							
拜占庭 摩拉维亚	法兰克人 意大利	罗马皇帝 保加利亚		阿拔斯王朝 东方穆斯林王朝		北非	科尔多瓦 埃米尔国
维京人/罗斯人进攻君士坦丁堡（860）				蒙塔希尔（861—862）			
	西里尔和美多迪乌到来			穆塔兹（866—869）			
		口吃路易（866—879）		萨法尔王朝建立			
巴西尔一世（867—886）				叶尔孤白·莱伊斯·萨法尔（867—878）			
	斯瓦托普鲁克（870—894）						
		教皇约翰八世（872—882）		萨曼王朝建立			
		无地的查理（875—877）		（萨曼王朝）纳斯尔一世（875—892）			
		胖子查理（881—887）					
利奥六世（886—912）							蒙齐尔（886—888）
				（萨曼王朝）伊斯玛仪（892—907）			
				法蒂玛哈里发王朝建立			
				（法蒂玛王朝）			
				马赫迪（909—934）			

/ 26

维京大军

> 865年至878年，威塞克斯的
> 阿尔弗雷德向维京人割地求和。

865年，有一支维京人的小部队正在掠夺法兰克人的土地，他们发现"无地的查理"治下的桥梁防守严密，于是离开此地，沿海而下，来到更容易得手的国家。

不列颠岛与西法兰克王国隔海相望，岛上有许多强势的国王和战争领袖。从罗马时代开始，北方的皮克特部落就与斯科蒂人争斗不休，斯科蒂人是来自爱尔兰西部岛屿的海盗，他们到达寒冷多山的海岸边，在这里扎下根来；再往南，有七位盎格鲁-撒克逊国王瓜分了英格兰的乡村地带；* 峭壁嶙峋的西南部海岸则留在威尔士人手中，他们是罗马人、爱尔兰人和不列颠岛上本地人的后裔，自4世纪的罗马将领马格努斯·马克西姆斯统治时期起就在这里定居。在

---

*　9世纪，英格兰占主导地位的七个王国是诺森布里亚、麦西亚、东安格利亚、埃塞克斯、肯特、苏塞克斯和威塞克斯。

中部的麦西亚王国和威尔士王国之间，有一道巨大的防御工事，由 8 世纪的麦西亚国王奥法下令修建，这是在一堵约 6 米高的土墙前面挖的一条大深沟。"威尔士人摧毁了奥法的领土，"13 世纪的《王子纪事》(Chronicle of the Princes) 中写道，"于是奥法下令挖出一道壕沟，作为他的领土和威尔士之间的边界。这道沟贯穿陆地，从海边一直延伸到陆地另一边的海边。"[1]

之前的一个世纪，不列颠岛几次被人试图统一。在维京人入侵不列颠岛大约 20 年之前，西北海岸斯科蒂人王国达尔里阿达（Dal Riata）的统治者席内德·马克·亚尔宾（Cinaed mac Ailpin）就向东边的皮克特人发起攻击，吞并了他们的土地，创建了一个横跨北方的王国。席内德·马克·亚尔宾被后人称为肯尼思（Kenneth）或肯尼思一世（Kenneth I），是苏格兰的第一位国王。他创建了亚尔宾王朝（House of Alpin），在斯昆市（Scone）统治着这个统一的北方国家。[2]

在南方地区，奥法之后的麦西亚国王们一度控制了东部的肯特和东安格利亚两个王国，但这两个王国很快就摆脱了他们的控制。到 860 年的时候，麦西亚王国已经衰落，威塞克斯开始兴盛：威塞克斯国王吞并了肯特和苏塞克斯，英格兰东南部基本统一，效忠于同一个君主。[3]

但仍然没有哪个国王有这个能力将分裂的盎格鲁-撒克逊军队团结起来一起抵抗维京人。

865 年，维京人来到不列颠岛。他们从威塞克斯登陆，领军的是三兄弟：哈夫丹（Halfdan）、伊瓦尔（Ivar）和乌比（Ubbe），他们三个都是维京海盗拉格纳·罗德布洛克的亲生儿子。大哥伊瓦尔，

图 26-1 奥法的壕沟
20 世纪 90 年代摄于威尔士奈顿市（Knighton）附近。图片来源：Homer Sykes / Corbis

人称"无骨者伊瓦尔"（Ivar the Boneless）。他可能患有某种骨骼疾病，因此双腿无力。可以确定的是他经常让人用一面盾牌抬着，在战场上挥舞长矛、冲锋陷阵。他手下的队伍打着一面乌鸦旗帜，是奥丁神（Odin）的象征。

奥丁神是战争之王，他能蒙蔽敌人的双眼、双耳；可以使大海静止，风向转变，带来胜利；也可以把死人唤醒。他有两只乌鸦飞来飞去，为他搜集敌人的情报。9 世纪的威尔士修士约翰·阿瑟尔（John Asser）这样写道："据说，那面旗帜由伊瓦尔和乌比的三个姐妹亲手织成，她们从日出到日落，一日之内就织好了。不仅如此，他们还说，在每一场战斗中，这面旗帜竖立在大军前面，如果他们那天能赢，旗上的乌鸦就会振翅欲飞、栩栩如生；可要是那天会输，乌鸦就会耷拉着翅膀一动不动。而事实往往证明真是这样。"[4]

乌鸦旗不只是一面旗帜，它还是以前古老宗教的标志，其影响在信奉基督教的盎格鲁-撒克逊人的记忆之中仍然徘徊不去。自664年起，英格兰人已正式成为基督的信徒，当时，诺森布里亚国王奥斯威（Oswiu）在惠特比修道院召集了一次宗教会议，宣布其王国将加入基督教世界其他地区的"统一规则……举行同样的圣礼仪式"。但信仰本身在各地的传播并不那么同步。只要不同国家仍然各自为政，这些9世纪的基督徒就仍然各自分别敬奉上帝。在威尔士的山脉和峭壁之中，在村与村之间的密林深处，在笼罩着威塞克斯、麦西亚和诺森布里亚教会的一片黑暗之中，不列颠岛上仍然流传着古老的宗教。[5]

古老的英格兰史诗《贝奥武甫》的故事就发生在9世纪。当时，信奉基督教的国王和他的战士们生活在明亮的山顶上，但是，有一个怪物在山下杂乱的沼泽地上穿行：它是恶魔，是该隐的亲戚，是上帝的敌人。它在"金光闪闪的大厅"里作祟，在夜里发动突然袭击，将国王的战士们拖走，消失在可怕的黑暗之中。"这是艰难的时刻。"史诗中写道。怪物的攻击太可怕了，甚至迫使战士们回到异教的圣地，在那里供奉以前信过的旧神，希望能够得救。史诗中写道："他们用那种方式，来表达他们异教徒的希望；他们内心深处，想起了地狱的模样。"[6]

《贝奥武甫》写就之时，已是大约一个世纪之后，维京人已在盎格鲁-撒克逊的乡间深深地扎下根来，这时的基督教国王本人也具有维京人的血统。但在865年的时候，来自北欧的海盗侵略者们——维京大军——像是来自地狱的使者：他们是从旧世界走来的战士，打出的是恶魔的旗帜。他们的胜利不仅会剥夺盎格鲁-撒克逊人的土地，还会将他们拉回到古老宗教的黑暗水域。

"无骨者伊瓦尔"带领着他的手下在东安格利亚登陆。他们势不可当，很快就迫使东安格利亚国王同意：为了保住自己的王位，东安格利亚将为他们提供过冬的食物和住所，春天还将提供马匹。就这样，东安格利亚成了维京大军的避风港，他们在这里度过了865年的冬天，等到最严寒的季节过去之后，大军开拔，向北进军诺森布里亚。[7]

诺森布里亚有两个人各自称王。内战导致分裂，但在外来维京人的威胁之下，他们放下恩怨，团结起来，共同对敌。可惜他们合作得太少，也太晚了。867年末，维京大军已踏破诺森布里亚，占领约克，使惠特比修道院变成了废墟，使它在其后200年的时间里都是一片断壁残垣。"诺森布里亚经历了大规模的屠杀，"《盎格鲁-撒克逊编年史》中这样写道，"这支侵略军随后〕侵入麦西亚。"[8]

麦西亚国王派人向邻国威塞克斯的埃塞雷德国王（King Ethelred）求助。埃塞雷德同时也统治着苏塞克斯和肯特，他答应了麦西亚国王的请求，带着弟弟阿尔弗雷德（Alfred，这时大约20岁年纪，是埃塞雷德的副手），一起到诺丁汉来与维京人会面，并与他们定下了临时的和约。"那里没有发生大规模战斗，"《盎格鲁-撒克逊编年史》中记载道，"麦西亚人成功讲和，大军开回约克，在那里待了一年。"也许埃塞雷德和阿尔弗雷德是给了维京人什么好处，总之他们拯救了麦西亚，所以年轻的阿尔弗雷德娶到了麦西亚国王的女儿为妻，这实际上相当于许诺麦西亚王国以后会交到他的手里。[9]

那年年底，维京人已经重新聚集力量（也补充了粮草），又回到东安格利亚，杀死了给他们提供冬季营地的国王，将其领地据为己有。现在，他们已经控制了整个北方和东部的部分领土，威塞克斯独木难支。

871 年 1 月,冬天的时候,维京大军开进威塞克斯。埃塞雷德和阿尔弗雷德做好准备抗击敌人,但尽管他们奋力抵抗,维京人仍然稳步向西,进入埃塞雷德的领地。1 月 4 日,盎格鲁-撒克逊人的军队在苏塞克斯的雷丁(Reading)战败,士兵撤退减员。4 天之后,他们于阿什当(Ashdown)再次遭遇维京大军。这一次他们击退了维京人,但埃塞雷德的部队也为这场胜仗付出了代价,军力大减。"成千上万人死在战场上,战斗一直持续到晚上。"《盎格鲁-撒克逊编年史》这样告诉我们。[10]

两周后,运气重新转向维京人这边,他们在南部城镇贝辛(Basing)发生的另一场大战中取得了胜利。哈夫丹接管了伦敦,维京人的增援部队赶到,大军的规模进一步扩大。

虽然埃塞雷德继续坚持抵抗,但他却于 4 月因病去世。阿尔弗雷德如今 20 岁出头,继承了威塞克斯的王位,成为盎格鲁-撒克逊军队的指挥官。他接下这个烫手山芋,和维京人的大军厮杀疆场。"他是一个伟大的战士,几乎战无不胜。"与他同时代的约翰·阿瑟尔这样写道。这显然是迟到的赞美,因为当时阿尔弗雷德很快就在与维京大军的另一场战斗中败下阵来,被迫签订了临时的和平条约。

同时,维京人在诺森布里亚巩固了自己的统治地位,然后于 874 年回到麦西亚,把这个王国据为己有。在这几个月的战斗中,"无骨者伊瓦尔"死了,但维京人依然强大,如今他们的领袖是伊瓦尔的弟弟乌比(哈夫丹过于冷酷无情,已经失去其追随者的支持)和乌比的副将,战士的首领古斯鲁姆(Guthrum)。

整个不列颠岛落入维京海盗手中似乎只是时间的问题而已。因此阿尔弗雷德带领着手下这支疲惫不堪、饱受蹂躏的军队躲了起来。他曾经眼睁睁地看着埃塞雷德屡败屡战，付出了成千上万条性命的代价，他看得出来，继续进行这样的消耗战是没有前途的。到878年，盎格鲁-撒克逊的难民纷纷驾船离岛，绝望地到别处去寻找新的家园；维京人在埃文河上（Avon）安营扎寨；而阿尔弗雷德和他的部下则远远地淡出人们的视线，生活在威塞克斯王国的阿塞尔纳（Athelney）小岛上的沼泽地里。"他痛苦不安地生活在一个树木丛生、沼泽遍地的地方，"阿瑟尔写道，"……除了频繁地袭击维京人外没有任何其他的生计来源。"[11]

但他并未丧失一切，也不是只有他一个人带领队伍攻击维京海盗。878年初，伊瓦尔的弟弟乌比在基努伊特战役（Battle of Cynuit）中丧生，当时他可能正准备摧毁阿尔弗雷德的军队。在这场战斗中，率领盎格鲁-撒克逊部队作战的是贵族奥达，他是撒克逊人的一名郡长（或者叫总督，他以国王的名义管辖人民）。他不仅战胜了维京人，还缴获了他们的乌鸦旗帜——奥丁神力量的标志。

也许这个好兆头鼓舞了阿尔弗雷德，但他还是没有离开藏身之地。古斯鲁姆仍然率领着维京大军，维京人也仍然控制着广大的乡村。阿尔弗雷德决定采取长远的策略：他愿意用整个王国来冒险，以加强自己的战斗力。这个自暴自弃的故事后来逐渐被人添油加醋地流传了下来，其中最有名的故事是这样讲的：阿尔弗雷德隐姓埋名地躲在阿塞尔纳岛上一个放牛郎的小屋里，炉子上烤着蛋糕，那家的妇人让他看着火。结果他一心只想着怎么对付维京人，忘了炉子上还烤着蛋糕，结果把蛋糕给烤煳了，妇人回来一看，怒气冲天。"你光想着趁热吃蛋糕！"她大声责骂，"看见蛋糕要烤煳了就不知道翻个面吗？"[12]

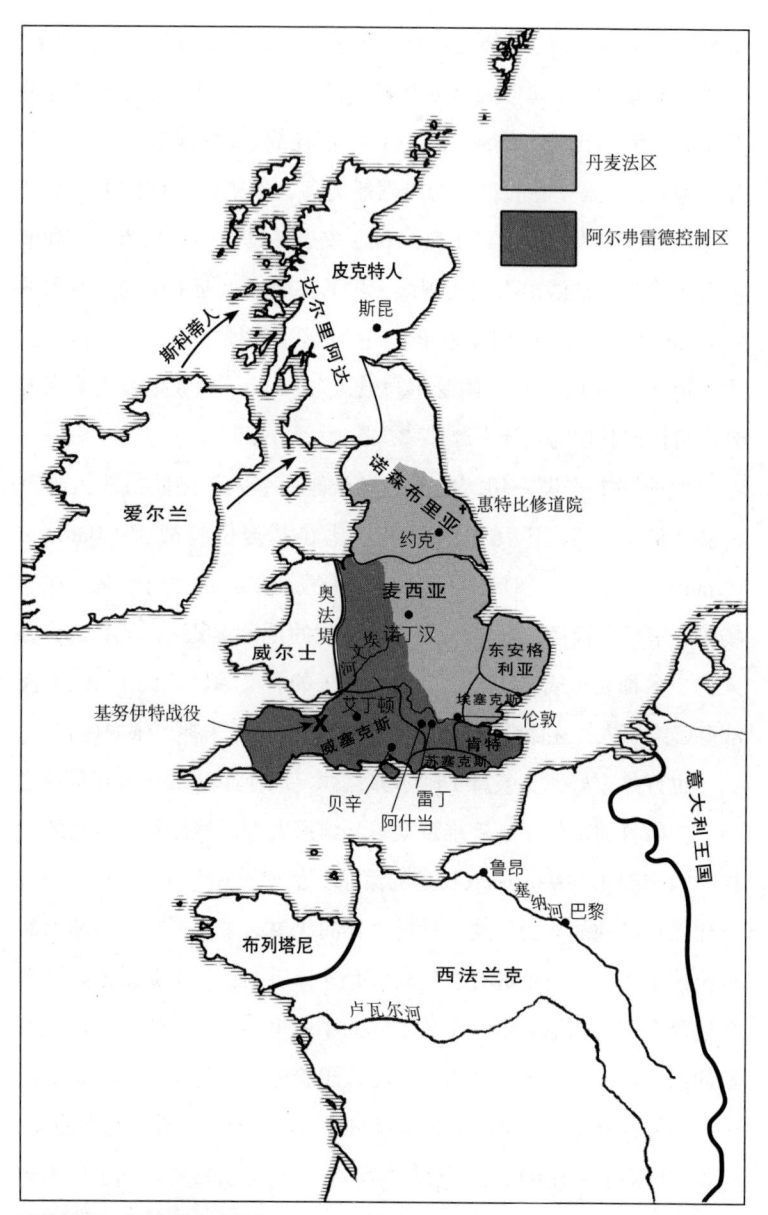

地图 26-1 《威德摩尔条约》

这个故事是从16世纪的教士马修·帕克（Matthew Parker）那里传出来的，他说自己是从9世纪的资料里面看到的。故事出现得可能比较晚，但其本质是要告诉我们一些关于阿尔弗雷德的事情。他恭顺地给蛋糕翻了个面，也没跟妇人说她刚才训斥的是英格兰的国王。就连他同时代的人也觉得他很善良、圣洁，是上帝派他来把人民从异教徒的威胁中拯救出来的。正因如此，即使他也有打败仗的时候，约翰·阿瑟尔也要把他形容成一位战无不胜的常胜将军，后来的编年史作家杜伦的西米恩（Simeon of Durham）也坚持说，他的面庞像天使一样闪亮，而他的盔甲则是信仰、希望和对上帝的爱。[13]

但在失败面前，对上帝的信仰也会崩溃，而阿尔弗雷德则率领着身后强大而绝望的军队走出阿塞尔纳沼泽，保住了自己神圣统治者的地位。878年春末，他在威塞克斯的爱丁顿镇（Edington）遭遇维京大军，并战胜了他们。"战士们用一面面盾牌搭起了铜墙铁壁，战斗十分激烈，"阿瑟尔写道，"他毅然坚持了很长时间，最终顺应天意获得了胜利。他对维京人展开大屠杀，已经逃跑的也不放过。"[14]

爱丁顿战役之后，维京人的首领古斯鲁姆不仅同意与阿尔弗雷德签订和约，而且同意皈依基督教。他带来了手下最强壮的30名勇士，他们全部在同一天受洗，之后又撤回到自己的土地。阿尔弗雷德和古斯鲁姆签署了《威德摩尔条约》（Treaty of Wedmore），将英格兰一分为二。南部和西南部地区仍然留在盎格鲁-撒克逊人的手中，南部地区由阿尔弗雷德统治，版图已经缩小了的麦西亚王国则交给他的女儿和女婿，让他们在他的监督之下进行统治。古斯鲁姆和他手下的维京海盗则得到了诺森布里亚、东部沿海，以及麦西亚东半部的独立控制权。

阿尔弗雷德在爱丁顿所取得的胜利可能是决定性的，维京人虽然没有投降，却遭受了更大的失败。事实是，维京人的海盗部队，原本是劫掠者和破坏者，现在却已在英格兰待了将近15年时间。他们在英格兰的乡村扎下根来，娶了盎格鲁-撒克逊人的妻子，成了孩子的父亲，每天种地，不再是原来当海盗时的样子。他们已经开始觉得自己就像当地人一样，而不是侵略者；他们已准备好开始新的生活；如果接受新的信仰能让他们拥有土地，拥有家庭，那他们也愿意这样做。阿尔弗雷德的手下同样急着回到自己的故土，回到妻子身边，恢复原有的生活。

在《威德摩尔条约》缔结之后的那些年，阿尔弗雷德平息了维京人几次试图抢占更多土地的乱子。但英格兰被划分为两个王国，分别属于盎格鲁-撒克逊人和丹麦法区，这种情形却一直保持下来。《威德摩尔条约》是一种妥协，但每个人的愿望都借此得到了满足。古斯鲁姆和维京群雄得到了新的家园；阿尔弗雷德得以统治迄今为止最大的盎格鲁-撒克逊王国，他还可以将南方的领地传给儿子爱德华；阿尔弗雷德的追随者们——打仗打得精疲力竭的威塞克斯和麦西亚的盎格鲁-撒克逊人，也终于获准回到自己原来的、几乎都已被遗忘殆尽的正常生活中去了。

正是基于这一点，人民铭记阿尔弗雷德，对他感激不尽：他既是征服者，又是和平使者。"他大名远扬、勇猛好战、百战百胜，热心扶助寡妇、孤儿和穷人，"12世纪的历史学家伍斯特的约翰（John of Worcester）总结道，"他深受人民爱戴，特别和蔼亲切，理应得到不朽的祝福。"[15]

时间线 26

阿拔斯帝国	东方穆斯林王朝	北非	科尔多瓦埃米尔国	不列颠	法兰克人	意大利	罗马皇帝
				(麦西亚)奥法 (757—796)			
马蒙 (813—833)							虔诚者路易 (813—840)
					丕平一世 (分封国王, 817—838) / 日耳曼人路易 (分封国王, 817—876)		
	塔希尔王朝建立 塔希哈·伊本·塔希尔 (822—828)		阿卜杜·拉赫曼二世 (822—852)			洛泰尔一世 (822—855, 817—855 为罗马皇帝)	
穆阿塔绥姆 (833—842)							
				(阿基坦) 丕平二世 (838—852)			
				无地的查理 (840—877)			
				(达尔里阿达) 席内德·马克·亚尔宾 (843—858)	凡尔登条约 (843)		
			维京人进攻科尔多瓦 (844)			路易二世 (844—875)	
					维京人进攻法兰克人		
穆塔瓦基勒 (847—861)			穆罕默德一世 (852—886)			路易二世 (850—875)	
蒙塔希尔 (861—862)							
				(威塞克斯) 埃塞雷德 (865—871)			
穆塔兹 (866—869)				口吃路易 (866—879)			

时间线 26（续表）

阿拔斯帝国	东方穆斯林王朝	北非	科尔多瓦埃米尔国	不列颠	法兰克人	意大利	罗马皇帝
	萨法尔王朝建立						
	叶尔孤白·莱伊斯·萨法尔（867—878）						
	萨曼王朝建立			维京大军到达不列颠			
				（威塞克斯）阿尔弗雷德（871—899）		教皇约翰八世（872—882）	
	（萨曼王朝）纳斯尔一世（875—892）					无地的查理（875—877）	
				威德摩尔条约（878）			
						胖子查理（881—887）	
	（萨曼王朝）伊斯玛仪（892—907）						
		法蒂玛哈里发王朝建立					
		（法蒂玛王朝）马赫迪（909—934）					

/ 27

为铁王冠而战

> 875年至899年,"无地的查理"花钱买来了"罗马人的皇帝"的称号,"胖子查理"意外继承了整个帝国,马扎尔人则抵达意大利北部。

875年,"无地的查理"采用最直接的办法当上了罗马人的皇帝——他送给教皇约翰八世(John VIII)一笔巨额贿赂。编年史家们一致同意,他是用女人、金钱和高额赋税换来约翰八世于圣诞节为他加冕的。[1]

这激怒了"日耳曼人路易",因为他认为这个头衔应当属于自己。他们的兄长洛泰尔已于855年过世,其子小路易二世(Louis II the Younger)早在844年和850年便分别成为意大利国王及罗马人的共治皇帝,然而小路易二世于875年早逝。因此"日耳曼人路易"作为当时最年长的法兰克国王,本以为自己会成为下一任皇帝。这时他约70岁,亲眼看着这个至高无上的头衔先后传给了自己的兄长和侄子,他很希望也能轮到自己的头上。

不过他显然没想到这也可以花钱去买。不过,既然加冕仪式已经举行过了，他所能做的也就只有报复了。趁着"无地的查理"还在罗马，"日耳曼人路易"突袭了他位于西法兰克的领土，怒火冲天地四处烧杀抢掠。查理急忙往家赶，不过没等到两兄弟照面，"日耳曼人路易"就死了，他终生的抱负未能施展就草草结束了。

不久之后，877年，"无地的查理"突然病逝。他的儿子和继承人，"口吃路易"（Louis the Stammerer），只比他晚了两年去世。法兰克王国的一团乱麻被留给了依然健在的继承人："日耳曼人路易"的两个儿子"巴伐利亚的卡洛曼"（Carloman of Bavaria）和小路易[Louis the Younger，又称路易三世（Louis Ⅲ）]瓜分了东法兰克的领土。但后来卡洛曼中风，他的领土又传给了当时已经统治着意大利的弟弟"胖子查理"（Charles the Fat）。西法兰克王国则由"无地的查理"的两个孙子共同统治。

法兰克的国王们为地位高低而进行着谈判和争夺。881年，教皇决定加冕意大利的"胖子查理"为罗马人的皇帝。他之所以这样做，主要原因不是看中了查理本人，查理算不上是多么厉害的斗士，但在实际上控制着意大利。教皇担心自己的教皇国可能会受到那位野心勃勃的邻居——斯波莱托公爵盖伊——的攻击。如果教皇把皇帝的头衔授予其他法兰克国王，那么查理可能不会允许那位皇帝前来意大利保护教皇，而设置皇帝的头衔，本来就是为了让他可以在需要的时候保护教皇。

查理接受了皇帝的头衔，但加冕之后，他再也没回过意大利南部，当然也从未费心帮教皇国抵抗过斯波莱托的盖伊的袭击。尽管"胖子查理"对这些事不感兴趣，这位本来没有机会继承任何遗产的小弟弟，却成为罗马人的皇帝，还成了西方最有权势的君主。到了882年，有3位法兰克国王自然死亡。884年，又有一位国王在狩猎时被杀。他们的领土都归了唯一健在的合法继承人——"胖子查理"。机会和命运使得原来属于查理曼的整个帝国和称号都重新统一在同一位国王的名下——只有已叛变并宣布独立的普罗旺斯除外。*"日耳曼人路易"终其一生艰苦奋斗、谈判磋商、浴血奋战都没能做到的事情,"胖子查理"却不费吹灰之力就得到了。[2]

但是,得天下易,守天下难。"胖子查理"软弱无能,他的手里攥着这么个庞大的新帝国,身边既没有嫡子或继承人,心中也没有什么治国大计,因此几乎立即就遇到了麻烦。885 年,也就是整个帝国归他治下的第二年,他与维京人之间的矛盾开始升级。维京人定期劫掠他的领土,他通常会用银币,偶尔也会用抵押品支走他们。现在维京大军的入侵变得越来越猛烈了。他们并没有全部在英格兰定居下来,有些战士不喜农耕,于是他们返回大陆,继续四处劫掠为生。他们也不再只依靠船只,如今已能骑马上岸,在马背上四处扫荡,扩大了劫掠和杀戮的范围。一位法兰克教士哀叹道:

> 北欧的强盗不停地捕杀基督徒,他们毁坏教堂、拆除工事、烧毁城镇。到处都是教士、教友、贵族、平民、妇女、青年、乳儿的尸体。每条道路、每个地方,都是遍地死尸。[3]

"胖子查理"似乎完全无力抵抗。他集结了一支军队,在鲁汶城(Louvain)与维京人对战,结果法兰克人大败。得胜的维京人占领了鲁昂城(Rouen),然后组织了一次大规模的入侵:700 艘战船沿着塞纳河逆流而上,直抵巴黎城外,开始围攻巴黎。[4]

---

* 阿基坦已经重新与西法兰克领土合并,现在也归于"胖子查理"的统治之下。

此时查理远在巴黎之外，他派出援军，但未能解围。无奈之下，他提出给维京人 300 千克白银，并在勃艮第为他们提供冬季营地，以换取其撤军。

维京人同意进行这笔交易，这才解了巴黎之围。但"胖子查理"却因此完全丧失了民心。法兰克人怒不可遏，既然"胖子查理"打算将他们缴纳的税赋拱手送给敌人，而不是将侵略者赶出去，那他为什么不一开始就这样做呢？这样大家都省事。勃艮第人尤其光火，因为查理拿着他们的家园充大方，于是他们起而造反。查理的侄子，卡林西亚的阿努尔夫（Arnulf of Carinthia）拉起一支队伍，于 887 年进军法兰克，试图用武力推翻自己的叔父。

在此起彼伏的反对声中，"胖子查理"同意放弃国王和皇帝的称号。他之所以愿意屈服，可能也与他的健康状况有关：他一直饱受某种严重颅内疾病的折磨，为了减轻痛苦，他甚至接受过颅骨钻孔手术。888 年 1 月，"胖子查理"刚退位几个月就死了。

帝国分裂成比以前更小的碎片，为争夺罗马人的皇帝这一称号，各方开始混战。卡林西亚的阿努尔夫成为东法兰克的国王；两位意大利贵族，弗留利的贝伦加尔（Berengar of Friuli）和斯波莱托的盖伊（就是威胁要给教皇国制造麻烦的那位公爵），都声称自己有权利成为意大利国王；此外还有五位贵族各自主张自己对法兰克其他不同部分的权利。*"就好像丧失了合法的继承人一样，"编年史家普兰的雷吉诺写道，"服从于他的那些王国都不再等待自然产生统

---

* 卡林西亚的阿努尔夫成为东法兰克及洛塔林吉亚（Lotharingia）的国王；奥多当选为西法兰克之王；斯波莱托的盖伊和贝伦加尔为争夺意大利而战；普罗旺斯贵族博索（Boso）之子路易，在普罗旺斯称王；在上勃艮第（Upper Burgundy），一位名叫鲁道夫（Rudolph）的贵族男子做了国王；雷纳夫二世（Ranulf II）也在阿基坦自立为王，并宣布"糊涂查理"（Charles the Simple）——"口吃路易"的幼子——为西法兰克合法的国王。

治者，而是各自从内部为自己创造出一个国王来。这种情况导致烽烟四起。"[5]

在一片混乱之中，教皇斯德望五世在设法保护自己的利益。他宣布斯波莱托的盖伊为意大利国王并于891年将其加冕为帝。这显然是一笔交易：以教皇的认可和皇帝的称号换取盖伊停止给教皇国制造麻烦，虽然这也许与查理曼当初宣布罗马人的皇帝有责任保护教皇的初衷不完全相符。

斯波莱托的盖伊当上了罗马人的皇帝，却只当了3年就意外死去。他本来打算让自己14岁的儿子兰伯特（Lambert）继位为意大利国王。"他是一个举止优雅的青年，"历史学家克雷莫纳的利乌特普兰德（Liudprand of Cremona）这样写道，"虽然尚未成年，却相当好战。"弗留利的贝伦加尔一直还盼望着自己能够成为意大利国王，他仍在北方制造着麻烦。一听到盖伊的死讯，他立即前往帕维亚，宣布自己加入竞争国王之位者的行列。[6]

在此期间，斯德望五世的接班人、教皇福尔摩赛（Formosus）派人送信给卡林西亚的阿努尔夫（现在是东法兰克国王阿努尔夫），向他保证若是他能派援军来恢复和平，就让他当皇帝。在福尔摩赛看来，他的前任错就错在将皇帝这个崇高的称号给了一个普通的意大利军人，而非出自查理曼血脉的国王。而卡林西亚的阿努尔夫则出身加洛林家族，显然是皇帝的适当人选。

阿努尔夫表示同意，并于896年率军长途跋涉来到罗马。兰伯特听说法兰克国王到来的消息，逃回了他父亲的旧地斯波莱托。阿努尔夫同意让福尔摩赛宣布自己不仅是东法兰克的国王，也是意大利国王和罗马人的皇帝。然后他开始向斯波莱托进军，去对付兰伯特。

但在从罗马去斯波莱托的短途中，他却突然中风，导致半身不遂。由于事发突然，他只好放弃了战胜兰伯特的计划，打道回府。

兰伯特从斯波莱托回来，重新宣布自己为"意大利国王"。但没等到他前往罗马去惩罚教皇福尔摩赛，教皇就去世了。但就算福尔摩赛死去也不能阻止年轻易怒的兰伯特报复。他命令福尔摩赛的继任者斯德望六世（Stephen Ⅵ）打开福尔摩赛的棺椁。死去的教皇穿着法衣，被人安置在桌子后面，然后由斯德望六世召集教士们开会，给那具尸体定罪，并免去其圣职。"这些事都做完之后，"克雷莫纳的利乌特普兰德写道，"兰伯特下令将那具尸体的法衣剥下，砍掉其三根手指，然后扔进了台伯河。"因为福尔摩赛正是用这几根手指来为罗马人民祈福的。这次宗教会议后来被称为"僵尸审判"（Synodus Horrenda）。[7]

发泄了一通之后，兰伯特回到意大利北部，与贝伦加尔做了一笔交易：二人商定，由兰伯特统治意大利南部，贝伦加尔则统治北部地区，而且兰伯特将迎娶贝伦加尔的女儿吉塞拉（Gisela）为妻，以加强二人的合作。贝伦加尔同意了。他或许并没打算遵守约定，但也没有机会违反，因为只过了几个月，年仅18岁的兰伯特就摔断脖子死了。关于兰伯特之死，克雷莫纳的利乌特普兰德所记载的一个说法是，兰伯特是出去狩猎野猪的时候跌下马来摔死的。后来，在进行修订的时候他又补充说："还有另一个说法，我觉得可能性更大。"根据这个说法，兰伯特是被一个来自米兰的年轻人谋害的，因为他曾处决了这个年轻人的父亲。他被杀之后，尸体被摆放成像是狩猎时意外身亡一样。[8]

无论实情如何，兰伯特的死使贝伦加尔得以宣称自己为全意大利之王。虽然他终于戴上了王冠，但是一个不幸的巧合却使他即将

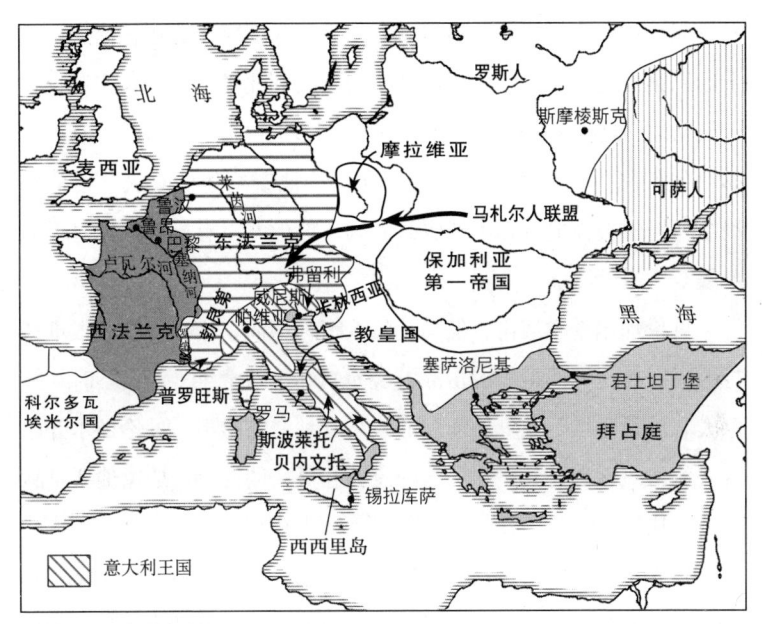

地图 27-1　马扎尔人

失去这个王位。

在北方，一场战争风暴正在酝酿着，又有一名勇士将分散的部落统一成一个新生的国家。这次得到统一的是芬兰-乌戈尔人的部落，罗斯人的祖先就出自这个族群。勇士的名字是阿尔帕德（Arpad），他打造了一个新的部落联盟，自己出任第一任国王。"在这个阿尔帕德之前，马扎尔人的历史上从未有过任何君主。"拜占庭皇帝"紫衣贵族君士坦丁"（Constantine Porphyrogenitus）在他所著的马扎尔人历史中这样写道。[9]

在阿尔帕德的指挥之下，马扎尔人联盟的战士们开始向西方前进。895 年前后，他们已到达摩拉维亚边境。898 年，他们向威尼斯发起进攻，不过接着就撤退了。但到了 899 年，就在贝伦加尔戴上伦巴第人的铁王冠时，他们开始向意大利北部进军。其实一直有人鼓动他们这样去做，在东法兰克，卡林西亚的阿努尔夫答应他们，如果他们愿意把精力放在意大利北部，他就给他们衣服，给他们钱。阿努尔夫被迫放弃了征服意大利，但他并没有放弃除掉对手的希望。[10]

贝伦加尔率军回击，但马扎尔人精神饱满、雄心勃勃，很难被打败。而且他们还精于游击战，公元 900 年的全年，他们不时劫掠意大利城镇，然后在贝伦加尔的人马赶到之前撤离。贝伦加尔开始失去原来一直都是其坚强后盾的意大利贵族的支持。毕竟他要是除不掉马扎尔人的话，那支持他还有什么用呢？

在意大利北部，托斯卡纳侯爵阿达尔贝特二世（Adalbert II, Margrave of Tuscang）的领地受到了马扎尔人的猛烈袭击，以他为首的贵族们邀请加洛林王朝的一个小亲王——普罗旺斯的路易（Louis of Provence，查理曼是他的高外祖父）——到意大利来，给他戴上了铁王冠。贝伦加尔象征性地要求决战，但他的手下已经减员，而普罗旺斯的路易却赢得了越来越多的支持者。贝伦加尔被迫从意大利北部逃离，将铁王冠留给了他的对手，马扎尔人则在他走后大获全胜。

27 为铁王冠而战

不列颠	法兰克人	意大利	罗马皇帝	马札尔人	摩拉维亚
	（阿基坦） 丕平二世 （838—852） 无地的查理 （840—877）				
（达尔里阿达） 席内德·马克·亚尔宾 （843—858）	凡尔登条约 （843） 维京人进攻法兰克人	路易二世 （844—875）			
			路易二世 （850—875）		拉斯蒂斯拉夫 （846—870） 西里尔和美多迪乌到来
（威塞克斯） 埃塞雷德 （865—871）	口吃路易 （866—879）				
维京大军到达不列颠 （威塞克斯） 阿尔弗雷德 （871—899） 威德摩尔条约 （878）		教皇约翰八世 （872—882）	无地的查理 （875—877）		斯瓦托普鲁克 （870—894）
	路易三世 （879—882）/ 卡洛曼二世 （879—884） 胖子查理 （882—887）		胖子查理 （881—887）		
		教皇斯德望五世 （885—891）			
	卡林西亚的阿努尔夫 （887—899）				
		斯波莱托的盖伊（889—894）			
		教皇福尔摩赛 （891—896）	斯波莱托的盖伊 （891—894）		
		兰伯特 （896—898） 教皇斯德望六世 （896—897） 贝伦加尔（898—900） 普罗旺斯的路易（900—902）	卡林西亚的阿努尔夫 （896—899）	阿尔帕德（895—907） 马札尔人进入意大利	

/ 28

关白

> 884 年至 940 年，藤原氏为自己量身打造了一个新的官职，天皇试图削弱藤原氏的力量，但失败了。

884 年，出身藤原家族的官员藤原基经是日本最有权势的人物。他是年幼的阳成天皇的摄政；880 年，他就被任命为太政大臣。如今阳成天皇已经十几岁了，完全可以亲政了，于是，藤原基经又为自己想出了一个新的头衔：他要当"关白"*，辅助天皇总理万机。有了这个名头，他可以在天皇成年后，仍然掌握与天皇年幼时他作为摄政一样的权势。[1]

884 年，15 岁的阳成天皇在位已有 8 年，却一直没有实权。他本来只是个无聊的孩子，天长日久，心理逐渐变得异常起来。他爱看狗捕杀猴子，爱拿青蛙喂蛇，还开始提议由他亲手处决犯人。藤原基经以天皇行为异常为由，召集了一次朝官会议，大家全都同意他的意

---

* 关白原意为陈述、禀告，藤原氏把持朝政，朝中大事都要先向其汇报，故被称为关白。——编者注

见，认为这位年轻的天皇应该被废黜。于是，藤原基经答应带阳成天皇去看赛马会，以此为饵将其诱上马车后，一路疾驰把他带出城去。取而代之的是朝廷推举的阳城天皇时年54岁的叔祖光孝天皇。[2]

不过阳成天皇从未被囚禁过。他精神异常的症状偶尔会加剧（据说他至少杀过两个人），不过似乎他也被允许骑马在山间漫步，在外狩猎过夜，有时他还会不打招呼就出现在某个大地主家门外，要求进屋休息。他至少有过一次爱情，并为他所恋慕的女子写了首诗，诗中的意象取自遥远的东北海岸，在那里，米那河从900多米高的筑波山上飞流而下，直冲入浪花翻滚的潭中：

> 飞流直下筑波岭，
> 相思积成万尺渊。

不过史书上并没有留下他结婚成家的记载。[3]

再来看平安京中，光孝天皇对政治毫不在意。藤原基经仍然担任摄政，在朝中一手遮天。这是有史以来第一次由摄政公开代替一个加冕时即已成年的天皇进行统治。藤原基经就这样继续统治着日本，无人敢于挑战他，直到3年后光孝天皇过世。[4]

继任天皇的是光孝天皇20岁的儿子宇多天皇。他刚一即位，便下诏："万机巨细，皆关白太政大臣，而后奏下。"这道诏书被视为"关白"一职的正式任命。但之后不久，他立即开始进行一场谨慎而坚决的斗争，欲从他的太政大臣手中夺回实权。被任命为关白后，藤原基经曾提出正式辞去关白一职，这在日本政界已成为一种惯例。宇多天皇本应接受其辞职，然后再同样按照惯例，重新任命藤原基经为他自己的关白。

于是宇多天皇接受了藤原基经的辞职，但他的下一步做法却违反了惯例。他不敢激怒强大的藤原氏家族，所以不能完全无视藤原基经而不重新任命他。于是天皇给已经年老的藤原基经下了一道虚情假意的诏书，不让他当关白，而是让他在新政府中担任"阿衡"。

阿衡这一官职古已有之，备受尊崇，但在很大程度上只是个虚衔，因此藤原基经勃然大怒，拒不上朝。毕竟他仍然是太政大臣，只要他拒绝审阅奏章，整个朝廷政务就会停摆。

在将近一年的时间里，其他朝官纷纷要求天皇安抚藤原基经，重新任命他为关白。宇多天皇顶住了越来越大的压力，但朝中政务越来越纠缠不清，关于阿衡的职位是否算是一种侮辱的争论也越来越激烈。"天下之务，皆尽壅滞，"宇多天皇在日记中这样写道，"时人难之。"[5]

最终，888 年，宇多天皇被迫屈服。他将这件事怪在倒霉的左大弁、学者橘广相身上，说他在草拟诏书时误会了自己的意思，写错了官名。为了挽回颜面，他也只能做到这个地步了。他十分难堪，橘广相的仕途也因此大为受阻。藤原基经十分体面地接受了关白任命，重新开始处理政务。[6]

他已经证明，朝廷里一言九鼎的人是他自己，而不是天皇。然而，即使是藤原基经也无法长生不老。几年之前，有位出身皇族的诗人名叫在原业平，他是桓武天皇的远亲，曾与藤原氏起过冲突，后来眼看着自己在朝廷晋升的机会破灭。他道出了与藤原基经为敌之人的希望：年老和死亡会最终结束藤原基经执掌了一生的权力。

今年樱花落，
多飞散乱低。

> 老年不速客，
>
> 来路为遮迷。[7]

891年，他的愿望终于成真。藤原基经病情恶化，他辞去关白之职，几周后就病逝了。

藤原基经的长子藤原时平此时只有20岁，宇多天皇拒绝授予他（或其他任何人）关白一职。相反，他让此职位空缺，并且尽可能多地提拔其他家族的成员担任各个要职。他虽不能无视藤原时平，但也只给了这个年轻人一个次要职位，并不倚重于他。他最信赖的谋士菅原道真是个诗人，出身并不显赫，却颇有才华。菅原道真此时年近50岁，曾在地方任职，他曾在宇多天皇早年与藤原基经斗法时支持过替罪羊橘广相，并因而得到宇多天皇的赞赏。[8]

宇多天皇在藤原基经手中所受到的耻辱，使他不敢完全无视藤原家族的期望。因此，其后几年间，他让藤原基经的儿子得到适度升迁，但他同时也提拔了菅原道真。到896年的时候，两人分别担任朝中最重要的两个职位。

与此同时，天皇努力改善平安京朝廷与地方之间的关系。他知道地方上的贵族以天皇的名义征收税款之后却将其截留，中饱私囊，因此他下令进行一系列的改革，以防止这些贵族夺取治下农民的土地。然后，在这些改革顺利进行之时，他毅然退位。[9]

他只有30岁，此时退位是一个既冒险又大胆的举动。他的长子醍醐天皇刚满12岁，已经不需要摄政的监督，可以亲政了。宇多天皇退位之后让醍醐天皇加冕继位，这样他就可以监督权力的交接。无论如何，宇多天皇并不打算放弃自己的权力。虽然他举行了正式的仪式，脱下皇袍，开始钻研佛法，并剃度入寺，但他干预朝政的力度仍然不减,因此被称为"太上法皇"。他与藤原氏之间的权力斗争,并不完全是为了让天皇收回实权。天皇之位仍然比较被动,这个位置是日本人民与天道之间十分重要但也是高度仪式化的一个纽带。事实上,他的斗争是为了抵制藤原家族一家独大的勃勃野心,为此他让菅原道真出面为他打头阵。

菅原道真在这个位置上觉得很不自在。于是,899年,在宇多天皇退位两年后,他向年轻的醍醐天皇上书请辞。因为他得到风声,听说以藤原时平为首,有一个针对他的阴谋,他对此有些害怕。[10]

但醍醐天皇在父亲的授意下,拒绝接受菅原道真的请辞。于是901年,藤原时平出击了。醍醐天皇当时还不满17岁,像一般青春期的少年一样常会有些焦虑,藤原时平说服他相信父亲宇多天皇正在和菅原道真密谋废立,让他的胞弟篡位。醍醐天皇被策动,没有告诉父亲就下诏将菅原道真赶出朝廷,并令其终生不得回京。

小天皇刚在诏书上签了名,藤原时平就下令逮捕了对手菅原道真及其家人,将他们发配到遥远的边疆。菅原一家一旦被抓,这件事就不再是个秘密,忠于宇多天皇的官员赶紧跑到寺庙里,告诉他发生了何事。宇多天皇立即骑马回宫,但藤原时平已将宫门紧闭,他无法入宫,在街上站了一夜。到了早晨,菅原道真和他的儿子们早就被押出平安京,踏上流放南方九州岛的路了。[11]

宇多天皇赌输了这一局,菅原道真则为此付出了代价。两年后他死在了流放地,再也没能回到京城。藤原时平将年轻的醍醐天皇牢牢地控制在手中,开始在朝中大权独揽,就像他那了不起的父亲从前所做的那样。他并未尝试得到关白的头衔,但他再次让藤原氏贵族及其党羽占满了朝中的大小官位。而宇多天皇则被困在寺庙中,被切断了与儿子、与朝廷的联系,无法继续在朝中扮演自己想要的角色。[12]

可惜藤原时平于909年早逝,他的上升势头因此终止。不过,他的弟弟,也就是藤原基经的幼子藤原忠平,接过了他的接力棒。930年,时年45岁的醍醐天皇去世,朝廷任命藤原忠平为摄政,辅佐醍醐天皇年仅7岁的儿子登基。一年之后,宇多天皇也过世了,到死他都还在寺庙中,仍然被排斥在皇宫之外。新继任的朱雀天皇(Suzaku)长大之后,藤原忠平就任关白。他重新得到了父亲的职位,藤原家族也再次占据了平安京几乎每一个重要的职位。[13]

平安京城内的权力争夺,并没有像在中国、拜占庭、或更往西去的那些王国发生的一样,以暗杀和内战的形式爆发出来。其原因之一在于日本的天皇治下并没有常规军队,当天皇需要军队时,他们就现从20岁以上60岁以下的自由人口中征召。而且,如果不发生实际战事,这些已经应征入伍的人也仍然过着平民的生活,只是"随时待命"而已。大部分时间他们还是住在自己家里,还在家乡按部就班地过日子,该种地的种地,该经商的经商,每年服兵役的时间一般不超过35~40天。因此,藤原氏或其他野心勃勃的贵族们,无法像在西方常见的那样,先想方设法当上将领,得到军队的支持之后,再带兵造反,夺取皇位。*

他们能做到的,是像藤原氏那样在朝廷内谋求合法的权力,要不然就豢养私兵,在远离京城的偏远地区圈地为王。

939年,一个名叫平将门的大地主就走上了第二条道路。他生活在土地肥沃的关东地区,善于骑马打仗,重视家族荣誉,而且还算得上是桓武天皇的后裔。平家的众多子弟占据了关东的大小官职。

---

* 日本的军事结构有点复杂,在有限的篇幅里无法完全解释清楚,如需更加详细的说明,请参阅: Karl F. Friday, *Hired Swords* (Stanford University Press, 1992), pp. 1–32。

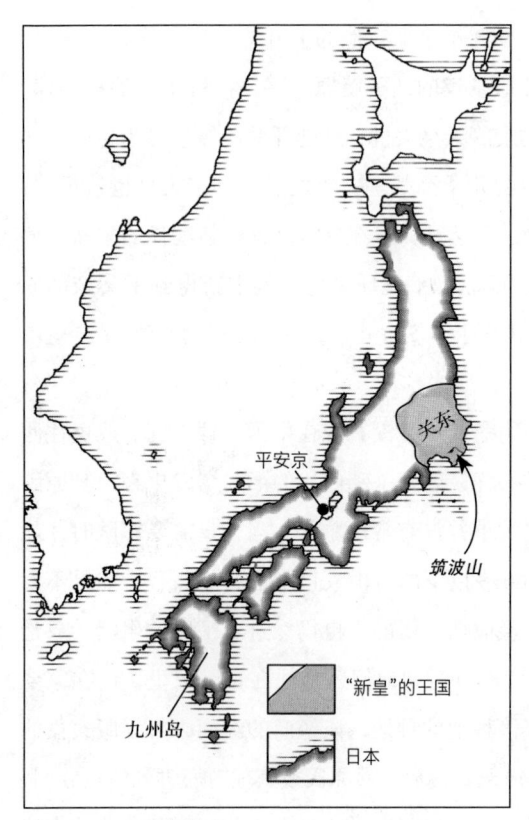

地图 28-1　平将门叛乱

平将门本人年轻时也曾投身平安京的朝廷，在那里亲眼见识过藤原家族的滔天权势。或许就是这种景象点燃了他的勃勃雄心。[14]

平将门权力之路的起点是地方上的一起争执。当时他刚自平安京返乡，就因领地权属问题与几名邻居产生了争端，开始是争吵，很快就动起手来。涉事各方地主的家丁们都全副武装，一场小规模的局部战争开始了，平将门大获全胜。

在胜利的鼓舞之下,平将门指挥手下已超过千人的私军进攻距离最近的国府衙——常陆国府衙。由于国府衙在设计时没考虑过要抵抗军队,因此无法抵挡,很快就投降了。平将门于是更加狂妄自大,自号"新皇"。他还占领了周围的皇家领地,开始任命朝廷百官。[15]

但他的统治仅维持了约三个月。藤原忠平悬赏重金要他的项上人头,而天皇治下虽然没有常备军队,却有金钱无数。另外两个大地主一个是藤原族人,另一个是平氏本族人,他们联手一起攻打新皇(为了领取赏金)。在平将门自立为王约三个月后,他这两个敌人各自率领私兵来到他所占领区域的北部边界。

平将门的军队也像日本所有的其他军队一样,是变化不定的,他手下的兵也不是全职士兵,他们也有自己的生活要过,所以时常来来去去。当联军发动袭击时,平将门的部队恰好人员暂时减少,只剩下不到400人。结果这一小股部队被全歼,平将门本人也被杀死了。当时的史书《将门记》记载了他的叛乱之事,书中这样写道:"马忘风飞之步,人失梨老之术。新皇暗中神镝,终战于涿鹿之野,独灭蚩尤之地。"[16]

平将门的武装叛乱虽然发生在地方,但其实与藤原氏在京城的争权夺利一样,也是另一种形式的权力之争。虽然平将门的政治手腕不如藤原氏在平安京那样得心应手,但它也预示了未来将要发生的事情。在之后一个世纪的时间里,藤原氏家族世袭着半合法的专制统治,继续执掌大权,但他们的权力也不会永远无人质疑。天皇能够施展的空间已变得越来越小,而在此空间之外,日本的贵族世家则为争权夺利进行着越来越凶猛残酷的斗争。

时间线 28

法兰克人	罗马皇帝 意大利	摩拉维亚	马札尔人	日本
凡尔登条约（843）	路易二世（844—875）			
维京人进攻法兰克人				
		拉斯蒂斯拉夫（846—870）		
	路易二世（850—875）			文德天皇（850—858）
		西里尔和美多迪乌到来		清和天皇（858—876）藤原良房摄政（866—872）
口吃路易（866—879）		斯瓦托普鲁克（870—894）		
	教皇约翰八世（872—882）			藤原基经摄政（872—891）
		无地的查理（875—877）		阳成天皇（876—884）
路易三世（879—882）/卡洛曼二世（879—884）				
胖子查理（882—887）	胖子查理（881—887）			
	教皇斯德望五世（885—891）			光孝天皇（884—887）
卡林西亚的阿努尔夫（887—899）	斯波莱托的盖伊（889—894）			藤原基经任关白（887—891）
				宇多天皇（887—897）
	教皇福尔摩赛（891—896）	斯波莱托的盖伊（891—894）		
	兰伯特（896—898）教皇斯德望六世（896—897）	卡林西亚的阿努尔夫（896—899）	阿尔帕德（895—907）	
				醍醐天皇（897—930）

时间线 28（续表）

法兰克人 意大利	罗马皇帝 摩拉维亚	马札尔人	日本
贝伦加尔 （898—900）		马札尔人进入意大利	
普罗旺斯的路易 （900—902）			
贝伦加尔 （902—924）	普罗旺斯的路易 （901—905）		
	贝伦加尔 （915—924）		朱雀天皇（930—946） 藤原忠平摄政（930—941） 平将门叛乱（939） 藤原忠平任关白 （941—949）

/ 29

巴西琉斯

> 886年至927年,"智者利奥"公然藐视君士坦丁堡的牧首,保加利亚国王要求皇帝的称号,罗曼努斯·利卡潘努斯说明基督徒不应进行战争。

巴西尔一世的嫡子利奥六世于20岁时成为君士坦丁堡唯一的皇帝。他几乎立刻就为自己赢得了"智者利奥"(Leo Sophos,或Leo the Wise)的绰号。这个称呼也不一定说明他多么擅长治理国家,而是有点"书呆子利奥"的意思。利奥博览群书、过目不忘,每天晚上都忙着撰写军事手册、修订法律法规、创作诗歌和赞美诗,或者准备他在节日及其他重要场合需要发表的布道辞。[1]

他并不是第一个宣扬布道的皇帝——他的前辈利奥三世就发表了一系列反对圣像崇拜的训诫——但"智者利奥"更爱插手教会事务,每天忙个不停。恺撒勒雅的神学家阿尔萨斯(Arethas)称他西奥索弗斯(theosophos),意思是"精通神学事务",其实就是委婉地说他"爱管神学事务的闲事"。他刚登上皇位,就决定换掉君士坦丁堡最高级的神职人员——牧首,让他自己19岁的弟弟斯蒂芬来当,斯蒂芬死后,他又亲自任命了接下来的两任牧首。[2]

不过,其中的第二任牧首,尼古拉·米斯蒂科斯(Nicholas Mystikos),却并不像"智者利奥"所希望的那样听话。到901年,利奥不得不面对一个令人不快的现实:他的皇位无人继承。他已35岁,结过3次婚,却没有生下一个儿子,只好加冕弟弟亚历山大为共治皇帝和继承人。

但他尚未放弃希望。当他的第三任妻子于901年死了后,利奥决定再娶,这次打算娶的是他的情妇佐伊·卡尔伯诺普希纳(Zoe Karbonopsina),即"黑眼睛的佐伊"。

这件事受到了牧首尼古拉·米斯蒂科斯的阻挠。结婚3次就已经不怎么合法了,因为教会的教义中有一条令人费解的规定,根据这条规定,虽然一个人在配偶逝世后完全可以再婚,但只能再婚一次。牧首对利奥的第三次婚姻就已经侧目了,但第四次要让他再假装看不见,他就太不情愿了。

利奥隐忍不发,直到佐伊生下第一个孩子,是个女孩。905年年初,她再度怀孕,临产的时候,利奥把她搬到了紫色寝宫(the Purple Chamber)。传统上,皇后都是在这里诞下皇室继承人的,因此在紫色寝宫生产,就意味着朝廷承认她进入其核心。而君士坦丁堡的朝廷作为一个整体,要比任何皇帝单独一人都强大得多。"皇帝有可能、也确实会来来去去,"历史学家阿诺德·汤因比(Arnold Toynbee)写道,"能力过人的冒险家有可能、也确实会取代一个短命的王朝,但朝廷会继续存在。"君士坦丁堡的皇帝会受到朝廷的尊崇,但他同时也受制于朝廷,皇帝的权力大小取决于他的臣下对他有多么忠诚。[3]

利奥的朝廷对他足够忠诚,十分支持他得到一个继承人的努力，因此，佐伊可以在紫色寝宫生产，身边围绕着传统的助产士。她这次生的是个男孩，利奥终于松了口气。他尽一切努力让这个新生儿拥有合法的地位，给他取了皇家那个神圣的名字"君士坦丁"。[4]

他的名字和他在紫色寝宫降生的事实都有利于这个婴儿得到合法地位。然而为了确保他的地位不受挑战，利奥仍然需要与他的母亲正式成婚。利奥再次向牧首提出，他应当结第四次婚。牧首再次拒绝了他。利奥"精通神学事务"，遂决定不征得牧首的许可，他自己做主娶了佐伊，还举行了公开的奢华婚礼，这激怒了君士坦丁堡的高级神职人员。"那孩子的母亲被引入皇宫，完全是一副皇后的派头，"尼古拉·米斯蒂科斯后来在写给罗马的一封信中这样写道，"皇后冠就戴在这个女子头上……教士们一片哗然，好像他们的全部信仰都被颠覆了一样。"[5]

尽管尼古拉·米斯蒂科斯反对这桩婚姻，但他从本质上说还是皇帝的人。然而君士坦丁堡其他教士那愤怒的声音迫使他出面维护教会的权威，因此自从利奥公开藐视教会之后，尼古拉·米斯蒂科斯虽不那么情愿，却只得禁止他踏入自己城市的教堂。

利奥对此无法接受。907 年，他派兵（使用武力）罢免并流放了尼古拉以及所有反对立佐伊为皇后的教士。之后，当君士坦丁年满 6 岁时，利奥将其加冕为共治皇帝。他给这个小男孩命名为"紫衣贵族君士坦丁七世"（Constantine VII Porphyrogenitus），强调其出生于"紫色寝宫"，以此来提醒所有接近新皇的人，朝廷支持君士坦丁的继承权。

利奥打算在死前尽可能顺利完成皇位交接，因为拜占庭正处于来自外部的巨大压力之下。至少两个世纪以来，对于君士坦丁堡的安全来说，穆斯林军队一直是最大的威胁。不过现在，阿拔斯王朝还自顾不暇，因此主要的威胁来自西方。

保加利亚国王鲍里斯已带领整个国家正式皈依基督教，他与拜占庭虽相距遥远，却甚为亲切友好，他甚至还将儿子西美昂（Simeon）送到君士坦丁堡来接受教育。但西美昂在继承保加利亚王位后，却成了拜占庭的敌人。*与"智者利奥"一样，西美昂也爱读书：尼古拉·米斯蒂科斯将他描述为一个"热爱知识，将古人典籍读了一遍又一遍"的人。阅读激发了他的想象，他想要将保加利亚变成一个像旧时帝国一样伟大的帝国。当利奥六世忙着解决自己在婚事上遇到的麻烦时，西美昂趁机率领保加利亚军队长驱直入，直抵君士坦丁堡城下。904年，利奥被迫签订和约，将整个希腊半岛北部拱手送给保加尔人——西美昂由此成为在如今被称为巴尔干半岛的土地上统治了几乎所有斯拉夫部落的皇帝。[6]

来自西方的威胁解除了，但另一个威胁却正在逼近。906年，也就是"紫衣贵族君士坦丁七世"成为共治皇帝的同一年，罗斯人也一路推进，来到了君士坦丁堡的城门之前。

罗斯人自皈依以来一直在发展壮大。他们自己的记载告诉我们，那位传奇性的维京战士留里克在诺夫哥罗德定居下来后，稳步扩张自己的势力，控制了周边的部族。当他于879年离世的时候，他将自己的王国和稚子的监护权都留给了另一个罗斯贵族：诺夫哥罗德的奥列格（Oleg of Novgorod）。没想到奥列格却将权力篡为己有，并于3年后将权力中心迁往基辅（Kiev）。

但70年后，记录显示奥列格仍然健在而且活动积极，因此多

---

* 鲍里斯于889年退位后，进了修道院，将王位留给了长子弗拉基米尔（Vladimir）。弗拉基米尔试图扭转父亲对基督教的政策，他开始驱逐教士。于是鲍里斯又走出修道院，罢免并监禁了弗拉基米尔，改以幼子西美昂继承王位，并为其加冕。

数历史学家猜想,"奥列格"这个名称可能是个头衔,而不是个人名。这个故事反映了罗斯势力在其战士首领的带领下扩张的大致轨迹。到9世纪末的时候,罗斯人已迫使与其相邻的斯拉夫部落向他们纳贡了。《往年纪事》中列出了大量向其臣服的部族名称,其中包括东斯拉夫的德列夫梁人(Drevlians)。906年罗斯人进攻君士坦丁堡时,这些部族被迫提供兵力——总共派出了2000艘战船,船上的士兵来自12个不同的部族。《往年纪事》中的记载有趣多彩,但不大可靠,书中说罗斯人"给船装上轮子,在风向合适的时候,他们就张开船帆,从旷野一头扎进城里。希腊人看见这幅景象,都吓坏了"。[7]

无论君士坦丁堡人是被什么吓坏的,总之他们同意支付巨额贡金,让罗斯人撤退。911年,双方又签订了第二个和约,确立了暂时的和平,但对利奥六世来说,未来的形势十分严峻。他死于912年,临终前预言帝国在他的继承人手中将会面临危机。[8]

利奥死后,他的弟弟成为真正的皇帝。他弟弟亚历山大当时42岁,已经当了33年有名无实的共治皇帝。他成年后大部分时间都花在喝酒、打猎以及等待哥哥死去上了。面对突如其来的权力,他有些沾沾自喜。但他可不是傻瓜,他罢免了利奥朝中的旧臣,召回年迈的尼古拉·米斯蒂科斯,因为尼古拉不大可能支持那个名不正言不顺的君士坦丁七世篡夺叔父的权力。但亚历山大接着立即宣布,君士坦丁堡不再向保加利亚国王西美昂一世支付原来利奥许下的岁贡。[9]

这样挑战西美昂简直是在恳求他前来攻打拜占庭,以证明自己不是纸老虎。西美昂接受了挑战,而且将筹码加倍。根据历史学家执事利奥的记载,西美昂派人给君士坦丁堡传信,要求新任皇帝承

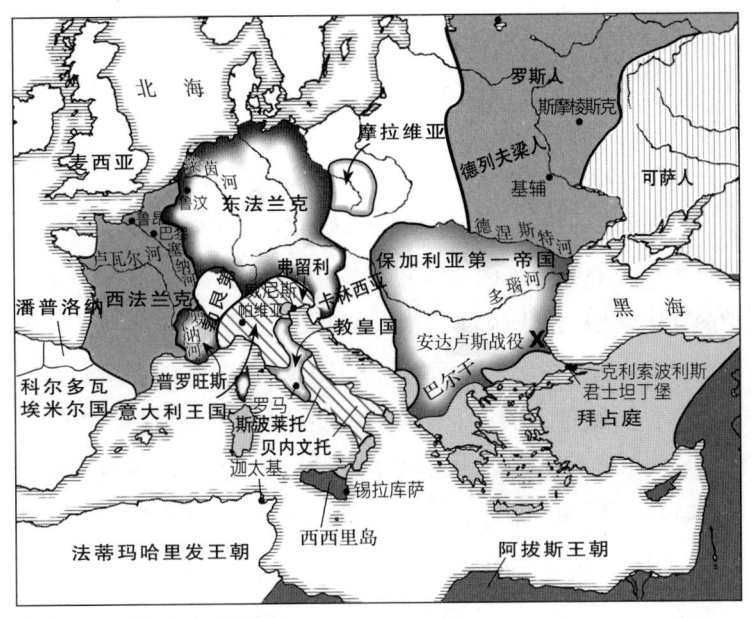

地图 29-1　丢失巴尔干半岛地区

认西美昂也是一位皇帝,是保加尔人民的"巴西琉斯"(basileus),因此他与亚历山大两个人在身份上是平等的。[10]

当然,亚历山大拒绝了他的要求。

执事利奥不太喜欢非希腊人——他使用古老的、有些不屑一顾的言辞描述保加尔人,说西美昂的要求表现出"赛西亚人一贯的疯狂"——但事实上西美昂现在不仅损失了金钱而且受到了侮辱,他很有理由说服人民冒险攻打伟大的君士坦丁堡。然而,正当西美昂开始朝君士坦丁堡进军时,挑起战端的亚历山大却死了。他是在一次饭后骑马打球(一种中世纪的马球)时突然中风的,之后他只来得及任命尼古拉·米斯蒂科斯为他小侄子的首席摄政,就咽下了最后一口气。他的死讯使全城陷入一团混乱之中，统治者是个小孩，而一个受辱之后决意一雪前耻的勇士国王正带领着一支保加尔人军队逼近。

就这样，做出如何对付西美昂一世的决定，成了君士坦丁七世的摄政委员会的任务，委员会中领头的是年迈的牧首尼古拉·米斯蒂科斯。牧首仍然因当年君士坦丁七世还是个婴儿时，利奥否决了他的意见却支持教皇而耿耿于怀。如果尼古拉·米斯蒂科斯完全承认君士坦丁七世是利奥的婚生子，也是君士坦丁堡合法的统治者，他就等于承认了罗马教皇是对的，而他本人错了——这几乎不可能。因此当西美昂一世出现在君士坦丁堡城外时，尼古拉·米斯蒂科斯发现自己处境尴尬：他正在支持着一个他曾认为非法的皇帝。

他同意让西美昂进城谈判，并提出一份和约。拜占庭将向保加尔人纳贡；君士坦丁七世将娶西美昂的一个女儿为妻；而他本人，君士坦丁堡的牧首，则将加冕西美昂为保加尔人的皇帝：巴西琉斯，让西美昂与拜占庭皇帝享有同等的权威（尽管只是对其自己的人民来说）。

毫无疑问，要不是尼古拉·米斯蒂科斯坚信君士坦丁堡根本就没有合法的皇帝的话，他可能不会答应得这么爽快。反正（在他看来）眼下没有一个掌实权的真皇帝，那么允许西美昂一世当个皇帝也没什么关系。[11]

君士坦丁的母亲佐伊自然对这个提议感到震惊，就如同君士坦丁堡的众多士兵和朝臣们一样。于是，一等到西美昂撤远了，佐伊就领导了一场宫廷政变，将尼古拉·米斯蒂科斯赶出宫去（他仍然是摄政，但她警告他管好教会，不要再插手她的事情），然后自己控制了摄政委员会。她接着宣布与西美昂签订的和约全部无效。

为了报复，西美昂展开了一系列的劫掠与袭击。他开始占领两国之间的边境城市，动作越来越快、越来越令人担心。到917年，很明显，拜占庭军队将不得不对保加尔人发动一场大规模的进攻。

这时君士坦丁七世只有12岁，仍然十分年幼，因此制定进攻计划就成了佐伊的任务。她有两个将领可用：一个是拜占庭陆军将领利奥·福卡斯（Leo Phocas），另一个则是海军将领罗曼努斯·利卡潘努斯（Romanos Lecapenus）。罗曼努斯·利卡潘努斯是个指挥有方的将领，但他也是个农民的儿子，在拜占庭社会上影响并不算大；而福卡斯作为将领虽在军中普遍评价不高，但他却是个英俊的贵族。而且据克雷莫纳的利乌特普兰德所说，他"热切期望要成为皇帝的父亲"，于是佐伊决定让他来指挥进攻。[12]

他率军沿黑海岸边一路向北，在黑海沿岸的安奇阿卢斯（Anchialus）与西美昂一世及保加尔人军队相遇，而罗曼努斯·利卡潘努斯则率领舰队在岸边停泊。917年8月20日，两军开战。关于这场战役说法各异，或许是因为目击者大多数都死了。安奇阿卢斯战役打响的这一天是几个世纪以来战斗最血腥的一天，利奥·福卡斯手下官兵数万人几乎全部阵亡，战场上堆满了尸体，这块土地过了几十年都无法使用。根据执事利奥的记载，将近80年后，这里仍然四处累累白骨。[13]

保加尔人打了胜仗，乘胜南下追击残余的拜占庭部队。利奥·福卡斯勉强逃过一劫。至于海军将领罗曼努斯，当他意识到拜占庭已经战败时，就下令舰队起锚，撤回到黑海上安全的水域去了。

利奥·福卡斯试图在君士坦丁堡城外再战一场，但保加尔人再次对他的余部展开屠杀。他好不容易挣扎着逃脱入城，却发现罗曼努斯·利卡潘努斯早就回来了——当时他下令直接返航君士坦丁堡，如今舰队就在附近停泊。

没等利奥·福卡斯解释为何战败，罗曼努斯·利卡潘努斯就出手了。他以商讨对策为名，请城里的众高官登上他的旗舰，然后将他们锁在舱内，接着他率军入城，除掉了佐伊和她所有的支持者。几乎没有人对此比表示任何反对，他成功地逃避了战败的责任，把这件事全都推到了佐伊和她的情人福卡斯身上。[14]

罗曼努斯接管了摄政委员会，承诺拯救君士坦丁堡，保证大家的安全。利奥·福卡斯认清了形势，谨慎地取消了与佐伊的婚约，退回了克利索波利斯。没人对他进行任何挽留。

到919年4月，罗曼努斯已经得到民众的衷心拥护，他决定看看能否夺取皇冠。他将佐伊送进女修道院，然后说服摄政委员会任命他为君士坦丁七世的副手。接着，他安排自己的女儿，9岁的埃琳娜，嫁给14岁的"紫衣贵族君士坦丁七世"。作为皇帝的岳父和副手，他距登上皇位只有一步之遥。

后来证明这只是一小步。君士坦丁堡的牧首，年迈的尼古拉·米斯蒂科斯，认为罗曼努斯比君士坦丁七世更适合担任皇帝，因为在这个固执的老人眼里，君士坦丁七世仍然不够名正言顺。因此米斯蒂科斯同意加冕罗曼努斯为罗曼努斯一世，成为拜占庭的共治皇帝，于是年幼的君士坦丁七世再次处在了另一位年长皇帝的阴影之下。他在这个阴影中一直待了25年。朝中的忠臣曾经同意让他继承皇位，如今却都转而支持他那位能干的岳父，将君士坦丁挤到了一边。

利奥·福卡斯在他遥远的隐居地极力反对这一切，于是罗曼努斯派了两个人去捉拿他。结果他们擅自做主，刺瞎了福卡斯的双眼。罗曼努斯宣称这一变故令其深感痛心。[15]

与此同时，保加利亚的西美昂一世已重整旗鼓，再次一路杀向君士坦丁堡。他曾经兵临城下，而且不止一次，知道只靠一支地面部队无法攻破城门，必须要用舰队。但保加利亚没有海军，他只好向别人借。因此他派出使者去找法蒂玛王朝的哈里发马赫迪，请求马赫迪正式与自己结盟。

马赫迪同意了。毫无疑问，他肯定认为与西美昂结盟是谨慎的行为，可以先发制人。但对西美昂来说很不幸的是，他的使者在从北非返回的路上被拜占庭士兵俘获，押送到了君士坦丁堡。于是罗曼努斯也派人向法蒂玛王朝的哈里发发出提议，表示如果马赫迪成为他的盟友，而不是与西美昂结盟，那么他就向法蒂玛王朝纳贡，并且保证和平。

经过考虑，罗曼努斯认为最好能确保两个伊斯兰帝国都不会进攻拜占庭，因此他也向巴格达发出了和平的提议。

两个哈里发都接受了罗曼努斯的提议。西美昂被抢走了盟友，只好转而请求和谈。罗曼努斯同意与他见面，双方都做好了周密的准备，因为他们都还记得当年拜占庭突袭西美昂的前任克鲁姆的事。两位国王互相派出人质，在金角湾搭建了一座木制平台，平台正中有一道墙。924 年 9 月 9 日，西美昂从陆地骑马登上平台，罗曼努斯则乘坐皇家船只踏浪而来，两人隔墙对望。[16]

西美昂的满腹雄心因对手精明的政治联盟手腕而遭到了挫败。罗曼努斯本来就是用这样精明的政治联盟手腕才登上皇位的。然而现在，罗曼努斯与敌人面对着面，谈到的却是信仰，而不是战争。罗曼努斯对西美昂说的话，正如历史学家斯蒂文·朗西曼（Steven Runciman）所指出的那样，在不同版本的编年史中都有逐字逐句的记录，这说明他的话是有正式记录的。他是这样说的：

> 我听说你是个教徒，是一个虔诚的基督徒。但我看你言行不一……如果你是个真正的基督徒，我们也相信你是，那就请你停止不义的屠杀，别再让无辜之人流血了，与我们基督徒讲和吧——既然你说自己是基督徒——不要让基督徒的手上染上基督徒同胞的鲜血……让我们迎接和平、和谐相处，这样你自己也可以过上平静安宁、没有流血、没有烦恼的生活，这样基督徒才能不再痛苦，不再自相残杀。因为拿起武器攻击和自己一样信仰上帝的人是有罪的。[17]

罗曼努斯刚与两位伊斯兰教国家的哈里发结盟以对付和他同样信仰基督教的对手，他居然就说出了这样的话，脸皮是有点厚。然而，西美昂却被打动了。他同意和平，条件是君士坦丁堡恢复给他岁贡，之后就打道回府了。

927年，西美昂死于心脏病发作。他的儿子彼得一世（Peter I）继位之后，向位于马其顿的拜占庭领土发动了破坏性的闪电袭击，接着撤退并提出讲和。罗曼努斯看到彼得刚刚造成的破坏，只得表示同意。作为和约的一个部分，彼得一世迎娶了罗曼努斯的孙女。

更重要的是，罗曼努斯在成为整个战争导火索的那件事上做了让步，承认彼得一世为皇帝。保加利亚国王上升到了与君士坦丁堡的统治者同样的地位。

时间线 29

日本	拜占庭	阿拔斯帝国	法蒂玛王朝	罗斯人	保加利亚	摩拉维亚
	米海尔三世（842—867）					
		穆塔瓦基勒（847—861）				拉斯蒂斯拉夫（846—870）
文德天皇（850—858）					鲍里斯（米海尔一世）（852—889）	
清和天皇（858—876）藤原良房摄政（866—872）	维京人/罗斯人进攻君士坦丁堡（860）					
		蒙塔希尔（861—862）		留里克（约862—约879）		
						西里尔和美多迪乌到来
		穆塔兹（866—869）				
	巴西尔一世（867—886）					
藤原基经摄政（872—891）					斯瓦托普鲁克（870—894）	
阳成天皇（876—884）				奥列格（约879—约912）		
光孝天皇（884—887）藤原基经任关白（887—891）	利奥六世（886—912）					
	牧首斯蒂芬一世（886—893）					
宇多天皇（887—897）					西美昂一世（893—927）	
醍醐天皇（897—930）						
	牧首尼古拉·米斯蒂科斯（901—907/912—925）罗斯人进攻君士坦丁堡（906）					

时间线 29（续表）

日本	拜占庭	阿拔斯帝国	法蒂玛王朝	罗斯人	保加利亚	摩拉维亚
			马赫迪（909—934）			
	亚历山大（912—913）					
	紫衣贵族君士坦丁七世（913—959）					
	安奇阿卢斯战役（917）					
	罗曼努斯·利卡潘努斯，主政的共治皇帝（920—944）					
朱雀天皇（930—946）					彼得一世（927—969）	
藤原忠平摄政（930—941）						
平将门叛乱（939）						
藤原忠平任关白（941—949）						

/ 30

缔造诺曼底

> 902年至911年,贝伦加尔刺瞎了罗马皇帝的双眼,将意大利据为己有,"糊涂查理"则将西法兰克的部分领土拱手送给了维京人。

902年,意大利贵族贝伦加尔终于赢回了伦巴第人的铁王冠。他在战斗中打败了普罗旺斯的路易,路易当时拥有三个头衔:"普罗旺斯国王""意大利国王"和"罗马人的皇帝"。路易投降的时候,向贝伦加尔保证自己要回家乡去,希望自己还能继续统治普罗旺斯(作为一名独立的国王进行统治,他拒绝宣誓效忠东法兰克国王),并担任罗马人的皇帝,但他将终生不再踏入意大利一步。

然而他的承诺只遵守到905年,当时阿达尔贝特和其他意大利贵族邀请路易回意大利。据克雷莫纳的利乌特普兰德所说,他们这样做的原因是贝伦加尔"让人讨厌",大概是说他的国王派头端得太足了,大家都不喜欢。意大利贵族习惯了拥有相当程度的独立性,而普罗旺斯的路易则一直是个宽松的统治者。[1]

因此,路易带兵打回意大利,并在维罗纳城为自己举行了盛大的庆祝仪式。他也知道贝伦加尔会卷土重来，但阿达尔贝特和其他的贵族都保证把自己的私人军队借给他用，因此他对获胜充满信心。

但阿达尔贝特和其他贵族的私兵规模及奢侈的生活方式，还是让他吃了一惊。他不知轻重地对手下的一个将领说，阿达尔贝特似乎渴望王室的威严，其实他现在已经过着国王般的生活，只差国王的头衔而已了。

阿达尔贝特的妻子偶然听到了他说的这些话，觉得其中隐藏着祸端，她警告丈夫，说普罗旺斯的路易对他们可能也不会像以前那样放手不管了。因此，当路易正在忙着准备战斗的时候，贵族们却在暗中商议，最后一致同意悄悄撤回对路易的支持。贝伦加尔得到风声，提出如果他们在夜深人静的时候，趁路易不备放他潜入维罗纳，他就给他们一大笔好处。

他们同意了，于是，在皇帝毫无防备的沉睡中，贝伦加尔带人潜入城内。贝伦加尔的卫兵找到了路易，将他拖到贝伦加尔的面前，贝伦加尔厉声说道："上次抓住你的时候，我出于同情放你走了，你当时承诺终生不再踏入意大利一步。这一次，我还会饶你一命，但我要你的眼睛。"[2]

然后他的手下就剜出了路易的双眼。路易挺了过来，但他现在没了眼睛，生活不能自理，因此被迫让出了皇帝的称号以及意大利的铁王冠。他回到普罗旺斯，在那里又生活了20多年，余生都被称为"瞎子路易"（Louis the Blind）。[3]

贝伦加尔再次坐上了意大利的王位，并希望能够取代路易成为罗马人的皇帝，但教皇却没有给他这个头衔的意思。因为毕竟他不是加洛林家族的人，也无法保证他在意大利的领土上能当太长时间

的国王。*

而在北方，那些的确出身加洛林家族的国王们却都忙着处理自己的麻烦，根本无暇争夺皇帝之位。法兰克的众多迷你王国已经开始理出一些头绪，其中部分小国国王已被征服、谋杀或者干脆自己逃跑了。卡林西亚的阿努尔夫在刚刚雇用马札尔人骚扰北意大利之后就去世了，他年仅 6 岁的儿子"孩童路易"（Louis the Child）继位成为东法兰克的国王。西法兰克的贵族们已选举"糊涂查理"——"胖子查理"的孙子——来统治他们。上勃艮第在"胖子查理"将其献给维京人供他们过冬时曾经愤而造反，现在仍然保持独立，统治者是一个当地的贵族——勃艮第的鲁道夫。东法兰克备受马札尔人入侵的困扰，西部地区则有维京海盗不断骚扰着"糊涂查理"。

维京人的袭击曾由于"无地的查理"修建了许多防御桥梁而暂时被遏止，现在又再次加剧了。911 年，"糊涂查理"想要彻底解决维京人入侵的问题。他决定割地求和，将西法兰克的部分领土割让给维京侵略者，以换取其保护自己剩余的领土。

他选择了一个自己认识的维京首领做这笔交易。这个人名叫罗洛（Rollo），成年后大部分时间都在西法兰克作战。此人曾是 885 年围攻巴黎的那支舰队的低级军官，之后就常来常往：袭击、战斗、敲诈、撤退，然后再次袭击。

"糊涂查理"在西海岸从自己的家乡给罗洛划了块地，答应让他成为这个地方的统治者。作为交换，罗洛必须同意接受基督教的洗礼，忠于西法兰克国王，并且对抗其他任何可能给查理的王国带

---

* 贝伦加尔最终还是成了罗马人的皇帝，时间是 915 年至 924 年。由于路易被刺瞎，这个位置自 906 年至 915 年一直空缺。

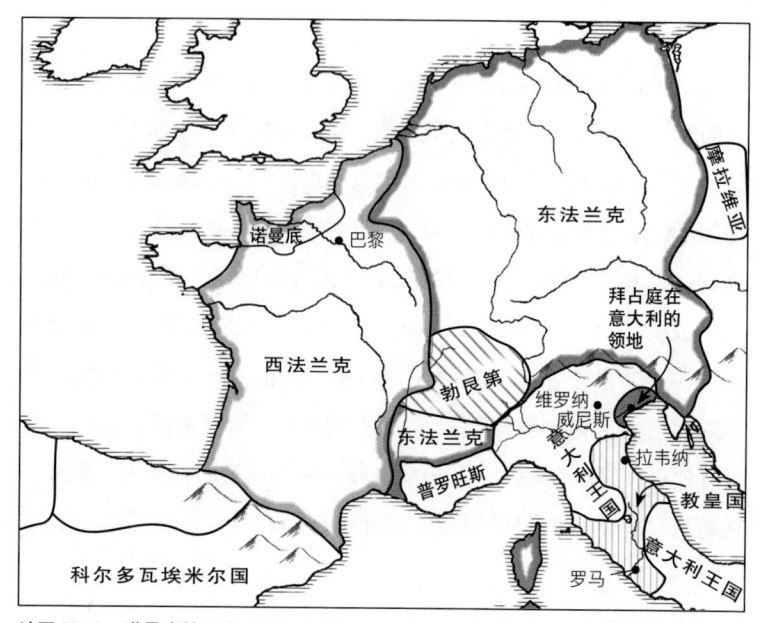

地图 30-1　诺曼底的诞生

来麻烦的维京侵略者。

　　罗洛同意了这笔交易。他选了罗伯特这个教名，与"糊涂查理"签署的《圣-克莱尔-埃普特条约》（Treaty of Saint-Clair-Sur-Epte）把这位维京勇士变成了第一任诺曼底公爵。罗洛还成了查理的女婿：为了保证条约能够顺利执行，诺曼底的罗伯特娶了"糊涂查理"的女儿吉塞拉（Gisela）为妻。

　　不过，就在授予罗洛领地的仪式上，已经种下了日后麻烦的种子。当时附近有一位主教要求罗洛跪下亲吻国王的脚，这是臣下对国王表示臣服的一种常见的做法。但根据《诺曼底公爵事迹》（Gesta Normannorum Ducum）的记载，罗洛起初拒绝了，后来，他以一个出人意料的方式履行这个仪式：

> 在主教的坚持下，他最终命令手下的一个士兵代他亲吻国王的脚。这个士兵突然抓住国王的脚，将其举到自己嘴边，然后印上一个吻。但他没有跪下，而是站着做的，因此国王仰面向后倒了下去。此情此景引起一阵哄堂大笑，乱了好一阵子。[4]

罗洛用这种方法表明了自己保持独立的决心之后，愉快地完成了所有的宣誓。他在接下来的20多年里统治着诺曼底，虽然在名义上臣属于法兰克国王，但实际上却完全随心所欲。

时间线 30

拜占庭	阿拔斯帝国	罗斯人	保加利亚	摩拉维亚	法兰克人 西 / 东	维京人	意大利	罗马皇帝
								路易二世 (850—875)
维京人/罗斯人进攻君士坦丁堡 (860)								
	蒙塔希尔 (861—862)							
		留里克 (约862—约879)		西里尔和美多迪乌到来				
	穆塔兹 (866—869)				口吃路易 (866—879)			
巴西尔一世 (867—886)								
	穆塔米德 (870—892)			斯瓦托普鲁克 (870—894)			教皇约翰八世 (872—882)	
								无地的查理 (875—877)
		奥列格 (约879—约912)			路易三世 (879—882) / 卡洛曼二世 (879—884)		胖子查理 (880—887)	胖子查理 (881—887)
					胖子查理 (882—887)			
					胖子查理 (884—887)		教皇斯德望五世 (885—891)	
利奥六世 (886—912)								
牧首斯蒂芬一世 (886—893)								
					卡林西亚的阿努尔夫 (887—899)		斯波莱托的盖伊 (889—894)	
							教皇福尔摩赛 (891—896)	斯波莱托的盖伊 (891—894)
	穆塔迪德 (892—902)		西美昂一世 (893—927)		糊涂查理 (893—923)			

时间线 30（续表）

拜占庭	阿拔斯帝国	罗斯人	保加利亚	摩拉维亚	法兰克人 西 : 东	维京人	意大利	罗马皇帝
							兰伯特（896—898）教皇斯德望六世（896—897）	卡林西亚的阿努尔夫（896—899）
					孩童路易（899—911）		贝伦加尔（898—900）	
							普罗旺斯的路易（900—902）	
牧首尼古拉·米斯蒂科斯（901—907/912—925）							普罗旺斯的路易（901—905）	
							贝伦加尔（902—924）	
罗斯人进攻君士坦丁堡（906）								
亚历山大（912—913）					（诺曼底）罗洛（约911—约932）			
紫衣贵族君士坦丁七世（913—959）								
安奇阿卢斯战役（917）								
罗曼努斯·利卡潘努斯，主政的共治皇帝（920—944）								
			彼得一世（927—969）					

/ 31

德意志王国

> 907年至935年,"捕鸟者亨利"将东法兰克变成了德意志。

当"糊涂查理"忙着解决维京人的问题时,"孩童路易"正在拼命抵抗马扎尔人的入侵。马扎尔人的雇主阿努尔夫刚死,他们就步履轻快地穿过摩拉维亚,进入东法兰克,到处烧杀抢掠,手段凶残,令法兰克人恐惧不已。"马扎尔人就喜欢打仗,"克雷莫纳的利乌特普兰德这样写道,"他们一降生到这个世界上,母亲就会用非常锋利的刀片把他们的脸割破,目的是让他们在得到乳汁的哺育之前先学会忍受伤痛。"[1]

到907年,摩拉维亚王国在他们的袭击之下已经解体,法兰克的贵族们则承担起了保卫国土免遭马扎尔人破坏的重任。

"孩童路易"既不是一名坚强的战士,也不是一位强大的统治者。他加冕的时候只有6岁,将政权交给了一个由摄政和朝官组成的委员会,之后再也没能将权力完全收回。他的统治十分软弱,这使得法兰克那些曾经属于日耳曼蛮族部落的领土重新成为半独立的王国或"公国"。虽然以前蛮族依照部落忠诚度来划定这些领土，但因此形成的纽带已经是过去的事了。撒克逊人的领土现在变成了萨克森公国，巴伐利亚人建立了巴伐利亚公国，周围还有几个其他的公国（洛林公国、法兰克尼亚公国、士瓦本公国等）。*每个公国都由一个权贵豪门控制，其族长即为"公爵"（duke），他们现在也不得不保卫自己，以对抗从东方来的强盗。他们自己招兵买马，打自己的仗，统治自己的领地，却对他们理应效忠的国王越来越无视。[2]

910 年，"孩童路易"17 岁了，他试图对马札尔人发动一场大规模的战争，既是为了打击侵略者，也是为了维护自己的权力。他将贵族、贵族的军队和他自己的士兵组成一支大军，在奥格斯堡（Augsburg）集结，准备好迎接马札尔人的威胁。

但马札尔人来得比路易预想的更快，他们在黎明之前发动了攻击，路易的许多士兵还没睡醒就被俘虏了。接着，战斗进行了好几个小时，双方伤亡惨重："尸体遍布草地和原野，鲜血染红了河水和岸边。"傍晚，马札尔人佯装撤退，当法兰克军队打乱队形追击他们的时候，他们又折了回来，从背后袭击。法兰克人的防线被攻破，军队溃散。路易的尝试失败了，保卫法兰克领土的重任又落回到公爵们的肩上。路易退隐到一座修道院中，不到一年就死在了那里。[3]

在他死后，"糊涂查理"提出，西法兰克和东法兰克应该重新

---

* 这些公国一般被称为独立公国（stem duchies），是规模较大的东法兰克王国中小一些的个人领地。这句话的意思是说公国的凝聚力来自遥远的过去，那时候，它们每个都是一个单独的部落。部落的身份认同虽早已消失，却仍是公国归属感的根源。在欧洲的其他地方，"公国"的称呼往往用来指依行政管理划分的地理区域。

统一在他的统治之下，他认为这是理所当然的。但东法兰克的公爵们拒绝了，因为他们不愿意将权力让给一个坚持认为自己有权控制他们的加洛林王族出身的国王，相反，他们从自己人中选出了新的国王：法兰克尼亚公爵康拉德（Conrad, Duke of Franconia）。

其他的公爵们推选康拉德，本意是让他在一群地位平等的公爵中当个领头的，而不是想选出一位王权不容置疑的国王，不过他们看错了人。一旦王袍加身，康拉德的一举一动都开始像加洛林王朝的君主一样，也摆出同样的随行排场。克雷莫纳的利乌特普兰德用平淡的口吻写道："王冠上不只有些装饰，还累赘地镶满了贵重无比的宝石。"康拉德坚持要求公爵们承认他的权力，遵守他的命令。被拒绝之后，他花了7年的时间攻打他们，试图逼迫他们就范，但没有成功。[4]

918年，康拉德死后，公爵们聚集起来，决定再尝试一次。这一次，他们选出了萨克森公爵亨利一世担任他们的领袖。亨利一世绰号"捕鸟者亨利"（Henry the Fouler，因为他热爱打鸟），此时年纪40岁出头，已经当了近7年的萨克森公爵。他热烈赞同各公国独立，也厌恶康拉德试图像君王那样进行统治。在他当上东法兰克国王的前3年里，亨利与东法兰克的公爵们通过谈判商定了一系列宣誓仪式。宣誓成为"封臣"（vassalage）奠定的是一种几乎平等的关系。他们承认国王和公爵对彼此负有责任，认可公爵在管理国家的工作中具有"高级合伙人"的身份，他们有权自己制定法律，治理领地。[5]

922年，西法兰克贵族起来造"糊涂查理"的反（因为他将诺曼底拱手让人，使他们十分不满），"捕鸟者亨利"趁机将西部王国的一部分据为己有。到925年，亨利王国的核心有5个公国：法兰

31 德意志王国

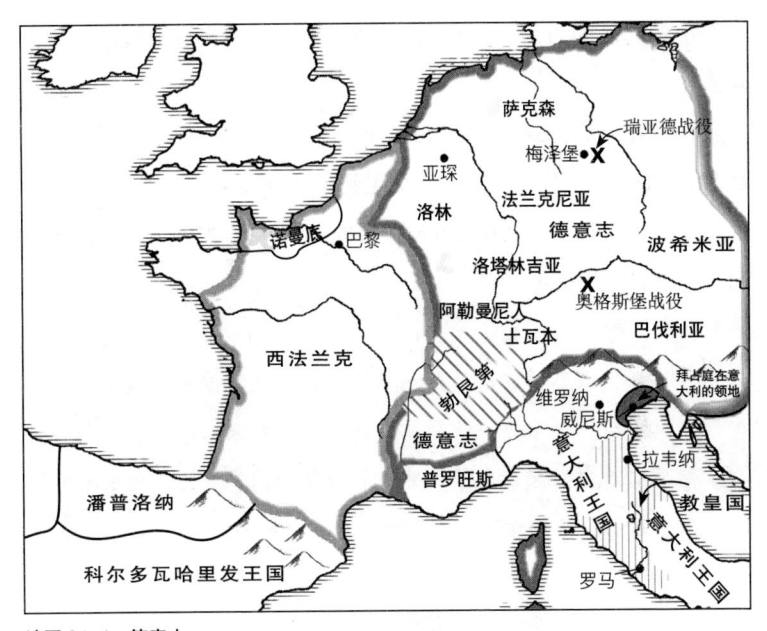

地图 31-1 德意志

克尼亚公国、萨克森公国、巴伐利亚公国、士瓦本公国和洛林公国,亨利本人还控制着查理曼的旧都亚琛。[6]

不过,亨利仍然没有做出任何努力想要成为一个"加洛林"式的君主。在亨利的手中,东法兰克开始变得焕然一新。它不再是一个法兰克人的王国,而是一个以前的日耳曼部落身份扮演越来越重要角色的王国:它已成为一个日耳曼人的王国,一个德意志王国。

有些矛盾的是,亨利的开放式统治反而使他在必要的时候更容易将公爵们团结在他的身后,因为他们不再担心听从王室的命令可能会削弱自己的力量。933 年,亨利召集各公爵和他一起阻止马札尔人前进。

两军在瑞亚德战役(Battle of Riade)中相遇,就在东部要塞梅泽堡(Merseburg)附近。也许是想到了"孩童路易"23 年前所遭遇的大败,当时与萨克森人并肩作战的时年 50 多岁的亨利给部队发出了十分具体的指示:

> 任何人都不得脱离队伍单独冒进,就算他的马跑得比别人快也不行;大家要一起用盾牌挡住敌人射来的第一拨箭矢……然后向对方发起最急速的冲锋和最猛烈的进攻,让他们来不及射出第二拨箭就尝到被你们的武器砍中的滋味。[7]

克雷莫纳的利乌特普兰德解释说:"萨克森人铭记着这个最为有益的警告,有序前进,列队整齐,没有一个人骑着快马超越战友,他们用盾牌挡住了(马札尔人)射来的箭,没有让其造成任何伤亡……然后他们就发起猛攻,战胜了敌人。"[8]

马札尔人的进攻被挡住了。瑞亚德战役之后,他们退回东部,德意志边境得到了暂时的和平。

为了永远不让马札尔人靠近,亨利还计划将东侧的一个小公国变成他的附庸国,这样,在马札尔人下一次发动进攻的时候,它可以挡在德意志前面,起到缓冲的作用。这个小公国叫作波希米亚,与德意志的其他公国一样,也曾是一个日耳曼部落的领地。当马札尔人开始袭击摩拉维亚时,摩拉维亚的一位贵族斯皮季赫涅夫(Spytihnev)举家西迁,远离马札尔人的威胁。他是一名基督徒,其父曾在摩拉维亚由传教士美多迪乌施洗。在卡林西亚的阿努尔夫手下的东法兰克士兵的帮助下,他确立了自己在那里的统治地位,成为第一任波希米亚公爵。[9]

新任波希米亚公爵是一个名叫文策斯劳斯(Wenceslaus)的年轻人,他也是基督徒,热切希望与强大的德意志国王结盟。文策斯劳斯是第一任公爵斯皮季赫涅夫的儿子,继承公爵头衔时只有14岁,为他摄政的是他的基督徒祖母、斯皮季赫涅夫的母亲卢德米拉(Ludmila),以及他自己的母亲德拉霍米亚(Drahomira):一个坚信斯拉夫祖先的古老宗教、拒绝受洗的年轻女子。

卢德米拉是位强势的女家长,她承担了年幼的文策斯劳斯的教育任务,教导他信仰基督教,现在正打算教他如何作为一名基督徒国王进行统治。但德拉霍米亚派两个宫廷侍卫勒死了婆婆,自己独自担任摄政。[10]

接着,德拉霍米亚开始努力让儿子重新皈依古老的宗教,但文策斯劳斯不肯放弃基督教。925年,他刚满18岁,就流放了德拉霍米亚,将权力收回自己手中。当"捕鸟者亨利"前来提议结盟时,文策斯劳斯同意了。

但这个决定并不是大家一致同意的。朝中有些波希米亚官员认为亨利太危险,波希米亚的独立会因此受到威胁,而基督教从一开始就是作为统治工具传进来的,它能使波希米亚变得更容易被征服。因此在文策斯劳斯的弟弟博列斯拉夫(Boleslav)带领下的一派以波希米亚的强大和独立为名,坚决要求文策斯劳斯打破同盟并放弃基督教。

但文策斯劳斯拒绝了。于是,935年的某日,在黎明前的黑暗中,当他到教堂做早祷的时候,博列斯拉夫和其他持不同政见的官员们守在教堂门口,将他刺死。

然后博列斯拉夫宣布自己为波希米亚公爵。这一举动相当于明确拒绝了亨利使波希米亚成为另一个德意志公国的企图。尽管这次暗杀具有政治性质,文策斯劳斯仍然被波希米亚的基督徒誉为基督的殉道者。与他有关的故事层出不穷,14世纪的皇帝查理四世(Charles Ⅳ)就亲自收集了许多这样的故事。在查理收集的手稿中有个故事讲到,文策斯劳斯与一名士兵在雪中行走,雪太大了,士兵担心他们会被冻死。

文策斯劳斯对他说:"踩着我的脚印走。"士兵照做了,他的双脚变得如此温暖,再也不感到寒冷了。但在这位光荣的殉道者留下的脚印中,斑斑血迹却清晰可见。[11]

(最后这个细节没能进入圣诞颂歌。)

亨利一世并没有为其盟友之死复仇,因为他病倒了。936年,即文策斯劳斯被害的第二年,他也病逝了。他对王位继承的安排彻底打破了法兰克人的传统:他没有按照传统将王国分给几个儿子继承,而是取消了其他儿子的继承权,将整个德意志王国留给了儿子奥托(Otto)一人。

时间线 31

拜占庭	保加利亚		法兰克人		维京人	波希米亚	意大利	罗马皇帝
	摩拉维亚	罗斯人	西	东				
	斯瓦托普鲁克（870—894）						教皇约翰八世（872—882）	
								无地的查理（875—877）
		奥列格（约879—约912）	路易三世（879—882）/卡洛曼二世（879—884）				胖子查理（880—887）	
								胖子查理（881—887）
			胖子查理（882—887）					
			胖子查理（884—887）				教皇斯德望五世（885—891）	
利奥六世（886—912）								
牧首斯蒂芬一世（886—893）				卡林西亚的阿努尔夫（887—899）			斯波莱托的盖伊（889—894）	
	西美昂一世（893—927）		糊涂查理（893—923）				教皇福尔摩赛（891—896）	斯波莱托的盖伊（891—894）
				斯皮季赫涅夫（915—921）				
							兰伯特（896—898）	卡林西亚的阿努尔夫（896—899）
							教皇斯德望六世（896—897）	
			孩童路易（899—911）				贝伦加尔（898—900）	
							普罗旺斯的路易（900—902）	

时间线 31（续表）

拜占庭	保加利亚		法兰克人		维京人	波希米亚	意大利	罗马皇帝
	摩拉维亚	罗斯人	西	东				
牧首尼古拉·米斯蒂科斯（901—907/912—925）							普罗旺斯的路易（901—905）	
								贝伦加尔（902—924）
罗斯人进攻君士坦丁堡（906）								
				奥格斯堡战役（910）				
	马札尔人毁灭摩拉维亚			**法兰克尼亚的康拉德（911—918）**				
			（诺曼底）**罗洛**（约911—约932）					
亚历山大（912—913）								
紫衣贵族君士坦丁七世（913—959）								贝伦加尔（915—924）
安奇阿卢斯战役（917）				**捕鸟者亨利**（919—936）				
罗曼努斯·利卡潘努斯，主政的共治皇帝（920—944）						**文策斯劳斯**（921—935）		
		彼得一世（927—969）						
			瑞亚德战役（933）			**博列斯拉夫**（935—967）		
				奥托一世（936—973）				

/ 32

命运之轮

> 907年至997年，朱罗王国兴起又衰落，潘地亚王国衰落又兴起，罗湿陀罗拘陀王国衰落，西遮娄其王国兴起。

罗湿陀罗拘陀国王夹在北方波罗提诃罗王国的勃勃雄心和南方朱罗王国的领土扩张之间，不安地意识到自己的日子已经不多了。波罗提诃罗王国已经过了巅峰，开始衰退了，他们在南方边境上有仗要打，北方又有阿拉伯人要挡，精力都耗尽了。而南方的朱罗王国则仍处于上升期，最为辉煌的岁月尚未到来。雄心勃勃的朱罗国王阿迭多曾经击败帕拉瓦，他在统治了36年后去世，其子波兰多迦（Parantaka）继位之后，必然会向北方进军，攻打罗湿陀罗拘陀王国。

但首先，波兰多迦要着手对付南方潘地亚残余的抵抗势力。潘地亚国王拉加辛哈二世（Rajasimha II）知道自己无法独力抵抗朱罗军队，但想找个同盟又很不容易。朱罗王国已有近40年的扩张史，没几个国王愿意挑战新任朱罗国王。

于是，拉加辛哈二世只得派人横渡南方的海峡，送信去僧伽罗。[1] 僧伽罗国王同意结盟。909年，僧伽罗军队渡海与潘地亚军队会合，两军联合对抗朱罗的军事威胁，结果却一败涂地。波兰多迦的纪念铭文中吹嘘说，朱罗军队不但打垮了两位国王，还屠杀了"一支僧伽罗领主派出的由大批勇敢的士兵组成的、间杂着大象和马匹的庞大的军队"。[2]

潘地亚的拉加辛哈二世从战争中幸存下来，但他跟着僧伽罗国王逃回南方的岛上躲了起来。他随身带着王冠和王玺，此后10年间，他一直在逃亡中谋划着如何夺回王位。

与此同时，朱罗战车已掉头向北，与罗湿陀罗拘陀军队相遇。在克里希那二世的统治之下，罗湿陀罗拘陀比他长寿的父亲在位之时更加多灾多难。914年，克里希那二世死后，他的孙子因陀罗三世（Indra III）继位为王。这位毫无经验的国王一登上王位就被迫在朱罗王国的威胁下进行自卫。

916年前后，两军在瓦拉拉战役（Battle of Vallala）中相遇。朱罗军队再次获胜。

现在，朱罗国王波兰多迦已经连续打败了三位国王，分别是僧伽罗、潘地亚和罗湿陀罗拘陀的统治者，由他来统治这三位国王的领地似乎在所难免。于是在僧伽罗，逃亡中的潘地亚国王放弃了所有夺回王位的希望，他将王冠和王玺留在僧伽罗，自己则打道回府，回到了印度西南海岸他母亲祖传的土地上，远离他曾统治的地方。潘地亚王国就此消失，被朱罗王国吞噬了。[3]

但罗湿陀罗拘陀王国却仍在苟延残喘。在瓦拉拉战役中失利之后，因陀罗三世试图转向北方攻打动荡不安的波罗提诃罗，以重掌大权。他一路打到波罗提诃罗王国王冠上的明珠——曲女城，并将其征服。有一小段时间，朱罗王国和罗湿陀罗拘陀王国两国统治着整个南亚次大陆，而波罗提诃罗的版图则萎缩至几乎不复存在。

然而，929 年，因陀罗三世英年早逝，几个继任者争夺王位。有 4 个国王走马灯般相继登基，因此罗湿陀罗拘陀王国有许多内部事务需要处理，而朱罗王国的波兰多迦国王则解除了罗湿陀罗拘陀王国入侵的直接威胁，得以巩固他在南方的统治。943 年前后，他派出一支探险队前往僧伽罗，秘密寻找潘地亚国王 20 多年前留在那里的王玺。王玺没有找到，但即便如此，朱罗王国如今也已经成为整个南亚次大陆最强大的王国。[4]

波兰多迦在南方朱罗王国当的这 40 年的国王荣耀无比，但这一切却在瞬间崩塌。因陀罗三世的侄孙克里希那三世（Krishna Ⅲ）夺取王位之后，罗湿陀罗拘陀王国的混乱局面就此结束。后来证明他是一个才华横溢的管理者，一个勇猛的战士，也是罗湿陀罗拘陀王国最后一个伟大的国王。[5]

克里希那三世调整部署，进攻占据优势地位的朱罗。949 年，两军在塔克拉姆城（Takkolam）的战场上相遇。双方兵力旗鼓相当，后来一支命运之箭决定了胜负：波兰多迦的儿子、朱罗的王太子拉贾迭多（Rajaditya）被流箭射中毙了命。他倒下之后，他指挥下的那支部队也随之溃散，所引起的连锁反应影响了朱罗全军。波兰多迦被迫撤退，将北方领土拱手相送，而且之后的几十年里都很少留下铭文，这说明他有可能还被迫向克里希那三世臣服，成了他的附庸。[6]

当时形势突然逆转，令人震惊。朱罗王国的波兰多迦痛失爱子、悲痛欲绝，他失去了力量，于 950 年辞世。在他最喜爱的长子拉贾迭多死后，他册立次子犍陀罗阿迭多（Gandaraditya）为王太子。犍

32-1　巅峰时期的朱罗王国

陀罗阿迭多是个谨慎又虔诚的人，但他却给了帝国致命的一击。

朱罗人的帝国毕竟是用他们手中的刀剑开辟出来的，他们的权力是通过征服获取的。之前的一个世纪中，朱罗王国的历任国王都是伟大的战士，他们用武力迫使一座座城市、一个个领主宣誓向其效忠，王国治下的领土都由他们四处征伐得来，其基础设施的建设发展却很落后。将朱罗王国四处扩张得来的领土联结起来的是一个有些薄弱的双重网络——一重是来自国王军队的威胁，另一重则是以国王的名义修建的那些印度教寺庙。

直到犍陀罗阿迭多加冕之前，修建寺庙一直是朱罗王国进行统治的一个重要工具。帝国的创建者维贾亚拉之后的历任国王都属于印度教中的湿婆派，他们就像很久以前北方的建国者戒日王和他的妹妹一样，都是湿婆神及其配偶的信徒。之后的铭文告诉我们，伟大的朱罗国王阿迭多使国土得到扩张，他无疑是骁勇善战之人，沿着高韦里河（Kaveri）这条神圣的河流修建了许多庙宇供湿婆神居住。就像潘地亚的王玺一样，寺庙也是一种权力的象征。朱罗王国的国王们所做的不只是征战，他们还邀请神祇到他们的帝国居住，而这种邀请本身就是他们对自己优势地位的夸耀。[7]

尽管修建神庙也很重要，但这在朱罗的统治工具中一直是第二位的——直到犍陀罗阿迭多登基为止。犍陀罗阿迭多和他的王后都是特别虔诚的湿婆神信徒，两人一起开始在朱罗全境修建新寺庙，整修旧寺庙。就这样，全国各地都留下了他们的名字。但与此同时，犍陀罗阿迭多手中的政权却逐渐旁落。因为与战争相比，他更感兴趣的是宗教。就我们所知，犍陀罗阿迭多没有打过什么大仗。他册立弟弟阿林阇耶（Arinjaya）为继承人与共同摄政，并将国家的日常管理事务交给他来处理。

阿林阇耶并不擅长治国，因此朱罗王国开始衰落。不久之后，朱罗式微，潘地亚国王有个亲戚不知道从哪里冒出头来，声称原来潘地亚的领土应当归他所有。到957年，犍陀罗阿迭多和阿林阇耶兄弟二人都已离世，朱罗王国也萎缩成一个小国。其北方领土被罗湿陀罗拘陀王国占据，由克里希那三世统治；而在南方，那位自封的潘地亚国王也收回了自己的领土。[8]

朱罗王国突然衰落，罗湿陀罗拘陀国王原本是有机会在双方的权力斗争中趁机获利的，但此时罗湿陀罗拘陀王国也备受上层腐败困扰。967 年，克里希那三世去世。他统治了将近 30 年，成功地挽救了罗湿陀罗拘陀王国，使其免于解体。但在他死后，国家也开始土崩瓦解。克里希那三世的继任者是软弱的憍底伽（Khottiga），他面临着各处边境的一连串叛乱。972 年，他登上王位还不到 5 年，就在边境发生的一次小规模战役中丧生了。

然后，叛乱转移到帝国的中心区域。西遮娄其有一个军事领袖，名字叫作逮罗（Tailapa），他一直在等待时机。看到罗湿陀罗拘陀王国自上而下崩溃解体，他立刻宣布独立，自立为王，成为西遮娄其国王逮罗二世，这是 200 年来第一个宣示领土主权的西遮娄其领袖。

此时有个倒霉的王亲在罗湿陀罗拘陀的王宫中主政，这个名叫因陀罗四世（Indra Ⅳ）的年轻人被迫拿起武器镇压叛乱。但在 975 年，逮罗二世彻底击溃了罗湿陀罗拘陀的军队，剥夺了罗湿陀罗拘陀王国复兴的所有希望。因陀罗四世最重要的盟友、他的叔父马拉辛哈（Marasimha）为自己从战场上撤退而感到极为羞愧，他把权力斗争的事情放在一边，绝食而死。这种仪式性的自杀行为叫作"萨莱克哈那"（sallekhana），是一种光荣的解脱方式：那些有勇气这样做的人因此而赢得荣誉，并得以永远脱离生死轮回。[9] 几个世纪以来，战争早已转动了命运之轮，将一个又一个帝国带上权力的巅峰。"萨莱克哈那"或许不能停止命运之轮的转动，但至少让马拉辛哈有机会从车上下来。

又挣扎了 7 年之后，因陀罗四世也放弃了。他追随叔父的脚步，也走上了"萨莱克哈那"之路，于 982 年绝食而死。他是罗湿陀罗拘陀王国的最后一任国王。西遮娄其的逮罗二世一举夺取他的国土，

时间线 32

法兰克人 西 / 东	维京人	意大利	罗马皇帝	印度
				（朱罗王国）阿迭多（871—907）
路易三世（879—882）/ 卡洛曼三世（879—884）		胖子查理（880—887）		（罗湿陀罗拘陀王国）克里希那二世（878—914）
胖子查理（882—887）		胖子查理（881—887）		
卡林西亚的阿努尔夫（887—899）		斯波莱托的盖伊（889—894）		
		斯波莱托的盖伊（891—894）		
糊涂查理（893—923）		兰伯特（896—898）		
		卡林西亚的阿努尔夫（896—899）		
		贝伦加尔（898—900）		
孩童路易（899—911）		普罗旺斯的路易（900—902）		（潘地亚）拉加辛哈二世（900—920）
		普罗旺斯的路易（901—905）		
		贝伦加尔（902—924）		
				（朱罗王国）波兰多迦（907—950）
				朱罗王国打败潘地亚和僧伽罗（909）
奥格斯堡战役（910）				
法兰克尼亚的康拉德（911—918）				

时间线 32（续表）						
法兰克人		维京人	意大利	罗马皇帝		印度
西	东					
		（诺曼底） **罗洛** （约911— 约932）				（罗湿陀罗拘陀王国） **因陀罗三世**（914—929）
			贝伦加尔 （915—924）			瓦拉拉战役（916）
	捕鸟者亨利 （919—936） 瑞亚德战役 （933） **奥托一世** （936—973）					
						（罗湿陀罗拘陀王国） **克里希那三世**（939—967） （朱罗王国）**犍陀罗 阿迭多**（950—957） （罗湿陀罗拘陀王国） **橘底伽**（967—972） （西遮娄其王朝）（罗湿陀罗 **逮罗二世**　拘陀王国） （973—997）**因陀罗四世** 　　　　　（973—982）

成为印度中心地区的统治者。不久之后，他四处征战，将帝国一直扩张到讷尔默达河地区。一个王国衰落下去，另一个王国又兴盛起来，命运之轮继续转动。

/ 33

占领巴格达

> 912年至945年,法蒂玛哈里发未能推翻阿拔斯王朝,科尔多瓦的埃米尔成为哈里发,东方的白益王朝则控制了巴格达。

在北非,法蒂玛哈里发马赫迪将目光投向巴格达。他不但宣称自己是哈里发,而且是唯一合法的哈里发,对全世界的穆斯林都有着神圣的权威。

然而,除非他能战胜阿拔斯王朝,否则他所宣称的权威也就只能限制在当地而已。他已经在海岸边建起了一座新的都城:马赫迪耶(Mahdia),还得到了一直痛恨阿拔斯王朝统治的北非柏柏尔人的支持,但想要得到伊斯兰世界的最高权威,他还需要向东推进,推翻阿拔斯王朝。[1]

912年,他宣布立自己的儿子为共治者与继承人,称这个19岁的男孩为"卡伊姆·阿姆里拉"(al-Qa'im bi-Amr Allah),意思是"执行真主命令的人"。然后,他又给了卡伊姆一支大军,让他率军东征,目的是消灭控制埃及的阿拔斯势力。[2]

但卡伊姆和他的部下需要长途跋涉,穿过对法蒂玛的事业不那么支持的北非地区,最后才能看到埃及出现在地平线上。913年,年轻的卡伊姆（在父亲派来的两位经验丰富的将领的协助下）围攻的黎波里（Tripoli）6个月,迫使其投降。第二年,法蒂玛军队以的黎波里为跳板,沿着海岸继续向东进军到阿拔斯王朝控制地区的边缘昔兰尼加。到8月的时候,法蒂玛士兵大量涌入亚历山大。11月,卡伊姆本人也来到亚历山大,命令城里的清真寺在祷告时为什叶派统治者而不是巴格达的阿拔斯王朝的哈里发祈祷。[3]

此时巴格达朝廷名义上的统治者是18岁的哈里发穆克塔迪尔（al-Muqtadir）,但与他年轻的法蒂玛对手不同,穆克塔迪尔没有实权。他手下的维齐尔和将军们打算不经他同意,直接对法蒂玛王朝的威胁做出回应。他们知道法蒂玛军队打算一路打到巴格达来（因为卡伊姆曾给父亲送过一封欢欣鼓舞的信,保证要将法蒂玛的势力一直扩张到底格里斯河和幼发拉底河）,于是他们派遣能征善战的宦官战士穆尼斯（Mu'nis）领兵抵抗。

915年,穆尼斯率领阿拔斯军队向埃及进军。法蒂玛向东部的扩张来得快,去得也快。卡伊姆的军队已无力再战；面对阿拔斯军队的坚决抵抗（巴格达的国库打开大门,给了穆尼斯200万迪拉姆,相当于6.5吨白银,支持他反击）,卡伊姆很快就带兵后撤,放弃了对埃及的占领。920年,马赫迪组建了一支舰队,亲自带兵发起了第二次进攻。这一次,阿拔斯的反攻几乎完全摧毁了他新建的海军部队。[4]

对巴格达来说,法蒂玛还算不上是主要的威胁,但马赫迪的反叛造成了一个意想不到的后果。在科尔多瓦,埃米尔阿卜杜拉（Abdallah）于912年死后,埃米尔之位由他的孙子,21岁的阿卜

33 占领巴格达

地图 33-1 法蒂玛和科尔多瓦

杜·拉赫曼三世(Abd-ar-Rahman III)继承;拉赫曼三世从法蒂玛的叛乱中看到自己的难题有了解决的希望。

自从查理曼的统治结束以来,西班牙边境地区,也就是科尔多瓦的埃米尔国与法兰克边境之间的山区,就一直被一些得到法兰克国王支持的独立军阀占据着。这些军阀往往拥有伯爵(count)的头衔,他们变得越来越独立,越来越咄咄逼人,其势力威胁到埃米尔

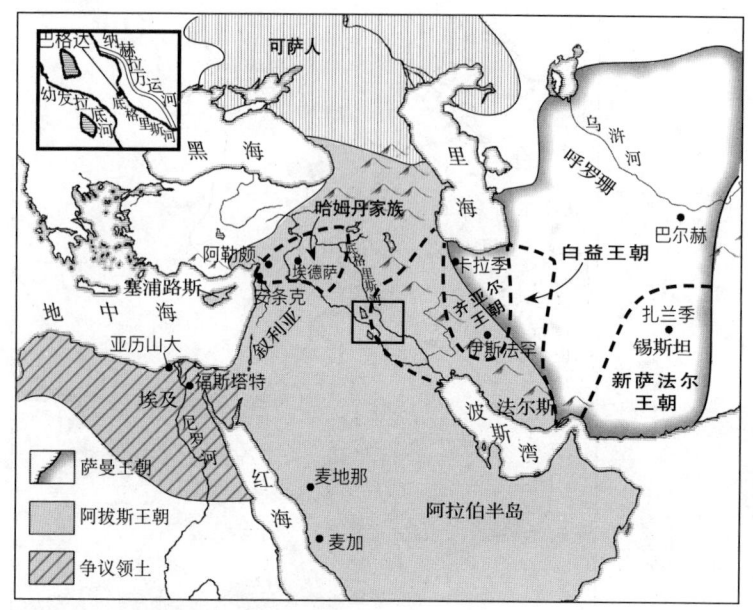

地图 33-2　萨曼王朝的竞争者

辖地的东北部地区，其中巴塞罗那伯爵就特别让人头疼。南部则有一个名叫欧麦尔·伊本·哈夫桑（Umar ibn-Hafsun）的人，近30年来一直领导着游击队袭击科尔多瓦军队，阿卜杜一直都既没能抓住他，也没能将他赶走。[5]

正北方向，基督教王国潘普洛纳和阿斯多里亚以惊人的速度发展起来，蒸蒸日上，它们正尽自己最大的努力，欲重新征服安达卢斯的穆斯林土地。阿斯多里亚的国王阿方索三世（Alfonso Ⅲ）已设法将阿斯多里亚、莱昂和加利西亚（Galicia）合并成一个基督教王国，国土变成原来的三倍，称作莱昂王国（Kingdom of Leon）。他还娶了一位潘普洛纳公主，从而缔结了稳固的基督教联盟，以对抗科尔多瓦的势力。

在科尔多瓦南方的地中海对岸,马赫迪已宣布自己为哈里发,是所有穆斯林的合法统治者,其中也包括拉赫曼三世本人。拉赫曼上台的时候,正处在风暴的中心。

因此毫不令人吃惊的是,他继位之后,前15年都在打仗。他每年都攻打南部的叛军伊本·哈夫桑,直到叛乱最终平息;他与西班牙边境地区的军阀对战;他还对莱昂王国作战。[6]

而对于北非的哈里发帝国,他则采取了更为积极的姿态。他不会宣誓向其效忠,但也不会再继续宣誓效忠于远在巴格达的另一位哈里发。即使是在表面上,科尔多瓦的埃米尔也没有理由再效忠于伊斯兰世界任何理论上的领袖。

相反,他渴望由自己来当领袖。929年1月16日,拉赫曼三世宣布自己为科尔多瓦的哈里发、众信徒的首领、真主信仰的保卫者。与法蒂玛的哈里发不同,拉赫曼并不自称是唯一真正的哈里发。他并不想取代阿拔斯的统治,相反,他宣称自己完全独立于阿拔斯和法蒂玛之外。拉赫曼要独立进行统治,他声称自己的权力来自其倭马亚祖先,将自己置身于法蒂玛和阿拔斯的冲突之外。[7]

如今,伊斯兰世界共有三个哈里发帝国,三个哈里发各自称王。到这时为止,巴格达的阿拔斯王朝的哈里发最为软弱。[8]

在巴格达的东边,萨曼王朝的埃米尔几乎完全独立于巴格达。萨曼商人沿伏尔加河一路北上,与可萨人和罗斯人贸易,萨曼王朝随之变得越来越富有,也越来越强大。911年,萨曼王朝的埃米尔艾哈迈德(Ahmad)夺取了东方劲敌萨法尔王朝剩余的要塞,将萨曼的领土扩展到整个东部地区。[9]

艾哈迈德现在是一个名副其实的伊斯兰王国的统治者，他决定让阿拉伯语成为萨曼王朝的官方用语。这很符合他本人所扮演的巴格达哈里发代理人的角色，但他低估了原来萨法尔领土上波斯语使用者的民族感情。他们不想再次被纳入另一个由阿拉伯人主导的穆斯林王国，而是想要恢复他们自己的波斯国家。于是在原来的萨法尔行省锡斯坦，以扎兰季城为中心不断爆发叛乱，这需要艾哈迈德——镇压。914 年，他刚开始在平息叛乱中占据上风，就在自己的帐篷里被仆人暗杀了。

他的儿子纳斯尔二世（Nasr II）接替他的位置，成为萨曼王朝的埃米尔。但纳斯尔当时只有 8 岁，因此权力旁落在替他摄政的维齐尔贾哈尼（al-Jaihani）手中。锡斯坦的阿拔斯官员借此机会起义，将锡斯坦变成他们自己的小王国，还找了萨法尔家族的一个成员来充当他们的傀儡埃米尔。这个伪萨法尔王朝一直持续到 1002 年。

过了几年，萨曼王朝对里海附近的地区也失去了控制。当时有个名叫马尔达维奇·齐亚尔（Mardaviz al-Ziyar）的军人帮助当地的萨曼官员夺取了权力，然后自己取而代之。他建立的一个小埃米尔国，齐亚尔王朝（Ziyarid dynasty），很快就扩张至里海以南的土地，最远到伊斯法罕城（Isfahan）。这也催生了另外一个与之对立的王朝：932 年，齐亚尔手下有个名叫阿里·伊本·白益（Ali ibn Buya）的官员夺取了卡拉季城（Karaj），并以之为据点向南打到法尔斯。

现在萨曼王朝在东部已催生出三个对手：一个是锡斯坦的新萨法尔王朝，另一个是里海南岸的齐亚尔王朝，还有一个是与齐亚尔王朝争夺领土的白益王朝。与此同时，阿勒颇（Aleppo）的统治者们也正在建立自己的独立王国，他们全都是哈姆丹家族（Hamdanid）

的成员。

　　这一堆互相竞争的王朝并不都是伊斯兰国家。马尔达维奇·齐亚尔指望着当地人能支持他掌权，因此他宣布自己是古老的波斯帝国的重建者，是琐罗亚斯德教的信仰者，是穆斯林征服活动的破坏者。他可能精神不大正常（他自称是大卫王的儿子所罗门再世，虽然看不出这件事跟他是不是波斯人有什么关系），但他也确实是一个强大的、具有领袖魅力的人物，而当地人也都愿意支持他。这说明在帝国境内的许多地方，人们皈依伊斯兰教只是表面上的。他的做法十分成功，因此其竞争对手、在更南边的地方进行统治的白益王朝的埃米尔阿里·伊本·白益（Ali ibn Buya）也向他学习，开始使用古老的波斯语尊称，称自己为新征服领土的"沙阿"（Shah），而不是"埃米尔"。[10]

　　随后几十年的时间，东部这几个王朝不断结盟、分裂、再结盟，每个掌权的家族都想要制约别人的权力，但同时自己也都受到其他人的制约。随着东部的解体，阿拔斯哈里发帝国也进一步衰落了。

　　932年，名义上的哈里发穆克塔迪尔被他的兄弟卡希尔（al-Qahir）废黜，卡希尔自己篡权，当了两年哈里发。穆克塔迪尔之所以能保住性命，是因为他没有实权也能知足；但卡希尔不一样，他试图行使权力，但结果非常糟糕。他只当了两年的哈里发就被废黜，他的突厥朝臣和士兵还刺瞎了他的双眼。他在巴格达街头行乞，度过了生命的最后几年。他的侄子、穆克塔迪尔的儿子拉迪（al-Radi）则接替他的位置，成了傀儡哈里发。

　　拉迪的统治与其父一样有名无实。但直到此时，阿拔斯的哈里发仍然继续履行自己那些仪式性的职责：他们列席会议，领导巴格达的周五祷告，在集会中现身，还要向穷人分发救济品。拉迪也每天做着这些事情，但他是最后一个这样做的哈里发了。936年，拉迪年满27岁，刚当了两年哈里发，他意识到哈里发无法再继续承担阿拔斯国家元首的职责了。东部领土的叛离意味着帝国的税收基础已毁。他无力支付军饷，几乎无法养活朝廷上下，当然无法击退对他权力的任何真正挑战。[11]

他手下权势最大的将领，穆罕默德·伊本·拉伊克（Muhammad ibn Ra'iq），已经掌握了巴格达东南方土地的控制权，而且拒绝将在那里收取的赋税送交首都。现在穆罕默德·伊本·拉伊克向拉迪提出了一个方案。如果拉迪同意承认他为"众将之将"（amirul-umara），他就亲自挑选一队突厥士兵，带着收上来的税款前往巴格达城，接手管理帝国，但他还可以让拉迪当名义上的哈里发。

拉迪别无选择，最终同意了伊本·拉伊克的提议。他授予伊本·拉伊克"众将之将"的头衔，并将哈里发仅剩的那点权力也交给了他。伊本·拉伊克带着他忠诚的突厥卫队来到巴格达，将原有的巴格达军队解散，并处死了现任维齐尔。[12]

至此，阿拔斯哈里发帝国已名存实亡。从此以后，帝国残存的部分都在这位"众将之将"的控制之下，留给阿拔斯王朝哈里发的只有头衔了。

伊本·拉伊克给巴格达带来的并不是和平，而是一场争夺哈里发帝国控制权的斗争。在他担任"众将之将"期间，几乎把帝国残存的一切毁灭殆尽。在与对手的战斗中，他甚至下令扒开纳赫拉万运河（Nahrawan Canal）的河堤。这条人造河流长约300千米，流过巴格达以东干旱的盐碱平原。扒开河堤暂时阻挡了一个对手，但也破坏了使这片平原人丁兴旺的灌溉系统。周围曾将农产品贩卖到巴格达的农民纷纷搬走，耕地也都荒芜了。[13]

两年之后，伊本·拉伊克被手下一个副官推翻，之后又有三个人相继当上"众将之将"，时间都很短暂。拉迪于940年病逝，各派同意推举他弟弟继任哈里发，当然他也是没有实权的，甚至连形式上的那些规矩也没有了。

此时在北方，白益王朝已开始扩张。他们一路攻向一团混乱、分崩离析的巴格达。当他们逼近的时候，阿拔斯的傀儡哈里发逃跑了，都城的突厥士兵新选了一位哈里发，但他也时日无多了。945年，白益将领艾哈迈德·伊本·白益（Ahmad ibn Buya，阿里的兄弟）长驱直入巴格达，将"众将之将"的称号据为己有。

傀儡哈里发被废黜并被刺瞎双眼。艾哈迈德·伊本·白益允许选出新的哈里发，但禁止他参与巴格达的任何政事。白益家族控制了整个帝国，巴格达落入一个新贵家族之手，这个家族在统治中甚至不再需要有名无实的哈里发的毫无意义的认可。

时间线 33

印度	阿拔斯帝国	东方穆斯林王朝	西方穆斯林王朝	阿斯多里亚
	蒙塔希尔（861—862）			
	穆塔兹（866—869）			阿方索三世（866—910）
		萨法尔王朝建立		
		叶尔孤白·莱伊斯·萨法尔（867—878）		
（朱罗王国）阿迭多（871—907）				
		萨曼王朝建立		
		（萨曼王朝）纳斯尔一世（875—892）		
（罗湿陀罗拘陀王国）克里希那二世（878—914）				
			阿卜杜拉任科尔多瓦埃米尔（888—912）	
		（萨曼王朝）伊斯玛仪（892—907）		
（潘地亚）拉加辛哈二世（900—920）				
（朱罗王国）波兰多迦（907—950）		（萨曼王朝）艾哈迈德（907—914）		
	穆克塔迪尔（908—932）			
			法蒂玛哈里发王朝建立	
			（法蒂玛王朝）马赫迪（909—934）	
朱罗王国打败潘地亚和僧伽罗（909）				
		萨法尔王朝灭亡（911）	阿卜杜·拉赫曼三世任科尔多瓦埃米尔（912—929）	

/ 33 占领巴格达

时间线 33（续表）

印度	阿拔斯帝国	东方穆斯林王朝	西方穆斯林王朝	阿斯多里亚
（罗湿陀罗拘陀王国）**因陀罗三世**（914—929）		（萨曼王朝）**纳斯尔二世**（914—943）		
瓦拉拉战役（916）				
			阿卜杜·拉赫曼三世任科尔多瓦哈里发（929—961）	
		齐亚尔王朝建立 **马尔达维奇·齐亚尔**（930—935）		
	卡希尔（932—934）			
	拉迪（934—940）	白益王朝建立 **阿里·伊本·白益**（934—949）		
（罗湿陀罗拘陀王国）**克里希那三世**（939—967）				
	白益王朝占领巴格达（945）			
（朱罗王国）**犍陀罗阿迭多**（950—957）				
		（萨曼王朝）**曼苏尔**（961—976）		
（罗湿陀罗拘陀王国）**憍底伽**（967—972）				
（西遮娄其王朝）**逮罗二世**（973—997）	（罗湿陀罗拘陀王国）**因陀罗四世**（973—982）			

363

/ 34

宋、辽和高丽

> 918年至979年，宋、辽和高丽这三个国家把四分五裂的东方再次统一起来。

918年，在中国以东的朝鲜半岛上，一共有三个国家，其中两个国家的统治者都是叛军出身，后来成功称王。西南部的统治者是盗匪出身的国王甄萱，他将自己的领地命名为后百济；北部则由海军将领王建统治。[*]

王建是由朝官同僚推举到后高句丽王位上的，因为他们痛恨他的前任弓裔的暴政。因而他尤其清楚，自己的王冠也可能只是暂时戴在头上的。他尽其所能抹去以前当叛军的痕迹，将国家改名高丽，首都迁往开城，宣称自己开创了一个新的王朝。他对子民说："朕资群公推戴之心，登九五统临之极，移风易俗，咸与维新，宜遵改辙之规，深鉴伐柯之则。君臣谐鱼水之欢，河海协晏清

---

[*] 提到王建的时候人们经常会使用他死后的庙号——太祖。

之庆。"[1]

可惜这一切都是一厢情愿，此时根本没有什么太平可言。后百济的甄萱起义，可不是为了与其他国王共享朝鲜半岛的。既然他已经建立了自己的王国，下一步的目标就是消灭其他的竞争对手了。

不过甄萱并没有立即入侵高丽，而是首先将目光瞄向了东南方向已经破败不堪的新罗王国。酗酒过度的新罗国王孝恭王已经离世，他没有子嗣，继任王位的是一连串短命的王室宗亲，他们的抵抗都未成功。城主们对国王并不忠诚，反而与后百济的甄萱或高丽的王建签订条约（取决于谁的军队离得更近），就好像他们自己都是独立的统治者一样。[2]

王建并没有立即利用新罗四分五裂的机会，他对子民讲的也并不完全是假话，他看见了甄萱没看到的事实：新罗对战争已经十分厌倦，更有可能通过友好的而不是战争的方式来赢取。

甄萱很高兴王建没有参与争夺，他一路攻到新罗的领土。到926年，他的军队已来到新罗的都城庆州。新罗此时的国王是景哀王，他守不住城门，后百济的士兵大量涌入城内，四处烧杀抢掠，最后闯入王宫。景哀王被逼自尽。

这给了王建一个扮演拯救者的机会。"百济甄萱凶悖好乱，杀主虐民，"高丽官员崔承老写道，"太祖闻之，不遑寝食，行师讨罪，卒成匡复，其不忘旧主，定倾扶危者又如此也。"[3]

事实上，王建只想坐享其成。甄萱攻破新罗，但也付出了相当大的代价。他扶持王族后裔敬顺王即位。王建随后对甄萱发起了一系列攻击。[4]

敬顺王当然是个傀儡国王。在之后9年的时间里，王建逼得甄萱节节败退。932年，后百济与高丽之间进行了一场决战，结果甄萱的部队大部分人投降，甄萱本人仍继续作战，十分顽强，但忠心耿耿地与他并肩作战的士兵已所剩无几。最后，935 年，他的儿子们也对他倒戈相向，将他囚禁，守卫后百济残余领土的任务则由他们自己承担起来。

这一年年底，新罗敬顺王上书王建，表示将让国于王建。王建再三推辞后接受了敬顺王的上书。王建就这样将新罗残余领土并入自己的领土，这样他就成了朝鲜半岛上除后百济之外唯一的王。臣服后的敬顺王受到了王建的礼遇。王建将一个女儿许给他为妻，仍将新罗旧都庆州交给他治理。

935 年夏，甄萱从后百济的监牢中逃脱。最有可能的是他得到了王建派去的人员的暗中帮助，因为几周之内他就来到高丽，成了个富裕的奴隶主，与昔日的敌人和平共处。那些奴隶都是王建送给他的礼物，王建想要借此收买曾经的对手，以便化敌为友。"[太祖] 待以厚礼，"《三国史记》中这样写道，"授馆以南宫，位在百官之上……兼赐金帛蕃缛奴婢各四十口，内厩马十匹。"[5]

王建的收买政策起作用了，因为甄萱快让儿子们给气死了——他此时已患病。甄萱在高丽安顿下来之后不久，就要求王建给他一支部队。他对王建说："伏望大王借以神兵，歼其贼乱，则臣虽死无憾。"

王建大喜过望。他派长子，即王太子王武和他最亲信的将领陪同甄萱率领万人大军回到后百济，他自己则率另外一支强大的部队紧随其后。那些叛臣逆子的军队被彻底摧毁，甄萱三个最年长的儿子，也就是叛乱的罪魁祸首，都投降了，王建下令将他们处死。他很隆重地将王国还给旧敌甄萱。几天之后，甄萱病逝，后百济落入王建之手。三个王国现在全部统一于同一顶王冠之下。[6]

在王建发布的意在为他这个新近统一的国家塑造未来的一系列训谕中，他对子民说道："惟我东方，旧慕唐风。文物礼乐，悉遵其制。殊方异土，人性各异，不必苟同。"在王建的领导下，这个朝鲜族的国家开始稳步发展起来。新罗的统一只是个开始，在王建之后，朝鲜半岛的统一保持了千年之久。[7]

而在大陆地区，被称作契丹人的北方游牧民族仍然对中原的一切做法心生向往。

907年，契丹大首领耶律阿保机即皇帝位，契丹人在他的带领下，过上了一种更加安定的生活。契丹国从唐朝的阴影中解脱出来，也像高丽一样，有机会按照自己的方式发展壮大。

但王建的高丽有数百年的传统作为发展的基础，而契丹人除了游牧的短暂过往以外一无所有。于是耶律阿保机开始远离游牧民族那种不确定也不稳定的生活，转而采用已经灭亡的唐朝的习俗。916年，阿保机称帝。918年，他为自己新建了一个唐朝风格的都城，后命名为上京，还立了长子为太子。血缘传承并不是契丹人的传统，游牧民族一直都是以作战技巧是否高明来选举首领的。但是，如今国家已经稳定下来，建设了固定的都城，也需要有一套固定的皇位继承顺序。[8]

926年，就在耶律阿保机死前不久，他开始向高丽以北的王国渤海国进军。契丹军队侵入渤海国领土，大批渤海国民涌入高丽避难。渤海国国都沦陷后，辽太祖阿保机驾崩——留给子民一片新扩张的领土、一个毫无经验的太子，还有一套他们很不熟悉的皇室传统。

他的妻子令人敬畏，是她使契丹帝国避免了分崩离析的命运。

在 14 世纪的官修史书中,她被称为"述律氏",其实这算不上是她的名字,只是说明她出身于述律氏家族而已,但她的领导才能和她丈夫一样卓越。辽太祖死前已指定他们的长子为继承人,但述律氏更喜欢二儿子耶律德光。于是她将各部落首领召集起来,让两个儿子各自上马,然后跟他们说德光成为新的皇帝更加当之无愧。之后,她又补充道:"二子吾皆爱之,莫知所立,汝曹择可立者执其辔。"[9]

部落首领们知道她的心思,纷纷选择耶律德光,因此德光成为太宗皇帝,自此刻起(与母亲一道)统治契丹。述律氏成功地在丈夫推行的皇位继承办法上重新又加上了契丹人原来贤者为王的传统。前太子,阿保机的长子耶律倍,统辖原渤海国疆域(改其名为东丹),并将其作为独立王国进行统治。

与此同时,述律氏还想出个办法来确保自己能够说一不二:只要有契丹首领反对她,她就派这个人去她丈夫的陵墓,让他去征求太祖的意见——届时为太祖守陵的士兵就会将来访者除掉。她和宰相韩延徽携手,继续完成辽太祖耶律阿保机未竟的使命,那就是将契丹游牧部落变成一个中国式的帝国。[10]

930 年,前太子耶律倍与已登帝位的弟弟辽太宗反目。太宗命耶律倍的儿子去统治东丹,耶律倍则逃往此时一团混乱的中原。947 年,太宗改了国号,以与其崭新的面貌相符——原来的契丹国成了大辽国。现在统治东亚大陆东北地区的是两个强大的统一王国,一个是朝鲜半岛的高丽,另一个是横跨北方的大辽帝国。

与此同时,在辽国以南,一个个国家起起落落,令人眼花缭乱。直到 960 年,当时辽国在太宗的儿子辽穆宗的统治下稳定下来,高丽也在王建的儿子光宗的治理下欣欣向荣,这时那个后来统一了中原的王朝才在以前唐朝的土地上牢牢地扎下根来。

这个王朝是从后周国发展而来的。自951年至960年，9年间，后周占据了长安周围和黄河下游地区。五代十国时代，9年差不多就是一个朝代统治的平均年限了。后周的统治者所推翻的后汉王朝，就只在此地统治了3年，后汉之前则是后晋（11年）、后唐（13年）和后梁（16年），这几个朝代的领土差不多都在同一块地方。

960年，后周朝也走上了前几个朝代的老路。后周皇帝世宗（9年中的第二任皇帝）死后只留下个婴儿为继承人，由年轻的太后摄政。后周那些军官不喜欢这位太后，因为她一点战争经验都没有。他们担心军队会因此失去其在后周社会中的优越地位，遂在军中哗变，并拥立一位最得军心的将领为帝，他就是另一个新王朝的创建者——宋太祖赵匡胤。

宋太祖建立的朝代比之前的几个朝代更为成功，其实也没有什么特别的原因。不过他似乎有种特别强烈的直觉，知道该做些什么才能恢复中国往日的辉煌。"及其发号施令，"后世一个史家写道，"名藩大将，俯首听命，四方列国，次第削平，此非人力所易致也。"[11]

与之前那些统治者一样，宋太祖也是用武力夺得皇位的，与中国历史上那些伟大的统治者一样，他也为自己编织了一个故事，让自己周身笼罩着得天命者的光辉。根据史家的记载："（太祖）生于洛阳夹马营，赤光绕室，异香经宿不散。体有金色，三日不变。既长，容貌雄伟，器度豁如，识者知其非常人。"[12]对于那些能在战场上取得胜利的中国皇帝来说，编造一个早已有之的预言，再用自己的胜利来印证这些预言，这一招可以说是屡试不爽，而且宋太祖本就是位善战的良将，而且他也吸取了过去的经验教训。他知道，军

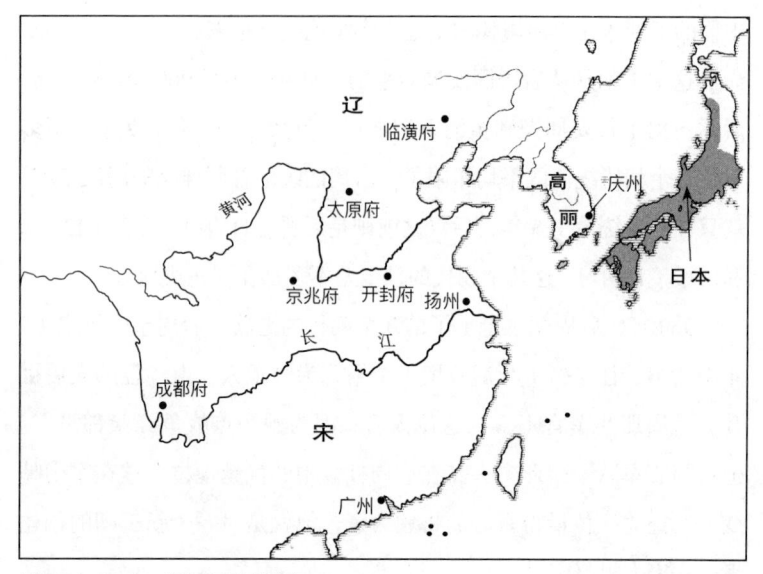

地图 34-1　宋、辽和高丽形势图

队可以使他黄袍加身，同样也可以轻易将他拉下皇位。因此他一坐稳皇位，就召集所有将领饮宴，并向他们许诺：如果他们辞去军职、交出兵权、退隐乡间，他就会赐给他们大笔的遣散费，给他们"良田美宅"，让他们"颐养天年"。[13]

　　这一举动有些出人意料，似乎就此打破了之前使几个王朝迅速更迭的周期性兵变怪圈。宋太祖彻底改革了军队，然后率领他们对周边的国家进行了一系列征战。在他的南边有五个国家，北边也有一个，不过从北边那个国家（北汉）再往北去就是强大的辽国。宋太祖决定先来对付南边，因为那边没有暗藏着特别强大的敌人。

　　但他没有想到，重新统一南方却耗费了他一生的时间。在他 16 年的统治生涯中，宋太祖灭了当时南方尚存的五个国家。而且在他的统治时间过半时，他也攻打过一次北汉，但被迫撤退了，之后他就放任北汉的存在了。

后来宋太祖在征战中病倒，于976年病逝。他的弟弟宋太宗登上了皇位。不到两年，他就完成了对南方的征服，准备让北汉——中原地区剩下的最后一个王国——也俯首称臣。979年，宋太宗亲自率军进攻北汉都城太原，之后就是一场残酷的长期围攻。最后，宋太宗显示出与其兄长同样精明的政治手腕，他提出以十分优渥的条件换取北汉统治者退位：如果他能退后一步，交出自己的王国，宋太宗就保证他的生命安全，给他一大笔财产，让他终生无忧。[14]

北汉就这样落到了宋朝手中。随着北汉投降，宋朝再度统一了中原。东方破碎的山河再次合体：曾经分裂的这一片大地，如今掌握在宋、辽和高丽这三个王朝的手中。

时间线 34

阿拔斯帝国	东方穆斯林王朝	西方穆斯林王朝	唐朝	朝鲜半岛	契丹/辽
穆塔兹（866—869）	萨法尔王朝建立 叶尔孤白·莱伊斯·萨法尔（867—878）				
	萨曼王朝建立（萨曼王朝）纳斯尔一世（875—892）		僖宗（873—888）	（统一新罗）宪康王（875—886）	
		阿卜杜拉任科尔多瓦埃米尔（888—912）	黄巢起义 梁田陂战役（882） 昭宗（888—904）		
	（萨曼王朝）伊斯玛仪（892—907）			（统一新罗）孝恭王（897—912） （后百济）甄萱（900—935） 哀帝（904—907）	（后高句丽）弓裔（901—918）
穆克塔迪尔（908—932）	（萨曼王朝）艾哈迈德（907—914）		唐朝灭亡/后梁建立（907—923） 五代十国		太祖 耶律阿保机（907—926）
		法蒂玛哈里发王朝建立 （法蒂玛王朝）马赫迪（909—934）			
	萨法尔王朝灭亡（911）	阿卜杜·拉赫曼三世任科尔多瓦埃米尔（912—929）			
	（萨曼王朝）纳斯尔二世（914—943）			（高丽）王建（918—943）	

时间线 34（续表）

阿拔斯帝国	东方穆斯林王朝	西方穆斯林王朝	五代十国	朝鲜半岛	契丹/辽
			后梁灭亡/后唐建立（923—936）		
				（新罗）景哀王（924—927）	
		阿卜杜·拉赫曼三世任科尔多瓦哈里发（929—961）			太宗耶律德光（926—947）
				（新罗）敬顺王（927—935）	
	齐亚尔王朝建立 马尔达维奇·齐亚尔（930—935）				
卡希尔（932—934）					
拉迪（934—940）	白益王朝建立 阿里·伊本·白益（934—949）			新罗并入高丽（935）	
			后唐灭亡/后晋建立（936—947）	后百济并入高丽（936）	
白益王朝占领巴格达（945）			后晋灭亡/后汉建立（947—950）		
				（高丽）光宗（949—975）	
			后汉灭亡/后周建立（951—960）		
					穆宗（951—969）
	（萨曼王朝）苏尔曼（961—976）		后周灭亡/宋建立（960—1279） **宋朝** 太祖（960—976） 太宗（976—997） 宋统一中原（979）		

/ 35

英格兰的国王们

924年至1002年，英格兰和挪威两国各自统一在一个国王名下，挪威殖民者在格陵兰岛定居下来，"八字胡斯温"则将英格兰并入了他的北大西洋帝国。

924年，在长达25年的征战之后，南英格兰国王、阿尔弗雷德大帝的儿子与继承人"长者爱德华"（Edward the Elder）终于取得了自己迄今为止最为辉煌的成就——迫使不列颠岛的西部和北部向他臣服。《盎格鲁-撒克逊编年史》中这样写道："威尔士各民族都请求他做他们的君主……苏格兰国王和苏格兰各民族也都选定他做自己的统治者和君主。（这样做的还有）……所有在诺森布里亚居住的人，包括英格兰人、丹麦人、挪威人和其他人。"[1]

爱德华当国王的时候不列颠岛尚未统一。诺森布里亚的最北端仍然不归他统治，威尔士和苏格兰虽向其臣服，似乎也只是每年缴纳岁贡而已。但他仍然可以理直气壮地宣称自己是第一个统治所有盎格鲁-撒克逊人的国王。他从父亲阿尔弗雷德手中继承了威塞克斯，姐姐死后又得到了麦西亚的控制权。除了最北边丹麦人的王国之外，如今被称为英格兰的这个国家全都属于他。[2]

他曾按照过去的日耳曼习俗，下令将他治下的疆域分给他年龄最大的两个儿子。但这两个儿子有一个在"父亲死后过了几天"也死了（马姆斯伯里的威廉记录了他的死亡，但没有写明细节），另外一个儿子，埃塞尔斯坦（Athelstan），就成了唯一的国王。[3]

与他的父亲和祖父一样，埃塞尔斯坦也是戎马一生。他与对手争夺王位；他镇压那些不同意只有一个盎格鲁-撒克逊国王的贵族发起的叛乱；他必须重新征服试图从他的控制之下摆脱的威尔士和苏格兰；他还秘密接管了维京人位于丹麦法区北部的据点。伍斯特的约翰告诉我们："最活力充沛、最光荣伟大的埃塞尔斯坦，全英格兰人的国王，举行盛大的婚礼，把妹妹嫁给了诺森布里亚的西特里克（Sihtric）国王。"西特里克是北方历史悠久的丹麦王国的统治者，此时已经年老，他于婚礼次年过世，埃塞尔斯坦遂打着妹妹的旗号入侵诺森布里亚，并将其据为己有。[4]

丹麦法区自此不复存在，他也顺利地开始清除那些一度遍布不列颠岛的独立的盎格鲁-撒克逊人王国所留下的最后一丝痕迹。936年，这个任务终于完成了，当时埃塞尔斯坦不知是在什么地方（有可能在英格兰东北部）跟诺森布里亚维京人、盎格鲁-撒克逊贵族（其中有5个在自己所辖的土地上称王）和苏格兰人的联军打了一场硬仗，对方的领军人物是苏格兰的长命国王，当时约60岁高龄的君士坦丁二世（Constantine II）。他在那里粉碎了对他霸权地位的反抗："埃塞尔斯坦和他的王太弟埃德蒙（atheling Edmund）……杀死了5个王和7个伯爵，"伍斯特的约翰这样写道，"这是英格兰迄今为止最为血腥的一场战斗。"* 苏格兰国王君士坦丁二世在这场

---

* "atheling"，也可拼写为"aetheling"，在盎格鲁-撒克逊语中用来指称一个有资格继承王位的人。

战斗中丧子,并被迫逃亡。这就是"布鲁南伯尔战役"(Battle of Brunanburh),战况如此惨烈,甚至在《盎格鲁-撒克逊编年史》中都有一首诗是专门描写这场战役的:

> 国王埃塞尔斯坦,勇士们的首领,
> 人民的君主,和他的弟弟,
> 王储埃德蒙,经布鲁南伯尔一役
> 赢得终生的荣耀……北欧人的首领,
> 被逼无奈,站在船头,
> 带领残兵游勇
> 被击溃逃散……在这个岛上
> 不曾有过更大的杀戮。[5]

经过这场胜利,整个英格兰第一次紧密团结在一位国王的统治之下。阿尔弗雷德大帝当的是威塞克斯国王;"长者爱德华"是盎格鲁-撒克逊人的国王;而如今的埃塞尔斯坦则已是全英格兰人国王,而且还迫使威尔士国王和苏格兰国王都承认他的权力。他已经达到,并且超越了父亲和祖父的成就。马姆斯伯里的威廉写道:"他下定决心不让国人失望,不辜负他们的期望,把全英格兰都统一到了自己的统治之下。"[6]

三代人前赴后继、不懈征战才将争斗不休的英格兰统一到同一条边境线内,但压力太大,这道边境线绷得太紧,几乎立刻就又断开了。全英格兰人的国王埃塞尔斯坦死于939年,继位的是他18岁的同父异母兄弟"正义者埃德蒙"(Edmund the Just)。爱尔兰国王、都柏林的奥拉夫三世(Olaf Ⅲ)趁机入侵,并夺走了英格兰中部地

地图 35-1 埃塞尔斯坦统一英格兰

区,埃德蒙直到942年奥拉夫死后才将其夺回。

埃德蒙将这个国家重新统一起来之后又统治了短短4年时间。946年,他意外遇刺身亡。当时他正在主持一场纪念英国基督教创始人圣奥古斯丁的宴会,突然发现出席宴会的客人中有个是他以前在执行国王公务时曾判决其流放的盗贼。这显然激怒了他,于是他起身去捉那个盗贼,没想到对方掏出一把刀子,刺入他的胸膛。[7]

埃德蒙的卫兵迅速赶上前来，将罪犯乱刀砍死，但没过几个小时埃德蒙也死了。他年仅 25 岁，留下了一个 6 岁的儿子，但由于这孩子年纪太小，王位由埃德蒙的兄弟"软脚埃德雷德"（Edred Weak-Foot）占据。埃德雷德之所以得到这个绰号是由于他的健康状况通常都不怎么好。但他仍然保持了国家的完整，即使面对诺森布里亚的起义也没有乱了阵脚。"他几乎将起义军全部歼灭，"马姆斯伯里的威廉写道，"整个诺森布里亚饿殍遍野、血流满地。"955 年，埃德雷德死于顽疾，将一个统一的国家留给了侄子。[8]

新任国王"美男子埃德威"（Edwy All-Fair）只有 15 岁，是个"轻浮的年轻人"，马姆斯伯里的威廉说："他滥用自己的美貌，举止放荡……就在他加冕为国王的那一天，贵族们聚集一堂，大家都在讨论严肃紧急的国事，他却冲出会场……跳到床上情妇的怀中。"威廉补充说，英格兰主教邓斯坦（Dunstan）也出席了这次会议，他跟着国王进了卧室，把国王拖了回来，又与坎特伯雷大主教一道，迫使国王离开情妇，干点正事。[9]

这一过于早熟的行为或许只是谣传，不过埃德威的确很快就与邓斯坦和坎特伯雷大主教结下了梁子。他从小没有父亲，早就成了那些希望由他们自己执掌大权的朝中官员的傀儡。在他们的影响下，他剥夺了修道院的税赋收入，使修道院院长和修士们无力挑战王权。（马姆斯伯里的威廉愤怒地补充说："他甚至连马姆斯伯里的女修道院也没有放过，此修道院已有 270 多年历史，却被他变成了神职人员的淫窟。"或许这就是他为什么如此厌恶埃德威的原因。）

古老的盎格鲁-撒克逊王国的幽灵再次抬起头来。麦西亚和诺森布里亚的贵族们看到有机会在国王和教会双方面前重新伸张自己的权力，因此决定支持埃德威的弟弟——年龄更小、更容易控制的埃德加（Edgar）。他们公开支持埃德加与埃德威争夺国王之位。957年，在国王的位子上只坐了两年，埃德威就在格洛斯特（Gloucester）的一场战役中输给了弟弟及其支持者，结果两兄弟将王国一分为二：由14岁的埃德加统治泰晤士河以北地区，17岁的埃德威则统治南部。

959年，19岁的埃德威去世，他弟弟埃德加成为全英格兰人唯一的国王。埃德加比兄长更有主见，他一登上王位，就开始走自己的路。他恢复了英格兰的修道院，授权修道院院长和修士们自主管理他们的土地。他下令："他们在自己的领地将享有与我在朝中同样的自由和权力，赏罚由之。"他发布这道命令十分精明，让全英格兰所有的修道院院长和修士们都立刻站到国王这一边来，他们给了埃德加他所需要的支持，去削弱那些本想操纵他的贵族们的权力。到973年的时候，埃德加已完全控制了他的国家，并得到苏格兰国王和威尔士国王的宣誓效忠。[10]

此时他已在英格兰王位上坐了14年，但从未正式加冕。事实上，直到此时为止，英格兰的国王们还从未举行过加冕仪式。埃德加是第四位统治全英格兰的国王，但阿尔弗雷德的所有后代与他们的伟大祖先一样，都是作为武士进行统治的，只有紧握手中之剑，他们才能掌握权力。

但埃德加已使教会成为自己的坚定盟友，从而赢得了一种比战争之神更为强大的力量来认可他为国王。邓斯坦现在已是坎特伯雷大主教了，他想出了一套正式的仪式来承认国王的统治权——这个加冕仪式在埃德加统治时期所有的史书中都有所描述。973年5月2日是圣灵降临节，这一天，30岁的埃德加得到祝福，被加冕为国王，得享无上荣光。《盎格鲁-撒克逊编年史》中用一首盎格鲁-撒克逊诗歌记载了加冕礼这一盛事：

> 今有埃德加，全英格兰人之王，
> 在此古镇，行盛大集会
> 被尊为国王……当此神圣之日，圣灵降临日，
> 众皆欢喜。
> 据我所闻，聚集过来的，有许多教士，
> 还有许多皆为修士。[11]

在教会的支持下，埃德加以英格兰加冕国王的身份坐在王位上，他的国家既建立在战争胜利的基础上，又得到了宗教仪式的承认。

两年后，他因急病猝死，继位者们发现，王冠正从他们手中溜走。北欧人要来了，这次，有一位国王指挥着他们。

波罗的海以北民族的早期历史仅在一些英雄传奇中留有零星记载，保存并不完整。从这些零散的记载中，我们看到的是一些熟悉的故事：组织分散的部落逐渐统一起来，形成一个王国。

到 9 世纪中期，斯堪的纳维亚半岛东南部由来自乌普兰地区（Uppland）的瑞典国王统治；半岛最南端、波罗的海中的岛屿和日德兰半岛（Jutland）则在丹麦人国王控制之下；

半岛的西半部分是北方斯堪的纳维亚各部落的家乡，他们处于分裂和混乱之中的时间还要更长一些。870 年前后，一片名叫西福尔（Vestfold）的沿海土地的统治权落入一个名叫哈拉尔（Harald）的男孩手中。开始是由他的叔父摄政，后来他自己执政，一共奋

斗了60多年，最终将北方斯堪的纳维亚人统一起来。*史诗《埃吉尔萨迦》(*Egil's Saga*) 中说："哈拉尔国王发誓，在他成为挪威唯一的国王之前，不理发，不梳头，因此他也被称为'乱发哈拉尔'(Harald Tangle-Hair)。"[12]

900年前后，在哈福斯峡湾战役（Battle of Havsfjord）中，"乱发哈拉尔"战胜了他最危险的敌人——挪威王子"长下巴索瑞尔"（Thorir Long-chin）和"有钱人考特维"（Kjotvi the Wealthy）——的军队，赢得了这场海战的胜利。"这是哈拉尔国王在挪威打的最后一仗，"《埃吉尔萨迦》中如此总结道，"之后他再也没有遇到过任何反抗，完全控制了挪威全国。"[13]

事实上，统一挪威花了哈拉尔漫长一生的大部分时间，即使是在统一之后，他对整个国家的统治也仍然是摇摇欲坠、争议不断的。西斯堪的纳维亚的土地上一片混乱、被鲜血浸染。由于国内战火不断，更多维京人离乡背井，到外面的世界去寻找新的家园：去英格兰和诺曼底的人更多了，也有不少人向西去，登上冰岛，加入自9世纪起就已在那里建立、并一直在努力奋斗的小殖民地。[14]

哈拉尔的个人生活对平息这趟浑水并没起什么作用。和他的征服欲望一样，他对肉体的欲望同样强烈，他有许多妻子和情妇，她们为他生下了十几个儿子。在他死后，大约是在10世纪40年代初期，被松散地统一起来的国家再次土崩瓦解，贵族和王子们彼此混战：贵族们想在自己的领地上夺取更大的权力，王子们则希望自己能成为统治挪威全境的下一任国王。

---

* 哈拉尔统治的确切日期不明，但最近的研究表明，他出生于870年前后，执政的大部分时间是英格兰的阿尔弗雷德大帝和埃塞尔斯坦在位期间。参见：Gwyn Jones, *A History of the Vikings* (Oxford University Press, 1984), pp. 88–90.

哈拉尔最小的儿子"好人哈康"（Hakon the Good）最终在竞争中获胜。但得天下易，守天下难，为了守住国王之位，他必须奋力鏖战：他的哥哥、娶了丹麦国王"蓝牙哈拉尔"（Harald Bluetooth）的妹妹为妻的"血斧王埃里克"（Erik Bloodaxe），发动了一场耗时十几年的战争，与他争夺王冠。"血斧王埃里克"于940年前后对弟弟哈康宣战，但他那些如"群狼"般的儿子们却与丹麦的"蓝牙哈拉尔"结盟，继续内斗不休。[15]

"血斧王埃里克"的绰号来自他在战场上的彪炳战绩；哈康虽然也同样好战，却因为他信仰基督教而被称为"好人"。当时多数斯堪的纳维亚人仍然崇拜古老的神灵：有奥丁神与他的渡鸦、雷神索尔（Thor）与他致命的大锤，还有其他许多神灵。但哈康小时候曾在英格兰国王埃塞尔斯坦的宫廷生活过一段时间，他在那里接触到了基督教。"蓝牙哈拉尔"后来也成了一名基督徒，不过皈依基督教并未使这两个人遇到什么特别的不便。当个名义上的基督徒，只不过是使他们在与英格兰人和欧洲大陆上的商人打交道时更容易些而已。根据《埃吉尔萨迦》中的记载："用手画十字，是当时在与基督徒打交道的商人和雇佣兵之间通行的一种做法。愿意画十字的人很容易在与基督徒或异教徒打成一片的同时，继续坚持自己喜欢的信仰。"[16]

但当"好人哈康"最终死在与侄子"灰袍哈拉尔"（Harald Greycloak）为敌的战场上时，基督教已强势来袭。"灰袍哈拉尔"是"血斧王埃里克"的儿子，但他本人已皈依了新兴的基督教，并在舅父"蓝牙哈拉尔"派来的丹麦军队的帮助下，夺取了挪威的王位。他很快就证明自己是一个特别狂热、特别积极的基督徒。12世纪的编年史家斯诺里·斯图鲁松（Snorri Sturluson）说："为了让人民皈依基督教，他别无他法，只有不断拆掉寺院、毁掉祭品，因此树了许多敌人。"[17]

不幸的是，在"灰袍哈拉尔"对旧的宗教场所进行了一番大肆洗劫之后，紧接着到来的是严寒的冬季，庄稼歉收，渔业萧条。斯图鲁松写道："举国上下都极度匮乏，远近乡邻皆无米下锅。"此时寒流突至，盛夏飘雪。"灰袍哈拉尔"越来越不得民心，民怨载道，这给了他的舅父"蓝牙哈拉尔"一个机会。[18]

"蓝牙哈拉尔"当时支持他外甥登上挪威王位并不是出于好心，其实他是希望能将挪威并入他自己的丹麦王国。随着"灰袍哈拉尔"日益失去民心，"蓝牙哈拉尔"与手下的一个贵族，"拉迪尔的哈康"（Hakon of Hladir），开始密谋行刺这位挪威国王。

970年前后，行刺计划得以实现。"灰袍哈拉尔"被人出卖而死，"蓝牙哈拉尔"将挪威东部领土据为己有，并将挪威北方沿海的地区作为奖赏赐予了"拉迪尔的哈康"，但他没让哈康称王。就这样，丹麦和挪威的土地暂时都处于"蓝牙哈拉尔"的控制之下。在他的儿子、同时也是战争领导者的"八字胡斯温"（Sweyn Forkbeard）的帮助下，他牢牢地控制着这些地方。

在之后10年的时间里，"蓝牙哈拉尔"的士兵和开拓者继续踏足西方和南方，将他的权力边界继续向外扩展。丹麦军队进攻了德意志边境，现在这里的统治者是"捕鸟者亨利"的儿子奥托。更多的侵略军向西方前进，再次来到英格兰，在这里，埃德加年仅十几岁的儿子埃塞尔雷德二世（Ethelred II）已经加冕为国王。挪威人"红发埃里克"（Eric the Red）则向西北航行，使斯堪的纳维亚人的势力越过冰岛，扩张到更远的陆地上。

"红发埃里克"天生就爱惹麻烦，他曾因与另一个村民发生争执并最终杀害了这个村民而被迫离开挪威,来到冰岛的殖民地定居[根据13世纪的《红发埃里克萨迦》(*Saga of Eirik the Red*)中的记载,埃里克的追随者们"制造了一次滑坡",把对方的农场埋了起来]。982年,他在冰岛又与一个邻居发生争吵,还杀害了那人的两个儿子。其他殖民者逼他离开冰岛,于是"红发埃里克"扬帆起航,到别处去寻找安身之处。[19]

经过3年的探索,他在冰岛以西800千米的一座大岛上安顿了下来。岛上没有人烟,这正适合他的个性,但他也有野心,想要在这里建立一个新的殖民地。由于埃里克生活的时期气候异常温暖,这个岛上有一部分海岸不会结冰,不过这里十分荒凉,沙质的土壤裸露在外。埃里克将其命名为格陵兰岛(Greenland,字面意思是绿地)。因为正像有关他的史诗中指出的那样,"如果这里有个好听的名字,那么人们就会闻名而来"。这个计策获得了一定的成功。殖民者们来了,虽然来得很慢。他们在斯堪的纳维亚的统治穿越北大西洋的中途,在这里建成了一个小小的前哨。[20]

而在挪威老家,上了年纪的"蓝牙哈拉尔"则死在了刀剑之下。他的儿子"八字胡斯温"原本希望父亲能将王国分一部分给他,但"蓝牙哈拉尔"一生戎马,可不是为了把王国拱手让给儿子的。但作为父亲的左膀右臂,斯温也有自己的舰队。于是他召集人马,向父亲的王位发起了挑战。986年,父子二人打了一场海战,"蓝牙哈拉尔"击退了儿子的舰队,但他也在战斗中受了重伤,过了几天就死了,于是"八字胡斯温"的追随者们将其拥上了王位。[21]

斯温继承了丹麦的王位,也随之继承了丹麦在挪威所控制的领土,以及(理论上)那位"拉迪尔的哈康"的效忠,开始统治北方沿海地区。为了进一步扩张领土,他加大了对英格兰的劫掠力度,

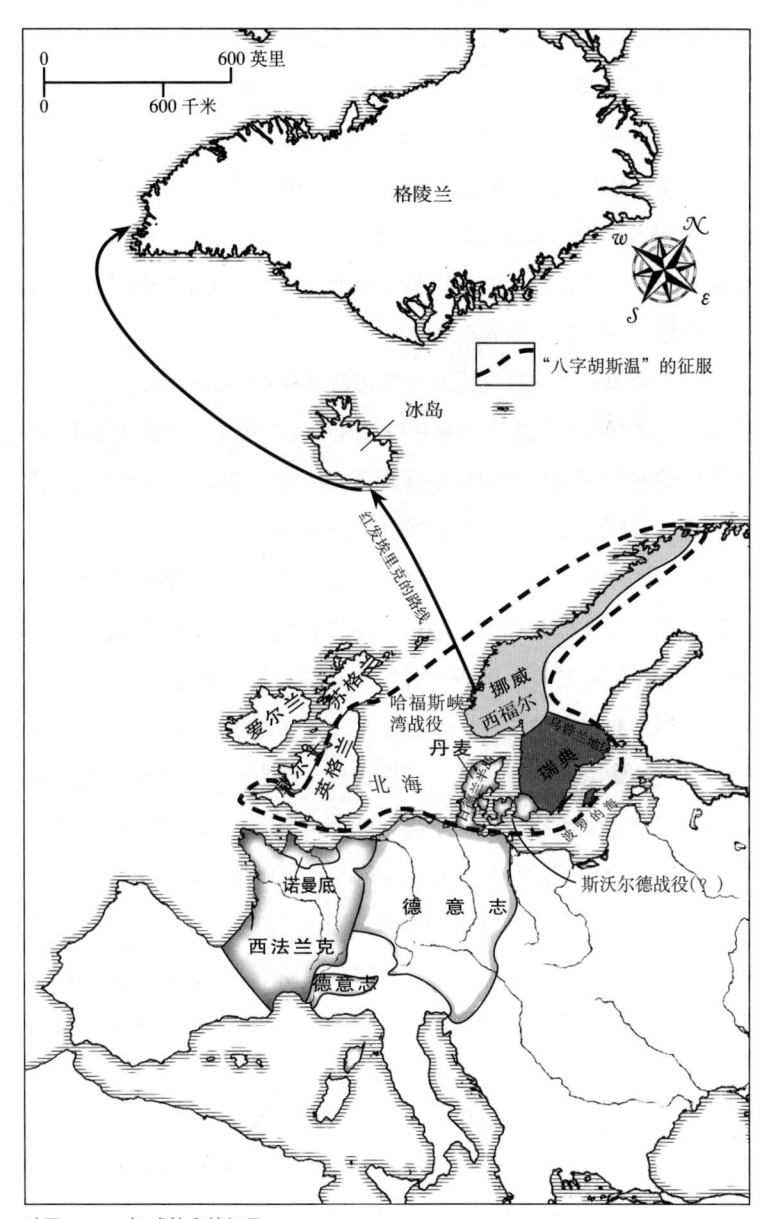

地图 35-2　挪威势力的拓展

年轻的英格兰国王埃塞尔雷德二世根本无力阻止他们。在马姆斯伯里的威廉的记录中，对这位国王无力保护子民的蔑视之情简直是透纸而出，他写道："埃塞尔雷德占据着（而不是统治着）这个王国，他的一生开始时残暴，中途可怜，结尾可耻。"[22]

丹麦人蹂躏着威塞克斯，他们将埃克塞特城付之一炬，还将肯特洗劫一空。身强力壮的英国男子战死沙场，种下的庄稼也惨遭践踏，英格兰深陷饥荒和危难之中。

991年，东萨克森贵族布里特诺斯（Brihtnoth）率领大军对抗丹麦入侵者，结果他本人在莫尔登（Maldon）被杀，军队也被击溃。有人向埃塞尔雷德二世建议用钱收买入侵者，埃塞尔雷德听从了他们的意见，同意付给丹麦人4.5吨白银的赎金。[23]

"八字胡斯温"收下了人称"丹麦金"（Danegeld）的这笔钱，然后就撤退了。但没想到埃塞尔雷德二世的这个解决方案竟然弄巧成拙。斯温原本是打算征服不列颠岛的。据编年史家斯诺里·斯图鲁松所说，斯温在加冕礼上曾发誓说，"3年之内，必将率军前往英格兰，杀死埃塞尔雷德国王，夺取他的土地"。但现在他意识到可以源源不断地从英格兰人那里得到赎金，这样更加有利可图，因此他延长了自己定下的最后期限，觉得与其征服埃塞尔雷德，还不如让他来给自己的战争买单。994年，斯温又亲自打了回来，而且一路打到了伦敦。埃塞尔雷德再次花钱买他撤军，但这位英格兰国王从贵族那里筹集赎金的本事也几乎用尽了，而且大家都清楚，丹麦人还会回来。[24]

在此期间，斯温用英格兰的赎金来资助他征服挪威剩余领土的战争。994年末，"拉迪尔的哈康"过世，北部挪威的控制权落入"乱发哈拉尔"的曾孙奥拉夫·特里格瓦松（Olaf Tryggvason）的手中。"八字胡斯温"是一个十分强大的敌人,因此奥拉夫没能统治太长时间。1000年,奥拉夫的舰队在波罗的海西部海峡的斯沃尔德战役(Battle of Swold)中与斯温的舰队遭遇。挪威人的战舰一艘接一艘被击沉,最后奥拉夫国王孤零零地站在旗舰"长蛇号"(Long Serpent)的甲板上,身边被尸体环绕。"这么多人在'长蛇号'上倒地而死,围栏内已是空无一人,"斯图鲁松写道,"'八字胡斯温'的人从四面八方开始登船。"奥拉夫纵身跳海,从此再也没人见到过他。"八字胡斯温"得意扬扬,他宣布整个挪威都归他所有。

有许多年的时间,都有传闻说奥拉夫将从大海深处返回,将挪威从丹麦统治者的手中解放出来。"关于国王奥拉夫,后来还有许多故事,"斯图鲁松总结道,"但是他再也没有回到他的挪威王国。"[25]

现在,"八字胡斯温"已经把挪威和丹麦都纳入了怀中,又开始回过头去对付英格兰了。

英格兰的埃塞尔雷德二世如今已经30多岁了,自从当上国王起就一直忙着抵抗丹麦的入侵。为了争取诺曼人站在他这边与他共同对抗其远亲丹麦人,他提议两国结成强大的联盟:如果诺曼人肯派兵帮他打退丹麦人,他就迎娶诺曼底公爵"好人理查"(Richard the Good)的妹妹艾玛(Emma)。根据编年史家亨廷顿的亨利(Henry of Huntingdon)记载,这是"因为理查德是一位英勇的王子,无所不能,而英格兰国王深知自己和子民们的弱点,对于似乎近在眼前的灾祸感到万分忧虑。"[26]

埃塞尔雷德二世已经结过一次婚,生了4个儿子,因此艾玛与他婚后所生的孩子哪个也不太可能会继承英格兰的王位。但诺曼底公爵仍然愿意与英格兰结盟,因为这可以进一步证明他独立于西法兰克国王。于是,1002年,艾玛远嫁英格兰,并于婚礼之后被加冕为英格兰的王后。

可是,即使有了诺曼人的增援,埃塞尔雷德能够召集的大军仍然不够强大,无法将丹麦人赶走,而且他也无法再筹集足够的赎金让他们撤军,战败和死亡的结局迫在眉睫。婚礼之后,他立刻陷入恐慌之中,因此下达了一个极端的命令:杀死所有在英格兰定居的丹麦人,无论男女老幼,一个不留。

大屠杀在一天之内进行。1002年11月13日,国王遍布不列颠岛各地的手下对丹麦人大开杀戒。在牛津,丹麦人全家老小逃到圣弗莱丝史怀德(St. Frideswide)教堂里去,于是士兵们干脆将教堂连同里面的人一起放火烧掉。埃塞尔雷德后来写下这样的话为自己的行为辩护:"这个岛上如雨后春笋般四处涌现的丹麦人,全都像麦田里的野草一样,被一次最正义的行动铲除殆尽。"[27]

"八字胡斯温"本来就决意要征服英格兰了,这场大屠杀又给他提供了复仇的正当理由。马姆斯伯里的威廉坚持说,斯温那个嫁给了英格兰人的亲妹妹也在11月13日这天被杀了。很难说这是不是真的,但毫无疑问,斯温手下军人的许多亲属都死在了这场清洗之中,愤怒和野心使丹麦人的进攻更加猛烈。[28]

斯温继续进行这场深思熟虑、计划周详的战争。在之后10年的时间里,他派出大批军队前往英格兰。外敌入侵占用了埃塞尔雷德所有的时间,杀害了他的士兵,耗干了他的国库。周而复始,丹麦人先是拍马进攻,一顿烧杀抢掠,继而接受赎金,然后鸣金收兵。每一次,埃塞尔雷德似乎都希望丹麦金能让他们永远也不再来,但每一次,丹麦人都会回来。

1013年,"八字胡斯温"本人亲自领兵来到英格兰的北部海岸,他已做好准备,要向英格兰国王发出最后一击。他的部队向南席卷整个英格兰,所到之处,英格兰人相继投降。当时埃塞尔雷德正躲在伦敦,当斯温逼近的时候,伦敦人紧闭城门。据《盎格鲁-撒克逊编年史》中的记载:"伦敦人拒不投降,而是全力以赴,坚持对敌,因为国王埃塞尔雷德就在城里。"[29]

斯温已经控制了英格兰的其他地方,于是他暂时将伦敦放在一边,而是前往巴斯(Bath),这是英格兰国王第一次行加冕礼的地方。他在巴斯宣布自己为"英格兰国王",要求所有英格兰人都予以承认。

受到国王埃塞尔雷德二世鼓舞的伦敦城本是唯一坚持抵抗的地方,没想到"八字胡斯温"一去巴斯,埃塞尔雷德就趁机逃到怀特岛(Isle of Wight)上,妻子艾玛和她所生的两个儿子则被送回了诺曼底,到她哥哥"好人理查"公爵那里去了。身边没有了国王,伦敦人也失去了斗志。他们将贡品和抵押品送去巴斯,承认丹麦人为他们的统治者。[30]

"八字胡斯温"现在统治的是一个北大西洋帝国,疆域横跨波罗的海和北海。他作为英格兰国王在此地欢度圣诞。在维京大军登陆英格兰海岸一个半世纪之后,不列颠岛终于落入了斯堪的纳维亚统治者的手中。

时间线 35

唐朝	朝鲜半岛	不列颠群岛	斯堪的纳维亚
		（威塞克斯）阿尔弗雷德（871—899）	（挪威）乱发王哈拉尔（约870—约940）
僖宗（873—888）			
	（统一新罗）宪康王（875—886）		
		威德摩尔条约（878）	
黄巢起义 梁田陂战役（882）			
昭宗（888—904）			
	（统一新罗）孝恭王（897—912）	长者爱德华（899—924）	
	（后百济）甄萱（900—935）（后高句丽）弓裔（901—918）	（苏格兰）君士坦丁二世（900—943）	哈福斯峡湾战役
哀帝（904—907）			
五代十国			
	（高丽）王建（918—943）		
		（诺森布里亚）西特里克（921—927）	
后梁灭亡/后唐建立（923—936）			
	（新罗）景哀王（924—927）（新罗）敬顺王（927—935）	埃塞尔斯坦（924—939）	
		（爱尔兰）奥拉夫三世（934—941）	
	新罗并入高丽（935）		
后唐灭亡/后晋建立（936—947）	后百济并入高丽（936）		
		正义者埃德蒙（939—946）	（挪威）好人哈康（约940—961）
后晋灭亡/后汉建立（947—950）		软脚埃德雷德（946—955）	
	（高丽）光宗（949—975）		
后汉灭亡/后周建立（951—960）			

时间线 35（续表）			
五代十国	朝鲜半岛	不列颠群岛	斯堪的纳维亚
		美男子埃德威（955—959）／埃德加（957—975）	
			（丹麦）蓝牙哈拉尔（约958—约987）
后周灭亡／宋建立（960—1279）			
宋朝			
太祖（960—976）			（挪威）灰袍哈拉尔（961—970）
		埃德加加冕（973）	
太宗（976—997）	（高丽）景宗（975—981）		
宋统一中原（979）			
	（高丽）成宗（981—997）	埃塞尔雷德二世（978—1013）	
			红发埃里克来到格陵兰（985）
			（丹麦）八字胡斯温（987—1014）
真宗（997—1022）			（挪威）八字胡斯温（1000—1014）
		对丹麦人的屠杀（1002）	
		八字胡斯温（1013—1014）	

/ 36

罗斯人受洗

> 944年至988年，罗斯人对抗君士坦丁堡的敌人，然后又进攻君士坦丁堡，最终皈依了基督教。

君士坦丁堡的执政皇帝罗曼努斯·利卡潘努斯正在政治这根窄窄的平衡木上小心翼翼地维持着平衡。他每年都得打仗，才能将前阿拔斯哈里发帝国那些野心勃勃的埃米尔从边境上赶跑，这每次都会花费大量的人力物力，但关系到拜占庭的生死存亡，不容忽视。君士坦丁堡的另一个方向，还有西方势力的铁三角——罗斯人、保加尔人和经常从北部入侵的马札尔人。他既和他们谈判，又威胁他们，还每年向他们上供，才牵制住这三方势力。确保君士坦丁堡的安全是一项既艰苦又让人精疲力竭的工作。但罗曼努斯已经成功地干了20多年。

944年，他已经74岁了，与4个共治皇帝一起统治。"智者利奥"的儿子"紫衣贵族君士坦丁"仍然生活在罗曼努斯的阴影之下。他娶了罗曼努斯的女儿埃琳娜，被迫要与罗曼努斯甚至罗曼努斯的两个儿子和长孙共同分享皇帝的头衔，他们都被加冕为共治皇帝。[1]

罗曼努斯安排加冕了这些共治皇帝，为的是确保皇位由他的家族继承。但在 944 年，他的两个儿子——斯蒂芬·利卡潘努斯（Stephen Lecapenus）和君士坦丁·利卡潘努斯（Constantine Lecapenus）——厌倦了一直等待。他们在自己私人卫队的帮助下，将年迈的父亲赶下皇位，将其送上一艘驶向马尔马拉海中一座荒岛上的修道院的船。

这还只是整出戏的第一幕而已。显然，当时的 4 位共治皇帝全部参与了这个阴谋。时年 39 岁、生性优柔寡断且缺乏自信的"紫衣贵族君士坦丁"虽未直接参与，但也默许了那两个年轻人将阴谋付诸实施。斯蒂芬·利卡潘努斯和君士坦丁·利卡潘努斯以为这样一来他们就能当上"大皇帝"（senior emperor）了，"紫衣贵族君士坦丁"也无意与他们多做争执。

但他们的姐妹、君士坦丁的妻子埃琳娜·利卡潘娜可不打算与兄弟们共享皇权。她 9 岁就嫁给了"紫衣贵族君士坦丁"，如今已有 25 年。她与一个友善亲切、毫无野心的丈夫一起长大成人，知道他是不会自己主动争取皇位的。

于是，945 年初，她安排兄弟们前来赴宴，并说服丈夫同意在宴席上拘捕他们。当两人正要入座就餐的时候，皇家卫队上前把他们抓了起来。两个人和罗曼努斯的孙子（另外一位共治皇帝）一道，都遭遇了与父亲或祖父同样的命运，也被押上船，送到遥远的修道院里去了。"紫衣贵族君士坦丁"在 30 多年的黯淡无光后，终于成了君士坦丁堡唯一的皇帝。[2]

3 年后，罗曼努斯在软禁他的那座修道院中寿终正寝。他未能确保自己的儿子戴上皇冠，但他的王朝仍在继续。毕竟，皇位的继承人，君士坦丁七世的儿子，也是罗曼努斯的外孙。

"紫衣贵族君士坦丁"成为"大皇帝"之后,第一件事就是与罗斯人谈妥了一个条约。200多年来,拜占庭帝国一直准备着与东方作战——对君士坦丁堡来说,伊斯兰大军一直是最持久、最顽固的威胁。但在拜占庭人眼中几乎可以说是尚未开化的罗斯人,也一直与阿拉伯人同样热切地希望能轮到自己从海路围攻这座伟大的城市。

不到30年前,阿拉伯地理学家伊本·法德兰(Ibn Fadlan)曾沿着伏尔加河溯流而上,越过可萨人的领土,进入罗斯人的领地。他的记录揭开了这个还未完全开化的民族的面纱:他们随身携带武器,从脖子到指尖都刺满了刺青,住的都是临时的木棚,在公共场所当众交配,还向一些稀奇古怪的嗜血之神献祭。"他们是上帝创造出来的最肮脏的生物",伊本·法德兰写道,他简直无法相信他们会有那么恶心的习惯:

> 每天一大早,都会有一个女奴给主人端来一大桶水,他就用这桶水洗手、洗脸、洗头,洗完了再朝桶里擤鼻涕、吐痰。然后女奴再将同一桶水端给下一个人,他也同样洗漱一遍。她把这个桶从一个人端到另一个人那里,直到每个人都在这个桶里洗完了脸和头发,也擤完了鼻涕、吐完了痰为止。[3]

一队队的罗斯商人远离家乡四处去做买卖,却从不费心盖房子住。在伊本·法德兰的眼里,他们完全是过路的旅客,身后什么也不留下——连块墓地也没有,因为他们更愿意将尸体火葬。[4]

到945年,罗斯人已经扎下根来了。他们确立了首都,有一个大公,还有一个至少可以说是类似于中央政府的机构。基辅大公伊戈尔（Igor, Prince of Kiev）有足够的权力，可以代表他的子民与"紫衣贵族君士坦丁"签订条约。条约再次约束双方，让他们遵守911年的和约中所规定的条款：罗斯商人可以进入君士坦丁堡，但必须要解除武装，且每个商队不能超过50人；如果他们能平安返回基辅，就能得到一个月的免费食物；如果"紫衣贵族君士坦丁"需要兵力牵制保加尔人或阿拉伯人，罗斯人要作为雇佣军在拜占庭的军中服役。[5]

签订这个条约的时候，罗斯人正处于从部落联盟向王国转型这个十分复杂的转变的中间阶段，伊戈尔在谈判中起到了国王的作用。条约中的条款是拜占庭式的："如果有罗斯罪犯投靠到希腊去，罗斯人应向基督教帝国申诉，这样的罪犯，不管他如何抗议，都应当将其逮捕并遣送回罗斯，而罗斯人对希腊人也应当履行同样的义务。"这样一个条款规定了每个国家对自己的国民行使司法主权的原则。但在他们大公的名字下面，在这个条约上签名的还有50名罗斯人，其中包括维京人和斯拉夫人的名字，他们都是军事首领，每个人都具有属于部落首领的有限权力。[6]

条约刚一签完，伊戈尔就遭遇了部落首领通常会有的死亡命运。罗斯人50年前已经征服了西邻的斯拉夫部落德列夫梁人，但德列夫梁人一直坚持反抗罗斯人的统治。在签署条约回来的路上，伊戈尔绕道穿过德列夫梁人的地盘，去收取逾期的贡金。"结果他被他们抓住，绑在树干上，然后被撕成了两半。"执事利奥这样写道。[7]

他的妻子奥尔加（Olga）接过了为儿子斯维亚托斯拉夫（Svyatoslav）摄政的职责。她的第一个行动是将属于德列夫梁人的科罗斯坚城（Korosten）完全烧毁，并用恐怖的方式屠杀了数百名德列夫梁人，把他们烧死、钉死和活埋。但奥尔加也在改变。她作为战争女王发起的复仇行动一经结束，就接过了将罗斯转变为国家的任务。她将国土划分成许多被称为"波戈斯特"（pogosts）的行政区，每个行政区都要按照固定税率缴纳税金。德列夫梁人的地盘也成为一个"波戈斯特"，定期向基辅政府缴纳税金。[8]

957年，奥尔加对君士坦丁堡进行了国事访问，君士坦丁七世按照平级君主的规格接待了她。皇宫的地板上撒满了玫瑰、常春藤、桃金娘和迷迭香；墙壁和天花板上悬挂着丝绸帘幔；当她被引荐给皇帝时，来自索菲亚大教堂的唱诗班开始为她演唱；正殿里的机械玩具狮子也咆哮着向她致敬。她被设宴款待了一个多星期。访问结束时，她同意受洗。君士坦丁七世的妻子埃琳娜当了她的教母，来自基辅的罗斯人奥尔加就这样被迎入了拜占庭属灵的家。[9]

不到50年，罗斯人就从他们伏尔加河畔的木头棚屋出发，迈进到君士坦丁堡的皇家接待大厅里来。他们的变化快得异乎寻常——但从后来的情况看，这些变化在某种程度上只是暂时的。

963年，伊戈尔的儿子斯维亚托斯拉夫开始亲政，时年21岁。他的母亲奥尔加则从公共生活中退隐，将时间花在说服她的罗斯人同胞改信基督教上。她自己皈依基督教的时候并不是带领整个国家一起皈依的，而斯维亚托斯拉夫则还是保留着以前的信仰。他是个好勇斗狠的人，一心想着战争，不接受母亲的宗教信仰。当奥尔加建议他考虑接受基督教洗礼的时候，他跟奥尔加说："那样的话，我的随从会笑话我的。"[10] 相反，他"遵循异教徒的惯例"，总的来说，他表现得就像以前的部落首领一样：

> 斯维亚托斯拉夫大公长大成人以后，开始组建一支规模庞大、英勇善战的军队。他像豹子一样轻盈敏捷，打了很多

仗。出征的时候，他既不乘马车，也不带水壶，不煮肉吃，而是用刀割下一条条马肉、野味或牛肉，在火上烤烤就吃。他也不搭帐篷，而是把马鞍褥铺在身下，头枕着马鞍睡觉。他所有的随从也都和他一样。他在进攻其他地方之前还会先派信使去宣战。"[11]

在他独自执政的前几年，他攻打了可萨人、斯拉夫部落，以及东邻的被称为佩切涅格人（Pechenegs）的突厥游牧民族。奥尔加将罗斯人变成基督教民族的梦想变得越来越渺茫了。

与此同时，959 年，在君士坦丁堡，"紫衣贵族君士坦丁"与世长辞，结束了他对国事漠不关心的统治，享年 54 岁。[12]

继任者是他 20 岁的儿子罗曼努斯二世（Romanus II），也就是篡位者罗曼努斯的外孙。他的任期十分短暂。与他父亲一样，罗曼努斯二世也是个友善亲切的人，他很讨人喜欢，也很容易被操控。"他被那些属于年轻人的嗜好分了心，"执事利奥这样解释道，"并受到那些鼓励他这种行为的宫人的引诱……他们使这个年轻人耽于奢侈享乐，毁了他的高贵品格，诱使他放纵沉沦。"这里说的让他分心的人可能指的就是他的妻子狄奥法诺（Theophano），一个旅店老板的漂亮女儿，在他 18 岁那年让他一见难忘。[13]

在罗曼努斯二世统治的 4 年时间里，狄奥法诺和将军尼基弗鲁斯·福卡斯（一位职业军官，在发妻死后宣誓守贞，现在将全部精力投入军事征服中去）一同管理着帝国事务。这 4 年，拜占庭的情况很不错。尼基弗鲁斯·福卡斯的侄子约翰·司米斯基（John Tzimiskes）在他的身边充当副手，在约翰协助下，尼基弗鲁斯·福卡斯先是率领拜占庭海军夺回了克里特岛，接着又率领拜占庭陆军征服阿勒颇，重

地科 36-1　罗斯与拜占庭

新收复了被阿拉伯人占领了数十年的领土。[14]

963 年 3 月，就在斯维亚托斯拉夫开始亲掌基辅罗斯统治权的同一年，年轻的罗曼努斯二世由于高烧不退而死。他死后留下两个儿子，巴西尔二世（5 岁）和君士坦丁八世（3 岁），他们都是共治皇帝，由皇太后狄奥法诺摄政。

此时狄奥法诺只有 20 多岁，她也不是特别受欢迎（当时有人，包括执事利奥在内,怀疑是她用毒芹下毒害死了自己丈夫),因此她很担心自己和孩子们的安全。当时尼基弗鲁斯·福卡斯将军正在从东方前线返回君士坦丁堡的途中,于是狄奥法诺派人送信给他,私下提出与其结盟,希望他能支持自己。[15]

狄奥法诺具体许诺了什么并不是特别清楚,毕竟尼基弗鲁斯·福卡斯比她年长近30岁,而且还发过那个棘手的为亡妻守贞的誓言。总之皇太后的来信鼓舞了尼基弗鲁斯·福卡斯称帝。7月,他的军队在行军途中拥立他为皇帝,8月,他抵达君士坦丁堡。牧首同意在圣索非亚大教堂为他加冕,条件是尼基弗鲁斯·福卡斯承诺永远不伤害那两个尚在学步的共治皇帝。于是,8月16日,尼基弗鲁斯·福卡斯将军摇身一变,成了拜占庭的皇帝尼基弗鲁斯二世(Nikephoros II)。[16]

过了几个星期,他娶了狄奥法诺,这样狄奥法诺还是皇后,他则成为皇位继承人的继父。虽然与他们同一个时代的历史学家说他被她的美丽所蛊惑,但事实上他们的婚姻很可能只是一场交易,尼基弗鲁斯·福卡斯很可能遵守了他为前妻守贞的誓言。当然,在之后的几年中,他花在战场上的时间比在寝宫中多;他返回东方前线,继续与阿拉伯人作战,而狄奥法诺则与他的侄子兼副手、当时还不到40岁的时髦军官约翰·司米斯基展开了一场干柴烈火般的风流韵事。

尼基弗鲁斯·福卡斯终其一生都是个战士。他当上皇帝之后,并不把自己当成宗教信仰的守护者或管理帝国事务的行政长官,而把自己当成一名最高指挥官。他不能满足于仅守住边防,而是必须要开疆拓土才行。968年,他雇用了基辅的斯维亚托斯拉夫及大约5万罗斯雇佣军,对保加尔人宣战。

斯维亚托斯拉夫刚摧毁了可萨帝国，保加利亚正是他下一个也是距离最近的重点目标。与尼基弗鲁斯·福卡斯一样，这位罗斯人领袖也是必须通过战斗才能实现统治的。他向多瑙河迈进，对保加尔人展开了一场惊天动地的进攻，最终将该国北部地区整个据为己有。保加利亚的彼得一世中风而死，留下儿子鲍里斯二世（Boris II）统治剩余的国土。

然后斯维亚托斯拉夫掉过头来与其雇主为敌，他派人给尼基弗鲁斯·福卡斯送了个信，"宣布自己打算向对方进军，占领他们的城市"。他是个天才的斗士，但不是个好的盟友。[17]

但尼基弗鲁斯·福卡斯还没来得及对付来自斯维亚托斯拉夫的威胁，就遇刺身亡了。

他在君士坦丁堡也保持着战士的习惯，睡在地板上而不是床上（尽管他也略微改善了点条件，在石头地面上铺上了豹皮和红色的毡布）。969年12月10日晚上，当他正在豹皮上睡觉的时候，他的妻子狄奥法诺和侄子约翰·司米斯基带着从皇家卫队中挑选出来的几名护卫破门而入。执事利奥这样写道：

> 他们将他围在中间，跳到他身上，用脚踹他。尼基弗鲁斯被惊醒了，他用双臂护住头部，（一名宫廷侍卫）用剑向他猛刺过去。皇帝的伤处疼痛难忍（剑刺中了他的眉毛和眼皮，伤到了骨头，但没伤到脑子），他大声嘶喊道："救命啊，噢圣母啊！"……约翰就坐在皇帝的床上，命令他们将皇帝拖到他面前来。他被拖了过来，俯伏着瘫倒在地上，约翰……一把抓住他的胡子，残忍地用力一扯，约翰的手下则残酷冷血地用剑柄使劲砸他的下巴，想将他的牙齿全部敲落。他们将他折磨够了

之后，约翰又一脚踢上他的胸膛，举起剑来，一剑刺向他的额间，同时命令其他人也来刺他。[18]

尼基弗鲁斯·福卡斯本来就已经越来越不得人心，因为他穷兵黩武，使人民缴税的负担越来越重。因此，约翰用了7天就说服了全城人民，让牧首给他加冕，接替叔父的位置。"在政府发生剧变时，通常会引起许多不安和动荡，"执事利奥对此惊叹不已，"但此时民间秩序良好，到处都风平浪静，只有皇帝尼基弗鲁斯本人和他的一名侍卫被杀，其他人全都连个巴掌也没挨着。"[19]

这次政变仅有的另外一个受害者是狄奥法诺。她本来还指望着能保住皇后的位子，没想到约翰立刻将她流放到了马尔马拉海中的一个岛上（不过他允许她的两个儿子留在宫中），又娶了"紫衣贵族君士坦丁"的一个女儿，这样一来，他就可以名正言顺地声称自己是帝国王朝中的一员（而不像他叔父那样）。

与此同时，基辅罗斯的斯维亚托斯拉夫已迫使保加利亚的鲍里斯二世与其结盟，两国联军越过了多瑙河，向君士坦丁堡逼近。约翰·司米斯基组织了一支守军，迎向敌军。两军于阿卡迪奥波利斯（Arcadiopolis）相遇，就在拜占庭国都君士坦丁堡西边约97千米的地方，罗斯人被击退。保加尔人本来就没有完全投入这次行动，于是就此打道回府，但约翰却在他们身后紧追不舍。他俘获了鲍里斯二世和他的兄弟兼继承人罗曼（Roman），并将此二人送回君士坦丁堡关押起来。然后他吞并了保加利亚。

但斯维亚托斯拉夫的下场比这更惨。在返回基辅的路上，他中了突厥游牧部落佩切涅格人的埋伏，并因此丧命。在他统治罗斯整整27年的时间里，他们一直彼此为敌。因此佩切涅格人的首领用他的头骨做了一个镶金酒杯，让所有的战士依次传递来饮酒。[20]

斯维亚托斯拉夫死后，他的儿子们对罗斯王位展开了争夺，最终胜出的是他的幼子弗拉基米尔（Vladimir），980 年他成为新的基辅罗斯之王。约翰·司米斯基于 976 年死于痢疾，狄奥法诺的儿子巴西尔二世和君士坦丁八世被加冕为君士坦丁堡的共治皇帝。于是，弗拉基米尔与这两位年轻的皇帝谈成了一项条约。根据该条约，罗斯人将与君士坦丁堡和平共处，并在需要的时候为拜占庭提供兵力支援；而作为回报，弗拉基米尔将迎娶拜占庭皇帝的妹妹安娜（Anna），并皈依基督教。

安娜对这个安排不怎么高兴，因为传说弗拉基米尔有 800 多个妻妾，遍布罗斯的各个村落，这样无论他走到哪里，身边至少都能有一个女人。但巴西尔二世，作为执政皇帝，说服她答应了这门亲事，他说她这是为上帝服务，因为如果不结这门亲，弗拉基米尔就不会同意受洗。[21]

安娜到赫尔松（Kherson）去与她的新丈夫见面，一同前往的还有她自己的神职人员，于是弗拉基米尔接受了洗礼："现在你娶她为妻，继承上帝的王国，成为和我们具有相同信仰的朋友。"巴西尔二世在信中对他的新妹夫这样写道。[22]

但是，让弗拉基米尔更感兴趣的还是俗世的王国。他觉得自己的国家需要有个一神论的宗教来帮助维持稳定，因为这样的宗教都有一个由教士和学者们组成的强大的内部网络。（根据《往年纪事》的记载，他曾研究过伊斯兰教，听说信伊斯兰教必须要戒酒，所以没有接受；而犹太教则要求行割礼，对这个要求他也不太满意。）他一回到国内，就下令让所有子民都跟他一样皈依新的宗教：

> 当弗拉基米尔大公回到都城的时候，他下令推倒所有的偶像……要么将其打碎，打不碎的就烧毁。然后，弗拉基米尔又派传令官向全城宣布：所有人，无论贫富，若是胆敢不去河边，就会引起大公的不快……次日，大公与安娜公主的教士和来自赫尔松的教士们一道前往第聂伯河，那里已经聚集了数不清的罗斯人。他们都下了河：有的站在水没脖子的地方，有的站在水没到胸口的地方，年纪较小的靠近河岸，有的怀里还抱着孩子，而成年人则涉水走到更远的地方。教士们站在河边，为他们祈祷。所有人都受洗之后，又各自回到自己的住处。

这次皈依是国家的决策，而不是一种出于信仰的行为，事关重大，所以不能让个人自行决定。[23]

弗拉基米尔下令修建教堂，创建了教区体系。他在全国各地划定教区，每个教区都由一名教士负责，他还建立了一套基督教教育体系。《往年纪事》中说："他把国内望族的孩子们带走，送他们去学习书本知识。这些孩子的母亲为此痛哭，因为她们的信仰还不坚定，就像死了孩子一样难过。"[24]

弗拉基米尔已将过去清除，将罗斯人的战士联盟转变成一个统一的国家。他缔造了一个全新的基督教罗斯国家，一个可以成为拜占庭正式盟友的国家，一个在西方众王国中占有一席之地的国家。

时间线 36

不列颠群岛	斯堪的纳维亚	拜占庭	保加利亚	罗斯人
			西美昂一世（893—927）	
长者爱德华（899—924）				
（苏格兰）君士坦丁二世（900—943）		罗斯人进攻君士坦丁堡（906）		
		亚历山大（912—913）		伊戈尔（912—945）
		紫衣贵族君士坦丁七世（913—959）		
（诺森布里亚）西特里克（921—927）		罗曼努斯·利卡潘努斯，主政的共治皇帝（920—944）		
埃塞尔斯坦（924—939）			彼得一世（927—969）	
（爱尔兰）奥拉夫三世（934—941）				
正义者埃德蒙（939—946）	（挪威）好人哈康（约940—961）			
		紫衣贵族君士坦丁七世，唯一的皇帝（945—959）		奥尔加，摄政（945—963）
软脚埃德雷德（946—955）				
美男子埃德威（955—959）/ 埃德加（957—975）				
	（丹麦）蓝牙哈拉尔（约958—约987）	罗曼努斯二世（959—963）		
	（挪威）灰袍哈拉尔（961—970）	尼基弗鲁斯二世，主政的共治皇帝（963—969）		斯维亚托斯拉夫（963—972）
		约翰·司米斯基（969—976）	鲍里斯二世（969—971）	
埃德加加冕（973）		巴西尔二世，主政的共治皇帝（976—1025）		

时间线 36（续表）

不列颠群岛	斯堪的纳维亚	拜占庭	保加利亚	罗斯人
埃塞尔雷德二世（978—1013）				弗拉基米尔（980—1015）
	红发埃里克来到格陵兰（985）			
	（丹麦）八字胡斯温（987—1014）			
			撒母耳（997—1014）	
	（挪威）八字胡斯温（1000—1014）			
对丹麦人的屠杀（1002）				
（英格兰）八字胡斯温（1013—1014）				

/ 37

神圣罗马帝国皇帝

> 950 年至 996 年,德意志国王为上帝而战,他选定了一位新教皇,卡佩家族在西法兰克称王,在基督教影响所及之地,开始兴起"神赐和平"运动。

950 年,德意志王国的一个老冤家回来了。马札尔人已经 20 多年没来骚扰德意志王国了,但现在他们又开始袭击德意志南部地区。955 年,在两名军阀雷尔(Lél)和布尔茨(Bulcsu)的指挥下,一队马札尔人大军在莱希费尔德(Lechfeld)平原上安营扎寨,与奥格斯堡城(Augsburg)隔河相对。时隔 300 多年后,匈牙利教士凯扎的西蒙(Simon of Kéza)编写的史书《匈牙利纪事》(*Gesta Hungarorum*)一书,对这场战役进行了描述:他们"夜以继日地攻城",动作轻快敏捷的骑兵则在城外四处劫掠。奥格斯堡城中的居民绝望地"派人送信给皇帝,恳求他来支援"。[1]

奥托一世已经注意到马札尔人的威胁日渐严重。于是他集结了一支全副武装的德意志骑兵部队,从乌尔姆的宫廷出发,以最快速度向奥格斯堡进军。"3 小时后,在暴雨中,他从天而降,"凯扎的西蒙写道,"迅速击溃了奥格斯堡城外的马札尔军队。"

后来有些关于莱希费尔德战役的故事流传下来,说是战后只有7名马札尔战士幸存。这是不可能的,不过德意志的攻击绝对是毁灭性的,他们将富有战斗经验的马札尔战士和军官几乎全部消灭。雷尔和布尔茨试图乘船沿多瑙河逃走,但德意志水军截住了他们的船只,将此二人捕获,并把他们带到奥托面前。奥托像对待其他重罪犯一样判了他们绞刑。[2]

这一战击垮了马札尔人,马札尔联军自此安生下来。自955年至10世纪末,马札尔人更加稳定地定居在喀尔巴阡盆地(Carpathian Basin),在这片由喀尔巴阡山脉环绕的平地上生活。虽然还是不能完全改掉抢劫邻居的习惯,但他们花在农耕养殖方面的时间更多了,而花在打仗上的时间则大大减少了。基督教的习俗和基督教的洗礼也开始从外面渗透到马札尔人中来。

莱希费尔德战役的胜利使奥托的臣民们——更不用说那些为他立传的史学家——相信上帝是站在他这边的。还在战场上的时候,他手下的士兵们就将他誉为上帝选定的基督教世界的领袖。他战胜了异教徒马札尔人,这使他们更加确信,神之恩宠就降临在奥托而非其他人身上;敌人的惨败已经毋庸置疑地证明了奥托统治的合法性。[3]

奥托已既是德意志国王,又是意大利领土之王,他是第一个同时拥有这两个头衔的人。4年前,在争夺北意大利统治权的一场激战之后,公爵们已经请求奥托戴上铁王冠了,现在他又成了德意志的救星和马札尔人的征服者。962年,教皇约翰十二世(John XII)顺应时势,加冕他为罗马人的皇帝奥托一世,此时这一头衔已经空置了将近40年。

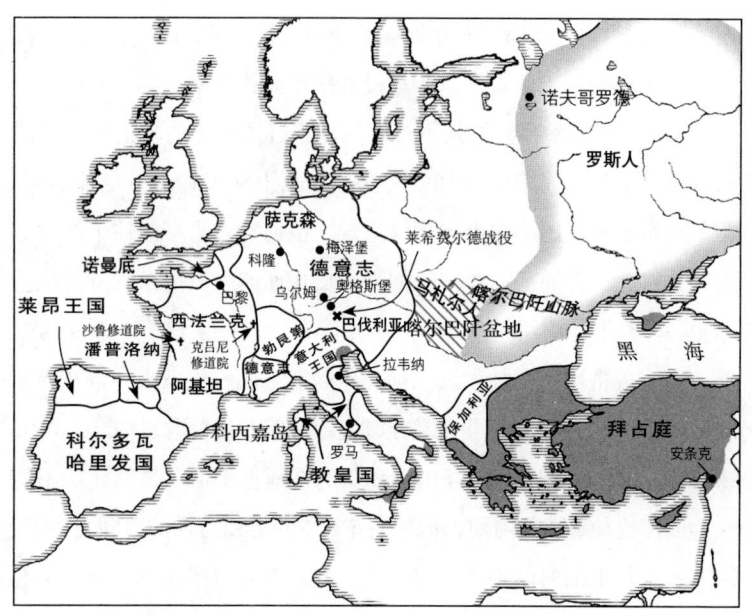

地图 37-1　马札尔人与西方世界

皇帝这个头衔可不是白给的，作为交换，教皇要求奥托发誓："在没有获得您同意的情况下，我永远不会制定任何法律或规定来干涉您管辖之内或罗马人管辖之内的事务。所有属于圣彼得的土地，一旦被我得到，我将全部归还于您。"誓言中还十分详细精确地一一列出了这些土地的范围：罗马及其周围土地，拉韦纳及其港口，科西嘉岛，还有几十个村镇、要塞和城市，每一个都列出了名字。教皇不仅统治这些领土，还可以从中征收税赋。"我们确认您对这一切的所有权，"誓言最后总结道，"您将保留对它们的权利，保留其所有权和控制权，我们的任何继承人，在任何情况下，都不得从您那儿夺走任何上述行省、城市、乡镇、要塞、村庄、属地、领土、财产或税赋,或削弱您对它们的权力。"约翰十二世并不打算将神圣帝国的统治权授予奥托,除非他十分确定奥托不会用这个权力回过头来对付自己。[4]

奥托在某种程度上算是宣了这个誓:他派了个使臣代表他去宣誓。这样做虽然也有法律效力,但这表明奥托对此不怎么上心,因此约翰十二世感到有些不安。尽管他刚刚加冕了这位新皇帝,但他对奥托不断增长的权力疑虑重重,于是他决定采取谨慎的行动先发制人。他派使者去马札尔人那里,怂恿他们再次进攻德意志,以分散奥托的精力,使他无法全力建设帝国。

奥托听说了这次幕后谈判的消息,他怒不可遏,于963年挥师南下罗马。约翰十二世听说愤怒的皇帝就要来了,赶紧收拾行装,随身带着许多细软逃出城去。[5]

这样仍然无法平息奥托的怒气。因此,他一进罗马,就宣布废黜约翰十二世,然后自己做主,任命了新的教皇——利奥八世(Leo VIII)。

以前的时候,决定由谁来当教皇并没有什么明确的固定程序:一般是由罗马城的高级教士们聚在一起讨论,直到大家达成一致,决定由谁来担任教会的下一任领袖为止。只要罗马人民不因此而暴动,他们就公开宣布这位候选人为下一任教皇。尽管之前"罗马人的皇帝"也会参与讨论,还有可能在选举出现分歧时出面干预,但总的来说,选举圣彼得的继承人,也就是教皇,一直都完全属于教会的内部事务。

而如今奥托却将这个任务接了过来,由自己这个俗世的国王一肩承担。

对他来说,这并不是什么特别背离常规的事情。在德意志和西法兰克这两个王国，神父由不担任圣职的平信徒来任命也是寻常之事，这种做法叫作"神权俗授"（lay investiture）。在这之前有几百年的时间，地主们习惯于在自己的地产上建造私人教堂，相当于古罗马的"家庭祭坛"（home altar），信仰基督教的哥特人或法兰克人会这样做也合情合理，因为他们住得离大城市太远了，无法定期去城里大一点的教堂或主教座堂。

这种私人教堂也让附近的村民和封臣使用，但建筑本身归地主所有——当然主持教堂日常事务的神父通常也由他来选择任命。做父亲的常会安排自己的小儿子当神父，而且这一职位常会变成世袭性质，向下一传就是好几代。[6]

在奥托之前的几个世纪，主教和地主们一直在争夺对这种教堂的控制权。但总的来说，还是那些修建教堂的家族拥有其控制权。这意味着神父的任命权可以被出售，或者当成礼物来换取人情。教士要是有钱，就可以贿赂地主，从而当上神父。教会当局对此十分不满［这种行为被称作买卖圣职罪（simony），因《新约》中有一个名叫西门（Simon）的魔术师试图从耶稣门徒的手中购买天赐的治愈能力而得名］。[7]而国王们在王室的领地上不仅修建教堂，还建修道院，并且像那些贵族地主一样，自行任命神父和修道院院长来管理这些地方——这种行为有蔓延到全国各地的趋势，而不仅仅限于国王自家所拥有的特定土地范围之内。因为在某种程度上，国王毕竟可以声称普天之下莫非王土，而不仅仅是王室的地产才归其所有。*

---

* 这是用了个简单的说法来描述当时十分复杂的形势发展状况。查理大帝和"虔诚者路易"时代通过了法令，让主教有权批准由平教徒做出的任何任命。但这种权利在后来的国王在位期间实行得不够充分，这种情况导致 11 世纪后期出现了授职权之争。相关论述请参阅：Uta-Renate Blumenthal, *The Investiture Controversy* (University of Pennsylvania Press, 1988)。

奥托也同样建了修道院，任命了修道院院长，还挑选了神父。问题是，他主要是在德意志做的这些事，因为他是那里的国王（虽然即使是在那里，关于谁有权任命德意志几个城市的主教，他和教皇约翰十二世之间也曾起过争执）。尽管奥托也是意大利的国王，但罗马是个教皇国，并不在他的管辖之下，因此他没有权力任命教皇。[8]

为了解决这个问题，他命令自己新选定的教皇利奥八世发布一个新的公告，利奥顺从地下令道："我，利奥，主教，上帝仆人们的仆人，与所有神职人员和罗马人民一道，运用我们的使徒权柄，向德意志国王奥托一世，以及他在意大利王国的历代继承人，永久授予选择教皇继承人的权力，以及任命教皇、大主教和主教的权力……他们皆应从他那里得到授权和圣职。"这位由皇帝挑选出来的教皇，完成了权力的循环：他授予了皇帝选择未来所有教皇的权力。[9]

现在，奥托一世声称自己拥有只属于皇帝一个人的、不可剥夺的选择基督教教会领袖的权力。如此一来，他就不仅仅是罗马人的皇帝，而是将自己的皇权扩展到了教会这个神圣的领域。他不再满足于只是派兵在教会周围站岗以保护其不受损害，他还打开了教堂的大门，并沿着走廊走到了圣坛的前面。

他已成为第一个神圣的皇帝。

将神圣的教会事务并入世俗的工作中来，这是一个走两步退一步的过程。奥托在罗马城待了三个月，但他前脚刚走，后脚约翰十二世就回来了，而且在多数罗马人的支持下，约翰还宣布利奥八世不是教皇，因此利奥所下达的谕令也是无效的。此时奥托尚未走远，于是他掉头返回罗马，约翰则再次逃出城去。

不过这次他再也没有回来。他在避难的村子里中风而死（有传言说他当时正与一名已婚妇女同床），死时还不到 30 岁。在德意志军队的帮助下，奥托的人——利奥八世——重新就任教皇。在他死后，奥托再次运用自己选择教皇的权柄，任命了另一个由他亲手选定的教皇——约翰十三世（John XIII）。[10]

就这样，权力再次在一个封闭的圈子里干脆利落地实现了交接。由奥托任命的约翰十三世同意加冕奥托的儿子兼继承人奥托二世（Otto II）为共治皇帝，以确保皇帝之位的平稳传承。在此之前，帝位并不是世袭的。但奥托一手创建的王朝，其统治范围不仅包括德意志王国，也包括疆域不是那么具体的"神圣"罗马帝国。这两个国家现在都由奥托王朝或者叫萨克森王朝统治，它宣称自己是德意志的帝国王朝。

但在随后的几十年中，"德意志"和"帝国"这两点都受到了考验。973 年，奥托一世死后，他的头衔马上传给了他 18 岁的儿子。奥托二世现在不经选举就成了德意志国王，没有加冕就成了罗马人的皇帝。[11]

然而，并不是所有的德意志贵族都愿意眼睁睁地看着他们古已有之的选举权就这样消失。于是奥托二世立刻就面临许多的叛乱，特别是在德意志南部的几个公国。反叛者中最麻烦的是他的堂兄、比他年长 4 岁的巴伐利亚公爵亨利二世（Henry II, Duke of Bavavia）。亨利性格粗暴、咄咄逼人，这使他得到了"强辩者亨利"（Henry the Quarrelsome）的绰号。他看不出有什么理由不去游说别人推选自己当国王，以取代奥托二世。

奥托二世统治伊始，有 7 年时间都花在平息这些叛乱上面。到 980 年，他已经（使用武力）巩固了自己作为德意志国王的权力，迫使"强辩者亨利"流亡国外，并将部分巴伐利亚土地占为王室所有。然后，他决定用同样的方法继续巩固自己作为罗马人皇帝的权力。他计划军事侵入意大利，将仍然控制这个半岛的所有拜占庭残余势力全部赶走，以便把它牢牢地掌控在奥托王朝的单独统治之下。他宣布要以罗马皇帝之名，为意大利而战。他也不再满足于像前任那样被称作"罗马人的皇帝"（Emperor of the Romans，其臣民是古罗马文明残余的继承人），而是渴望成为罗马皇帝（Roman emperor）：完全帝国式的、完全基督教的，并且完全控制古罗马土地的皇帝。

根据当时的编年史家梅泽堡的蒂特马尔（Thietmar of Merseburg）的记载，奥托二世"出了名的体力过人，而且因此……倾向于鲁莽轻率"。他的精力和野心让他陷入了大麻烦，他试图征服却遭到了可怕的惨败。奥托二世在意大利转战3年，一次次败给仍然留在半岛上的拜占庭驻军。南部意大利从他的手中溜走，各公国纷纷脱离北部意大利王国，不再效忠。983年，奥托二世仍然宣称自己是罗马皇帝，仍然坚持作战，却在此时生病死在了罗马城，死时还不到30岁。[12]

他已经宣布自己年仅3岁的儿子奥托三世（Otto Ⅲ）为共治皇帝。但奥托二世本人也十分勉强地才守住了他的父亲留下来的头衔，那个婴儿奥托三世就更加无力保住自己的继承权了。教皇拒绝承认他为罗马皇帝，起兵叛乱的贵族"强辩者亨利"则正潜伏在德意志北部海岸，并且制订了计划，要从婴儿奥托三世手中夺走德意志王位。

他坚持认为，自己作为年幼的国王血缘最近的男性亲属，理应照顾奥托三世，管理他的事务。这事实上是合法的。奥托三世的母亲在意大利，她丈夫就死在那里，所以小男孩的临时监护人——毫无疑心的科隆大主教——就把这孩子交给了他的堂伯巴伐利亚公爵亨利二世。[13]

亨利二世立刻带着孩子南下萨克森，他的支持者都聚集在这里。小奥托被带到安全之处隐居下来，亨利二世的亲信则开始称呼他为国王和君主。到复活节那天，他们为他唱了赞美诗（laudes），这是唱给君主的正式颂歌。[14]

但德意志的其他贵族并不为其所动，他们坚持认为必须有奥托三世的同意，亨利二世才能自称国王。但是奥托三世还不会说话，所以搞不清楚他究竟是否同意。亨利二世提出，作为监护人，他可以替奥托三世发言，同意让自己成为国王，但这一提议也被驳回了。

亨利二世很快就明白了，如果他想当国王，就必须为此而战——但他怀疑自己是否有力量既对抗德意志那些反对他的贵族，又对抗已宣布站在奥托三世一边的西法兰克国王洛泰尔四世（Lothair IV）。于是，他同意谈判妥协。他要求将之前被奥托二世夺走的巴伐利亚公国还给自己，作为交换，他可以将小奥托还给他的母亲，由她来担任摄政。[15] 交换完毕之后，奥托三世又成了德意志国王。权力世袭之路虽仍未扫清，但至少可以说已经取得了部分成功。

而在德意志以西的地方，权力的世代传承却突然停止了。986年，西法兰克那位曾准备为捍卫奥托三世的王位而战的洛泰尔四世与世长辞，将自己的王冠留给了儿子"懒王路易"（Louis the Sluggard）。像亨利二世的绰号一样，路易这个绰号也指出了他个性上的缺点。"懒王路易"只当了一年国王就死了——十有八九是被他自己那恨铁不成钢的母亲给毒死的。

与德意志的那些公爵一样，西法兰克的公爵们现在也坚持要按照传统由他们来选举统治者。国王家族几代君主都没有治国之才，因此公爵们拒绝再从这个家族的远亲中选拔一位来当国王，而是从另外一个家族中选了个人加冕为国王。这个人就是于格·卡佩（Hugh Capet），他是巴黎伯爵（Count of Paris）的儿子，是公爵们自己人的子弟。西方的加洛林王朝终于结束了，坐在国王宝座上的不再是查理大帝的血亲。

作为一个新的朝代——卡佩王朝——的首任国王，于格·卡佩统治的是一个古老的法兰克王国。王国的东部地区已经输给了德意志，东南的勃艮第和西北的诺曼底则已经独立。剩下的领土上流通着多种货币，使用着多种语言，还有许多一心想要独立的法兰克贵族。于格·卡佩统治得小心谨慎，因为他是由贵族们选举出来的，大家心照不宣的默契是他不能像独裁者那样行事。他将政府的首都定在自己的家乡巴黎，然后开始小心翼翼地试着把西法兰克拢在一起，多少增加点凝聚力。

可惜他的权力不够稳固，无法给国家带来和平。法兰克公爵之间私斗频繁，贵族私下压迫农民，人们因使用不同的语言或向不同的人效忠而发生武装争端，人们进行交易欠缺诚信，凡此种种，法兰克举国上下都是一片混乱。噩梦般的局面迫使富人雇用私人军队以保卫自己的财产安全。但穷人没有这样奢侈的条件，他们只能为比自己富裕的邻居服务，以换取其保护。这成为后来封建主义产生的根源。[16]

989 年，基督教神父们在地处西法兰克中心的沙鲁（Charroux）的本笃会修道院集会，希望能解决这些问题。法兰克要挺过这一关，就必须有人挺身而出，熄灭在法兰克王权崩溃之后燃起的私斗火焰。神父们没有军队，没有金钱，也没有政治权力，但他们有权宣布关闭天堂之门。

于是现在他们就开始运用这个权力。他们宣布，战火不应殃及非战斗人员和单位，包括农民和教士、家庭和农庄。任何士兵，无论他是为谁而战，为私人或王室、法兰克或其他国家，若是胆敢抢劫教堂，都将被逐出教会；任何从穷人那里盗窃牲畜的士兵都将被逐出教会；如果教士身上没有佩剑，也没穿盔甲，那么任何袭击这位教士的人都将被逐出教会。在沙鲁颁发的这条谕令因为考虑到教士有可能同时也是士兵，所以谨慎地避免让武装的神职人员有免罪牌。[17]

在沙鲁举行的宗教会议是基督教教会首次有组织地尝试发布官方声明，以在战争中区分战斗人员与非战斗人员，这也是被称作"神赐和平、神谕休战"的集会运动所迈出的第一步。994年，该运动又试探着向前迈出了第二步。当时教皇宣布，位于东法兰克的克吕尼修道院（Abbey of Cluny）将成为避难所。该修道院建于910年前后，是一座私人修道院，其创建者是阿基坦的"虔诚者威廉"（William the Pious），他在修道院的章程中赋予了修道院相当大的独立性。克吕尼修道院与其他私人修道院不同，是由教皇直接监管的。任何俗世的权贵人物都无权干涉其管理事务，就算是修道院的创建者及其家族成员也不行。克吕尼修道院（从理论上说）不需要服从任何政治主权，也不受任何地方主教的制约。因此，若在这里设置避难所，那么任何避难者，无论他在外面有多么不受欢迎，只要进了修道院的大门，就可以得到安全庇护。而克吕尼修道院本身则受沙鲁谕令的保护，可以免遭入侵、洗劫或烧毁的威胁，来犯者会被逐出教会。[18]

"神赐和平"运动不仅尝试厘清战争伦理的问题，它还是对世界的一种绝望的回应。在这个世界中，救赎的可能及基督教教会的使命与特定国王对领土的野心越来越有关系。将克吕尼修道院定为避难所，赋予了教皇在战争时期提供安全保护的终极权威，因为教皇继承了圣彼得的权力，可以决定天堂之门是打开还是关闭。

但这并不是一个完美的解决方案。

到 996 年，它有多么不完美就显示得很清楚了。这一年，德意志国王奥托三世年满 16 岁，意大利贵族同意承认他为意大利北部地区的国王。过去这里是伦巴第王国，现在则只称为意大利王国，它只占据了半岛的部分地区，附属于德意志王国。奥托三世刚将意大利王权握在手中，就立即任命他时年 24 岁的堂兄为教皇格列高利五世（Gregory V），这是第一位德意志教皇。新教皇则立刻将奥托加冕为"神圣罗马帝国皇帝"，让他充当教会的保护者与古罗马领土的统治者，以此来报答他的美意。

教皇与皇帝之间的共生关系加强了彼此的力量，仿佛又回到了奥托三世祖父的时代，这种权力的循环就是那时候发明出来的。但这种返祖现象严重打击了"神赐和平"的理想主义，因为教会只有独立于国家之外，才能在战争时期提供和平，让人避难；只有当其领导人与国王没有任何利益瓜葛的时候，一处避难所才能为他人提供庇护。

时间线 37

拜占庭	保加利亚	马札尔人	罗斯人	西法兰克	德意志	意大利	罗马皇帝
							普罗旺斯的路易（901—905）
						贝伦加尔（902—924)	
罗斯人进攻君士坦丁堡（906）							
		马札尔人毁灭摩拉维亚			奥格斯堡战役（910）法兰克尼亚的康拉德（911—918）		
亚历山大（912—913）			伊戈尔（912—945)				
紫衣贵族君士坦丁七世（913—959）							
罗曼努斯·利卡潘努斯，主政的共治皇帝（920—944）		雷尔（约920—955）布尔茨（?—955）			捕鸟者亨利（919—936）		
	彼得一世（927—969）						
					瑞亚德战役（933）奥托一世（936—973）		
紫衣贵族君士坦丁七世，唯一的皇帝（945—959）			奥尔加，摄政（945—963）				
				洛泰尔四世（954—986）	奥托一世（951—973）教皇约翰十二世（955—963/964)		
					莱希费尔德战役（955)		
罗曼努斯二世（959—963）							
							奥托一世（962—973）
尼基弗鲁斯二世，主政的共治皇帝（963—969）			斯维亚托斯拉夫（963—972）		教皇利奥八世（963/964—965）教皇约翰十三世（965—972）		

时间线 37（续表）

拜占庭	保加利亚	马札尔人	罗斯人	西法兰克	德意志	意大利	罗马皇帝
约翰·司米斯基 （969—976）	鲍里斯二世 （969—971）						
巴西尔二世，主政的共治皇帝 （976—1025）			弗拉基米尔 （980—1015）			奥托二世，德意志和意大利国王及神圣罗马帝国皇帝 （973—983）	
					奥托三世 （983—1002）		
				懒王路易 （986—987）			
				于格·卡佩 （987—996）			
				"神赐和平"运动出现			
							奥托三世 （996—1002）
						教皇格列高利五世（996—999）	

/38

艰苦的神圣战争

> 963年至1044年，阿尔普·特勤征服伊斯兰敌人，建立了伽色尼帝国；突厥人又征服伽色尼，建立了自己的王国；朱罗王国则以湿婆神的名义统治着印度南部。

伊斯兰的土地分裂了一次又一次。如今一位哈里发统治着科尔多瓦，另一位在北非，第三位具有阿拔斯血统的哈里发则在巴格达，完全处于白益王朝的控制之下；萨曼王朝在东部，新萨法尔王朝在南部，哈姆丹王朝则在地中海沿岸地区进行着统治；里海以南，齐亚尔王朝统治着一个背离伊斯兰教、重拾波斯帝国消亡前古老的琐罗亚斯德教的小王国。

此外还有突厥人：他们是以前东北游牧部族的后裔，被作为奴隶和士兵带到伊斯兰王国来，在这里逐渐翻身，影响力越来越大。他们没有头衔，但实力不凡。

963年，这些突厥人中有一位迈出了走向王冠的最后一步。阿尔普·特勤（Alp Tigin）曾是萨曼王朝埃米尔手下的一员勇将，是萨曼军队的最高将领。但962年萨曼埃米尔辞世，他也随之失宠。

于是，他不支持埃米尔最近的血亲（其兄弟曼苏尔），而是试图强令选举他自己的儿子登上萨曼埃米尔位。[1]

但他这次间接争权失败了，于是阿尔普·特勤在曼苏尔派出的杀手到来之前，离开萨曼都城，向东逃去。他来到开伯尔山口西南的伽色尼城（Ghazni），并将其征服。他在那里当上了国王，统治着一个微型的帝国，这个帝国只有一个城市那么大。

975年，阿尔普·特勤死后，他的女婿苏布克·特勤（Sebuk Tigin）和儿子阿布·伊沙克（Abu-Ishaq）一起控制了伽色尼城。两人之中，事实证明苏布克·特勤是位更加精明的政客。阿尔普·特勤当上个土皇帝就满足了，苏布克·特勤却充满野心，想要建立一个真正的、合法的帝国。他说服阿布·伊沙克和他一起来到西边阿尔普·特勤的宿敌萨曼埃米尔曼苏尔的朝廷。在那里，他们很有技巧地与对方谈成了和约。他们宣誓效忠曼苏尔以换取其对自己的承认：曼苏尔同意承认阿布·伊沙克为伽色尼的合法统治者，并指定由苏布克·特勤于阿布·伊沙克死后继承这一职位。

意料之中的是，阿布·伊沙克很快身死，苏布克·特勤就此成为得到萨曼王朝承认的伽色尼统治者。苏布克·特勤一上台，就攻克了曾经短时间内落入南部新萨法尔王朝手中的城池坎大哈（Kandahar）。他仍然宣誓效忠萨曼王朝，但如今他所统治的已不仅是一个城市，这片领土正在逐渐发展成一个独立的王国。这种发展令萨曼王朝忧心不已，但他们也有自己的麻烦。被称为喀喇汗王朝（Kara-Khanids）的北方突厥游牧民族已开始越过乌浒河，向南进入萨曼领土，抢夺萨曼人赖以生存的银矿。萨曼军队正忙着为银矿而战，没有多余的精力顾及苏布克·特勤。

但他的扩张也不是没人注意。他一攻占坎大哈，紧邻的印度国王——夏希王朝的贾亚帕拉（Jayapala of the Shahi）——就开始备战了。

夏希王国控制着开伯尔山口，这里曾经是一个佛教王国，都城是喀布尔。但 300 多年前，喀布尔就落入了穆斯林的手中，而那些佛教国王则在约 100 年前被一个印度教执政家族赶下了王位。现在的印度教国王贾亚帕拉以乌铎迦汉荼城为中心进行统治，他对伽色尼城发动了几次进攻，都不成功。作为报复，苏布克·特勤进攻了夏希王国的西部边境，将贾亚帕拉的部分领土夺走。贾亚帕拉被迫再次迁都，这回迁到了拉合尔（Lahore）。他虽然将国家的政治中心转移到拉合尔，但本人却还是留在乌铎迦汉荼，现在此处已靠近边境，处境十分凶险。[2]

萨曼王朝的注意力仍然被几件别的事情占据着：一方面是来自北方的袭击，另一方面则是西方白益王朝的日益强大。苏布克·特勤继续战斗。他夺取了喀布尔，又一路稳步向东征战，进入夏希领土。到 986 年的时候，贾亚帕拉已经十分清楚，一场全面战争已经不可避免。16 世纪的阿拉伯史书《阿克巴里史话》（*Tabaqat-i-Akbari*）中写道："看到自己的国家时刻遭受着不可估量的破坏和损失，他变得十分烦躁不安、伤心绝望，他只有拿起武器，除此之外别无选择。"[3]

他组建了一支大军——可能有 10 万人的规模，然后向东北进军，到喀布尔附近去与苏布克·特勤对战。"双方来到各自的边境线上，"《阿克巴里史话》这样写道，"两军相互进攻，彼此抵挡，战士们全力厮杀，直到地面被阵亡士兵的鲜血染红，双方兵将都精疲力竭，陷入绝望之中。"[4]

这场战斗双方都算不上获胜，但贾亚帕拉是首先撤退的一方。驱使苏布克·特勤一方坚持战斗的不仅有胜利的喜悦，还有宗教的

图 38-1 开伯尔山口
图片来源：Roger Wood/CORBIS

狂热，这一点是那些与他们对战的印度教士兵所不具备的。苏布克·特勤与他的穆斯林对手作战仅是出于野心，但在北印度，他能喊出更加响亮的战斗口号来鼓舞士兵。"他向印度教国家发起战争，"同时代的阿拉伯编年史家阿布·纳斯尔·乌特比（Abu Nasr al-Utbi）写道，"那里的居民普遍与伊斯兰教敌对，他们都是偶像崇拜者。他用剑伤的鲜血去浇灭偶像崇拜的火花……他承受着神圣战争的艰难困苦，矢志不渝，耐心地缓步前进。"[5]

面对敌人如此的宗教狂热，贾亚帕拉退而求和。他同意向敌人纳贡，率先撤退了。但他其实正在暗中重整旗鼓。因为正如乌特比所说:"除非他决心抵抗,否则他的世袭王国将随风而逝。"因此贾亚帕拉一从自己的附属国和盟国集结好另一支军队,就撕毁和约,再次向敌人发起了进攻。

但贾亚帕拉又一次被打败了,这次战败的地方就在开伯尔山口西侧。苏布克·特勤对贾亚帕拉的食言感到十分恼怒,于是夺取了开伯尔山口,将其据为己有。他现在打通了通往北印度的道路,开始"向那个背信弃义的异教徒的国家前进,将其洗劫一空,付之一炬,还将孩童和牲畜作为战利品带走"。面对敌人的烧杀抢掠,贾亚帕拉只得东撤,他的王国也随之进一步缩小。[6]

苏布克·特勤死于997年,此时他所统治的领土已扩张到兴都库什山脉深处,形成了伽色尼帝国。一场短暂但激烈的内战之后,他的长子马哈茂德(Mahmud)夺取了王位。

然而马哈茂德获取的第一次大胜不是在北印度,而是远在王国的西侧。在那里,突厥的喀喇汗王朝骚扰萨曼王朝已有20余年。992年,他们深入萨曼王国,甚至占领了萨曼都城布哈拉。但由于首领意外死亡,他们只得弃城撤退。后来,在新首领的带领下,他们再次一路攻至布哈拉,布哈拉城再次沦陷。这次他们在城里站住了脚。萨曼王朝年轻的埃米尔撤退到乌浒河以南。喀喇汗王朝将布哈拉周围的领土据为己有,而此地当时最强大的统治者,伽色尼王朝的马哈茂德,则将乌浒河以北剩余的萨曼领土纳入了自己的版图。

此刻,伽色尼帝国最强的对手就是贾亚帕拉。马哈茂德立下誓言,他每年都要入侵印度,直到印度北部的领土归他所有为止。1001年11月27日,伽色尼的马哈茂德与贾亚帕拉的大军在开伯尔山口的另外一侧、靠近富楼沙(Peshawar)的地方相遇。这场恶战

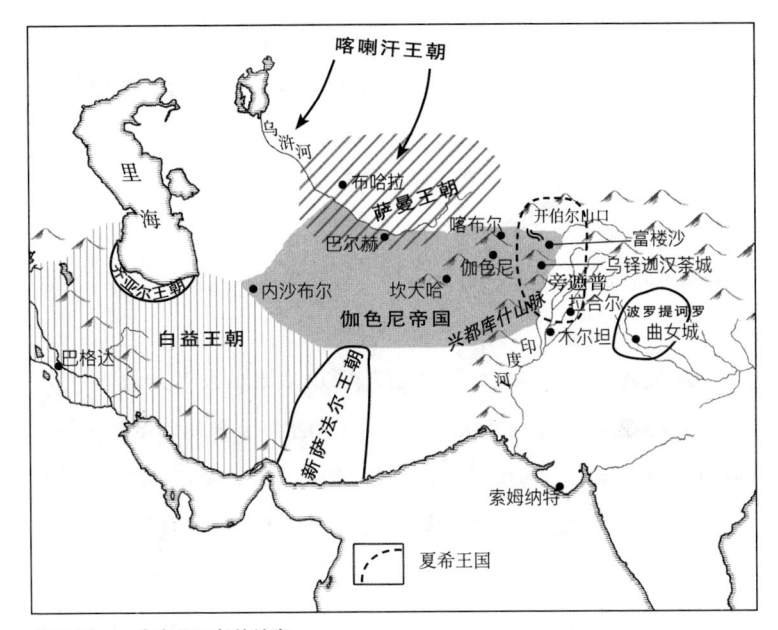

地图 38-1 伽色尼王朝的扩张

使双方军队再次遭受重创。"乌云滚滚，剑光像闪电般倏忽来去，"乌特比写道，"鲜血四溅，如同一颗颗流星划过天际。"[7]

贾亚帕拉丧失了斗志。他屡战屡败，从敌人面前一次次后退，他感到十分丢脸，陷入绝望之中。富楼沙战役之后不久，他为自己堆起一个火葬柴堆，然后站在上面，点火自焚。[8]

他的儿子阿南达帕拉（Anandapala）接替他组织抵抗。与他的父亲一样，他也同样竭力对抗持续进逼的入侵者，因此马哈茂德向印度河三角洲的推进异常缓慢，进两步就得退一步。但尽管十分费力，他还是稳步前进，越来越深入夏希的领土。到 1006 年，经过 5 年的浴血奋战，他终于进占了这块三角洲腹地。1009 年，他已占据旁遮普大部分地区。1015年前后，贾亚帕拉的儿子阿南达帕拉，最后一任夏希国王，被彻底赶出他的国土，就此消失在逃亡之路上。

而马哈茂德的征服名单还在继续拉长。1018年，马哈茂德甚至直接兵临曲女城城下，在那里，他将波罗提诃罗军队的残余兵力屠杀殆尽，并将波罗提诃罗国王逐出都城。在继续向东推进的途中，他的骑兵部队行动迅速、机动灵活，远非那些行动缓慢的步兵和象骑兵所能匹敌。[9]

现在，伽色尼军队的铁蹄已经踏遍印度西北的大部分地区。马哈茂德沿着被征服土地的外缘继续扩张。1025年，他对印度的征服达到顶峰：他来到了西海岸一个名叫索姆纳特（Somnath）的港口城镇，那里竖立着最著名的湿婆神神像之一，数十万信徒都来此祭拜神明。

伽色尼军队屠杀了成千上万的朝圣者，将湿婆神庙洗劫一空。马哈茂德亲自推倒了湿婆神像，砸碎了神像的头面肩膀，还命人将残像带回伽色尼。回到伽色尼，他将这座湿婆神的残像放在清真寺进门的台阶之下，好让穆斯林进寺之前在上面擦脚。他用尽一生建立帝国大厦，可以说是一路凯歌。现在，临近终点，他可以自豪地说他的那些胜利都是他的真主战胜了敌人所信奉的神。[10]

5年之后，马哈茂德死于疟疾，享年59岁。他的帝国已达到辉煌的顶点。东边的穆斯林领土分裂成几个独立的王国，其中任何一个王国，只要足够幸运，能有一名精力旺盛、寿命够长的将领领导，都有可能迅速成长壮大，但这样迅速成长起来的王国同样有可能迅速萎缩。马哈茂德花了33年的时间征服了印度，但在伽色尼王国的西部边界，另一个国度也已经开始扩张，为首的是一个名叫图格里勒·贝格（Toghril Beg）的战士。

喀喇汗王朝的肆意进攻已为突厥游牧民族赢得了一小块属于自

己的地方。1016年，年轻的首领图格里勒继承了他们那个部落的领导权。但这并不能使他对其他部落也享有什么权威。那时候突厥人对领主完全没有什么尊重，这使穆斯林旅行家伊本·法德兰感到十分震惊。几十年前他曾在突厥人的地盘游历，并赢得了一位强大的突厥首领的友谊，他本来以为这种关系可以保护他。可是，当他在平原上遇到另一个突厥首领时，法德兰以自己认识的那位突厥汗王的名义要求放行，结果却遭到了那人的嘲笑。"你说谁是可汗？"那人说，"什么狗屁可汗！"[11]

但地处乌浒河附近的那些突厥部落拥有自己的领土，而且他们四周都在穆斯林帝国治下，于是他们也开始逐渐吸取定居民族某些新的特点。图格里勒就像伟大的伽色尼统治者马哈茂德一样满怀着雄心壮志，他在取得部落的指挥权之后，就走上了一条征服之路。当马哈茂德在北印度建设他的帝国时，图格里勒正在乌浒河两岸建立他自己的王国。马哈茂德死后，图格里勒就开始攻打伽色尼西部的土地。到1038年，他已攻下伽色尼的内沙布尔城，将其据为己有。他在那里加冕为突厥人的苏丹。

其实事实并不完全如此，其他的突厥首领也在采取行动，他们还没有承认图格里勒是他们的霸主。但图格里勒肯定是目前为止取得最多胜利的突厥首领，他征服了伽色尼西部领土，这使他成为所有突厥首领中占有领土面积最大的一个。到1044年，图格里勒的手下已控制了山地以西的大部分领土；而伽色尼王国，这个起初建立在穆斯林土地上的穆斯林王朝，现在已缩小成只是印度北部的一个王国而已了。

在北方，湿婆神像已轰然倒塌；而在南方，湿婆神信徒的权力却变得越来越大。

朱罗王国的国王们全心敬奉湿婆神及其配偶女神，曾让大部分领土从他们的指缝间溜走。然而现在，与北方的伽色尼王朝一样，朱罗也有了一位豪情万丈的领袖。他就是罗阇罗阇一世（Rajaraja I）。他于985年坐上王位，开始率军收复南部地区。他消灭了南方的在一系列冒牌国王手下复兴的潘地亚王国；他打败了东遮娄其，使他们向自己称臣；他与强大的西遮娄其对战，迫使他们忙于守卫边境而无暇扩张；他还派人越过海峡前往僧伽罗。

西遮娄其的铭文指控朱罗军队残暴，说他们屠戮妇幼、残杀祭司、奸淫掳掠、无恶不作。但罗阇罗阇一世的无情征服，却使朱罗扳回了向前转动的王家命运之轮。"他在战斗中征服了甘加（Ganga）、卡林阿、万加（Vanga）、摩揭陀、阿拉塔（Aratta）、奥达（Odda）、索拉什特拉（Saurashtra）、遮娄其以及其他国家的国王，让他们效忠于他，"王家铭文中这样夸耀道，"罗阇罗阇一世光芒万丈，如同一轮冉冉升起的太阳……他统治着整个大地，河流从上面流淌而过。"[12]

他当然没有真的统治整个大地，但在30年鏖战之后，他控制了南部地区。为了纪念他的丰功伟绩，他在都城坦贾武尔附近修建了一座巨大的庙宇，这是一座湿婆神庙，庙里有300名僧侣专门敬奉湿婆神，另外他还花钱请了50名乐师专门唱圣歌。一座巨大的林伽（lingam）矗立在神庙中央，这是一根光滑的柱子，代表着湿婆包罗万象、超越一切的本质，它比北方那座被推倒的神像更加强大、更加神圣。墙壁上画着湿婆神进行征服和毁灭城市时的景象。[13]

罗阇罗阇一世的儿子兼主将罗贞陀罗一世（Rajendra I）于1014年继承了他的王位，像父亲一样统治了30年左右的时间。在父亲的长期统治之后，又经过儿子同样长期的统治，朱罗完成了北方的伽色尼王朝未能达成的目标：在征服者死后，仍然保持对已征服土地的统治。像父亲一样，罗贞陀罗也是一个勇猛善战的斗士。他的铭文说他"让所有不与他亲近的国王全都化为灰烬，让他们的城池变成废墟，使他们的国家彻底覆灭"。[14]

罗贞陀罗的伟大成就还包括扬帆起航。他派遣商船东航大宋，船上满载着象牙、乳香、香木，以及重逾半吨的珍珠。他还派遣军舰穿越南部海峡，运送海军官兵登上僧伽罗岛。在那里，他宣称获取了"璀璨夺目的千足珍珠……潘地亚国王无瑕的象征"——正统潘地亚王室的王冠和王玺。大约100年前，潘地亚国王逃到这个岛上后将其遗留在此，罗湿陀罗拘陀王国的国王曾多方寻找，但没有找到。[15]

他接着开始了一段为期两年的长途跋涉，沿着印度次大陆的海岸一路前行，去往波罗王国的领土以及圣山吉罗婆，他自己的记录告诉我们："湿婆神就在那里居住。"他已经得到了统治南部的象征之物，现在正向着神的居所，也就是统治北部的象征前进。"他的部队踩着由象群搭成的桥梁渡过河流，"关于他的编年史告诉我们，"其余的部队则步行渡河。因为在此期间，大象、战马和士兵都要用水，河水已经干涸了。"[16]

当他来到恒河岸边，等着迎接他的是波罗国王的军队。曾经十分强大的波罗王国已从顶峰跌落，国力萎缩，但在长寿国王摩醯波罗一世（Mahipala Ⅰ）的治下，国家重新开始发展壮大。此前摩醯波罗自己也正在享受征服的狂欢，他看到西北地区正忙着对付伽色尼的入侵，于是自己在东北部趁机重建波罗势力。

罗贞陀罗一世在恒河岸边与摩醯波罗对战，罗贞陀罗大获全胜。但他此时远离家乡，物资补给不足，无法乘势征服整个波罗王国。于是他率军越过波罗王国，穿过恒河三角洲，逼迫沿岸人民向其纳贡。

地图 38-2　朱罗王国影响的扩大

　　如果继续走陆路，他的军队就会更加远离朱罗腹地丰富的资源，波罗军队（或其他敌对势力）就很容易从后面包抄，从薄弱之处突破，将他们的战线切断。因此，罗贞陀罗断然率军折返，开始筹划海军远征。1025 年，计划开始实施，他的海军一路航行，越过孟加拉湾，在室利佛逝王国的海岸登陆。室利佛逝王国在爪哇岛和苏门答腊岛上称雄，控制着去往东南亚的航线。朱罗军队入侵该岛，从室利佛逝国王那里收取贡金，并夺取了海运航线的控制权。

　　1044 年，罗贞陀罗一世去世。他死后留下了一个南部帝国，向北和向东很远的地方都是其附属国。他的儿子，伟大的罗阇罗阇一世的孙子，罗阇帝罗阇一世（Rajadhiraja Ⅰ）十分顺利地继承了王

时间线 38

西法兰克	德意志	意大利	罗马皇帝	东方穆斯林王朝	印度
				（萨曼王朝） 纳斯尔二世 （914—943）	（罗湿陀罗拘陀王国） 因陀罗三世 （914—929）
	捕鸟者亨利 （919—936）				
	瑞亚德战役（933）			白益王朝建立 阿里·伊本·白益 （934—949）	
	奥托一世（936—973）				（罗湿陀罗拘陀王国） 克里希那三世 （939—967）
		奥托一世 （951—973）			（朱罗王国） 犍陀罗阿迭多 （950—957）
洛泰尔四世 （954—986）					
	莱希费尔德 战役（955）	教皇约翰十二世 （955—963/964）			
			奥托一世 （962—973）	（萨曼王朝） 曼苏尔I（961—976）	
		教皇利奥八世 （963/964—965）		（伽色尼） 阿尔普·特勤 （963—975）	
		教皇约翰十三世 （965—972）			（夏希）贾亚帕拉 （964—1001）
					（罗湿陀罗拘陀王国） 憍底伽 （967—972）
		奥托二世， 德意志和意大利 国王及神圣罗马 帝国皇帝 （973—983）		（伽色尼） 阿布·伊沙克 （975—977）	（罗湿陀罗拘陀王国） 因陀罗四世 （973—982）
				（伽色尼） 苏布克·特勤 （977—997）	
懒王路易 （986—987） 于格·卡佩 （987—996） "神赐和平" 运动出现	奥托三世 （983—1002）				（朱罗王国） 罗阇罗阇一世 （985—1014）

时间线 38（续表）

西法兰克	德意志	意大利	罗马皇帝	东方穆斯林王朝	印度
		教皇格列高利五世 （996—999）	奥托三世 （996—1002）		（波罗王国） 摩醯波罗一世 （995—1043）
		教皇西尔维斯特二世 （999—1003）		（伽色尼） 马哈茂德 （998—1030）	
	亨利二世 （1002—1024）				（夏希）阿南达帕拉 （1001—1015）
		教皇本笃八世 （1012—1024）	亨利二世 （1014—1024）		（朱罗王国） 罗贞陀罗一世 （1014—1044）
	康拉德二世 （1024—1039）		康拉德二世 （1027—1039）		
				图格里勒， 苏舟 （1038—1063）	
					（朱罗王国） 罗阇帝罗阇一世 （1044—1054）

位，没有发生任何混乱和争斗。以前南方的印度王国从未如此长久地统治过如此广阔的领土。南部长期以来持续分裂的状况已经结束。朱罗语、朱罗势力、朱罗习俗现已覆盖整个印度南部地区，而且正在越过孟加拉湾，传播到东南亚去。[17]

朱罗王国从被征服的城市以及与东南亚的贸易中积聚起来的财富，使得朱罗国王能够供养朝廷诗人和学者。在罗阇帝罗阇及其继任者的资助下，南部印度文坛繁花似锦。诗人蒂鲁塔卡德瓦尔（Tiruttakadevar）是朱罗的王室宗亲，他曾创作南印度一部最为经久不衰的史诗，讲述了王子耆婆（Jivaka）的故事。耆婆是个能征善战的斗士和将领，他赢得了一个王国，然后又心甘情愿地放弃了它。因为在胜利之中，他发现人类所有的成就都空虚莫名。[18]

/ 39

"保加尔人的屠夫"巴西尔

> 976年至1025年,一位强硬的皇帝统治着君士坦丁堡,耶路撒冷的圣墓教堂被夷为平地,阿拔斯哈里发公然抨击法蒂玛王朝为异端。

司米斯基死于痢疾之后,18岁的巴西尔二世继位成为君士坦丁堡的主政皇帝。他16岁的弟弟君士坦丁八世是共治皇帝,但执政权归巴西尔所有。君士坦丁八世大部分时间都在狩猎,偶尔会有一次外交使命打断他悠闲的生活。中世纪的传记作家米哈伊尔·普塞洛斯(Michael Psellus)告诉我们:"巴西尔总给人一种机敏、聪明、体贴的印象,而君士坦丁则显得冷漠、懒惰,只知道奢侈享乐。他们放弃共同执政的想法是很自然的事情。"[1]

巴西尔二世还在蹒跚学步的时候就已经被加冕为皇帝了。如今他第一次有了实权,需要处理的第一个麻烦事就是保加尔人的问题。约翰·司米斯基早已吞并了保加利亚,但他能够控制的只是保加利亚的东部地区。西部则有自由战士们为保加利亚的独立而战,为首的是兄弟四人,他们的名字都取自圣经,分别是大卫(David)、摩西（Moses）、亚伦（Aaron）和撒母耳（Samuel）。

他们要求释放被监禁的国王鲍里斯二世，前国王是与其兄弟兼继承人罗曼一起被约翰·司米斯基囚禁的。巴西尔二世怀疑四兄弟中的小弟，自由战士撒母耳，真正感兴趣的是保加利亚而非鲍里斯。他决定利用人类本能中的劣根性。于是，977 年，他释放了鲍里斯二世和罗曼。此时，保加利亚四兄弟中已有二人战死，撒母耳是抵抗运动的唯一领导人。巴西尔心想，如果王室家族真的回到了保加利亚，那么撒母耳就不得不承认王室只不过是他打出来的旗号而已。这样一来，就有可能爆发内战，独立运动也就难以为继了。

结果鲍里斯二世和罗曼先是按照计划回到了保加利亚西部，之后的事情进展得十分迅速：在边境上，有个士兵把他们拦了下来，他们还没来得及表明身份，士兵就杀死了鲍里斯二世。罗曼设法使那名士兵相信了他的身份，因而得以幸存。[2]

这样的结果正合撒母耳之意。鲍里斯二世要是活着，定会重登王位并自己统治，而罗曼则好对付得多。更好办的是，他还在囚禁期间受了宫刑，因此王室也不会再有新的后代了。于是撒母耳宣布罗曼为保加利亚国王，但是将权力都留在自己手中。这样的情景使人忍不住怀疑边境上发生的究竟是不是"意外"。[3]

巴西尔二世猜对了撒母耳的动机，却没有猜到结局。现在撒母耳开始向色雷斯前进，一路攻陷拜占庭的大城小镇。他还处死了自己仍然活着的最后一个哥哥。显然，他正在为自己最终成为"保加尔皇帝"而排兵布阵。

不幸的是，巴西尔二世被国内的麻烦事困住了手脚，因而无力反击。他有个名叫巴达斯·福卡斯（Bardas Phocas）的将领，此人有皇室的血统，是尼基弗鲁斯二世的侄子。福卡斯说服小亚细亚的军队拥立他为皇帝，是个可怕的对手。据米哈伊尔·普塞洛斯说，巴达斯·福卡斯认为生活对他不公，他"总是十分忧郁，异常警惕，能够预见一切不测……精通各种类型的攻城战、伏击战、阵地战，了解各种战略战术……他若出手，定是一招致命"。相比之下，巴西尔二世就差远了。"他刚留起了胡子，"普塞洛斯写道，"正在从实战中学习兵法。"[4]

当撒母耳按部就班地在西部边境攻城略地的时候，巴西尔二世却不得不在东部设法除掉巴达斯·福卡斯。他的战线拉得太长，无法对抗忠于福卡斯的小亚细亚军队，因此他向妹夫，刚刚皈依基督教的罗斯人基辅大公弗拉基米尔请求支援。弗拉基米尔给他派去了6000名罗斯士兵。普塞洛斯说："派来的这些人都兵强马壮，是由弗拉基米尔单独编队训练的。"这些罗斯人虽然与拜占庭军队配合不好，不过他们自己单独作战时是十分骁勇善战的。[5]

989年4月，巴西尔二世率领他的拜占庭-罗斯联军，在克利索波利斯与巴达斯·福卡斯展开对战。人们似乎普遍认为就算巴西尔有罗斯人的支援，巴达斯·福卡斯也肯定会将其彻底击败。没想到当巴达斯·福卡斯率领部下冲向拜占庭皇帝的军队时，他不知是因为中风，还是因为中毒，突然落马而死了。他的军队随即四散溃逃。巴西尔的手下用剑将巴达斯·福卡斯的遗体碎尸万段，将他的首级割下给巴西尔带了回去。

年轻皇帝的皇位暂时安全了，不过据米哈伊尔·普塞洛斯所说，他自此之后性情大变："他变得疑神疑鬼、桀骜不驯、遮遮掩掩的。"因为他发现，当皇帝就要始终保持警惕，对任何人都不能完全信任。

因此他决定不把那些罗斯战士送回国去，而是在征得弗拉基米尔的同意后，把他们留在了身边。就像阿拔斯王朝的哈里发一样，他现在觉得有必要找外国人来充当贴身护卫，因为这样的护卫不那么容易被谋反之徒拉拢。这支罗斯卫队后来被称为瓦兰吉卫队（Varangian Guard）。他们一直深受皇帝信任，为皇帝个人服务，在一个尔虞我诈的世界里成了皇帝最信赖的伙伴。

后来又有一个将领，即斯科勒洛斯（Skleros），接过了福卡斯反叛的旗帜，这使巴西尔二世对他自己人的看法更加难以扭转了。与福卡斯不同，斯科勒洛斯在争夺霸权的道路上并不准备一战决胜。他觉得最好是采用游击战术，不断骚扰敌人，避免投入正面战斗。巴西尔的道路运输被阻断，进出君士坦丁堡的货物被截获，皇室信使遭到伏击，军令被劫。年复一年，皇帝怎么也平息不了这场游击叛乱，因而导致他全面入侵保加利亚的计划一拖再拖。[*]

最后，巴西尔二世选择了比较务实的做法。他提出，如果斯科勒洛斯愿意解散部队、不争皇位、退隐乡野，他就让他坐上帝国的第二把交椅，并赦免他所有的支持者。斯科勒洛斯已经老了，此时他走路都不怎么灵便了，进出都靠护卫帮忙，因此他接受了皇帝的条件。

据米哈伊尔·普塞洛斯所说，巴西尔还向斯科勒洛斯这位身经百战的将领和成功叛乱的领袖请教，问他以后自己应当如何保卫国家、避免战乱。斯科勒洛斯据实以答，他说："处死那些过分自大的地方长官，别给出征的将领太多物资，向他们提的要求要苛刻一些，让他们连自己的事情都忙不过来……不要与任何人过于接近。对于你最详细的计划，知道的人越少越好。"[6]

---

[*] 斯科勒洛斯早先就领导过一次反叛，结果被赶到国外去了。当时领导镇压他的就是巴达斯·福卡斯，那时候福卡斯还没有谋反，仍然忠于皇帝。

这些忠告与巴西尔二世的想法不谋而合：要守住秘密、慎言慎行、掌握一切。当他转身面对来自外部的威胁时，他在国内事务上采取了独裁统治，独自站在权力的顶峰。"他独自推出新的措施，独自排兵布阵，"普塞洛斯这样写道，"至于国家内政，他处理的时候不是依照成文法的规定，而是按照自己的直觉行事……他严格控制自己所有的欲望，完全是个铮铮铁汉。"他整日作战，无论严寒酷暑，全年无休。米哈伊尔·普塞洛斯最后总结道："他的抱负是将那些在东部和西部的帝国边境包围我们、围攻我们的野蛮人彻底清除。"他所有的愤怒，所有得不到忠诚的沮丧，都通过对敌作战而得到纾解。[7]

这些敌人在东部和西部都有。在保加利亚作战时，巴西尔二世的军队俘获了罗曼，将其押回君士坦丁堡。这对在保加利亚的战争几乎没有造成任何影响，说明了罗曼是（而且一直是）多么无关紧要。撒母耳已掌权几十年，仍然领导着保加利亚军队。然而，他一直等到罗曼在囚禁中死去之后才自己称王。撒母耳加冕为王，克鲁姆王朝随之宣告结束。

但现在巴西尔二世不得不将在保加利亚前线的战事留给他的将领们负责，这虽与他全盘控制一切的初衷不符，但现在东部边境迫切需要他在场，因为那里穆斯林的威胁再次变得严重起来，十分令人担忧。

这次的威胁不是来自使东部四分五裂的小王国，而是来自北非的法蒂玛王朝。自从几十年前马赫迪宣布他且只有他才是所有穆斯林的合法领袖以来，法蒂玛王朝的领土已从北非向东扩张了不少。到 969 年，法蒂玛王朝终于控制了埃及。在那里，法蒂玛哈里发穆伊兹（al-Muizz）下令在他的新领土上建设一座新的法蒂玛城市。他将哈里发宫搬到这个新的城市，并将该城命名为开罗（Cairo）。973年，法蒂玛的权力重心已大大偏向东部，开罗成了帝国的实际首都，同时法蒂玛哈里发也失去了对马格里布的北非部落的控制权。

法蒂玛军队由穆伊兹的儿子阿齐兹（al-Aziz）率领，越过红海进入阿拉伯半岛，夺取了圣城麦地那和麦加。然后法蒂玛士兵向阿拔斯王朝辖下的行省巴勒斯坦和叙利亚进军，并在一年惨烈的战斗之后，征服了这两个地方。

995年，巴西尔二世开始反击。他率领大军向叙利亚推进，重新占领了一度落入法蒂玛军队手中的大部分土地。经过长达一年的征战，他仍未攻至耶路撒冷，该城仍在法蒂玛王朝的手中，这个失败的影响确实很大，但巴西尔对这样的结果也没有感到特别不快。996年，阿齐兹死后，他11岁的儿子哈基姆（al-Hakim）继承哈里发位。巴西尔派人找哈基姆提议双方谈和。巴西尔已夺回大部分叙利亚领土，想要回去处理西部边界的战事了。

哈基姆和他的谋臣们同意签订和约。双方最终于1001年议定了和约的条款，东部边境自此安定了10年。巴西尔快马返回西部，继续与撒母耳作战。

但经过4年的艰苦奋战，双方各有进退，拜占庭军队的前线在撒母耳领土上的推进仍只刚刚过半。巴西尔二世认定，该停下来喘口气了。1005年，他返回君士坦丁堡处理国内事务，让将领们戍守边境，而撒母耳则仍在西部为患。有几年的时间，保加利亚战争暂时被搁置起来。[8]

与此同时，年轻的法蒂玛哈里发哈基姆正在以自己的方式收紧他对帝国的统治。他是一个极为虔诚的人，希望为自己树立一个完美的穆斯林统治者的形象：公平公正、依法治国、严以律己、宽以

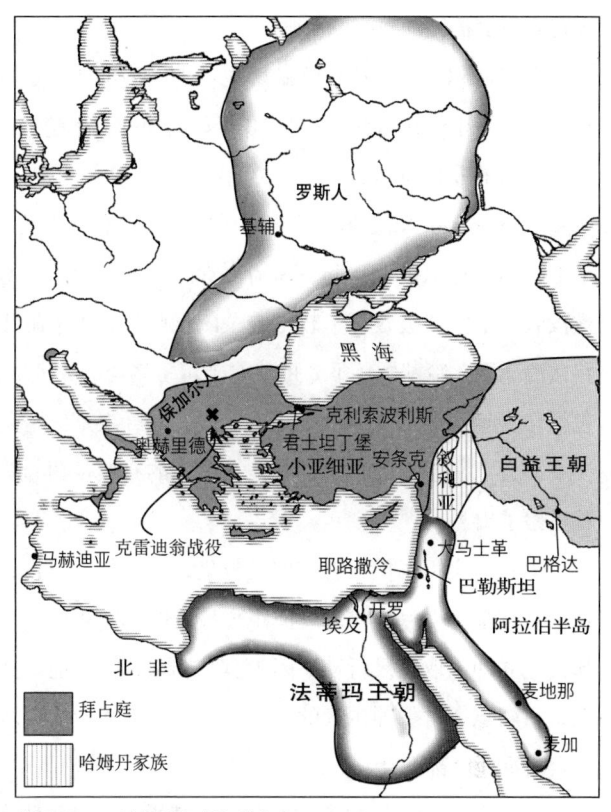

地图 39-1　法蒂玛王朝和拜占庭

待人。但也正是由于他虔信真主，所以他颁发的一系列法令，虽然从他自己的角度来看合理合法，但对许多居住在帝国境内的非穆斯林来说却十分严苛、毫无意义。他下令毁掉葡萄园，这样国内任何地方都无法酿酒了（因为穆斯林禁酒）；他下令开罗的妇女都留在家里，以确保自身的贞洁；他要求开罗的市场通宵点灯营业，以示其领土上绝对和平与安全，即使在黑暗中也是如此（这迫使商家整天都要见缝插针地找时间补眠）。[9]

和巴西尔二世一样，哈基姆也将王国内部的大小事务全都紧抓在自己的手中；在与拜占庭的 10 年和约期间，他越来越担心法蒂玛王朝境内的非穆斯林居民。1003 年，他下令拆除开罗城南的圣马可教堂（Church of St. Mark），将周围的犹太教和基督教墓地全部夷为平地，然后在原址上建起一座清真寺。在埃及全境，基督徒的土地被没收，十字架被毁坏，教堂被关闭。此外，为了阻止基督徒去耶路撒冷朝圣，哈基姆还下令摧毁君士坦丁修建的大型基督教建筑群，包括作为纪念耶稣复活的圣地、保护着耶稣之墓的圣墓教堂和耶稣在上面受十字架刑的小山各各他。巨大的石块被用斧头砍碎后，从城里搬了出去。[10]

上自君士坦丁堡牧首和罗马教皇，下至街上的行人，所有的基督徒对此都惊得目瞪口呆。但距离最近的基督教统治者巴西尔二世却拒绝立即采取报复行动，因为有和约在，他不能动武。而且他正准备重新点燃对保加尔人的战火，若是全面入侵法蒂玛王朝，此事就会占据他全部的注意力。

1011 年年初，情况愈加恶化，哈基姆下令毁坏耶路撒冷的犹太教会堂。巴西尔仍然拒绝介入，但东方的穆斯林利用哈基姆的行为谴责整个法蒂玛政权。巴格达的阿拔斯王朝推出了一项法令，以时任阿拔斯哈里发卡迪尔（al-Qadir）之名发布公告，正式（并且措辞激烈地）否认法蒂玛哈里发的合法性。在整个伊斯兰世界，所有的清真寺里都大声宣读了这份"巴格达宣言"（Baghdad Manifesto），它将法蒂玛和阿拔斯两个哈里发帝国的裂痕写进了法律。[11]

在东部闹得如此沸沸扬扬的时候，巴西尔二世正在西部率领着拜占庭军队对保加利亚边境展开最后的大举进攻。1014 年 7 月 29 日，两军在爱琴海以北的马其顿旧地克雷迪翁（Kleidion）附近相遇。

巴西尔二世之前做出的暂停战争，拒绝武力报复法蒂玛王朝的决定，使他得以重建军队，如今其军队战力惊人。而保加尔人则完全不堪一击。当时有一位历史学家声称，有1.5万名保加尔军人被俘，他们被带到获胜的巴西尔面前。

巴西尔二世绝不容忍任何背叛，他下令刺瞎每百名俘虏中99人的双眼。剩下一人则保留一只眼睛，好让他带领战友们回到一直留在都城奥赫里德（Ohrid）的撒母耳那里去。撒母耳征战近40年，已是廉颇老矣，看到自己的部队受此重刑，心脏病发作而死。[12]

失去了领袖的保加利亚，其抵抗力量变得软弱无力。之后4年间，保加利亚的贵族们开始相继臣服于巴西尔二世。1018年，保加利亚再次被并入拜占庭的版图——这一次并入的土地更多，一直延伸到多瑙河。

与此同时，法蒂玛王朝的哈基姆已在不知不觉中失去了理智。1016年，他宣布自己为真主的化身，并下令在周五祈祷中用他的名字取代真主安拉。此令一出，他的穆斯林臣民也加入了基督徒和犹太人的反抗行列中。哈基姆下令进行恶毒的报复。但1021年，全国陷入混乱之中，他只身匹马进入沙漠，从人们的视野中消失不见了。哈基姆当时36岁，他的继承人是他年幼的儿子，由他的妹妹辅佐。法蒂玛王朝在混乱中愈陷愈深。[13]

巴西尔二世并没有试图夺取东部的控制权。哈基姆失踪的时候他已经老了，他对保加尔人作战终生，这为他赢得了"保加尔人的屠夫巴西尔"（Basil the Bulgar-Slayes）的绰号。他死于1025年，享年67岁，他的皇位传给了弟弟君士坦丁八世。

君士坦丁此时也已经65岁了，无论是国内的叛乱，还是国外的

时间线 39					
东方穆斯林王朝	印度	拜占庭	保加利亚	哈里发王朝	罗斯人
	（罗湿陀罗拘陀王国） 克里希那三世 （939—967）	紫衣贵族 君士坦丁七世， 唯一的皇帝 （945—959）			奥尔加， 摄政 （945—963）
	（朱罗王国） 犍陀罗阿迭多 （950—957）				
		罗曼努斯二世 （959—963）		（法蒂玛王朝） 穆伊兹 （953—975）	
（萨曼王朝） 曼苏尔（961—976）					
（伽色尼） 阿尔普·特勤 （963—975）	（夏希）贾亚帕拉 （964—1001）	尼基弗鲁斯二世， 主政的共治皇帝 （963—969）			斯维亚 托斯拉夫 （963—972）
	（罗湿陀罗拘陀王国） 憍底伽（967—972）	约翰·司 米斯基 （969—976）	鲍里斯二世 （969—971）		
（伽色尼） 阿布·伊沙克 （975—977）	（罗湿陀罗拘陀王国） 因陀罗四世 （973—982）			（法蒂玛王朝） 阿齐兹 （975—996）	
（伽色尼） 苏布克·特勤 （977—997）		巴西尔二世， 主政的 共治皇帝 （976—1025）	罗曼 （977—991）		
					弗拉基米尔 （980—1015）
	（朱罗王国） 罗阇罗阇一世 （985—1014）				
		瓦兰吉 卫队成立 （989）			
	（波罗王国） 摩酰波罗一世 （995—1043）			（阿拔斯王朝） 卡迪尔 （991—1031）	
				（法蒂玛王朝） 哈基姆 （996—1021）	

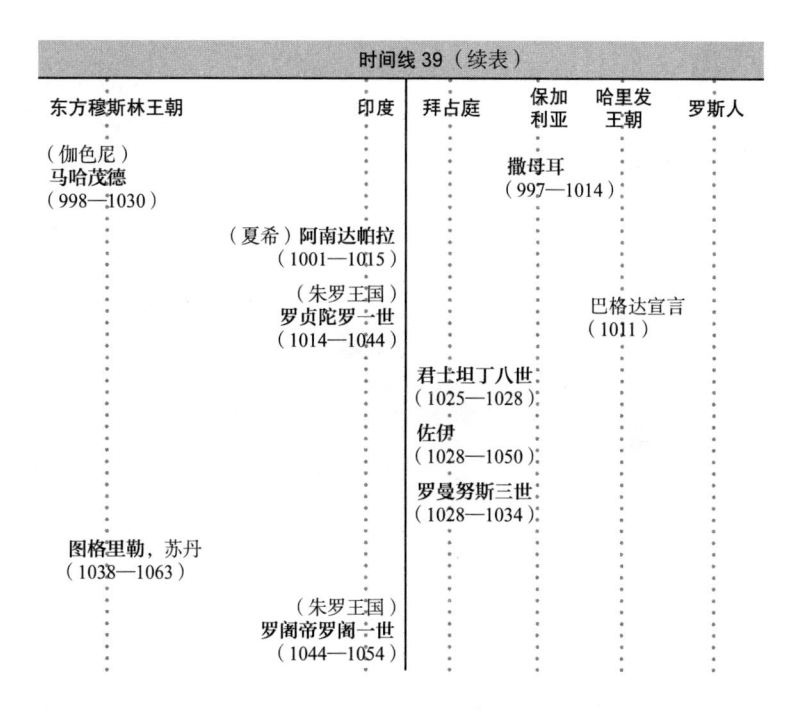

39 "保加尔人的屠夫"巴西尔

时间线 39（续表）

东方穆斯林王朝	印度	拜占庭	保加利亚	哈里发王朝	罗斯人
（伽色尼）马哈茂德（998—1030）			撒母耳（997—1014）		
	（夏希）阿南达帕拉（1001—1015）				
	（朱罗王国）罗贞陀罗一世（1014—1044）			巴格达宣言（1011）	
		君士坦丁八世（1025—1028）			
		佐伊（1028—1050）			
		罗曼努斯三世（1028—1034）			
图格里勒，苏丹（1038—1063）					
	（朱罗王国）罗阇帝罗阇一世（1044—1054）				

麻烦，他一样都应付不了。巴西尔二世终其一生都在忙着扑灭叛乱，根本无暇娶妻生子，在他身后留下的是一个建立在鲜血之上的帝国，但没有继承人。

/ 40

捍卫天命

> 979 年至 1033 年，宋朝列位皇帝奋力证明自己乃天命所归。

在分裂的东方有三个帝国各据一方进行统治：一个是将七零八落的中原统一起来的宋朝；另一个是北方的契丹，他们从游牧部落转变为一个中国式的王国——辽国；还有一个就是朝鲜半岛的高丽。这三个国家都用武力实现了统一，但征服的冲动并没有就此停止。

979 年，宋太宗此时在位已有 3 年，他已完成了兄长宋太祖未能完成之事：他征服了中原最后一个顽强抵抗的小国——北汉。但他并不想就此住手，而是决定继续进攻辽国边境。

不幸的是，他的军队在幽州以西大败。这一场失利影响巨大，甚至危及宋太宗的皇位。早就有怀疑的阴云笼罩着他——许多军官都暗中议论说他的兄长死得太蹊跷了，准是让人给毒死的，还有人抗议宋太宗篡夺了前皇帝的儿子、也就是其亲侄子的皇位——但他吞并了北汉，这让那些反对者暂时闭上了嘴巴。[1]

但现在他打了败仗，于是抱怨声再起。宋朝的皇帝一直将他们自己与中国历史上那些伟大的帝王相提并论，宣称自己是天命所归，因此才能将分裂的中国重新统一起来。不过天命之说也有个坏处，因为它是有条件的，只有在统治者能够证明自己的确称职的时候才能拿出来用。若是统治者不称职，那么将其推翻就成了一种正义的、道德上的责任。

更难办的是用什么证据来证明一个皇帝的确拥有天命。天命是老天爷安排的，天命所归的皇帝必然正直勇武，定能克敌制胜。因此，事实上，拥有天命最有力的证据就是战场上的胜利。凯旋的皇帝自然无论自己的私生活是什么样子，都可以宣称自己品德高尚；而战败的皇帝虽然尽可以抗议说自己也是品性正直，但天命显然已离他而去。[2]

宋太宗在边境战败。他受了重伤，手下人不得不将他丢进一辆驴车，带他离开前线。这使他头顶上天命的光辉都随之暗淡了下来。他听到了军中的流言，知道手下这些军官随时有可能起来造反，他哥哥尚在人世的两个儿子都有可能被人拱上皇位，取代他的位置。回到都城开封之后，宋太宗与太祖的两位皇子中较年长的那位因事发生了争执，太宗怒斥了这位皇子，这位皇子随后便自刎而死了。

之后没过几年，太宗的幼侄和兄弟也都接连去世，而且太宗自己也拒绝再立太子。他的皇位太不稳固了，于是他试图再次攻辽以重树威信。至少有两位名将向他进言，说宋朝还不够强大，不足以消灭北方的敌人，他对此都不予理睬。[3]

第二次征辽起初还算顺利。986年，宋军兵分3路，穿山越岭，突破了辽国的边境。年仅10余岁的辽国皇帝辽圣宗和为他摄政的萧太后都有些措手不及。辽圣宗认为宋军还会从水路发起进攻，因此

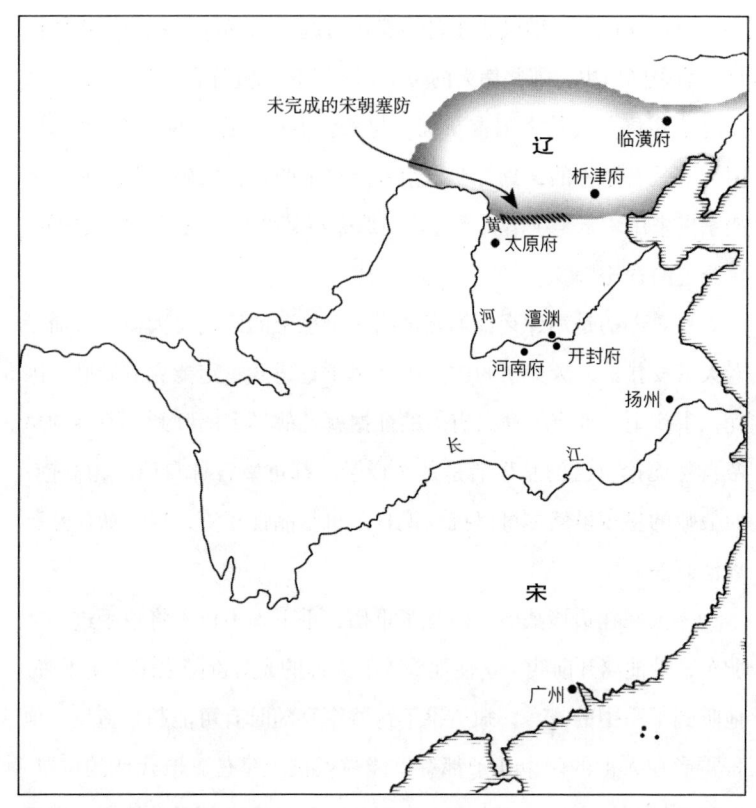

地图 40-1　宋辽并立形势图

他把军队一分为二，将其中一半派去了海边。面对兵力削弱的辽军，宋军迅速推进，在辽国西部一路攻城略地，深入腹地。后世的一位史家这样描写当时的情况："辽亦岌岌乎殆哉！"[4]

但令人敬畏的萧太后富有战争头脑，她并不打算退缩。在她的指挥下，辽国将领佯装退兵，然后绕到宋军背后发起突袭，结果3路宋军皆败，他们被迫投降，武器和粮草都被辽军收缴为战利品。[5]

第二次战败之后，宋太宗之所以还能在皇位上稳坐，完全是因为他已经杀死了所有可能的对手。但他也被迫彻底放弃了再次夺回中国北方的念头。

相反，他将精力放回到统治自己的国家上来。他时刻担心国内会有人刺杀或背叛他，他对有人会篡夺皇位的恐惧，使他对任何具有皇室甚至宗室血统的官员都满怀戒心，他还有系统地将军官们的职权降得越来越低，给他们的权力也越来越少。他更愿意依赖那些普通人家出身，然后通过科举考试出仕的官员，因此出身士族不再有助于官员在仕途上平步青云。之前连续百年的战争已经使豪门士家深受重创，宋太宗在甄选擢升官员时对科举制度的依赖，又进一步削弱了士族子弟的地位。[6]

他多疑的本性促使中国诞生了一个新兴的阶层：在多年寒窗苦读之后经科举及第而步入仕途的职业官员。以前的士大夫是为读书而读书，而这些新的官员更加关心的却是如何答出皇帝想听的答案。他们之所以能做官，是因为他们掌握了特定的知识，然后在科举考试中鹦鹉学舌，讨得了皇帝的欢心。他们所受的教育全部按照特定标准进行，而且他们都忠于皇帝。凡是及第的学子，皇帝都会亲自接见，以此显示皇恩浩荡，其意在拉拢人心，以博取他们的忠诚。这些官员通常会被皇恩所慑，因为他们毕竟别无所长——既没有卓著的军功，又没有傲人的财富，也没有显赫的家世。但他们有能力，脑子快，唯皇命是从。

他们迅速填补了中国朝廷上大小官员的所有空缺。宋太宗愿意甄选擢升任何科举及第之人，因此大批学子为求取功名而上京赶考。977 年，有 5000 多名学子参加了科考；到 992 年，参加人数则超过了 1.7 万。[7]

997年，宋太宗终于指定了皇位继承人，因为他觉得自己命不久矣了。他的长子已经疯了，二儿子也死了，因此他最终选择了三儿子。他的三儿子在父亲死后不久即登基称帝，是为宋真宗。新皇帝29岁，他一直最得宋太宗的宠爱，原因或许是他性格消极、随和、不好斗，因此不太可能提前夺取父亲的皇位。[8]

不幸的是，宋真宗这些品质对当皇帝都没有什么帮助，他所继承的这个帝国，国内有一个十分庞大而且还在持续膨胀的官僚体系，国外则有北方野心勃勃的邻国。辽国历年对大宋的袭击使得宋朝的北部地区恐慌日盛，因此宋真宗上任后的第一项重大举措，就是沿着宋辽边境修建了一系列的运河和塞防，沿河的城池均派精兵驻守，以防辽军入侵。辽国此时仍在辽圣宗的统治之下，但此时他已在位15年，久经历练，早不再是当年那个十几岁的男孩了。宋真宗本欲修筑一道坚固的屏障，但就在这道屏障接近完工时，辽国对南邻宋朝发动了最后一次大举进攻，他们冲破了这道尚未完工的防御工事，纵兵南下。[9]

宋真宗被打垮了。之前多年的袭击已导致宋朝士兵被杀、村庄被烧、农田被毁，尽管皇帝一次次派兵北上，但辽国的威胁始终未消。两国僵持不下。

1005年，宋真宗同意签订了丧权辱国的和约。根据约定，辽国不再攻占宋朝的领土；两位皇帝尊重边境现状，不再在边境上修筑城防；宋朝皇帝对辽国统治者要以礼相待；宋朝每年向辽国纳绢20万匹、白银10万两。宋真宗告诉宋朝百姓说，给辽国的这些东西属于"礼金"；辽圣宗则对辽国人说，这些是来自臣属民族的岁贡。[10]

辽帝的措辞可能更接近事实的真相。宋算不上是辽的臣属，但当宋真宗同意签订澶渊之盟时,他也随之结束了大宋历史上的第一个时期。宋朝建国始于征服,现在征服时期结束了。宋真宗已将目光从国外转向国内,在对外关系上也不再执行听起来光荣、实际却无法预测其结果的征服政策,而是选择了更加保守、更有把握实现的和平共处。

在此之后的 17 年里时间,宋真宗投身国内事务。他的首要任务是确保让百姓知道天命并没有将他抛弃。他并没有完全被辽国打败,但显然也没有战胜他们,天命是否还在他这里,这件事仍然有待判定。

1008 年,皇帝有了一个惊人的发现。他向群臣宣布自己做了一个梦,梦中有位神人对他说将会有天书降世。之后,有官员报告说宫中发现一条黄帛。皇帝认为这就是天书。天书上说赵宋受命于天,并赞扬真宗能以至孝至道继承帝业。[11]

宋朝百姓对这件事是否信服我们不得而知,但宋真宗尽管统治能力有限,在表演方面却禀赋不凡。他为这件事举行了一系列的祭祀朝拜活动,还立碑以示纪念。更重要的是,没有了战争的困扰,宋人的生活日益富裕舒适。几十年的时间里,人口就翻了一番,部分原因是宋真宗引进了一种新的稻米品种:他下令推广从东南亚传入的速生且抗旱的稻米种子,将其运到北方交给农民耕种。新品种的稻米生长十分迅速,一年熟两季,而且这种稻米抗旱性强,这意味着更靠北和更高处的土地都可以种植稻米了。[12]

1022 年,宋真宗死后,他年幼的儿子即帝位,由太后摄政。新皇即为宋仁宗,登基 11 年后,太后死,他开始自己亲政。此时他 23 岁,此后 30 年的时间里,他所治理的国家变得越来越富饶。

没有大的战争要打,税赋就不用充作军费,而是可以用来修路、建屋、兴学、印书。对书籍的需求比以往任何时候都大。宋仁宗也像他的祖父一样，依靠科举考试的结果来选拔官员，这导致全国上下年轻人都需要购买典籍，发奋苦读，希望有朝一日能出仕做官。当时的人们已掌握了用活字印刷术来印刷图书的技术，不再需要手工誊抄，这使得畅销书籍可以大量印制，书价也随之降低，普通学子都承担得起。[13]

雕版印刷术还有另一个用处。在此之前，中国在经济上流通使用的一直是沉重的金属货币，金属货币就算数量不大，携带起来也不够方便，更不用说数额巨大的时候了。宋朝发展出一套解决这个问题的办法：商人们将他们的金属货币存入由私人专门经营的"交子铺户"，交子铺户则给他们出具盖章的收据，然后他们使用这些收据去做买卖。宋仁宗急于鼓励贸易，他觉得这种做法很合理，因此也愿意提供协助：在他统治的早期，成都城里就设立了一个皇家机构，以固定的数量印制这种收据。版制的收据在中国宋朝的市场上流通，成为世界上最早出现的纸币。[14]

放弃战争本来是投降的行为，但澶渊之盟后宋朝得到的暂时和平却使国家得以走向富强。事实证明，只要人们能过上繁荣富足的生活，能吃饱肚子，一般就不会去怀疑皇帝是否乃天命所归——就算皇帝打了败仗也没关系。

时间线 40

拜占庭	保加利亚	哈里发王朝	罗斯人	五代十国	辽/契丹	高丽
						新罗并入高丽（935）
				后唐灭亡/后晋建立（936—947）		后百济并入高丽（936）
紫衣贵族君士坦丁七世，唯一的皇帝（945—959）			奥尔加，摄政（945—963）	后晋灭亡/后汉建立（947—950）		
						光宗（949—975）
		（法蒂玛王朝）**穆伊兹**（953—975）		后汉灭亡/后周建立（951—960）	**穆宗**（951—969）	
罗曼努斯二世（959—963）				后周灭亡/宋建立（960—1279）		
				宋朝		
尼基弗鲁斯二世，主政的共治皇帝（963—969）			**斯维亚托斯拉夫**（963—972）	**太祖**（960—976）		
约翰·司米斯基（969—976）	**鲍里斯二世**（969—971）					
		（法蒂玛王朝）**阿齐兹**（975—996）		**太宗**（976—997）	**景宗**（975—981）	
			弗拉基米尔（980—1015）	宋统一中原（979）		**成宗**（981—997）
					圣宗（982—1031）	
瓦兰吉卫队成立（989）		（阿拔斯王朝）**卡迪尔**（991—1031）				
	撒母耳（997—1014）	（法蒂玛王朝）**哈基姆**（996—1021）				**穆宗**（997—1009）
				澶渊之盟（1005）		
						显宗（1010—1031）
		巴格达宣言（1011）				
君士坦丁八世（1025—1028）				**仁宗**（1022—1063）		

/ 41

发现新大陆

> 985 年至 1050 年,雷夫·埃里克森率开拓者来到北美,最大的玛雅城市崩溃,托尔特克人则在人间留下了天堂。

在遥远的西方,格陵兰岛这块小小的挪威殖民地正打算派自己的殖民者前往一片未知的土地。

"红发埃里克"的儿子,雷夫·埃里克森(Leif Ericsson),一直想要证实那个已流传了多年的传言:在更遥远的西方有大片美丽富饶、适宜居住的土地。985 年,挪威商人布亚尔尼·赫尔霍弗松(Bjarni Herjolfsson)回家之后发现他的父母在他外出经商期间已经移居格陵兰岛,因此他离开家乡去寻找他们。他之前从未坐船来过格陵兰海,而且船在航行途中又遇到大雾,海上还刮着北风,因此他迷失了方向。13 世纪的《格陵兰人萨迦》(Saga of the Greenlanders)中写道:"在好多天的时间里,他们都不知道自己身在何处。"当太阳终于出来时,他们发现自己身处一个陌生的海岸边,岸上树木丛生。布亚尔尼的船员们想要上岸,但船长不同意,他下令修正航线向东返航,最后他们终于看到了格陵兰岛的海岸。《格陵兰人萨迦》还补充说,当他向格陵兰岛上的居民提起他的旅程时,"许多人都认为他缺乏好奇心,因为他对那片土地是什么样子一无所知"。[1]

雷夫·埃里克森可不缺好奇心。他买下了布亚尔尼的船,装上了货,然后于1003年劝说当时已经50多岁的"红发埃里克"与他一道出发去西方探险。传奇的探险家埃里克并不想离家远航(《格陵兰人萨迦》中说,"他已经上了点儿年纪,不像以前那样能忍受寒冷潮湿了"),但他无法拒绝这个挑战。

就在父子二人骑马去港口准备登船的时候,埃里克的马绊了一跤,将他摔下马背,伤了他的脚。埃里克认为这不是个好兆头,就打道回府了,让他儿子自己指挥出海探险。

雷夫和船员们一直向西北航行,直到抵达巴芬岛(Baffin Island)南端,然后他们又沿着北美岛屿或半岛的海岸线一路向南航行。他给所到之地挨个取了名字:荒凉的巴芬岛被称作"荷鲁兰"(Helluland),意思是"石头很平的地方";森林覆盖的拉布拉多(Labrador)被称作"马克兰"(Markland),意思是"森林覆盖的地方";新斯科舍(Nova Scotia)被称作"文兰"(Vinland),意思是"有葡萄酒的地方",因为探险者们发现那里长了许多葡萄,于是立即用来酿出了美酒。[2]

雷夫命令船员们在这块新发现的土地上搭建过冬的营地,以便在此处度过一年中最冷的几个月。*但情况并不像他预期的那么严重。中世纪暖期(Medieval Climatic Anomaly)未过,北部地区仍然十分

---

* 探险家海尔格·英斯塔(Helge Ingstad)和考古学家安妮·英斯塔(Anne Ingstad)于1960年在兰塞奥兹牧草地(L'Anse aux Meadows)发现了雷夫他们营地的遗迹。参见:Helge Ingstad and Anne Stine Ingstad, *The Viking Discovery of America* (Checkmark Books, 2001)。

温暖。"湖里、河里都不缺鲑鱼,"《格陵兰人萨迦》中说,"这里的三文鱼比他们见过的都大。他们觉得这片土地太肥沃了,都不用给牲畜准备过冬的草料。温度从未降到冰点以下,青草也只是略微有些枯黄。"春回大地的时候,雷夫驾驶着满载原木、葡萄和酒的船只回到了家乡。"红发埃里克"在1004年去世之前,终于得以亲眼看到他最初向西探险所结出的迟来的果实。[3]

这块新发现的大陆显然还没有主人,岸边似乎是建立永久殖民地的理想地点。第二年,雷夫的兄弟索瓦德(Thorvald)又进行了一次探险,目的是找到完美的定居点。他带人住在雷夫建立的冬季营地,开始圈地耕种并标出边界。过了一年多,他们没看到任何"人或动物生活的痕迹",只发现了一个盖粮食的木头盖子,不知被什么人留在了一座小岛上。

后来,在第二年的夏天,他们看到了那里的居民:有9个人,还有3艘包着兽皮的小船停在一个隐蔽的小水湾里。挪威人似乎压根就没想过用和平的方法处理问题,他们直接进入了征服模式。"9个人里他们捉住了8个,只有1个人驾船逃脱,"《格陵兰人萨迦》中这样说道,"他们把捉住的这8个人全部杀掉了。"

这立即招致了反击。当天晚上,大量兽皮船急速驶入距离挪威营地最近的水湾,一阵箭雨向挪威人射来,接着这些土著居民又迅速撤离了。挪威人在这场报复性的突袭中几乎毫发未伤——除了索瓦德,他腋下中箭,死了。他的人把他埋在他自己选定的农场上,然后就回到了家乡。[4]

三年以后,一个名叫托尔芬·克尔塞夫尼(Thorfinn Karlsefni)的挪威探险家从故乡抵达格陵兰岛海岸,他身家不凡、经验老到。过了几个星期,他宣称自己爱上了雷夫·埃里克森寡居的弟媳格瑞德（Gudrid）。雷夫现在是一家之主，他同意了这门亲事，托尔芬迎娶了格瑞德。

同年春天，夫妇二人决定再次前去西方探险。托尔芬雇了60名船员，船上还有5名妇女和大量牲畜。这一次，挪威人打算如果可以的话，就留在新大陆上。

他们十分顺利地抵达文兰，开始在那里搭建住处。新大陆就像之前的探险家们所说的那样肥沃，他们建起的木头房子里很快就堆满了葡萄、鱼、猎物和（碰巧搁浅在沙滩上的）鲸鱼的肉。他们来到这里不满一年，格瑞德就"生了个男孩，取名叫斯诺里（Snorri）"——这是第一个在北美出生的欧洲婴儿。[5]

不过生活在他们新家园上的土著居民现在已经提高了警惕，因此殖民者不久就开始修建栅栏，把自己武装起来准备战斗。双方爆发了些小规模冲突，也发生过一次以上导致人员死亡的大规模战斗。《格陵兰人萨迦》中没有对此进行详细描写，不过攻击的程度一定是严重令人担忧的，因为第二年，托尔芬就"宣布他不想再待下去，想回格陵兰岛了"。另外一则传奇故事中还提到，那些土著人有弩炮，装备精良，在进攻时还会"大声尖叫"。就是出于这个原因，格陵兰人称他们为"斯克林斯人"（Skraelings），意思就是"尖叫的人"。[6]

挪威传奇为我们留下了难得的记录，让我们能够对那些仅留下些实物遗迹的民族的世界产生一点了解——用人类学家爱丽丝·贝克·基欧（Alice Beck Kehoe）的话说：他们留下的是一段"没有文字记载的历史"。这些格陵兰人建立的定居点位于北美大陆的东北角上，这块陆地几千年以前或许就有人居住了，那时白令海峡还是一道连接北美和亚洲的大陆桥。有些来到北美北部地区的旅行者在冰雪覆盖的海岸边定居下来，他们在白令海峡东边建了个小镇，比格陵兰人抵达4800多千米外的对岸早了至少500年。考古学家将他们的文化定名为"伊皮尤塔克文化"（Ipiutak）。伊皮尤塔克地区建有600多座房屋，还有一大片公墓，城镇的遗址上散落着精致的象牙雕刻、刀柄和鱼叉。[7]

到公元1000年左右，从伊皮尤塔克的遗迹中发展出了另一种文化，这种文化迅速向东扩展到大陆另一边的海岸，考古学家将秉承这种文化的人称为"图勒人"（Thule），他们与其祖先的不同之处在于他们使用铁器而非石器。图勒人成功取代了已在北美海岸出现的文化：多塞特文化（Dorset），这个民族以捕猎海豹为生，面对入侵者，他们放弃了抵抗，逐渐湮没在历史中。对抗托尔芬他们的那些"斯克林斯人"可能是多塞特人，也可能是图勒人，或者两者兼而有之。[8]

我们知道这些部落有些什么建筑，使用什么武器，捕猎哪种动物，也大体了解他们如何生活，但我们对他们的故事、他们的历史或他们的雄心却一无所知。再往南去的那些部落情况也是如此。在雷夫·埃里克森生活的那个年代，霍普韦尔文化（Hopewell culture）已传遍如今俄亥俄州和伊利诺伊州的那片地区，它达到了顶峰，然后又衰落了。霍普韦尔的建设者们留下了大量的墓丘，每个墓丘的形状都是呈圆形或方形的几何图形，还有一座蜿蜒神秘的土木工程，高约1.5米，长300多米，形状就像一条正在吞食鸡蛋的蛇。

取代他们的是密西西比人（Mississippian peoples），他们建起了城市，位置比霍普韦尔人生活的地方靠南一些。这些城市中最大的一座是卡霍基亚（Cahokia），面积约有13平方千米，可能有3万人

图 41-1　霍普韦尔的蛇形墓丘
从空中俯瞰蛇形墓丘，其周围环绕的小径是现代修筑的。图片来源：Ohio Historical Society

住在里面。他们留下了大量墓丘、规划合理的街道和建筑遗迹，以及工具和雕像工艺品，还有墓地和殉葬坑——里面埋有50名年轻女性的遗体，她们显然是同时死去，是给一个大贵族陪葬的。[9]

再往西去，阿纳萨齐人（Anasazi）用黏土和沙子烧制土坯砖建造房屋。他们建造的联排住宅，有的多达700个房间，供数千人居住。阿纳萨齐人以捕猎和农耕为生，也采掘绿松石矿。他们的文明在公元1100年之前达到巅峰。[10]

这些北美土著居民的历史，以及其他数十个生活在这块大陆上的更小部落的历史仍然不为人知。考古学家将发现的碎片拼凑成万花筒，让我们能够对他们的日常生活瞥上一眼，但在历史学家的眼中，每个文明的故事主体已经丢失了。卡霍基亚的规模和中美洲的特奥蒂瓦坎城（Teotihuacan）一样大，人口和萨波特克的阿尔万山城一样多，统治者则与玛雅统治者一样强大。但由于他们没有文字记载的历史，所以我们对于他们的国王和王后叫什么名字、信奉何种神明、贵族与农民之间发生过哪些争斗，诸如此类，全都一无所知。*

在更加遥远的南方，在干旱、饥荒和混乱的长期寂静中，玛雅人和萨波特克人的编年史开始出现。这些编年史的一些零星碎片都是几百年后由西班牙征服者翻译之后才传下来的。虽然被翻译得七零八落，我们还是由此得知了那些国王和王后的名字，还有一些影影绰绰的细节，通过这个小小的窥视孔，我们模模糊糊地看到了一点中美洲遥远历史的影子。**

综合起来，我们从他们的编年史和城市的遗迹中可以看出，玛雅人再也没有恢复以前他们对两个大洲之间大陆桥的控制。南方的城市开始崩溃，部分原因是它们发展得过于繁荣了，人口爆炸导致街道上、田野里，以及边远的乡村里，到处都是一张张饥饿的嘴巴。玛雅农民被迫开垦所有能长庄稼的土地，边边角角都不放过。湿地

---

* 北美中世纪时期的历史大部分都是没有文字记载的"史前史"，不在本书讨论的范围之内。关于此间主要文化及其变迁的内容，参见 Stuart J. Fiedel, *Prehistory of the Americas* (Cambridge University Press, 1987)；此外，还有一本在考古证据方面技术性略强的书也很有价值，即 Guy E. Gibbon and Kenneth M. Ames, *Archaeology of Prehistoric Native America:An Encyclopedia* (Garland, 1998)。

** 自 900 年前后到西班牙征服期间中美洲文化蓬勃发展的时期被考古学家称为"后古典时代"（Post-Classic）。

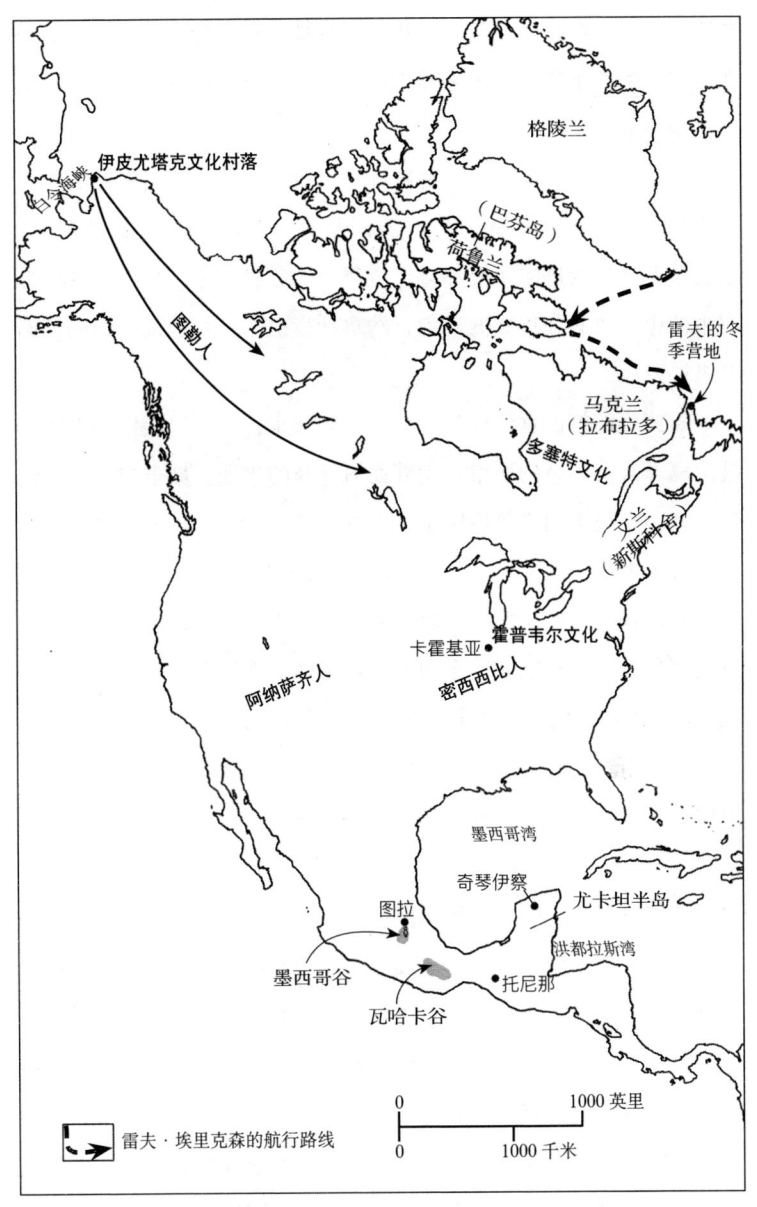

地图 41-1 美洲居民的生活区域

变成了菜园,冲积平原被开垦耕耘,森林被伐净烧光以开垦新的田地。粮食的产量尽管跟上了需求的增长,但只是勉强够吃,一年下来,剩不下一点存粮。[11]

若是一直风调雨顺,这种状况尚可维持,但9世纪中期的干旱一来临,玛雅人就开始挨饿了。在玛雅墓地进行的发掘结果显示,他们营养不良的迹象缓慢加重。成年人的骸骨越来越短小,许多都有生前患坏血病和贫血的迹象,幼童牙齿上的条纹也说明他们长期忍饥挨饿。[12]

贵族自己抢占食物应对饥荒,但到头来,无论贵族还是平民都被迫离开人满为患的城市,到外面另寻新的土地。城市中心人口流失,许多未完工的建筑烂尾了。南方的最后一个玛雅人历史遗迹建于909年1月15日,位于托尼那城(Tonina),就在墨西哥湾以南的一座山脊上。在此之后,玛雅人沉寂下来。还有力气迁移的人都搬到别处去了。有些人向东南方长途跋涉,在洪都拉斯湾(Gulf of Honduras)以南的高地上安顿下来,也有些人去了北方。考古发掘显示,由于难民涌入,北方人口激增,为了养活新来的人,人们在山坡上新开垦了一些梯田。[13]

他们身后留下的是一幅部落和民族混杂、融合,但也彼此争斗的破碎景象。瓦哈卡谷(Oaxaca Valley)中散布着一些村落,在这些村落中生活的米斯特克人(Mixtec)开始进入玛雅人腾出的土地。他们也开始占据曾经属于萨波特克人的土地和山谷,伟大的萨波特克城市阿尔万山的衰落并没有毁灭萨波特克文明,但萨波特克领土已经变成了一系列规模较小的居住区,每个地方的中心都是一个贵族或富裕农民的庄园,他们成为该处的实际统治者。这些居住区都很繁荣稳定,但也很容易被米斯特克人占据。[14]

随着老城市的崩溃,活力转移到了新的地点。在古老的特奥蒂瓦坎,废墟中仍然有人居住,但在其西北方向,图拉城(Tula)也开始发展起来。

新的民族涌入图拉城,该城坐落在距墨西哥湾海岸约 240 千米的高地上,他们可能来自南部现在被称为墨西哥谷(Valley of Mexico)的地方。新来的人在一个名叫托皮尔岑(Topiltzin)的王子带领下进入图拉城,他们引发了一系列事件,这成就了中美洲地区的亚瑟王传奇——这个基本的神话塑造了周边民族几百年的记忆和历史。*

在与托皮尔岑和图拉城有关的许多故事中,充斥着彼此矛盾的细节,这些故事传到我们耳边的时候有许多已是支离破碎,并不完整。但这些故事一致提到托皮尔岑成了图拉国王,终生都被当作神之子而被人崇拜。他的父亲据说是一位神圣的征服者,母亲是女神,托皮尔岑本人则被赋予"羽蛇神托皮尔岑"(Topiltzin Quetzalcoatl)的称号,是伟大的风与天空之神的大祭司及其俗世的化身。[15]

图拉城内有许多专做黑曜石生意的手艺人和商人。城市建筑面积超过 13 平方千米,城墙之内居住着约 3.5 万人。这座城市美丽、安全、富裕,这为它赢得了一个光荣的称号:中美洲的人们称之为"托兰"(Tollan),这个神秘的名字有天堂之意,在这里,人们所有的物质需要都能得到满足,还有神仙下凡来向市民传授各种工艺和技能。城中庙宇的墙壁上雕刻着美洲虎和雄鹰,它们的爪子抓着人类的心脏。在这里,人类的鲜血是神圣的,可以弥合宇宙的裂缝,

---

* 关于这两个神话精彩的全面比较可参见:H. B. Nicholson, *Topiltzin Quetzalcoatl* (University Press of Colorado, 2001)。

在庆典中常会用到。[16]

托皮尔岑统治图拉 10 余年，但在平静的表面之下也酝酿着波澜。他在城里有敌人。一个早期的故事告诉我们，托皮尔岑希望将和平带给图拉，因此坚持使用有翅动物和爬行动物代替人来用作祭祀，比如鹌鹑、蝴蝶、大蚱蜢和蛇等。但他遭到了恶魔的反对，此恶魔化身为一个名叫特斯卡特利波卡（Tezcatlipoca）的人，这个人反对停止活人献祭。这场围绕着是否要让人流血的斗争变得越来越残酷，到最后托皮尔岑决定永远离开图拉城。他自愿流亡，穿过乡村和田野，来到了海边。[17]

当托皮尔岑来到墨西哥湾的海岸时，发生了一些事情。有的故事中说托皮尔岑死了，他被悲伤和流亡击败，然后被他的追随者火葬了。但在许多其他故事中，他造了个木筏，驶入光明之中，终有一天，他将会从遥远的阳光照耀的地方回来，将图拉从敌人手中解救出来。

从故事的字里行间可以看出，图拉本地人与后来者之间的冲突有多么激烈。特斯卡特利波卡的抵抗，就是贵族在看到处于最高层的自己人被外来者取代后而采取的行动。但我们也能从中看出更多东西：这是让一座真正的城市与神秘的天堂相调和的尝试。图拉/托兰在中美洲的历史中是一个具有双重意义的存在。它是一座有真正的城墙并有人居住的城市，但它同时也是一座诸神降临尘世的神圣之城。城中的居民不称自己为图拉人，而是自称为"托尔特克人"（Toltecs），意思是圣城托兰的居民，是受神眷顾之人。他们告诉自己，自己能住在这样一个尘世天堂里是极为幸运的，这个城市的一砖一瓦都融合了神圣之美。

但作为一个有形的城市，图拉的繁荣只维持了不足百年。1050年前后，大片城区被焚毁，金字塔被人挖开，许多礼制建筑被推倒。

图 41-2　奇琴伊察的骷髅头之墙
图片来源：Steve Winter/National Geographic/Getty Images

托尔特克人已不再是圣城的居民，但仍然坚持使用原来的族名，他们将城市的废墟留在身后，搬到其他的地方住下，有的去了附近的城市，也有的去了更远的南方，在那里与米斯特克人混居在一起。

至少有一支满腹雄心壮志的托尔特克人北上去了尤卡坦半岛。托皮尔岑和他的族人以前是作为外来者到图拉来的，现在这些逃离没落之城图拉的难民又闯入了尤卡坦规模最大、蒸蒸日上的中心城市奇琴伊察，并夺取了那里的统治权。这可不是件容易的事。在奇琴伊察的遗址上到处都是描述这场征服的浮雕和绘画，从中可见这样的景象：房屋失火，托尔特克人进攻城墙、围攻塔楼，他们在街道上横冲直撞，战败的俘虏则被用来祭祀神明。[18]

奇琴伊察当时已经是圣城了。来自中美洲各地的朝圣者前来参

时间线 41

五代十国	辽/契丹	高丽	斯堪的纳维亚	北美洲	中美洲
		新罗并入高丽（935）			玛雅城市衰败
后唐灭亡/后晋建立（936—947）		后百济并入高丽（936）			
			（挪威）好人哈康（约940—961）		
后晋灭亡/后汉建立（947—950）		光宗（949—975）			米斯特克人迁移
后汉灭亡/后周建立（951—960）	穆宗（951—969）				
后周灭亡/宋建立（960—1279）			（丹麦）蓝牙哈拉尔（约958—约987）		（图拉）托皮尔岑
宋朝					
太祖（960—976）			（挪威）灰袍哈拉尔（961—970）		
太宗（976—997）					
宋统一中原（979）					
	圣宗（982—1031）		红发埃里克来到格陵兰（985）		
			（丹麦）八字胡斯温（987—1014）		
真宗（997—1022）			（挪威）八字胡斯温（1000—1014）		
				图勒入文化的发展 雷夫·埃里克森到达北美洲（1003）	
澶渊之盟（1005）					

时间线 41（续表）						
宋朝	辽/契丹	高丽	斯堪的纳维亚	北美洲		中美洲
				密西西比人文化的繁荣		
仁宗（1022—1063）						图拉陷落奇琴伊察被侵略
				阿纳萨齐人文化达到高峰		

观圣井，这是一个巨大的水洞，直径将近 60 米，深 30 多米。他们将供品扔进去，有木雕、珠宝、纪念品等，希望能得到神明的指引。整个城市一旦落入托尔特克人之手，俘虏也被当作祭品投入圣井之中。托尔特克人在圣井附近新修了一座供奉羽蛇神的庙宇，其墙壁上也装饰着以前装饰图拉城庙宇的那种吞噬人类心脏的鹰和美洲虎的图样。征服者还建造了一座骷髅头神庙（tzompantli），其平台上饰有雕刻的头骨，上面有一个陈列架，用来摆放用作祭品之人的真正的头骨。[19]

托皮尔岑的自愿流放使得以前的祭祀方式重新在图拉盛行。洒在城里神庙中的人血并没能保住人间天堂的安全，将和平使者赶出城去的武士和贵族自己也被迫流亡。但在新的家园，他们再次开始让鲜血流淌，希望这一次神圣的仪式能够阻止灾难发生。

/ 42

大分裂

> 1002年至1059年,神圣罗马帝国皇帝坚持主张自己有管理教会事务的权力,诺曼人入侵意大利,基督教东、西方教会永久分裂。

德意志国王兼神圣罗马帝国皇帝奥托三世的帝国计划遇到了一些意想不到的困难。奥托的印章上镌刻着"复兴罗马帝国"(Renovatio imperii Romanorum)的字样,此外还有查理曼的肖像和奥托本人的名字:这位年轻的皇帝打算复兴罗马帝国,他要踩着自己已成传说的祖先的足迹,重建一个基督教的罗马帝国。

但在奥托的复兴计划中,罗马本身却处于帝国的边缘。尽管他的印章上刻着"罗马"(Romanorum)两个字,但他心目中的罗马帝国,最重要的是其基督教性质,而不是与以前恺撒的帝国之间的联系。帝国的中心在德意志,而不在意大利,而且在他看来,教皇不过是他的御用神父而已,他说什么教皇就得听什么。[1]

正是出于这个原因,他任命了一个既是德意志人,又与他有血缘关系的教皇。选择格列高利五世(即奥托三世的堂兄布鲁诺)当教皇，对德意志王国的教士们来说似乎是相当明智的。"据说一名具有神圣美德的皇室子弟要继承圣彼得的职位当上教皇，这样的消息比黄金和宝石更加珍贵。"法兰克修士弗勒里的阿博（Abbo of Fleury）这样写道。但是罗马人对此感到十分愤怒——不仅仅是因为皇帝派了个外国人来领导他们的城市（虽然这已经够糟了），而且因为奥托明显不重视罗马。加冕之后只过了几个月，996年6月，奥托就返回了德意志，不再理睬罗马这座永恒之城，而是将它留在了他的仆从手中。[2]

他毕竟只有16岁，他的宏伟计划设想得很不全面。他颁布了法令，任命了教皇，也处理好了自己的事务，看不出罗马人为什么如此愤怒。他刚刚安全地越过阿尔卑斯山，罗马元老院议员克莱申提乌斯（Crescentius）就纠集了一群愤愤不平的市民，将格列高利五世赶出城去，以此来发泄他们对奥托专横统治的怨恨。

格列高利逃到斯波莱托去避难，他向德意志派出信使，请求皇帝帮助。奥托三世并没有着急赶回去帮他的堂兄，他还有其他重要的事要做。直到997年12月中旬，他才动身南下，而且此时他也还是不紧不慢，依然临朝听政，半路上还驻足庆祝了圣诞节。当奥托三世抵达罗马时，已是998年2月中旬，格列高利五世已经流亡了14个月，克莱申提乌斯和罗马的教士们也早已选出了自己的新教皇。[3]

尽管罗马人出离愤怒，但只要往城外看上一眼，他们就知道自己是不可能击败德意志军队的。此事的元凶克莱申提乌斯将自己关在很久以前哈德良皇帝建在台伯河岸边的一座堡垒中，对立教皇约翰十六世（John XVI）则逃离了罗马城，于是罗马人打开了城门。

奥托三世领兵入城，在城里待了两个月，这给了格列高利五世充足的时间回到罗马，重新安顿下来。奥托将已断粮的克莱申提乌斯逼出堡垒，他的士兵则捉住了逃亡途中的新教皇。克莱申提乌斯和他的12个盟友被砍头，尸体被倒挂在罗马最高的山上。约翰十六世保住了性命，但遭到的虐待使他生不如死：他被剜去双眼，割掉鼻子和耳朵，然后倒骑毛驴穿过罗马的大街小巷。[4]

这种野蛮的行径是日耳曼式的，而不是基督教的，但在奥托看来，这种惩罚恰如其分。克莱申提乌斯是叛徒，约翰十六世则是异教徒，他们各自得到了应得的惩罚。藐视皇帝指导教会事务的权力，本质上就是反抗皇帝的统治，就是藐视皇帝成为西方基督教世界君主的伟大使命。

奥托三世很快就有了新的盟友来帮助他完成这一使命。格列高利五世在返回罗马之后，没过多久就突然殒命，其死因成谜。奥托已经离开了罗马，但听说格列高利的死讯后，他又匆忙赶回城去任命一位新的教皇。他选择了自己从前的老师吉尔伯特（Gerbert），现任拉韦纳大主教，这位主教已经表明态度，愿意配合皇帝，实现其雄心壮志。

吉尔伯特当上教皇之后，被称作"西尔维斯特二世"（Sylvester II）。这个名字并不是随便取的，西尔维斯特一世是君士坦丁大帝时代的罗马主教。尽管那位西尔维斯特在他21年的任期中并没做过什么重要的事情（他甚至没有参加尼西亚会议，而是派了两个神父代表他参加），但还是有许多关于他的伟大事迹流传下来。在他死后写就的《圣西尔维斯特行传》（The Acts of Saint Sylvester）中宣称，是他亲自使君士坦丁皈依基督教，并为其施洗的，也是他亲自从皇帝手中接受了"君士坦丁捐赠书"（Donation of Constantine，这本身就是个神话）。[5]

换句话说，正是西尔维斯特一世塑造了君士坦丁大帝的信仰，与他一道使罗马帝国成为基督教国家，并且创建了教皇国。事实上这些事情他可能一件也没有做，但这无关紧要。新教皇西尔维斯特二世也打算如此与皇帝密切合作，建立一个他们自己的神圣王国。

两人携手开始了他们让罗马帝国变成神圣罗马帝国的工程。他们的办法是将政治和神学的目标拧成一股绳。在对付马札尔人的时候，他们首次使用了这个策略。

莱希费尔德战役已经过去快半个世纪了。居住在喀尔巴阡盆地的马札尔人在大公格扎（Geza）的带领下，在从部落勇士联盟发展到国家这条漫长的道路上已经走完了四分之三，现在他们已经是匈牙利公国（Principality of Hungary）了。格扎同意受洗，这加快了他们发展为国家的脚步。无论他是否真心信仰他所宣誓效忠的信条，但他口称皈依基督教，这就使匈牙利得以确立其西方国家的身份，拥有完备的教区体系和大主教制度。

匈牙利现在由格扎的儿子伊什特万（Istuán）统治。他和父亲一样，为人所知的身份不是匈牙利国王，而是马札尔人的大公（Grand Prince of the Magyavs）。奥托三世和西尔维斯特二世计划将伊什特万作为一个基督教国王（以及东部一个能帮上忙的盟友）纳入神圣罗马帝国的体系中。因此，西尔维斯特二世以教皇的身份给伊什特万发去一封教谕。其开头是这样写的："西尔维斯特，主教，向伊什特万，匈牙利人的国王，致以问候和教皇的祝福……以万能的上帝和使徒之首圣彼得所授予的权力，我们自愿承认你的王冠与国王之名，并在神圣教会的保护之下，接受你向圣彼得呈献的王国。现在我们将它还给你和你的继承人，由你们持有、控制、统治和管理。"

授予伊什特万国王头衔的是教皇，而非皇帝。正常情况下，都是由皇帝出面承认一位新崛起的统治者的地位。不过这封信还是不动刀剑就明确了奥托三世和西尔维斯特二世对匈牙利人的统治权。教谕的结尾这样写道:"你的继承人和继任者,应当充分服从我们,向我们学习,而且应当承认自己隶属于罗马教会。"[6]

不过伊什特万对此教谕的理解与其本意略有不同。在他看来,他作为一个基督教主权国家国王的独立性似乎是得到了承认。他接受了这封教谕,以及一同送来的饰有宝石的十字架,没有理会其中隐含的他不仅臣属于教皇,而且臣属于教皇的靠山奥托皇帝这一层意思。

新皈依的民族往往倾向于无视教皇的权威,但奥托三世和西尔维斯特二世二人所面临的困难并不只有这一个。就像当年不受欢迎的格列高利五世一样,西尔维斯特二世也不是罗马人。他是法兰克人,再加上奥托皇帝也在城里,结果罗马人发现统治自己的一个是法兰克人,另一个则是德意志人。因此,1001年,罗马发生了骚乱。

奥托三世听从谋士们的建议,决定离开这座城市,因为他并没有将军队全部带来,担心骚乱会升级为无法控制的公开叛乱。他和西尔维斯特二世一起北上拉韦纳,奥托三世决定在那里集结部队,然后再回罗马去对付那些罗马人。但就在等着部队从德意志赶来的时候,他开始发起烧来。他的病情迅速恶化,他的随从们嘀咕着说,他可能是染上了"意大利绝症"。据他的传记作者蒂特马尔(Thietmar)描述,这是一种流行病,染上之后会导致"体内疼痛逐渐暴发"。1002年1月,奥托三世病逝。他的手下将他带回亚琛,埋葬在查理曼的旁边。奥托三世终生未婚,因此没有留下继承人。他死时只有22岁,才刚刚成年。[7]

最终得到奥托三世帝国的是巴伐利亚的亨利(Henry of Bavaria),

他是"强辩者亨利"的儿子。奥托死后,德意志贵族几乎立即就选举他为国王亨利二世(Henry Ⅱ),意大利各城市起初拒绝承认其统治权,不过经过两年的战争之后,亨利二世平息了意大利的抵抗,在帕维亚加冕为意大利国王。10年后,1014年,当亨利二世证明自己能够胜任这两个王国的统治者之位后,他又被教皇本笃八世(Benedict VIII)加冕为神圣罗马帝国皇帝。*

奥托的印章上刻着"复兴罗马帝国"的字样,亨利二世的印章则宣示要"复兴法兰克帝国"(Renovatio regni Francorum)。对亨利来说,掩盖神圣罗马帝国德意志性质的那块薄纱已经完全是透明的了。神圣罗马帝国并不是过去那个罗马帝国,它是德意志帝国,其中心不在圣城罗马,而是在亨利自己的土地上。[8]

与他之前的几任皇帝一样,亨利二世依然遵循着"神权俗授"的原则(即国王虽然不在教会中担任圣职,却有权任命神职人员),以保证将帝国的权力集中在他自己的德意志圈子里。像奥托三世一样,他将管理教会和修道院的职位授予忠诚于他的人。也像奥托三世一样,他将教会当作皇帝的一个忠诚助手,而不是将其看作一个独立的势力。他管理教会人员的一个具体方法是坚决要求神职人员保持独身。因为神父一旦结婚生子,就容易将其地产和圣职代代相传,从而导致权力和财富世袭,对皇帝的依赖就会越来越少。而神父若没有子嗣,那么在他死后,他的职位就会回到当初将其授予他的人手中。

只要授出的职位将来还会回到他的掌握之中,只要他领土上的

---

* 1003年,奥托三世死后又过了一年,西尔维斯特二世也死了,在他之后和1012年本笃八世当选教皇之前,还有另外三任短命的教皇[约翰十七世(John XVII)、约翰十八世(John XVIII)和塞吉阿斯四世(Sergius Ⅳ)]。

地图 42-1　神圣罗马帝国

教区能没有争议地接受他所任命的主教，亨利二世就愿意分派这些职位。有些教会拥有可以举行自由选举的特许状，亨利只要求他们加上"经皇帝许可"（salvo tamen regis sive imperatoris consensu）这几个字。这些教会当然可以自己挑选主教——只要皇帝认可他们自由选举的结果就可以。[9]

在亨利二世担任神圣罗马帝国皇帝的 10 年间，他平息了修道院之间的争吵，坚持让他自己的候选人从德意志主教的"自由选举"中受益，甚至还改变了礼拜仪式。当时他在罗马参加礼拜仪式，不能接受神父在做弥撒时并不总是重复《信经》（Creed）的做法，他坚持要求加上这一环节。[10]

在他统治期间，沃姆斯的主教是德意志神父布尔夏德（Burchard），这个人汇编了一部20卷本的教会法规集。其中有一条法规规定，任何反抗皇帝权力的人都将被逐出教会，因为皇帝的权力是上帝亲自赋予的。另一条法规则规定，任何世俗法律都不得违背上帝的法律，因为上帝的法律高于所有的皇家法律。这两条规定彼此矛盾，却没有任何解释。还有许多法规彼此存在类似的矛盾，它们要求既尊重国王的权威，又体现教会的地位高于一切，这种矛盾是无法解决的。神圣罗马帝国皇帝统治的时间越长，这些未解决的矛盾就越让人觉得刺眼。[11]

1024年，亨利二世突然去世了。他已经结婚多年，但和妻子（查理曼远亲的后裔）没有子女，有传言说他们早就决定禁欲，其婚姻只是一种精神上的结合。无论这种说法是否属实，总之亨利的王朝——萨克森王朝——就此终结，德意志王国、意大利王国和神圣罗马帝国群龙无首。

于是，德意志贵族又从自己人中选出了一位新的皇帝——康拉德二世（Conrad II），他是一个新的王朝——萨利安王朝（Salians）——的首任皇帝。像亨利二世一样，康拉德二世也是先成为德意志国王，然后不得不通过战争来维护自己在意大利的权力。到1027年，他已经控制了这两个王国，并于同年复活节加冕为神圣罗马帝国的皇帝。之后没过多久，他又将勃艮第和普罗旺斯这两个地区纳入自己统治的帝国之中。

他之所以能如此迅速地被加冕为皇帝，完全是因为教皇约翰十九世（John XIX）要拍他的马屁。约翰十九世是曾为亨利二世加冕的那位教皇本笃八世的兄弟，10世纪的法兰克修士罗道尔夫·格拉贝（Rodulfus Glaber）告诉我们，本笃死后，约翰动用了他相当可观的个人财富来说服罗马人，使他成为下一任教皇。显然，他出的钱够多，足以弥补他实际上是个没有圣职的平信徒这个事实。结果在亨利二世的支持下，他在教会中一步登天，一下子就当上了教皇。[12]

他希望德意志和意大利的新国王能成为他的朋友和同盟，因此他立即邀请康拉德二世来罗马接受加冕。遗憾的是，康拉德对约翰的积极合作并不怎么在意，他泰然自若地接受了加冕，认为这是理所应当的。康拉德二世是个聪明人，也是名优秀的战士，但他是个文盲，对神学也不感兴趣，不怎么关心教会和国家关系中的那些微妙之处。对他来说，教皇就该执行他的命令，教会就该帮他实现他的目标。他要求主教和大主教服从于他，不能有任何疑问，如果他们胆敢反抗，他就会像对待一个反叛的士兵或朝臣那样对待他们：将其流放或者监禁。[13]

他就用这种方式进行统治，直到 1039 年一场惊厥在他 50 岁生日之前夺去他的性命。此时他早已加冕了自己的儿子"黑人亨利"（Henry the Black）为德意志和意大利的共治者，因此，康拉德二世死后，这个 22 岁的年轻人就继承了父亲两个国家的王位，他就是亨利三世（Henry III）。

与康拉德不同，亨利是个有文化的统治者，他也很关心教会政治。康拉德虽然对神学上的微妙之处一窍不通，但他认识到了自己的不足，因此让儿子接受了自己从未接受过的教育，雇用了神父在文学、音乐和教会事务方面对儿子进行悉心教导。亨利三世的世界是他父亲无法想象的。在他的世界里，尘世的王国和上帝的王国同样可见，两者都真实而强大，这促使他采取行动。[14]

他最早的一个行动就是利用皇室权威促进"神赐和平、神谕休战"运动的开展。在过去的 40 年里，两次宗教会议放宽了和平与休战的条件。商人也加入农民、教士和农场主的行列,成为正式的非战斗人员,免受攻击。某些日子现已完全禁止战斗:在星期五、星期日、教会假日和 40 天大斋节中的任何一天,任何人都不许发动战争,否则就将被开除教籍。1041 年,亨利三世又下令,一年中的每个星期三晚上到下个星期一早上,德意志国内都要遵守"神赐和平"而休战。1043 年,他参加了在德意志康斯坦茨市(Constance)举行的宗教会议,亲自登坛讲道,恳求人民保持"几百年来前所未有的"和平。他还率先垂范,当场宽恕了自己所有的敌人,包括几个曾经试图叛乱的士瓦本贵族。[15]

康拉德二世曾经粗暴地干涉教会事务,来为自己提供方便。亨利三世却遵从教会的法规,学习神学知识,努力净化教会。但通过这些做法,他却成功地使教会更加服从皇权了。有一次,在罗马发生的一些事情严重伤害了他对神学的感情。花钱买来教皇宝座的约翰十九世是耽溺于尘世之人,他将教皇之位传给了他只有十几岁的侄子本笃九世(Benedict Ⅸ)。本笃九世在罗马当了 12 年的教皇,过着意大利纨绔子弟般的生活:饮酒、通奸、放纵享乐。康拉德二世可以接受本笃九世,因为这个年轻的教皇愿意在必要时将皇帝的敌人逐出教会,但罗马人民受够他了。1044 年,一伙武装暴徒将本笃九世赶出罗马城,并选定了一位主教来做自己的新教皇,他就是西尔维斯特三世(Sylvester Ⅲ)。

但本笃九世家世显赫,他的家族为他提供了武装人员,让他得以重返罗马。不到两个月,他就杀回城去,夺回了自己的教皇头衔,而西尔维斯特三世则逃往教皇国边缘的一个村庄,他在那里仍然自称教皇。

于是现在同时有两个教皇并存,而且本笃九世即将令局势变得更加复杂。他没有好好庆祝叛军溃逃,就提出要将教皇之位卖给他的教父——神父约翰·格拉提安(John Gratian),代价是 400 多千克白银。约翰·格拉提安交了钱,成了教皇格列高利六世(Gregory Ⅵ)。

但是本笃接着又改变了主意。显然,他原本是希望不当教皇,就可以结婚了,但他的恋人拒绝了他,另一个可能的原因是,他对排场和权力的眷恋比预想的更强,总之,他宣布自己要收回教皇之位。[16]

于是,1046 年的时候,意大利共有三个教皇,没有一个是完全合法的。这种情况需要有人介入,但亨利三世当时还不是神圣罗马帝国的皇帝,他只是德意志和意大利王国的国王。不过他的世俗权力使他成了教会的主人,即使没有"教会的保护者与守卫者"这个称号也没关系。亨利三世进军罗马——"带着一支实力雄厚的大军",中世纪的《罗马教皇列传》(*Pontificum Romanorum Vitae*)中这样记载道,他宣布教皇之位空悬,所有三个候选人都不合适。"他按照教规公正地审判了此案,"《罗马教皇列传》继续写道,"向主教们讲清楚整件事的对错,并宣判将三位教皇永久革出教门。"[17]

他接着选了一位新的教皇——一位"卓越的、神圣的、仁慈的教士",克雷芒二世(Clement Ⅱ)。新教皇在圣诞节那天登上宝座,天黑以前就加冕亨利三世为神圣罗马帝国的皇帝。罗马的普通市民和神职人员一起,授予亨利三世 80 年前教皇利奥八世曾授予亨利的前辈、第一任"神圣"皇帝奥托一世的权力:作为皇帝,亨利"有权任命教皇和主教……并且更进一步规定,所有的主教,都必须由国王亲自授圣职,然后才能就任"。[18]

亨利三世很关心教会的纯洁性,因此他自己控制了教会。正如在罗马的即席听证会中说明的那样,他在必要的时候还有将人革出教门的权力，也就是有向人开启或关闭天堂之门的权力。自教皇西尔维斯特二世以来，只过了几十年的时间，教会和皇帝之间的权力天平就已经大大向皇权倾斜了。

解决了意大利教会的麻烦，亨利三世又开始处理政治问题。

意大利南部长期受到一帮在名义上效忠皇帝的伯爵和公爵的控制，这里一直饱受诺曼人的侵扰。在过去的20年里，诺曼人的家乡一直处于混乱之中（人们为"诺曼底公爵"这个头衔展开了长期的争夺战），因此越来越多的诺曼探险家离开家园，向东流浪。诺曼雇佣兵已在意大利南部定居，他们被意大利贵族雇用，成为他们的私人武装力量，同时他们也为自己圈出了一块小小的独立领地。

亨利三世从罗马向南方看去，可以看到各方势力明争暗斗，全面战争随时有可能爆发。他没有挥师南下，试着将他们一个个全部征服，而是展开了一场和平的南巡之旅，在这些彼此征战的地区绕了一圈，把那些躁动不安的公爵、伯爵和雇佣兵挨个找来，让他们再次确认自己对皇帝的誓言。最强大的诺曼战士，奥特维尔的卓戈（Drogo of Hauteville），同意向皇帝投诚，以换取一个正式的头衔：意大利公爵与统治者、阿普利亚和卡拉布里亚的全体诺曼人的伯爵（Duke and Master of Italy, Count of the Normans of all Apulia and Calabria）。*

如此一来，在意大利南部实际上建立了一个诺曼人的国家，而且亨利三世也不必卷入一场漫长且具有破坏性的战争。但事实证明他这个办法只是暂时解决了问题。他回到德意志之后，几乎立刻就另有一个诺曼冒险家抵达了意大利南部海岸。他名叫罗伯特·吉斯

---

* 卓戈从哥哥"铁臂威廉"（William Ironarm）手中继承了对阿普利亚的统治权。最先征服这片领土并将其置于诺曼人的统治之下的就是"铁臂威廉"。

卡尔（Robert Guiscard），是卓戈同父异母的弟弟，他又狡猾又有野心，这为他赢得了"狐狸罗伯特"（Robert the Fox）的绰号。

卓戈并不打算与这位同父异母的弟弟分享自己新得到的领土。他有一个大家庭——卓戈的父亲坦克雷德（Tancred）结过两次婚，一共生了 12 个儿子——而且卓戈已经将一支小部队和继承自己头衔的权利授予了另一个弟弟汉弗莱（Humphrey）。不过他还是将自己王国西部边缘的一座城堡送给了"狐狸罗伯特"，罗伯特则开始以此处为据点，通过一系列激烈的战斗，努力打向意大利靴形版图的靴尖处。"他事业的起点伴随着流血和杀戮。"12 世纪的历史学家安娜·科穆宁娜（Anna Comnena）这样写道。[19]

诺曼人所有这些侵略行为激起了意大利南部的非诺曼人对罗伯特及其兄弟们的极大仇恨。但是亨利三世远在德意志北部，因此意大利南部人民只能向罗马教皇抱怨他们的诺曼统治者是如何的野蛮残暴。

克雷芒二世上任不到一年就死了，现在坐在教皇宝座上的是利奥九世（Leo IX），他是亨利三世的族兄。*虽然利奥九世是由自己的族亲任命的，但他是一个思想进步的人。他拒绝接受教皇职位，直到罗马人民表示认可他。用诺曼编年史家阿普利亚的威廉（William of Apulia）的话来说，利奥九世是个"令人钦佩的人"，他广受爱戴、德高望重，他耐心地劝服了卓戈发誓停止在南方的掠夺和征服。[20]

但卓戈的誓言来得太晚了，南部的民众已经在策划造反，并于 1051 年付诸实施。卓戈在去教堂的路上被刺身亡，噩耗传到了罗

---

* 在克雷芒二世和利奥九世之间还有两个任期很短的教皇。克雷芒死后，本笃九世第三次登上教皇宝座，但时间很短（1047—1048）；1048 年 7 月，他就被亨利三世任命的下一任教皇达马苏二世（Damasus II）赶下了台，但两个月后达马苏就死于疟疾，于是亨利又任命利奥九世接替他成为教皇。

马。根据本笃会修士马拉泰拉（Malaterra）的记载："阿普利亚人向教皇利奥九世派来密使，恳请他率军前往阿普利亚，声称……他们会亲自帮助他，诺曼人十分懦弱，他们的力量已经衰微，人数也很少……皇帝派出德意志军队对他施以援手，他进入阿普利亚，相信自己能得到伦巴第人的援助。"[21]

皇帝十分关心教会的纯洁性，他已经成为教皇的主人。现在这位思想进步的教皇已成为皇帝军队的首领。利奥九世骑在马上来到福尔托雷河（Fortore），身后跟着整支帝国大军。在那里，他们与南部的诺曼人遭遇，对方的统帅是卓戈的两个弟弟"狐狸罗伯特"和汉弗莱。

在随后进行的战役中，反诺曼势力被击退，四处溃散。罗伯特·吉斯卡尔战斗起来尤其凶猛。"他用长矛刺向敌人，用剑砍下他们的头颅，"阿普利亚的威廉这样写道，"……他三次被击落下马，三次又都重新上马，然后更加勇猛地投入战斗……他用剑砍断敌人的手足，从尸体上割下头颅，用长矛刺穿他们的胸膛，将那些已被砍头的尸体钉在地上。"[22]

利奥九世逃入附近的一座堡垒，将自己关在里面，躲避诺曼人的围攻。最后，他被迫投降。但汉弗莱和"狐狸罗伯特"这两个诺曼兄弟十分精明，他们没有杀掉教皇，因为如果他们这样做了，会让自己的一些追随者都转而反对他们。于是，他们将利奥九世关在贝内文托，对他以礼相待，结果就在那里，在诺曼卫兵的包围之下，利奥九世被迫以教皇的名义正式承认他们为南部的统治者。

此事影响深远。君士坦丁堡的牧首仍然宣称自己是意大利南部拜占庭旧土的精神领袖，因此看到利奥九世认为自己可以将南部的公国掌握在股掌之间，牧首感到十分恼怒。他重新激化了东西基督教会之间本来就不曾间断的一系列神学争论，然后宣布西方教会已彻底堕落为异端。*

利奥九世从他舒适的监禁处下令，派出一个教士代表团前往东方教会，试图解决东西教会之间的问题。不幸的是，两个谈判负责人脾气同样暴躁：君士坦丁堡的牧首米海尔·色路拉里乌（Michael Cerularius）是个专制独裁、野心勃勃的人，十分嫉妒教皇的权威；而罗马代表团的高级神父是红衣主教亨伯特（Humbert），他怀疑东部教会的一切事物，动不动就发怒。双方争论数周无果，都变得越来越愤慨，于是红衣主教亨伯特写了一份将色路拉里乌及其支持者全部开除教籍的讨逆檄文，并将其扔在圣索非亚大教堂的圣坛上。色路拉里乌则将檄文烧毁，反过来又将罗马教皇和他的代表团全部开除了教籍。亨伯特带着代表团的教士们离开君士坦丁堡后，掸落了脚上沾染的东方灰尘。[23]

等亨伯特返回意大利时，利奥九世已不在人世。他是 1054 年 3 月份病倒的，之后诺曼人将他释放，好让他能回罗马咽下最后一口气。回家之后只过了几个星期，他就病故了。

利奥九世没能对色路拉里乌将其开除教籍一事做出回应，双方的绝罚都是成立的。自 1054 年起，东西教会得到官方谕令认可，此后一直各自独立。双方实际上早就因不同的神学、语言和政治观点而趋于分离了。1054 年因此被称为大分裂之年，这一年，一度统一

---

* 在这些争论中，首要的两个问题是：西方教会在圣餐仪式中使用无酵饼，而东方教会则不是；西方教会说圣灵出自圣父和圣子，而东方教会则拒绝使用这一提法［被称为"和子句纠纷"（Filioque clause）］。这两个问题在神学上都不是什么重要的问题。东方教会的牧首认为，使用无酵饼过于接近犹太人的做法，这说明西方教会还没有完全接受从《旧约》律法向《新约》恩典的过渡；东方教会的教士还普遍认为如果说圣灵是"出自圣父和圣子"，就意味着圣父上帝和耶稣基督是各自独立的，这不符合三位一体的统一性。但其实东西教会之间的争执本质上是权威之争，争的是在某个基督教信条是否正统这个问题上，教皇和牧首谁最后说了算。关于所涉及的具体神学问题，若欲了解更多，可参阅：Jaroslav Pelikan, *The Growth of Medieval Theology (600–1300)* (University of Chicago Press, 1978)，特别是第五章 "The One True Faith"。

的基督教教会分裂成两个独立的组织,再也没能重新合而为一。

之后的 3 年中,政治舞台上的主要人物全部换人。亨利三世死于 1056 年,生前未能再次出征意大利南部。他 6 岁的儿子亨利四世(Henry Ⅳ)继位当上了德意志国王,这意味着德意志的贵族们暂时掌握了国家的控制权。阿普利亚的诺曼伯爵汉弗莱死于 1057 年,他的爵位和领土被罗伯特·吉斯卡尔,即"狐狸罗伯特"夺取。1059 年,佛罗伦萨的主教当选为教皇尼古拉二世(Nicholas Ⅱ)。*

现在没有皇帝保护罗马了,德意志的国王还是个孩子。因此尼古拉二世谨慎地决定与家门口的诺曼人结成联盟。1059 年,他与"狐狸罗伯特"谈成了《麦尔菲条约》(Treaty of Melfi)。尼古拉二世现在承认诺曼伯爵罗伯特·吉斯卡尔为意大利南部地区阿普利亚和卡拉布里亚的统治者,作为交换,罗伯特愿意接受教皇为精神领袖。(该条约还承认吉斯卡尔为西西里岛的统治者,虽然该岛目前仍处于法蒂玛王朝的控制之下,吉斯卡尔必须自己设法将其征服。)

但这并不是《麦尔菲条约》的全部内容。它还宣布"罗马帝国皇帝"不再负有保护圣彼得继承人的特权。如此一来,尼古拉等于是取消了使神圣罗马帝国皇帝一职"神圣"的核心职责。这一职责现在已经交给了诺曼人,在条约中诺曼人甚至承诺将为教皇而战,并在有必要时对抗任何未来的神圣罗马帝国皇帝。[24]

同年举行的宗教大会宣布,教皇应当由高级主教组成的枢机主教团(College of Cardinals)选举产生。这是几十年来第一次,教皇

---

* 亨利三世临终时选择让维克多二世(Victor Ⅱ,1055—1057 年在位)任教皇。维克多死于热病之后,教皇之位被斯德望九世(Stephen Ⅸ,1057—1058 年在位)继承,然后是意大利人本笃十世(Benedict Ⅹ,1058—1059 年在位),本笃十世从未被正式授任教皇神职,并试图反对尼古拉二世被授任,后来他被尼古拉二世的支持者逼迫,离开了罗马。

时间线 42

斯堪的纳维亚	北美洲	中美洲	西法兰克	德意志	意大利	马札尔人	罗马皇帝
（丹麦）蓝牙哈拉尔（约958—约987）		（图拉）托皮尔岑					
（挪威）灰袍哈拉尔（961—970）					教皇利奥八世（963/964—965）教皇约翰十三世（965—972）		奥托一世（962—973）
						（匈牙利）格扎（约970—997）	
					奥托二世，德意志和意大利国王及神圣罗马帝国皇帝（973—983）		
红发埃里克来到格陵兰（985）				奥托三世（983—1002）			
			懒王路易（986—987）				
（丹麦）八字胡斯温（987—1014）			于格·卡佩（987—996）				
			"神赐和平"运动出现				
					教皇格列高利五世（996—999）		奥托三世（996—1002）
						（匈牙利）伊什特万（997—1038）	
（挪威）八字胡斯温（1000—1014）					教皇西尔维斯特二世（999—1003）		
				亨利二世（1002—1024）			
	图勒人文化的发展雷夫·埃里克森到达北美洲（1003）						
					教皇本笃八世（1012—1024）		亨利二世（1014—1024）

斯堪的纳维亚	北美洲	中美洲	西法兰克	德意志	意大利	马札尔人	罗马皇帝
				康拉德二世 (1024—1039)	教皇 约翰十九世 (1024—1032)		康拉德二世 (1027—1039)
	密西西比人 文化的繁荣				教皇本笃九世 (1032—1044/1045/ 1047—1048)		
		图拉陷落		亨利三世 (1039—1056)			
					教皇 西尔维斯特三世 (1045)/ 教皇格列 高利六世 (1045—1046)		
		奇琴伊察 被侵略			教皇克雷芒二世 (1046—1047)		亨利三世 (1046— 1056)
					罗伯特·吉斯卡尔 到达意大利		
					教皇利奥九世 (1049—1054)		
					东西方教会 大分裂 (1054)		
	阿纳萨齐人 文化达到高峰			亨利四世, 德意志和 意大利国王 (1056—1106)			
					教皇 尼古拉二世 (1059—1061)		

之位不必再依赖神圣罗马帝国皇帝的恩典。若是年幼的亨利四世长大真正做了皇帝,那么他会发现,皇帝的两个最宝贵的权力已被剥夺:一个是皇帝作为教会守护者的神圣角色,另一个则是他任命教皇继承者的权力。

/ 43

丹麦的统治

> 1014年至1042年，丹麦国王们统治着英格兰，麦克白则推翻了苏格兰高王。

200年来，英格兰一直在抵抗维京海盗的入侵。1013年年底，维京人对不列颠岛的控制已经收紧，丹麦国王"八字胡斯温"刚刚被加冕为英格兰国王，战败的盎格鲁-撒克逊国王"邋遢王埃塞尔雷德二世"躲在怀特岛上，他的妻子和孩子们则在诺曼底避难。

"八字胡斯温"被加冕之后刚过了5个星期，1014年2月的一天晚上，他突然死在了自己的床上。北大西洋帝国的基础有些动摇了，被征服的挪威领土从丹麦人的掌握中挣脱，又落到一个挪威贵族"圣徒奥拉夫"（Olaf the Saint）的手中。但斯温的继承人，他的儿子克努特大帝（Canute the Great），则得到了丹麦和英格兰的王冠。[1]

但他很快就发现，用武力夺来的王冠也会因为武力而丧失。丹麦军队没有了斯温那威风凛凛的身影的带领，伦敦人又鼓起了勇气。他们传话给埃塞尔雷德二世，请求他回来对抗新的外族国王。埃塞尔雷德同意了，他乘船抵达英格兰海岸，船上满满的都是诺曼人。他第一次婚姻中所生的儿子埃德蒙则率领地面部队，两人共同对丹麦人发动了水陆夹击。

克努特是1014年2月份加冕的，他只坚持到了复活节。然后，他突然离开英格兰，前往丹麦。丹麦的编年史对个中缘由语焉不详，不过似乎有可能是因为克努特在伦敦期间，替他摄政的兄弟正谋划夺取丹麦王位。对丹麦人来说，英格兰是战利品，但因为是新征服的，并不牢靠，所以克努特打算还是先保住故土丹麦要紧。临走之前，他让人割掉英格兰战俘的耳朵和鼻子，将他们扔在海岸上，然后就起航回国了。[2]

这个举动的警告意味十分明显：对克努特而言，战斗尚未结束。埃塞尔雷德二世再次登上王位，并将妻子艾玛和两个年幼的儿子从诺曼底接了回来。但他的胜利只是暂时的，第二年，克努特又回来了，他率领160艘战船，试图重新征服英格兰。

"邋遢王埃塞尔雷德二世"直到1016年4月临死之前，一直坚持抵抗丹麦人。英格兰贵族举行的贤人会议仍宣称自己有权选举国王，他们在埃塞尔雷德死后推举他的儿子埃德蒙为国王埃德蒙二世（Edmund Ⅱ）。英格兰统一在同一位君主治下尚不足百年，贵族们仍然记着自己的祖先各自独立为王时的情景，而且埃塞尔雷德的统治也算不上多么惊人的成功，不足以让他的儿子自动继承王位。但埃德蒙二世本人在对抗丹麦人的战斗中的表现超过了自己的父亲；"由于他在战争中异常坚定、力量惊人"，他还获得了"刚勇王"（Ironside）的绰号。因此他理所当然被加冕为国王，接过了将克努特赶出英格兰的任务。[3]

在其后几个月的时间里，两军打了至少7场大规模战役，双方

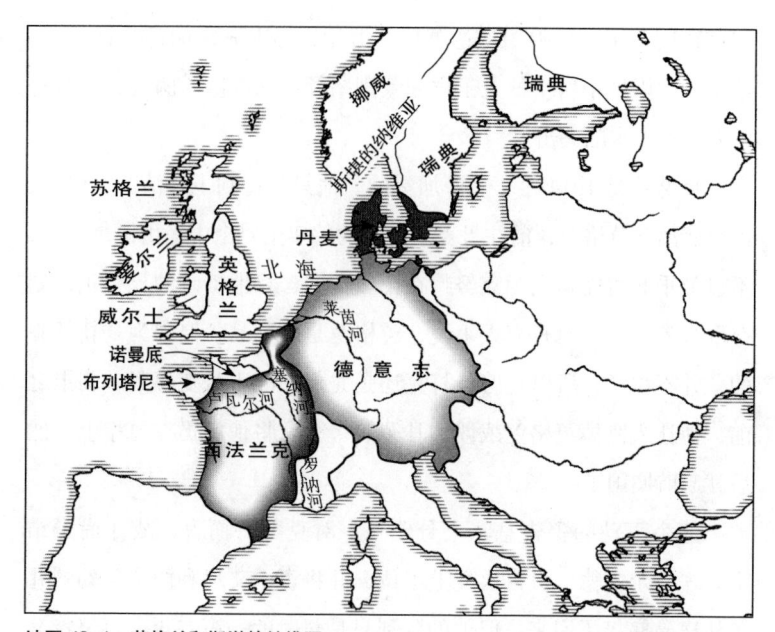

地图 43-1　英格兰和斯堪的纳维亚

伤亡都十分惨重。在他们作战的地方，土地被荒废、农田被践踏、附近的村庄被烧毁。在发生于艾兴顿（Ashingdon）的第七场战役中，英格兰的贵族阶层几乎全部覆灭，贤人会议就此瓦解。"英格兰全国所有的重要人物全部陨落。"《盎格鲁-撒克逊编年史》发出了如此的哀叹。马姆斯伯里的威廉也写道："在那片战场上，克努特摧毁了一个王国，英格兰丧失了所有的荣耀，英格兰之花彻底枯萎。"在 900 年后的英格兰编年史中，还可以听到他这些话的回声。[4]

埃德蒙二世和克努特两个人都不愿意停手，但贤人会议的幸存者十分坚持该是休战的时候了。1016 年 11 月，艾兴顿战役之后还不到一个月，两位国王在塞文河（River Severn）中央一座泥泞的小岛上会面，两人都警惕谨慎，各自乘坐一艘无法携带武装随从的小渔船来到岛上。他们同意将国家一分为二：由克努特统治麦西亚以北地区，而埃德蒙二世则保住了伦敦，仍在南方称王。埃德蒙二世还被迫剥夺了自己儿子们的继承权（其中一个正在蹒跚学步，另一个还是新生的婴儿），同意让克努特当他的继承人。[5]

和约签订不到一个月，"刚勇王埃德蒙"就辞世了。亨廷顿的亨利是唯一一个说他是被克努特授意谋杀的史家，其他的历史记录则只是简单地说他死后将整个国家留给了丹麦国王克努特。克努特是否有罪尚不明确，但各种编年史都一致记载了他接下来的行动：他进军伦敦，戴上王冠，然后处死了贤人会议中最受埃德蒙信任、充当其顾问的成员。

他还下令将"刚勇王埃德蒙"的两个儿子用船带回斯堪的纳维亚去。这样做是为了让他可以摘清自己。伍斯特的约翰说："如果他们两个死在英格兰，那他就太丢人现眼了，因此他把他们送到瑞典国王那儿去受死。"瑞典国王是克努特的盟友，他去接了船，但当他发现原来克努特想让自己杀死两个小娃娃的时候，他拒绝遵从。相反，他把他们送到尽可能远的地方去——送到了匈牙利国王伊什特万那里，他与伊什特万有过点头之交。对新生儿来说，这段旅途太漫长了，他又病又饿，死在了路上。但那个蹒跚学步的孩子却活了下来，并在一位匈牙利养母的呵护下长大了。[6]

1017 年，克努特又派人请来诺曼底的艾玛，也就是埃塞尔雷德二世的遗孀，然后跟她结了婚。他已有一名长期的情妇（或者说有事实婚姻的妻子），她名叫艾尔夫吉福（Aelfgifu），一年前已经为他生了一个儿子，在他娶艾玛的同一年又为他生了一个儿子。艾玛对这种安排有什么想法我们无从得知，只知道她将自己的两个儿子，

地图 43-2　英格兰的伯爵领地

阿尔弗雷德和爱德华，送回诺曼底去跟舅舅待在一起。毫无疑问，她担心他们两个也会像其他那些国王的儿子们一样，莫名其妙地染病身亡。当时爱德华已经十几岁了，阿尔弗雷德比他小两岁。

两年后，艾玛生了个儿子，这是克努特的第三个儿子。他跟着父亲取名为哈瑟克努特（Harthacanute），成为英格兰王冠的继承人。

之后 20 年里，英格兰一直处于克努特的统治之下。贤人会议士气低落，不再抵制他，克努特将新收服的英格兰王国的行政管理工作大部分交到了自己的亲信手中。他将英格兰分成四个伯爵领地，分别是威塞克斯、麦西亚、东安格利亚和诺森布里亚。他任命的四个伯爵中有三个是丹麦人：统治东安格利亚的"高个子托鲁克尔"（Thorkell the Tall）、统治诺森布里亚的斯沃德（Siward）和统治麦西亚的利奥夫里克（Leofric）。他有些犹豫，但还是将威塞克斯交给了一个盎格鲁-撒克逊人——戈德温（Godwin），戈德温是一个土生土长的苏塞克斯人，曾在战争中支持克努特争夺英格兰王位。四个伯爵中只有戈德温是盎格鲁-撒克逊人，但他为人十分精明，过了不久他就对克努特的妹妹展开追求并娶其为妻，用血缘的纽带将自己与克努特这位异族的国王联结起来。

1028年，克努特迫使挪威的圣徒奥拉夫退位，然后自己加冕为"挪威国王"。如此一来，他实际上掌握了父亲以前的帝国版图——英格兰、丹麦和挪威。*但他的野心尚未得到满足。1031年，他又入侵苏格兰，与苏格兰高王马尔科姆二世（Malcolm II）对战，直到苏格兰军队停火投降为止。**

作为一名高王，马尔科姆二世是王中之王。因此当他决定投降的时候，他也不是自己一个人投降的。根据《盎格鲁-撒克逊编年史》的记载："苏格兰国王马尔科姆，连同另外两位国王，梅尔白（Maelbeth）和伊赫马克（Iehmarc），一起向克努特臣服了。"不只是高王，苏格兰其他的国王也都承认了克努特的权威。[7]

---

* 他也自称为"瑞典国王"。其实瑞典人已经有一个国王了，但由于克努特此时已成功地在瑞典打出了一片天地，所以他觉得自己有权自称为英格兰、丹麦、挪威和瑞典的国王。但瑞典国王无视他的说法。

** 《盎格鲁-撒克逊编年史》中说苏格兰投降是在1031年，但另一些资料来源则说1027年的可能性更大。

到 1035 年克努特死的时候，丹麦人对英格兰的统治似乎已经牢不可破了。事到如今，贤人会议能够指望的最佳结局是艾玛的儿子哈瑟克努特能继承王位。虽然他也有一半丹麦、一半诺曼血统，但他至少与过去的英格兰王室家族多少还有些关系。

然而，就连这个愿望也很快就破灭了。20 多岁的哈瑟克努特已被派往丹麦，替父亲照管挪威和丹麦两个领地。但克努特刚一去世，被废黜的圣徒奥拉夫的私生子就起兵争夺王位。这个人的绰号是"好人马格努斯"（Magnus the Good），有许多挪威人都支持他，哈瑟克努特被斯堪的纳维亚的战争所困，无法返回英格兰。

于是，英格兰的丹麦军队与几个伯爵一起，拥护克努特的长子，让彻头彻尾的丹麦人"飞毛腿哈拉尔"（Harold Harefoot）当上了英格兰的"摄政"。表面上这是为哈瑟克努特分忧，事实上却是在为篡夺王位做准备。英格兰贤人会议不同意这样做。"戈德温伯爵和威塞克斯所有的重要人物都表示反对。"《盎格鲁-撒克逊编年史》这样告诉我们。[8]

对埃塞尔雷德二世的两个小儿子来说，夺取王位的机会虽然不大，但他们还是想要搏上一把。有一小撮心怀不满的盎格鲁-撒克逊人支持他们，还有一支诺曼人的小部队增援，爱德华和他的弟弟阿尔弗雷德王储试图回国。结果此事由于戈德温的背叛而失败了。戈德温最感兴趣的还是权力，因此，他先是反对由"飞毛腿哈拉尔"摄政，后来又退而求其次，开始设法成为哈拉尔最亲密的朋友。他捎信给爱德华和阿尔弗雷德，表示自己支持他们回来，同时却又时刻向哈拉尔报告他这两位同母异父兄弟的行踪。因此，爱德华和阿尔弗雷德以及他们的支持者在登陆时中了埋伏。爱德华逃过一劫，但他的大部分支持者被俘。《盎格鲁-撒克逊编年史》中这样写道：

"他们有的被卖身为奴，有的惨遭杀害，有的被带上脚镣，有的被刺瞎双眼，有的被砍断手脚，有的被剥去头皮。"阿尔弗雷德被俘之后，被用铁链绑住拖向伊利修道院（Abbey of Ely），途中他被刺瞎双眼时，却被不小心刺穿了大脑。结果他在痛苦中死去，终年31岁。[9]

爱德华回到了诺曼底，心中对戈德温满怀怨恨，对哈拉尔也是怒火冲天。他的母亲艾玛也逃离了她那残暴成性的继子，但她不想回诺曼底去。艾玛现在已经50岁了。她曾两度加冕为英格兰王后，生下三个儿子、二个女儿，她曾被迫送走亲生骨肉，现在又失去了一个儿子。她向往和平安定的生活，但此时诺曼底却是一片混乱。她的哥哥"好人理查"比她年长约20岁，1026年就死了，她的两个侄子先后继位，但两个人都没活多大岁数，在位时间都不长。到1035年，他小侄子的私生子威廉当上了诺曼底公爵。但他当时只有7岁，因此那些手握大权的诺曼贵族野心勃勃，各个都想控制他，因此公国内部纷争不断。

赞颂艾玛的《诺曼底艾玛王后颂》（*Encomium Emmae Reginae*）告诉我们，她在西法兰克找到了庇护和宁静，在那里，法兰克贵族佛兰德的鲍德温（Baldwin of Flanders）"对她以礼相待，愿意供养她，她想待多久都可以"。[10]

与此同时，"飞毛腿哈拉尔"抛弃了摄政的头衔，加冕自己为英格兰国王。据《盎格鲁-撒克逊编年史》说："人们一致选择让哈拉尔当国王，因为哈瑟克努特在丹麦待得太久，已经被人遗忘了。"[11]

但哈拉尔也不是事事顺遂。首先，苏格兰正在摆脱他的控制。马尔科姆二世的臣服似乎并没有得到苏格兰那些小国王的一致同意。

在1034年他死后，苏格兰高王之位由他年幼的儿子邓肯（Duncan）继承。由于久享盛名的老国王已不在人世，臣属于高王的统治者中有一个人开始造反。

造反的是麦克·贝瑟德·麦克·芬德莱赫（Mac Bethad mac Findlaich），他是北部一个名叫莫雷（Moray）的小王国的国王。英格兰的编年史中通常将他的名字简化，称他为麦克白（Macbeth）。*500多年后，莎士比亚将麦克白塑造成一个臭名昭著的叛徒，认为他是趁国王熟睡时将其杀害的。但在历史上这次叛乱是典型的独立宣言，叛乱者拒绝继续臣服于一名情愿向外来入侵者低头的高王。麦克白是个有权有势的人，12世纪的爱尔兰诗歌《贝尔尚预言》（*The Prophecy of Berchan*）说他是"一位慷慨大方的国王"，还补充说邓肯软弱无能，之所以能成为统治者，只是因为出身好而已。[12]

苏格兰人和英格兰人一样，他们也保留着选择接受或拒绝其国王的权利。因此，1040年，麦克白拒绝向高王缴纳臣属王国应缴的税金，于是邓肯出兵莫雷，打算用武力收取这笔钱。在随后的战斗中，邓肯身死，他的遗孀带着两个孩子逃离苏格兰，麦克白宣布自己成为苏格兰高王，拒绝臣服于南部的丹麦国王。

"飞毛腿哈拉尔"还没来得及向北进军去攻打苏格兰人（当时他正在南巡途中，在牛津住了一个晚上），就突然染病身亡了。哈瑟克努特闻讯立刻前往英格兰海岸。他率领60艘船抵达，受到热烈欢迎，成为英格兰和丹麦的新国王，但他立刻就开始失去民心。"他

---

* 有时人们认定莫雷的麦克白就是和马尔科姆二世一起向克努特投降的那个"梅尔白"，但这两个名字明显不同，而且莫雷的麦克白也不可能早在1031年就已经掌权了。见：Charles Plummer and John Earle, *Two of the Saxon Chronicles Parallel*, vol. 2 (Clarendon Press, 1899), pp. 207ff.

开始征收极为繁重的税赋，让人难以承受，"《盎格鲁-撒克逊编年史》中如此写道，"所有那些曾经热切怀念他的人都不再对他忠心了。"他还下令掘出"飞毛腿哈拉尔"的尸体，将其扔进沼泽；当麦西亚人无力支付苛捐杂税时，他又派兵武力征收。这些做法使他更加不得人心。[13]

幸运的是，英格兰人在他的统治下受苦受难的时间并不太久。没过两年，哈瑟克努特在一场婚礼上致祝酒辞的时候，突然抽搐不已，倒地身亡。也不知道他究竟是死于中风，还是因为他杯中的酒有什么问题。无论如何，他的死使丹麦的王位悬空（已将挪威和丹麦抓在手中的"好人马格努斯"几乎立即就乘势称王），而"邋遢王埃塞尔雷德二世"唯一仍活在人世的儿子也终于有机会登上英格兰王位了。

时间线 43

西法兰克	德意志	意大利	马札尔人	罗马皇帝	不列颠群岛	斯堪的纳维亚	诺曼底
					埃塞尔雷德二世（978—1013）		
"神赐和平"运动出现						（丹麦）八字胡斯温（987—1014）	
		教皇格列高利五世（996—999）		奥托三世（996—1002）			好人理查二世（996—1026）
			（匈牙利）伊什特万（997—1038）				
		教皇西尔维斯特二世（999—1003）					
	亨利二世（1002—1024）				对丹麦人的屠杀（1002）		
					（苏格兰）马尔科姆二世（1005—1034）		
		教皇本笃八世（1012—1024）			八字胡斯温（1013—1014）		
				亨利二世（1014—1024）	埃塞尔雷德二世（1014—1016）	（挪威）圣徒奥拉夫二世（1015—1028）	
					埃德蒙二世（1016）		
	康拉德二世（1024—1039）	教皇约翰十九世（1024—1032）		康拉德二世（1027—1039）	克努特大帝（1016—1035）	克努特大帝（1018/1028—1035）	
		教皇本笃九世（1032—1044/1045/1047—1048）			马尔科姆二世向克努特大帝投降（1031）		
					（苏格兰）邓肯一世（1034—1040）		
					飞毛腿哈拉尔（1035—1040）	（挪威）好人马格努斯（1035—1047）	私生子威廉（1035—1087）
						（丹麦）哈瑟克努特（1035—1042）	

时间线 43（续表）

西法兰克	德意志	意太利	马札尔人	罗马皇帝	不列颠群岛	斯堪的纳维亚	诺曼底
	亨利三世 （1039—1056）				哈瑟克努特 （1040—1042）		
					（苏格兰） 麦克白 （1040—1054）		
		教皇西尔维斯特三世 （1045）/ 教皇格列高利六世 （1045—1046）				（丹麦） 好人马格努斯 （1042—1047）	
		教皇克雷芒二世 （1046—1047）		亨利三世 （1046—1056）			
		罗伯特·吉斯卡尔到达意大利					
		教皇利奥九世 （1049—1054）					
		东西方教会大分裂（1054）					
	亨利四世 （1056—1106）						
		教皇尼古拉二世 （1059—1061）					

/ 44

诺曼人的征服

> 1042年至1066年，戈德温伯爵未能让儿子们登上王位，哈雷彗星掠过天际，诺曼底的威廉则征服了英格兰。

1042年，爱德华39岁，他的性格被永久地打上了幼年生活的烙印。他还不到13岁时，父亲就过世了，母亲再嫁给一个想杀死他的男人，然后他又被送到一个语言不通的陌生国家去生活。因此他成长为一个性格孤僻、沉默寡言的人，他因虔诚而闻名［他因此得到"忏悔者爱德华"（Edward the Confessor）的绰号］，但同时他也心硬如铁、冷酷无情。贤人会议拥立他为国王之后，他刚一即位，就下令将他母亲的财物全部充公。"他拿走了母亲所有的黄金白银、珠宝玉石，以及她所拥有的其他贵重物品，"编年史家伍斯特的约翰这样写道，"因为……她给予他的太少了。"仇恨在他心中酝酿了这么多年，就算他现在当上了国王，也还是放不下。[1]

爱德华很快就发现他的王位并不稳固。此时，实际上左右着贤人会议做出各种决议的，是统治着英格兰4个伯爵领地的那几个伯爵。他们位高权重，国王若是得不到他们的支持，就当不成国王。而戈德温，那个很会见风使舵的盎格鲁-撒克逊人，现在是4个伯爵中权势最大的一个。事实上，据马姆斯伯里的威廉在《英王本纪》(*Gesta Regum Anglorum*)中的记载，戈德温甚至对国王说过这样的话："我在英格兰的威信极高，我倾向于哪一方，命运之神就会向哪一方微笑。我要是支持你，就无人胆敢与你作对，反之亦然。"[2]

也可能戈德温从未把如此明确的威胁说出口，但爱德华肯定明白这位老伯爵的权力大到何种地步。1045 年，为了保证得到戈德温的支持，国王娶了戈德温的女儿伊迪丝（Edith）为妻，还给了戈德温的儿子哈拉尔"东安格利亚伯爵"（Earl of East Anglia）的封号。戈德温家族现在控制了 4 个伯爵领地中的两个，还占据了国王的寝宫。毫无疑问，老戈德温本人希望自己的女儿能够诞育下一任的英格兰国王。

但这桩婚姻很可能一直都有名无实。爱德华禁欲到了无可挽回的地步：在他可怕的童年里，他养成了钢铁一般的自制力，这使他得以与外界保持距离，使自己不受伤害，但这也使他无法与他人进行身体接触，无论对方是男是女。而且他也并不是特别喜欢伊迪丝，她不过是他与戈德温玩的政治游戏中的一枚棋子。就像亨廷顿的亨利所说的那样，他娶她不过是"为了以此为交换，好让强大的戈德温伯爵帮助自己保住国王之位而已"，他从未忘记过这一点。（另一位编年史家则说，谁看到这位新王后，都会既震慑于她的学识，又震惊于她"毫不谦虚，且容貌丑陋"。）[3]

而且，他尚未完全屈服于戈德温的控制。之后有 7 年的时间，爱德华一直在努力赢得另外两位伯爵的忠诚，他们分别是麦西亚伯

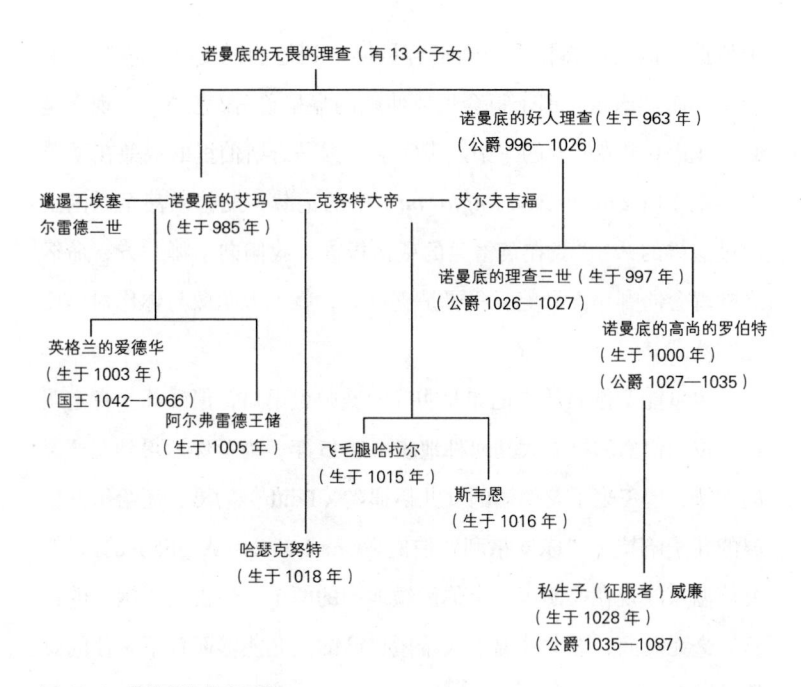

```
                    诺曼底的无畏的理查（有 13 个子女）
                    ┌──────────────────┴──────────────────┐
                                                    诺曼底的好人理查（生于 963 年）
                                                        （公爵 996—1026）
                                          ┌──────────────┼──────────────┐
    邋遢王埃塞──诺曼底的艾玛──克努特大帝──艾尔夫吉福
    尔雷德二世      （生于 985 年）
      │                │
      │                │                  诺曼底的理查三世（生于 997 年）
      │                │                        （公爵 1026—1027）
      │                │
      │                │                  诺曼底的高尚的罗伯特
      │                │                      （生于 1000 年）
      │                │                      （公爵 1027—1035）
      │                │
    英格兰的爱德华       │
    （生于 1003 年）     │
    （国王 1042—1066）   │
                        │
      阿尔弗雷德王储     │
      （生于 1005 年）   │
                     飞毛腿哈拉尔
                     （生于 1015 年）
                                        斯韦恩
                                      （生于 1016 年）
      哈瑟克努特
     （生于 1018 年）
                                        私生子（征服者）威廉
                                          （生于 1028 年）
                                          （公爵 1035—1087）
```

图 44-1　英格兰和丹麦王室

爵利奥夫里克和诺森布里亚伯爵斯沃德。这两位伯爵都觉得戈德温是个像蚂蟥一样的吸血鬼，除掉他对他们自己也是有利的。到 1051 年的时候，爱德华觉得时机已到，于是他流放了戈德温、哈拉尔及其家族的所有其他成员。他将伊迪丝送进了女修道院，宣布将威塞克斯收归王室所有，并将年轻的哈拉尔·戈德温森的东安格利亚伯爵之位授予利奥夫里克的儿子，斯沃德得到的奖赏则是金银财宝和一个主教的职位。[4]

老戈德温逃往西法兰克，但他拒绝接受流亡国外的命运。据伍斯特的约翰所说，他是"一个很有魅力的人，说起话来滔滔不绝、能言善辩，十分擅长说服公众接受他的决定"。于是，他趁爱德华还来不及召集舰队阻拦的时候，赶紧纠集了一帮支持者，乘船沿泰晤士河而上，深入人民内部寻求支持。伍斯特的约翰说："他会见伦敦市民，有的通过中间人，有的由他本人亲自接触……成功地使几乎所有人都站在了他这一边。"此时，爱德华的军队已经召集起来，但他们都不愿与公众舆论作对。"几乎所有人都不愿意攻打他们的亲人和同胞，"约翰写道，"因此，双方贤明人士都出面帮助国王和伯爵握手言和。"[5]

爱德华棋差一着，输了这一局。在戈德温煽动起来的压倒性支持面前，他让步了，重新封老戈德温为威塞克斯伯爵。他还被迫将伊迪丝从女修道院接了回来，又让利奥夫里克的儿子交回东安格利亚，将其归还给年轻的哈拉尔·戈德温森。

老戈德温并没能支撑多久，1053年复活节后的星期一，他死于中风，死后备极哀荣。但此时年轻的哈拉尔已颇具其父之风，他与父亲一样善于争取公众的支持。他亲切迷人、风度翩翩，是一位优秀的管理者。爱德华再次向公众舆论屈服，将老戈德温原来的威塞克斯伯爵之位授予了哈拉尔。

面对戈德温的手腕，其他几个伯爵都死死地抓住自己的权力。1054年，诺森布里亚伯爵斯沃德赢得了巨大的声誉，原因是他挥师北上，与苏格兰人对阵，在战斗中杀死了高王麦克白。苏格兰人又一次被迫宣誓效忠于英格兰国王。但哈拉尔·戈德温森的成就与此也不相上下，他向西部进军，痛击威尔士叛军，迫使他们也像苏格兰人那样俯首称臣。

1057年，哈拉尔和与他同样出自戈德温家族的几个兄弟在英格兰总共四个伯爵领地中占据了三个。*其中最年长、最有权有势的大哥哈拉尔很快就证明他的权力堪比国王。当他的兄弟、诺森布里亚伯爵托斯蒂格开始提高税率并派兵强征税款,从而使诺森布里亚人民不胜其扰时,是哈拉尔出面约束他——这通常是君主的特权。他亲自领兵与托斯蒂格作战,将自己的兄弟击败,迫使其离开英格兰。托斯蒂格逃往挪威,在继承了"好人马格努斯"王位的挪威国王哈拉尔·哈德拉达(Harald Hardrada)的朝中躲了起来。托斯蒂格满腔怒火,等待着复仇的时机。

之后的一连串突发事件很快就给了他发泄的机会。

首先是1064年的某个时候,哈拉尔·戈德温森在海上遇到了一场常见的麻烦。当时他正在英吉利海峡航行,突然遇到一场风暴,船被吹向东方,最后在诺曼底海岸搁浅。哈拉尔现在既没有船,又没有人,也没有钱,只好向诺曼底公爵"私生子威廉"(William the Bastard)求助,希望对方向他提供这三样东西,好让他回家。

此时,诺曼底的一片混乱已经平息。艾玛的侄孙、"私生子威廉"继承爵位时只有7岁,此时他已长大成人,用强硬的手段镇压了公国内的叛乱。1064年,他已36岁,军事经验极其丰富。

我们无从得知这两个男人见面之后究竟进行了什么样的交流。就像大卫·豪沃思(David Howarth)所说的那样,有关这次会面,一共有9种不同的说法。哈拉尔为了回家,到底许给威廉什么样的好处,英格兰、诺曼和丹麦的史家对此各执一词。我们所能确定的

---

* 当哈拉尔成为威塞克斯伯爵之后,爱德华又恢复了利奥夫里克儿子的东安格利亚伯爵之位。1055年,诺森布里亚伯爵斯沃德去世,哈拉尔·戈德温森的弟弟托斯蒂格(Tostig)得到了他的伯爵领地。1057年,麦西亚伯爵利奥夫里克去世后,他的儿子不再担任东安格利亚伯爵,而是转任麦西亚伯爵,于是东安格利亚伯爵领地就归了第三个戈德温兄弟,戈斯(Gyrth)。如此一来,东安格利亚、诺森布里亚和威塞克斯就都处于戈德温家族的控制之下了。

是，当哈拉尔离开诺曼底时，"私生子威廉"已经决心要成为英格兰的下一任国王了。"忏悔者爱德华"已年过花甲，显然也不打算生育继承人了。威廉是他的表侄，也是与他血缘关系最近的成年男性亲属。哈拉尔的父亲戈德温曾经左右国王的人选，如今，哈拉尔本人也可以帮助威廉获得英格兰贵族的支持，

但他也无法做出更多承诺了。毕竟让谁来当国王也不是他一个人（或其他任何人）说了算的，选举国王是英格兰贤人会议的任务。[6]

总之威廉给哈拉尔·戈德温森提供了人员和船只，将他送回了英格兰。过了一年多一点，在1065年的圣诞庆祝活动期间，"忏悔者爱德华"病倒了。他死于1066年1月5日，并于翌日被葬在刚刚落成的威斯敏斯特大教堂里。就在同一天，爱德华甫一下葬，贤人会议即刻召开，选举哈拉尔·戈德温森为英格兰的下一任国王。

但他并不是唯一的选择。几年之前，"忏悔者爱德华"就从匈牙利接回了"刚勇王埃德蒙"的孙子。埃德蒙的儿子，当年那个被瑞典国王救了一命的学步小儿，在匈牙利被抚养成人，娶了一位匈牙利妻子，生了个儿子名叫埃德加（Edgar）。"忏悔者爱德华"将埃德加带回英国，收为养子。

但埃德加当时只有15岁左右，而且基本上算是个外国人。贤人会议更倾向于选择一个成年人、一个已经在战斗中证明了自己的人来当国王。从《盎格鲁-撒克逊编年史》中可以看出，爱德华本人在临终前也曾建议由哈拉尔来继承王位。因此，哈拉尔·戈德温森于威斯敏斯特教堂被宣布为英格兰国王哈拉尔二世（Harold II），他是第一个在这里加冕的君主。

图 44-2　巴约挂毯（Bayeux Tapestry）细部
旁观者指着飞过天空的哈雷彗星，右侧是哈拉尔和随从。图片来源：Erich Lessing / Art Resource, NY

"私生子威廉"立刻着手准备入侵。风向和潮汐条件对他不利，这暂时阻止了他，但哈拉尔知道，诺曼底公爵已经开始行动了。他确信诺曼人将在春暖花开之后天气条件允许的时候发动袭击，于是他组建了一支常备军，让他们安营扎寨，时刻保持高度警戒。在 4 月的最后一个星期，出现了可怕的天象，这进一步证实，确实有巨大的威胁正在逼近。据《盎格鲁-撒克逊编年史》记载，那是"人们从未见过的景象……一颗长了毛的星星"。哈雷彗星的椭圆形轨道把它带进了英格兰人的视线，它在天空中闪耀了整整一个星期。[7]

但到 8 月底的时候，哈拉尔开始放松警惕。英格兰陆军和海军已经等了好几个月:"整个夏秋两季,海边到处都驻扎着陆军……到圣母马利亚诞辰的时候,这些人的军粮已经见底,没人能让他们继续安心驻扎在那里了。因此国王允许他们解散各自返乡,自己也骑马返回内陆,船只则被遣往伦敦。"[8]

圣母圣诞节是在9月8日,哈拉尔有足够的理由认为不会有人赶在这个时候攻打英格兰。由于担心遇到风暴,船员们秋冬两季都不出海。两年前就是这样的风暴将哈拉尔抛到诺曼底海岸上去的。但就在哈拉尔返回伦敦,准备着手治理国家的时候,却发生了两件事情。其一是他的兄弟托斯蒂格的愤怒已经到了偏执的程度,他终于说服挪威国王哈拉尔,让其相信只要他能在英格兰海岸登陆,英格兰人就会抛弃哈拉尔·戈德温森,而投奔在他的旗下。于是这两个人从心怀不满的苏格兰人中征募了许多士兵和船只,他们时刻密切关注着南方哈拉尔军队的一举一动,当冬季英格兰部队开始拔营的时候,挪威和苏格兰联军随即发动入侵。[9]

与此同时,显然完全是出于偶然,"私生子威廉"也失去了耐心。等了许久也等不到有利的风向,他已经等够了。于是,9月的第二个周末,他率领攻击舰队进入英吉利海峡,但在那里立即遭遇了一场巨大的风暴,有些船沉了,有些被风吹得偏离了航线,入侵部队的士兵也有一部分葬身鱼腹了。英格兰的哈拉尔二世对海上发生的这一切都一无所知。他当时正在伦敦,突然从北方传来了可怕的消息:哈拉尔·哈德拉达和托斯蒂格已在约克附近登陆,哈拉尔的乌鸦旗帜就在他们的头顶上飘扬。仓促间一支英格兰军队集结起来前去阻击他们,却被敌人歼灭。约克已同意于9月25日正式投降,届时还将奉上人质。[10]

哈拉尔二世付出了超人的努力,将四处分散的士兵聚集到一

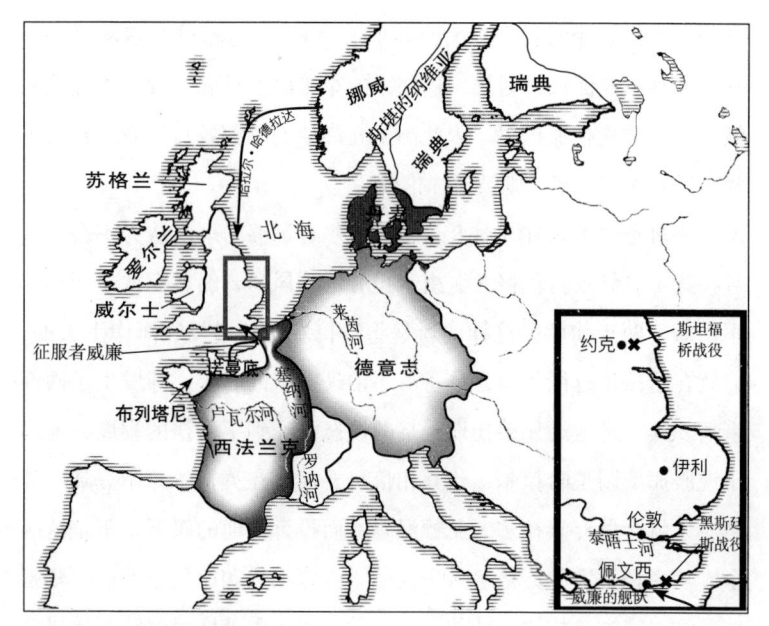

地图 44-1　黑斯廷斯战役

起,带着他们离开了伦敦。他们在约克计划投降的那天早上及时赶到。哈拉尔·哈德拉达和托斯蒂格骑马来到之前约定会面的地方,斯坦福桥(Stamford Bridge),却发现等在那里的不是好欺负的约克人和他们选出来的人质,而是英格兰国王和他的军队。

两军立刻抽刀拔剑。亨廷顿的亨利为我们生动地描绘了这场战斗的景象。"这是一场殊死搏斗,"他说,

> 两军从黎明一直厮杀到中午,激战过后,挪威人被迫撤退……他们踩着阵亡将士的尸体逃过了河,又在那里继续坚守阵地。有一个应当青史留名的挪威人,他守在桥上,手持一把

挪威特有的战斧，砍倒了40多个英格兰人。他一个人阻挡了整支英格兰军队的前进，坚持了将近9个小时。最后，还是有人划船来到桥板底下，用矛穿过桥的缝隙，才将他刺死。[11]

英格兰军队蜂拥过桥，将挪威部队的残余力量屠杀殆尽。哈拉尔·哈德拉达和托斯蒂格两人都战死沙场。哈拉尔·哈德拉达的儿子率挪威人投降，哈拉尔二世接受了，将他们放回家去。哈拉尔·哈德拉达的儿子带领挪威余部返回了家乡：当初入侵英格兰的300多艘战船只剩下了24艘。

然而，哈拉尔二世如此来之不易的这场胜利却让他丢掉了自己的王国。他率领部下到约克来补充给养，打算稍加休整之后就启程回家。但还没等他们离开约克，就又来了一个信使，带来的消息比上一次更糟。几天前，"私生子威廉"已在南部海岸的佩文西（Pevensey）登陆，他带来的军队虽然在海峡遭风暴重创，兵力仍然不少于8000人。

哈拉尔急忙带着他大战之后损失惨重、疲惫不堪、双脚酸痛的军队启程，又是一路急行军。10月5日，他们赶到英格兰南部，哈拉尔立即派使者去见威廉，试图通过非战争手段解决问题。但威廉的态度十分强硬。他坚持说"忏悔者爱德华"本是属意由他来继承英格兰王位的，他还进一步指责哈拉尔，说他当年在诺曼底船舶失事之后，曾向上帝发誓要将英格兰王位交给威廉。

一周的交涉无果，事情已经很清楚了，威廉绝不可能不战而退。于是，10月14日，在黑斯廷斯（Hastings）附近的镇上，以步兵为主的英格兰军队对战由骑兵、步兵和弓箭手组成的诺曼军队。结果英格兰人纷纷战死。后来的故事对黑斯廷斯战役有许多细节的渲染，但《盎格鲁-撒克逊编年史》中的记录最早，故事讲得简短朴实："哈拉尔国王召集了一支大军，在枯叶凋零的苹果树那里与敌人相遇，双方伤亡都十分惨重。战死的有哈拉尔国王、国王的两个弟弟利弗温（Leofwine）伯爵和戈斯伯爵，还有其他许多好汉。法兰克人占据了这块屠戮之地。"到了最后，戈德温家族的人全部战死，"私生子威廉"变成了"征服者威廉"（William the Conqueror）。

英格兰这边只剩下一个继承人——年轻的埃德加，他还留在伦敦。作为英格兰人的最后一次反抗，贤人会议决定加冕他为国王。埃德加虽然年幼，但并不愚蠢。他从仪仗队那里逃了出来，找到威廉，赶快向他投降。威廉将这个男孩送回诺曼底，下令给予他优待。"然后威廉来到威斯敏斯特，"《盎格鲁-撒克逊编年史》中说，"大主教加冕他为国王。"[12]

他现在成了英格兰国王威廉一世（William Ⅰ），在威斯敏斯特教堂得到正式加冕。英格兰人对维京人的抵抗已经结束，一位维京国王经由法兰西最终占据了英格兰的王位。

时间线 44							
德意志	意大利	马札尔人	罗马皇帝	不列颠群岛	斯堪的纳维亚	诺曼底	
		（匈牙利）伊什特万（997—1038）				好人理查二世（996—1026）	
	教皇西尔维斯特二世（999—1003）						
亨利二世（1002—1024）				对丹麦人的屠杀（1002）(苏格兰) 马尔科姆二世（1005—1034）			
	教皇本笃八世（1012—1024）			八字胡斯温（1013—1014）			
			亨利二世（1014—1024）	埃塞尔雷德二世（1014—1016）埃德蒙二世（1016）克努特大帝（1016—1035）	（挪威）圣徒奥拉夫二世（1015—1028）		
康拉德二世（1024—1039）	教皇约翰十九世（1024—1032）		康拉德二世（1027—1039）		克努特大帝（1018/1028—1035）		
	教皇本笃九世（1032—1044/1045/1047—1048）			马尔科姆二世向克努特大帝投降（1031）(苏格兰) 邓肯一世（1034—1040）飞毛腿哈拉尔（1035—1040）	（挪威）好人马格努斯（1035—1047）（丹麦）哈瑟克努特（1035—1042）	私生子威廉（1035—1087）	
亨利三世（1039—1056）				哈瑟克努特（1040—1042）(苏格兰) 麦克白（1040—1054）忏悔者爱德华（1042—1066）			

时间线 44（续表）

德意志	意大利	马札尔人	罗马皇帝	不列颠群岛	斯堪的纳维亚	诺曼底
	教皇西尔维斯特三世（1045）/ 教皇格列高利六世（1045—1046）					
	教皇克雷芒二世（1046—1047）		亨利三世（1046—1056）		（挪威）哈拉尔·哈德拉达（1047—1066）	
	罗伯特·吉斯卡尔到达意大利					
	教皇利奥九世（1049—1054）					
	东西方教会大分裂（1054）			麦克白在战斗中去世（1054）		
亨利四世（1056—1106）						
	教皇尼古拉二世（1059—1061）					
				哈拉尔·戈德温森在诺曼底搁浅（1064）		
				哈拉尔二世（戈德温森）（1066）		
				黑斯廷斯战役（1066年10月14日）		
				征服者威廉（1066—1087）		

/ 45

西班牙诸王

> 1016年至1108年,科尔多瓦哈里发帝国解体,北方的基督教王国彼此混战,穆拉比特穆斯林王朝跨海来到西班牙,熙德偶然间缔造了一片宽容的绿洲。

1016年,突然达到辉煌顶峰的科尔多瓦哈里发帝国在昙花一现之后便突然急转直下。哈里发苏莱曼二世(Sulayman II)被与其争权的对手俘获并被处死,帝国本身也开始解体。

发生在1016年的这场灾难可以向上追溯40年,当时有一个人带领着哈里发帝国走向了辉煌。他的名字是穆罕默德·伊本·阿比·阿米尔(Muhammad ibn Abi Amir),人们多称呼他为"胜利者"曼苏尔(al-Mansur)。976年,年幼的哈里发希沙姆二世(Hisham II)在父亲死后继承了科尔多瓦的统治权。当时他只有10岁,因此实际上控制哈里发帝国的是他的大臣们,而在这些人中,曼苏尔是最有野心的一个。早些年他从南部沿海的家乡来到科尔多瓦,之后就全心投入学习法律,并且钻研如何在官场上一直往上爬。"尽管他出身卑微,"11世纪的史家阿卜杜拉(Abd Allah)写道,"但他取得了伟大的成就,这都是由于他精明机智、表里不一,而且运气总是很好。"[1]

当希沙姆二世成为哈里发的时候,曼苏尔大约40岁上下,他看到幼主登基,认为这正是自己篡权的良机。978年,经过一番威逼利诱,他终于当上了小哈里发的维齐尔——相当于总理大臣与皇宫总管合二为一的一个角色。

他立刻下令修建一座新的宫殿。建成之后,981年,他自己带着科尔多瓦的整个官僚机构都搬了进去。希沙姆二世此时已经15岁了,他被独自留在哈里发的宫殿中,日常无法与任何朝臣接触。曼苏尔宣布哈里发已决定献身慈善事业,并把他与外界隔离开来。与此同时,作为维齐尔,曼苏尔指控其他可能像他那样渴望掌权的高官为异端或叛臣,将他们流放或处死。阿卜杜拉说:"他的借口是,继续将那些人留在朝中,将会导致各种纠纷与倾轧,并最终毁灭穆斯林的国家。"现在,他的名字与哈里发的名字一同出现在周五祈祷的祷告文中——这证明他已经爬到了宫廷等级的顶端。[2]

曼苏尔可能是个冷酷无情之人,但他也是一位出色的战略家和管理者。他将大批柏柏尔人从北非召来加强科尔多瓦军队,因此在他担任维齐尔期间,科尔多瓦哈里发帝国在与北方基督教王国的对战中连续取得了胜利。巴塞罗那是一座由独立的基督教伯爵统治了一个多世纪的古城,也于985年沦陷。在遭遇了一连串耻辱的失败之后,潘普洛纳国王桑丘二世(Sancho II)终于来向科尔多瓦求和。曼苏尔接受了他的求和,同时还娶了他的女儿为妻。999年,哈里发的军队横扫莱昂王国的边境,并在圣地亚哥-德孔波斯特拉城(Santiago de Compostela)造成了严重破坏。这对基督徒来说是加倍难堪的事,因为这里不仅是基督教国家的领地,而且是全世界的基督徒纷纷前来朝圣的一座圣城。传说耶稣门徒雅各的尸骨就安葬在城内的大教堂里。[3]

据说曼苏尔在与北方王国的对战中,总共打赢了 57 场战斗。"他对敌人获得了决定性的胜利,"阿卜杜拉总结道,"在他当政期间,伊斯兰教徒在安达卢斯享有前所未有的荣耀,而基督徒则遭受了最大的羞辱。"尽管真正的哈里发遭到了软禁,但在曼苏尔既精明强干又冷酷无情的统治之下,安达卢斯发展得繁荣昌盛。[4]

然而,半岛上的这个穆斯林王国扩张速度太快,其原有的基础已支撑不住。在表面的胜利之下,王国的基础已开始崩溃。

曼苏尔死于 1002 年,之后,他的儿子阿卜杜勒·马利克(Abd al-Malik)不得不持续作战,以维持曼苏尔扩张的国界。他要求成为维齐尔,就好像这个职位已经是世袭的一样;而且他也一直阻止希沙姆二世参与任何朝政。但在他的 6 年统治期间,他本人也一直都在打仗,几乎没怎么治理过国家。在 1008 年潮湿阴冷的 10 月里,他在与北方基督教国家卡斯提尔(Castile)作战时得了支气管炎。他的肺部一直都比较弱,结果支气管炎日益恶化,最终他就死于这个病。[5]

现在没有了曼苏尔的辉煌胜利来粉饰太平,帝国的衰败就开始显露出来了。阿卜杜勒·马利克的弟弟,曼苏尔的幼子阿卜杜·拉赫曼(Abd al-Rahman),认为没有理由继续将自己的权力隐藏在合法哈里发的保护伞之下了。他不想继续充当无冕之王,那个冠冕他也想要。于是他逼迫希沙姆二世(此时他已 40 多岁)指定由他来做哈里发的继承人。

这样做的话就会彻底终结倭马亚王朝对科尔多瓦哈里发王国的统治。倭马亚家族的其他成员早就对曼苏尔及其家族所享有的特权感到不满,尤其不愿看到众多柏柏尔人在军队中占据高位,挤掉了许多阿拉伯军官,于是他们揭竿而起。

不幸的是,他们并没有团结起来共同支持某一个倭马亚家族成员——有人支持希沙姆二世,有人则希望另选一位出身倭马亚家族的新哈里发——于是一场内战爆发了。阿卜杜·拉赫曼带着他手下的柏柏尔人与想要让倭马亚族人担任哈里发的各派叛军作战,倭马亚人自己彼此之间也斗成一团。在之后几年的混战中,阿布杜勒·拉赫曼和希沙姆二世都战死了。最终,倭马亚家族的苏莱曼击败对手,成为哈里发苏莱曼二世,但他在这个位置上只坐了几年的时间。

内战使王国实力大减,使其极易受到来自外部的攻击。但攻击并非来自北方的基督教王国,相反,它来自一个名叫纳西尔(al-Nasir)的柏柏尔士兵,他于1016年率领自己的北非军队进军科尔多瓦,俘虏了苏莱曼二世,亲自公开将其斩首。然后,他宣布自己为科尔多瓦的哈里发。苏莱曼和那些没有加入纳西尔阵营,而是与其为敌的柏柏尔将领的头颅被清理干净,用香料处理之后长期保存,纳西尔让手下将它们拿去在安达卢斯四处展示,让所有人都看到与他对抗会有什么样的下场。[6]

尽管如此,只过了两年,纳西尔就在洗澡的时候被刺身亡了。王国的颓势已成定局。1018年以后,所有的哈里发在科尔多瓦都没能统治几年时间,而且他们几乎没有一个是寿终正寝的。1031年,最后一个想当哈里发的人也死了,安达卢斯土崩瓦解,分裂成许多城邦。其统治者被称为泰法王(reyes de taifas),他们每个人都是自己那一小伙人的首领,其中有些是阿拉伯人,还有些是柏柏尔人。在这之后的50年里,在原来的哈里发帝国领土上,总共出现了30

多个这样的泰法王国。[7]

北方各基督教王国长期以来一直在保卫自己免受哈里发帝国的威胁，如今，随着哈里发帝国的分裂，安达卢斯的基督徒们终于可以不再时刻提防南方的穆斯林王国了。于是，他们对待彼此的态度开始转变，大家不再是盟友，而是成了竞争对手。

北方第一个出来挑衅的是潘普洛纳国王桑丘三世（Sancho Ⅲ），他被称作"桑丘大帝"（Sancho the Great），就是那个曾将女儿嫁给维齐尔曼苏尔为妻的国王的孙子。早在1016年，他的野心就开始滋长。他的领土本就不仅包括潘普洛纳要塞（几百年前由法斯康人的部落修建，曾被查理曼洗劫，当时他正在撤出安达卢斯的途中），还包括北方的纳瓦拉地区（Navarre），以及富庶的埃布罗河（Ebro river）上游河谷。现在南方的哈里发帝国已不再对外扩张，而且已开始分裂了，于是桑丘大帝开始将贪婪的目光投向了西边的基督教邻国——卡斯提尔。卡斯提尔的统治者是一些贵族，他们称自己为伯爵，而不是国王。桑丘大帝以和平的方式开始了他的侵占行动：他娶了伯爵的女儿。第二年，当卡斯提尔的伯爵死后，桑丘大帝提议由他本人出面，代表年幼的新伯爵——他的妻弟、年仅3岁的加西亚二世（Garcia Ⅱ）——"保护"卡斯提尔。

桑丘大帝就这样成了卡斯提尔的摄政，这使他有机会吞并卡斯提尔，潘普洛纳就此成为北方最大的王国。莱昂国王阿方索五世（Alfonso Ⅴ），也被称作"高贵的阿方索"（Alfonso the Noble），注意到了这一切。他也进行了些秘密活动，试图将卡斯提尔拉入他自己的轨道。当加西亚二世年满13岁时，阿方索提出让自己的亲妹妹和这位年轻的伯爵定亲。

为了保全面子，桑丘大帝表面上热烈支持这桩婚事——他宣布，为了对妻弟表示尊重，他本人将亲自率领整支军队护送妻弟前往莱昂去举行正式的订婚仪式。结果他们刚到莱昂，就冒出来三个刺客，他们在男孩的姐姐、姐夫以及随从们的面前将男孩刺死。刺客是三兄弟，都是来自维拉家族（Vela）的卡斯提尔人。得手之后，他们就逃之夭夭——逃到潘普洛纳王国去了。[8]

这足以证明他们是受桑丘指使的，但桑丘可不是傻瓜，他花钱找了卡斯提尔人来行刺正是为了避嫌，当他们到他的领地上来避难时，他便派人追捕他们，并在将他们捉住之后以谋杀伯爵的罪名将他们三个全都烧死了。他年轻的妻子也许怀疑过自己的丈夫与弟弟的死有关，但她从未公开表现出来。她成了卡斯提尔女伯爵，这意味着该国实际上已被潘普洛纳吞并了。

这个越来越广为人知的联合王国人称纳瓦拉王国（Kingdom of Navarre），现在该国开始与莱昂王国交战。接下来有六年的时间，莱昂将士一直忙于抵抗桑丘大帝军队的入侵，直到1034年战争结束，桑丘将莱昂国王赶出都城，自己得胜入城。流亡在外的莱昂国王撤退到加利西亚那个小地方，三年后被人杀死在那里。

桑丘大帝已将北方所有的三个王国全部征服，此外还有几块小一些的领地。官方的史书上说，那些被征服的土地"之所以向他屈服，是因为他诚实正直、以德服人"。而事实上，桑丘打天下靠的是无情的战争和权术，而且统治的时候毫无愧色。史书上最后说："由于他所占有和统治的领土疆域辽阔，他开始让人称自己为'皇帝'。"[9]

但皇帝也仅仅是个称号而已。桑丘的思维方式仍然像是一个小地方的统治者。他没有将整个王国传给一个继承人，而是下令将王国在他的四个儿子之间进行分配。他死于1035年，终年40岁上下，

地图 45-1 桑丘大帝及诸泰法王国

给自己加上"皇帝"的称号刚满一年。

这个基督教帝国就这样解体了。之后的 20 多年里,他的三个合法继承人,再加上一个私生子,四个人在彼此的领土上互相掠夺,彼此都想压对方一头。直到 1056 年,北方才再次实现了和平,原因是此时活着的合法继承人只剩下一个了。坚持到最后的是排行老二的斐迪南(Ferdinand)。他将父亲的土地和皇帝的称号都据为己有,就此成为皇帝斐迪南一世（Ferdinand I），北方的王国也再次得到了统一。南方的分裂使北方的统一得以实现：随着西班牙穆斯林王国的崩溃，西班牙半岛上的基督教王国开始实现某种统一。

但实现统一的过程并不和平。20多年的家族内战，使西班牙的基督教国家未能充分利用南方分裂的良机。斐迪南的帝国是建立在鲜血之上的，于是他试图用虔诚的信仰洗去这一污点：12世纪的《无声的历史》(Historia Silense)一书中提道："斐迪南国王总是特别注意将一大半战利品分发给教堂和贫民，以此来赞美赐予他胜利的造物主……（但）斐迪南仍然受容易腐朽的肉体所限，知道自己距离神之恩典还有很远。"[10] 因此，1065年，当他一病不起，意识到自己已濒临生命的终点时，他脱下皇袍，摘下皇冠，而穿上了一件苦行僧穿的粗毛衬衣。他就这样穿戴着罪人的装束在忏悔中度过了生命中最后的几日时光。

他死后将帝国连同内战的传统一起留给了三个儿子。大儿子桑丘二世（Sancho II），也被称作"强者桑丘"（Sancho the Strong），成为卡斯提尔国王；二儿子阿方索继承了莱昂王国；最小的儿子则得到了加利西亚那一小片领土。但"强者桑丘"却不愿意让弟弟们平安度日。在他的左右手罗德里戈·迪亚兹（Rodrigo Diaz）将军的协助下，他发动战争，打算重新统一全国。

罗德里戈·迪亚兹还有一个更加广为人知的绰号——"熙德"（EL Cid，在阿拉伯语中是"主人"的意思），此时他才20岁出头，但他十几岁就开始当兵，战斗经验已经很丰富了。熙德的传记中说："桑丘国王对罗德里戈·迪亚兹极为重视，任命他为全军统帅。因此，罗德里戈迅速成长起来，成为战争中实力最强的战将。"[11]

经过7年的战斗，1072年，"强者桑丘"终于将弟弟阿方索赶出了莱昂王国。他将卡斯提尔和莱昂重新合并为一个王国,而阿方索则躲到了一个以托莱多(Toledo)为中心的泰法王国里。但阿方索也像其祖父一样奸诈狡猾,而且不介意兄弟相残。他收买了"强者桑丘"身边的一个士兵,要其在国王围攻一座偏远城市的时候择机弑君。《无声的历史》中写道:"国王被这个变节之人出其不意地用长矛从背后刺穿,他的生命随着鲜血一道流逝。"[12]

阿方索一直到死都矢口否认自己与谋杀桑丘有关,但他是这件事的受益人。兄长死后,阿方索从流亡的泰法王国返回,成为卡斯提尔和莱昂两个王国的国王阿方索六世(Alfonso Ⅵ)。他还继承了"强者桑丘"强大的军队及其将领熙德。

阿方索尽其所能地收买熙德的忠诚,他给熙德在朝中封了个官职,还将一位王室表亲嫁给他做妻子。但他从来没有完全信任过已故兄长的这员大将,数年中,熙德多次被派出国,作为阿方索的使者,前往东部和南部各泰法王国。如此一来,熙德长期不在卡斯提尔和莱昂,一直不在阿方索身边,但这也使他有机会证明自己是一个多么伟大的战士。1080年前后,他被派去对塞维利亚(Seville)的泰法王国进行友好访问,该国的统治者是阿拉伯人国王穆塔米德。在此期间,塞维利亚受到邻近的泰法王国格拉纳达(Granada)的袭击。熙德带着手下的人马出兵帮助穆塔米德与格拉纳达军队交战。他作战极为勇猛,赢得这次胜利完全是他的功劳。他以进攻托莱多圆满地结束了这次行动,带着7000名俘虏和一车又一车的财宝回到卡斯提尔和莱昂。

"对于上帝赐予他的这次成功和胜利,"熙德传记中如此悲叹道,"许多人,认识的也好,不认识的也好,他们都对熙德心生妒忌,纷纷在国王面前恶意中伤他。"阿方索也嫉妒熙德名声在外、深得民心，因此他以熙德擅自进攻托莱多为借口下令将其流放国外。12世纪有位佚名诗人写诗称赞熙德的英雄事迹，诗里面补充说，阿方索还派手下抄了熙德的家：

> 钱箱被洗劫，大门被撞毁，一切暴露在风中，
> 不留下一件斗篷，也不留一件皮草，他的宅邸被洗劫一空。[13]

被剥夺一切的熙德，没有了家园、土地和事业，只有一条路可以施展他的本领：成为一名雇佣兵。他的名气够大，所以不愁没有人用他。他被流放后，立即就被萨拉戈萨的阿拉伯国王招至麾下。萨拉戈萨是一个泰法王国，其都城距离阿方索的边境不远。

这样他就站在了与曾经的主公对立的一边。尽管两个人并没有在战场上直接交手，但熙德是为阿拉伯人而战，而阿方索六世则正在制订认真的计划，打算重新征服穆斯林西班牙的大片区域。1079年，他占领了其王国以南的科里亚城（Coria），到1085年，他已经一路向东打到了托莱多，这里是一个比较强大的泰法王国的中心。他攻下托莱多之后，在幸存的泰法王国中激起一阵阵恐惧的涟漪。他们害怕若是阿方索六世真的一路攻克一个个泰法王国，一直打到海岸边，那么他就会将南北诸泰法王国彼此隔绝，再将其逐个消灭。没有增援部队，他们无法抵挡基督教国家军队的坚决推进。[14] 在塞维利亚国王的带领下，各泰法王国的统治者派人越过直布罗陀海峡，向北非的穆斯林王朝——穆拉比特王朝（Almoravids）——求援。

在此之前，穆拉比特王朝一直局限在北非。他们本是一群不羁的北非部落，后来在一位名叫叶海亚·伊本·易卜拉欣（Yahya ibn Ibrahim）的北非首领领导下形成了一个国家，伊本·易卜拉欣是在

大约11世纪30年代登台掌权的。200多年来，这些部落的成员一直都可以算作穆斯林，但由于他们分散在整个西部沙漠，没有什么中心城市或清真寺可以让他们聚集起来进行宗教活动，因此他们所进行的伊斯兰教活动已变得越来越特别。1035年，伊本·易卜拉欣当时还只是其中一个部落的首领，他去麦加朝圣了一回。到了那里他才发现西非实行的伊斯兰教有多么古怪。[15]

伊本·易卜拉欣天生就是个改革者。他花了几年时间研究伊斯兰教故乡的阿拉伯人是如何信仰伊斯兰教的，当他回到西非的时候，他还带回来一位名叫阿卜杜拉·伊本·亚辛（Abdallah ibn Yasin）的伊玛目。之后，伊本·亚辛花了20年时间在各部落之间游走，教他们按照阿拉伯人的方式信仰伊斯兰教。那是一种比较激进好斗、有点禁欲主义的教义，要求非正统的信徒们改过自新，禁止饮酒，要求他们花时间进行祈祷和斋戒，学习《古兰经》——然后再将这些做法传播出去，有必要的话可以使用武力。他对他们说："真主改造了你们，带着你们走上正路。要警告你们的人民，让他们畏惧真主的惩罚……如果他们悔过自新，回到正道上来，放弃原来错误的方式，那就接受他们。但如果他们拒绝悔过、屡教不改、顽固不化，那么我们应当请求真主帮我们对付他们，对他们发动圣战。"[16]

到1085年的时候，穆拉比特王朝对圣战的信念已激励他们征服了非洲西北海岸的大部分地区。在伊本·易卜拉欣的兄弟艾布·巴克尔（Abu-Bakr）的率领下，他们在马拉喀什（Marrakesh）建造了一座都城，城里有一座中央清真寺；他们宣称效忠位于巴格达的阿拔斯哈里发，并遵循阿拔斯王朝已有的法律和习俗。伊本·亚辛在将真主的启示带到西北非洲的同时，也带去了一套帝国生活的样板，这使非洲西北这些游牧民族得以迅速呈现出一个统一国家的样子。

收到从塞维利亚传来的惊慌失措的求救信息之后，艾布·巴克尔派自己的堂兄弟优素福·伊本·塔什芬（Yusuf ibn Tashfin）将军前去增援。伊本·塔什芬率领穆拉比特军队越过海峡，向北进军，去与阿方索六世作战。1087年10月23日，在托莱多西南萨拉卡（Sagrajas）发生的激战中，泰法王国和穆拉比特组成的联军打败了莱昂和卡斯提尔的军队。杀戮过后，阵亡将士尸横遍野。"到处都是尸体和鲜血，没有一块干净的地方可以立足。"一位史家这样写道。

阿方索六世幸存下来，但他腿上受了重伤，被迫忍着伤痛逃离战场。这场失利把他吓坏了，他赶紧叫流亡中的熙德回来抵挡来自穆拉比特的威胁。熙德同意回来，交换条件是两座城堡、一小块属于他的领地，以及阿方索的亲笔赦免令，保证熙德在征服泰法王国领土时"可能获得的所有土地和城堡"都只归他本人所有。[17]

熙德帮助阿方索的军队守住了莱昂-卡斯提尔的边境。与此同时，伊本·塔什芬很快就让南方的穆斯林也像北方的基督徒一样感到恐惧。将他请来的泰法王国统治者了解他们的历史，他们记得711年塔里克的征服，那一次，伊斯兰教首次被引入了西班牙。而且他们也知道，请求一支北非军队出手相助，无异于引狼入室。但他们当时已陷入绝境，实在没有别的办法。为了对塔什芬的野心多少有些防范，他们让他承诺，一旦将基督徒击败，他就回非洲去。[18]

但到了1091年，塔什芬早将自己的承诺抛在了脑后。艾布·巴克尔已于1087年去世，伊本·塔什芬就成了穆拉比特土地上的统治者。他已征服了格拉纳达、科尔多瓦和塞维利亚，西班牙南部现在只是从马拉喀什跨越海峡的穆拉比特王朝的一个行省而已。但帝国疆域太广，这使穆拉比特军队很难继续向北推进，因此阿方索六世的王国才得以在北方保持完整。整个半岛被两大帝国瓜分，一个个泰法王国相继崩溃，均已成为过眼云烟。

但是，现在整个半岛分成基督徒和穆斯林两大阵营，熙德却拒绝加入任何一方。相反，1094年，他围攻东部沿海的巴伦西亚城（Valencia），这里正处于北方基督徒王国和南部穆斯林王国的交界上。攻占城市后，他就宣布按照阿方索的赦免令，这座城市已归他所有，然后就进驻该城。后来以巴伦西亚为中心，他又征服了一些土地，为自己创建了一个王国。

熙德此时已经50多岁了，他终其一生都在为各国国王四处征战，有时是为穆斯林国王攻打其他穆斯林，有时为穆斯林国王攻打基督徒，有时又为基督教国王攻打穆斯林，还有时是为基督教国王攻打他们自己的基督徒兄弟。他已经厌倦了战争，厌倦了整天改变立场。有一小段时间，他的王国既是基督徒的家园，也是穆斯林的家园，在这片两极分化的土地上，两种信仰有过短暂的交融。

然而熙德并不是什么和平使者。他将胆敢反抗的巴伦西亚居民屠杀殆尽，将不肯投降的村庄洗劫一空，并从被征服者手中窃取财宝，为己所用。但他也不是宗教狂热分子，他既不为基督教、也不为伊斯兰教服务，而只为他自己服务。任何西班牙人，只要规规矩矩、服从熙德，都可以在巴伦西亚生活。在一个被宗教分裂的世界里，大将军熙德出于个人利益，意外地缔造了一片宽容的绿洲。

到1097年，穆拉比特的首领优素福·伊本·塔什芬已征服了曾经属于科尔多瓦哈里发帝国的几乎所有土地，他的穆斯林帝国从西北非洲一直向北延伸到西班牙南部。在长寿的阿方索六世统治之下

地图 45-2　穆拉比特帝国

的基督教王国莱昂-卡斯提尔则控制了北方大部分地区。小王国阿拉贡-纳瓦拉在伊比利亚半岛上势力较弱，比阿拉贡-纳瓦拉王国更小的唯有熙德位于东海岸的独立王国巴伦西亚。

巴伦西亚能够存在完全是由于熙德力量强大、决心坚定，在他死后，巴伦西亚也就不复存在了。1099 年，熙德在自己的床上平静地咽下了最后一口气，享年 56 岁。穆拉比特人一听说熙德已不在人世，立即就向巴伦西亚进军，入侵其领土，围攻了这座城池7个月。

熙德的妻子最终向卡斯提尔的阿方索六世求助，恳求他前来救援。她知道，这样一来，自己以后就再也当不成巴伦西亚的王后，无法继续保持独立了，事实也的确如此。阿方索率军攻入巴伦西亚来救她，但他拒绝解除穆拉比特人对该城的包围。"此处距离他的王国太远了，"《罗德里戈秘史》(*Historia Roderici*) 中如此写道，"因此他返回了卡斯提尔，将罗德里戈的尸体及其妻子一起带走了……当他们都离开巴伦西亚后，国王下令放火烧掉了整座城市。"穆拉比特人撤退之后再度返回，占领了这座已被烧毁的城市。他们"重新在此定居，占据了这里所有的领土，此后就再也没有失去过这块地方"。[19]

巴伦西亚的陷落是在西班牙大地上发生的一系列变革的开始。1104年，阿方索六世的堂侄继承了阿拉贡-纳瓦拉的王位，是为阿方索一世（Alfonso I），就此他展开了双重的追求：一方面是重新征服南方穆斯林地区，另一方面则是改变莱昂-卡斯提尔王国和他自己的王国之间的主从关系，让面积更大的对方向自己效忠。他和堂伯一样，也叫阿方索。卡斯提尔的阿方索六世最终为自己赢得了"勇士阿方索"（Alfonso the Brave）的绰号，而阿拉贡-纳瓦拉的他的堂侄阿方索一世在统治的30年时间里则为自己赢得了"斗士阿方索"（Alfonso the Battler）的绰号。

由于塔什芬、"勇士阿方索"的独子及"勇士阿方索"本人在短时间内相继去世，"斗士阿方索"得以迅速崛起。

塔什芬死于1106年，终年已近百岁高龄。在他死前好几年，由于年迈体衰，塔什芬已无力阻挡莱昂-卡斯提尔王国深入侵略穆斯林领地。塔什芬死后将穆拉比特帝国留给了儿子阿里·伊本·优素福

(Ali ibn Yusuf), 伊本·优素福意识到, 自己必须将入侵的基督徒赶回去。

1108年, 伊本·优素福的两个弟弟率领一支穆拉比特军队围攻边境城市乌克莱斯(Ucles)。卡斯提尔的"勇士阿方索"派他14岁的儿子桑丘率领1万兵马前去解围。他还派了两名经验丰富的将领前去协助这个孩子, 希望他能速战速决。但在年迈的塔什芬死后, 穆拉比特的军队已进行改编, 战力得到提升。在城外的激战中, 年轻的桑丘和两个将军全部战死。穆拉比特人占据了乌克莱斯, 划出了新的边界。

"勇士阿方索"被儿子战死的噩耗击垮, 身体每况愈下。他只有一个合法继承人尚在人世, 就是他的女儿乌尔拉卡(Urraca), 她已嫁为人妇, 但几年前已丧夫寡居。由于卡斯提尔和莱昂王国的王位将由她来继承, 因此她父亲又给她安排了一门亲事, 让她再嫁给阿拉贡国王"斗士阿方索"。他当时30多岁, 是一名久经沙场的战将, 有能力保护王国免受穆拉比特人的侵略。[20]

1109年, 老国王去世了, "斗士阿方索"成为阿拉贡、纳瓦拉、莱昂和卡斯提尔的国王, 也就是西班牙国王。但他之所以能得到莱昂和卡斯提尔, 完全是由于妻子的关系, 而夫妻二人的婚姻却是一场灾难。乌尔拉卡已年近30岁, 不是一个天真的小姑娘了。她的前一段婚姻给她留下了一个4岁的儿子, 有权继承莱昂和卡斯提尔王位的是这个孩子, 而不是"斗士阿方索"。她坚持要独自统治帝国中属于她自己的那一部分, 不要新任丈夫帮她。她甚至下令流放了自己以前的老师, 就因为对方称呼"斗士阿方索"为"卡斯提尔国王"。而且除了政治方面的原因之外, 她根本就不喜欢阿方索一世这个人。"这对新婚夫妇之间彼此缺乏爱慕之情。"一位史家这样写道。他们争吵不休，没过几个月就分居了。[21]

但"斗士阿方索"仍然号称是整个王国的国王。接下来的8年时间，他与穆拉比特军队沿边境一带不断作战。乌尔拉卡也派出莱昂-卡斯提尔军队与穆拉比特人作战。

时不时地，这对失和分居的夫妻也会打上一仗。有一次，"斗士阿方索"甚至俘获了自己的妻子，并把她当成战俘关押了一段时间。基督教国家国王和王后之间的敌对状态使他们无法攻打北非的敌人。多亏了他们婚姻不和，穆拉比特的势力又延长了一段时间。

时间线 45				
英格兰	诺曼底	东方穆斯林王朝	西方穆斯林王朝	基督教西班牙
				（潘普洛纳）桑丘二世（970—994）
埃德加加冕（973）			（法蒂玛王朝）阿齐兹（975—996）	
			（科尔多瓦）希沙姆二世（976—1008）	
埃塞尔雷德二世（978—1013）			曼苏尔任科尔多瓦的维齐尔（978—1002）	
		（阿拔斯王朝）卡迪尔（991—1031）		
	好人理查二世（996—1026）		（法蒂玛王朝）哈基姆（996—1021）	
				（莱昂）阿方索五世（999—1028）
对丹麦人的屠杀（1002）			马利克任科尔多瓦的维齐尔（1002—1008）	（潘普洛纳）桑丘三世（1004—1035）
			（科尔多瓦）苏莱曼二世（1009—1010/1012—1016）	
八字胡斯温（1013—1014）		巴格达宣言（1011）		
克努特大帝（1014）				
埃塞尔雷德二世（1014—1016）				
埃德蒙二世（1016）			（科尔多瓦）纳西尔（1016—1018）	
克努特大帝（1016—1035）				
			（法蒂玛王朝）扎希尔（1021—1036）	
			泰法诸王国的建立（1031）	
飞毛腿哈拉尔（1035—1040）	私生子威廉（1035—1087）			（莱昂和卡斯提尔）斐迪南一世（1037—1065）
哈瑟克努特（1040—1042）				

45　西班牙诸王

时间线 45（续表）

英格兰	诺曼底	东方穆斯林王朝	西方穆斯林王朝	基督教西班牙
忏悔者爱德华 （1042—1066）			（塞维利亚）穆塔米德 （1042—1069）	
			（穆拉比特） 艾布·巴克尔 （1056—1087）	
哈拉尔二世 （戈德温森） （1066）				（卡斯提尔） 强者桑丘 （1065—1072）
征服者威廉 （1066—1087）				
				（卡斯提尔和莱昂） 勇士阿方索 （1072—1109）
			（穆拉比特）塔什芬 （1087—1106）	
				巴伦西亚的 熙德王国 （1094—1102）
				（阿拉贡-纳瓦拉） 斗士阿方索 （1104—1134）
			（穆拉比特）优素福 （1106—1143）	

/ 46

突厥人的到来

> 1025年至1071年，佐伊女皇让她的三任丈夫先后当上了皇帝，塞尔柱突厥人则为自己建立了一个帝国。

回到东方，11世纪的君士坦丁堡刚忙完国内的事情，就看到东方的地平线上出现了一个新的敌人。

1025年，"保加尔人的屠夫"巴西尔二世辞世，他的弟弟和继承人君士坦丁八世继位后独占拜占庭的皇冠，但这顶皇冠他只戴了3年。他已经60多岁了，一辈子的时间都花在了打猎骑马和享用美食上。他既没有经国之才，也没有作战经验。据米哈伊尔·普塞洛斯的说法，他是"一个性格懒散的人，没有什么争权夺利的野心，体格强壮，但内心懦弱"。身为一名统治者，他最大的专长却是"准备美味可口的调味酱料"。他没有儿子，所以没有继承人；有3个女儿，却不许她们结婚，原因是担心她们的丈夫有可能会试图篡夺他的皇位。他的统治不负责任到令人吃惊的地步。[1]

1028年，他病入膏肓的时候，最终不得不安排了一个接班人。

君士坦丁堡市长罗曼努斯·阿吉鲁斯（Romanos Argyros）当时已60多岁了，是一位经验丰富的官员，而且他恰好也是皇帝罗曼努斯一世的曾外孙。君士坦丁提议让他与自己的二女儿佐伊（Zoe）成婚，然后与她一道加冕。

罗曼努斯·阿吉鲁斯已经结婚，而且佐伊此时也50岁了，不过他并没有拒绝这个成为皇帝的机会。他将妻子送进了修道院，然后向人到中年的公主佐伊求婚。二人于1028年11月12日成婚，3日后，君士坦丁八世去世，罗曼努斯·阿吉鲁斯和他新娶的妻子被加冕为皇帝罗曼努斯三世（Romanos Ⅲ）和女皇佐伊，成为拜占庭的两位统治者。

后来证明罗曼努斯三世是一个有远大理想但缺乏实现理想能力的人。他集结了一支庞大的军队，向东方穆斯林的边境进军；他提高了税收，希望自己能建成伟大的建筑，以便青史留名；而且他还费尽心思想生个儿子，以使自己的王朝千秋万代、永世昌盛。但一切都事与愿违。对穆斯林边境的袭击以令人尴尬的战败告终；提高税收使他极为不得人心；而佐伊则已50岁，早就过了生育年龄。米哈伊尔·普塞洛斯评论说，罗曼努斯觉得还是尽量忽视这些令人不快的真相更好过些。"在符合自然规律的生育能力丧失面前，他更加坚定了自己的雄心壮志，因为他总是对未来充满信心。"这位编年史家这样说。他聘请了许多声称能治疗不孕不育的医生和专家，他"接受药物和按摩治疗，并且嘱咐妻子也这样做"。专家们建议佐伊在丈夫过来的时候将自己打扮得魅力四射，而她丈夫确实会来，而且来得还挺频繁。[2]

不过，罗曼努斯三世最终还是被迫放弃了希望。他岁数太大了，无力再照计划坚持这场性事马拉松，而佐伊也没有一丝从更年期中恢复青春的迹象。他十分气馁，再也不进佐伊的卧室了。

这对佐伊来说无所谓，她已经与皇家内侍帕夫拉戈尼亚人米海尔（Michael the Paphlagonian）展开了一场火热的恋情，米海尔是一个英俊过人、性情柔顺的年轻人，其兄长是宫中一个颇有权势的宦官。而且罗曼努斯的人气又一落千丈，于是佐伊决定，父亲强加给她的这个高龄丈夫必须消失。她可能开始在丈夫的食物中下毒，朝臣们注意到他变得有气无力、呼吸急促、面颊浮肿、脸色憔悴，而且他还开始脱发。一天早上，他正独自一人泡澡的时候，就这么沉下水面，淹死了。发生这样的意外显然是佐伊乐于见到的，因为她当天晚上就与帕夫拉戈尼亚人米海尔成婚，并下令君士坦丁堡牧首将其加冕为皇帝，是为米海尔四世（Michael Ⅳ）。[3]

米海尔虽然又迷人、又聪明，但经常生病（有可能是癫痫病），而且他这一段短暂的统治无论在政治上还是在个人生活方面都是一场灾难。事实真相很快就浮出水面：他不过是个受人控制的傀儡，在他背后进行操纵的人不是女皇，而是他的哥哥约翰，就是那位颇有权势的宫廷宦官。

被阉割之后在君士坦丁堡服务的人许多都是奴隶或囚犯，但也有一部分宦官是拜占庭本地人。有皇室血统的小男孩常会被阉割，以防止他们篡夺皇位；更常见的是，有些农村父母儿子太多，就会将两三个儿子阉割之后，送他们去都城自谋生路。由于宦官自己不可能生儿子，不会有改朝换代的野心，所以他们在宫中很受重用，因此送几个儿子进城当宦官，总比把所有的儿子都留在乡下要好。[4]

约翰和米海尔就来自帕夫拉戈尼亚的一户农家，家里生了5个儿子，约翰已被阉割，米海尔则得以幸免。约翰能力过人，米海尔外貌出众，因此这兄弟二人在朝中都站稳了脚跟，而两人中更聪明、更有进取心的约翰，则一手操纵了弟弟与女皇之间的风流韵事。如今米海尔当了皇帝，而由于曾经掌管君士坦丁堡的国家孤儿院而得名"孤儿院掌门人"（Orphanotrophus）的约翰则成了皇位背后那股看不见的力量。普塞洛斯小时候曾亲眼见过这位宦官，他说"孤儿院掌门人"约翰精明世故、小心细致，全心全意地想要帮助弟弟成功。"他从未忘记自己的责任，即使在玩乐的时候也是如此，"普塞洛斯写道，"什么也逃不过他的眼睛……人人都怕他，在他的监督之下不寒而栗。"[5]

在约翰的指导下，米海尔四世开始限制佐伊的活动，削弱她在朝中的影响力。他将她幽禁在房中，下令任何想见她的人都必须先经过她的仪仗队盘查。同时，他也不再与她同房，因为他的癫痫病越来越严重，已经丧失了性能力。佐伊以她唯一能用的方法进行了回击，她现在已经50多岁了，却与另一个更年轻的男人有了外遇，这个人名叫君士坦丁·莫努马库斯（Constantine Monomachos），是个官员，年纪刚刚30岁出头。

米海尔四世对此大为光火，他下令将君士坦丁·莫努马库斯流放到莱斯博斯岛（Lesbos）上去，传统上那里是流放贪官污吏的地方。然而君士坦丁·莫努马库斯根本算不上是米海尔最大的问题，最大的问题是他的癫痫病。米海尔的病情发作得更加频繁了，经常会在大庭广众之下突然发病。现在他要是不带上一大帮随从，根本就不能出门。出门的时候带上他们，如果他突然发病，他们就会立即将他围在中间，挡住别人的视线，不让人看到他抽搐的样子。

"孤儿院掌门人"约翰为保护家族势力采取了一些措施，他建议米海尔四世将他们姐姐的儿子，时年25岁、名字也叫米海尔的外甥收为养子，当他的继承人。1040年，米海尔办完收养事宜。到1041年年中的时候，他已几乎无法行走。"自然的力量是不受人控制的，"普塞洛斯写道，"皇帝也无法永远压倒这种疾病。在秘而不宣的情况下，病情发展到了终点。"米海尔四世死于当年 12 月，终年 31 岁，他的外甥继承了皇位，成为米海尔五世（Michael V）。[6]

米海尔五世急于摆脱他强势的舅舅约翰的控制。他甫一坐上皇位，就下令流放舅舅约翰和养母佐伊。但他这是高估了自己的权威。"孤儿院掌门人"约翰虽然算不上特别得民心，但也还是颇受敬重的；而佐伊则仍然美貌过人、魅力四射，她虽然总是遇人不淑，却一直广受爱戴。因此米海尔五世的决定"激起了广泛的民愤，所有人都准备要为佐伊献出自己的生命"，普塞洛斯这样写道。1042 年，暴乱发生的时候普塞洛斯本人就在君士坦丁堡，他描述了当时街上的暴徒怎样手持斧头、大刀、长矛和石块，准备只要一看到米海尔五世露面，就把他杀掉。[7]

米海尔五世一番乔装打扮之后偷偷溜到港口，乘船逃向附近的修道院。他躲到修道院的礼拜堂里，紧紧地抱住圣坛，暴民却追踪而至，将他拖走，并用利器刺瞎了他的双眼。他们将他丢在那里，然后就都回君士坦丁堡去了，佐伊和她的妹妹狄奥多拉（Theodora）共同登基，两人成为共治女皇。"于是帝国传到了两姐妹的手中，"普塞洛斯说，"我们在一生中首次看到女性的住处被改造成皇帝的会议厅。"[8]

佐伊当时已经 64 岁了，她将自己年轻的官员情人君士坦丁·莫努马库斯从流亡中召回，与其成婚，并将其加冕为皇帝君士坦丁九世（Constantine IX）——这是第三个通过与她结婚而得到权力的男人。对于一位生活在 11 世纪的女性来说，这样的人生是十分骄人的。即便已是年过 60 岁，佐伊女皇依然魅力逼人。"她长着一头美丽的金发，肤色白皙，整个人都容光焕发，"曾亲眼见过佐伊的米哈伊尔·普塞洛斯这样写道，"岁月并未在她身上留下多少痕迹。事实上……你会认为她还很年轻，因为她的皮肤光滑紧致，连一道皱纹都没有。"那一头金发,无疑是动了些手脚的结果——普塞洛斯还说她存有整整一屋子的乳液、面霜和其他美容品——不过佐伊显然也是天生就拥有惊人的美貌。[9]

但那几个在她的帮助下登上权力顶峰的男人就没有这样幸运了。现在,君士坦丁·莫努马库斯发现自己所统治的帝国可以说放眼看去,几乎四面都是敌人,四处都是威胁。拜占庭帝国受个人问题困扰得太久,已经从巴西尔二世统治时的鼎盛时期一点一点地走上了下坡路。君士坦丁·莫努马库斯面临的问题千头万绪:手下有一名将领叛乱,罗斯人入侵,西突厥佩切涅格部落的难民穿过冰冻的多瑙河迁移而来,东方还有穆斯林的势力对帝国虎视眈眈。他一个一个地处理着这些问题,但到了1048年,他在加冕6年之后,终于遇上了一个对付不了的强敌。[10]

敌人就是图格里勒,那位曾率领联军征服印度河上游山地以西的伽色尼王朝领土的突厥人首领。图格里勒已经在他的部落塞尔柱突厥人中当了20多年首领了。用历史学家勒内·格鲁塞(René Grousset)的话来说,他们是"一个没有传统的游牧部落,在所有游牧部落中是文明程度最低的一个",不过图格里勒为他们铺好了一条建国之路。1038年,他自己加冕为突厥人的苏丹,定都内沙布尔。他领导下的突厥人现在已强大到足以对拜占庭发起挑战了。[11]

突厥人第一次对拜占庭领土发动袭击是在1046年,这一次只是在拜占庭的边境上进行的一次试探,来到亚美尼亚的突厥人没有造成多么严重的破坏就撤退了。1048年,突厥军队又发动了一次规模更大的袭击,冲破了东部边境,夺取了富饶的边境城市埃尔岑(Erzen)。君士坦丁·莫努马库斯派出5万大军,想将侵略者赶走,但在城外随后展开的一场险恶的激战中，拜占庭军队惨败。塞尔柱突厥人俘获的战俘成千上万，拜占庭军队的主将也是战俘之一。突厥人还缴获了许多军需品：装满了食物、衣物和金钱的货车数以千计。[12]

君士坦丁·莫努马库斯决定不再继续战斗，而是向塞尔柱突厥人求和。为了换取和平，让对方归还俘虏，他同意放弃东部边境的部分土地。他还给图格里勒送去昂贵的礼物，并许诺说他会允许穆斯林在君士坦丁堡自由地进行礼拜活动，因为当时突厥人已皈依伊斯兰教，因此做出这样的承诺是一种友好的表示。图格里勒接受了这些条件，将君士坦丁九世的主将毫发无损地放回了君士坦丁堡。

战争暂时是结束了，但订下的和约却是魔鬼的交易。君士坦丁·莫努马库斯就像巴西尔二世之后的每一个皇帝一样，最关心的是怎样保住自己通过婚姻而不是继承所得到的帝位。在他执政期间，拜占庭帝国日渐委顿，缩得像一个备受珍爱和呵护的气球一样。

他自己也病倒了。他得病已经有一段时间了，折磨着他的这种疾病使他肌肉痉挛，逐渐瘫痪。"他的手指……完全改变了形状，这里折那里弯，变得奇形怪状，"普塞洛斯写道，"他的腿脚也变形了，膝盖就像人的胳膊肘那样弯出个尖来。"他先是被迫放弃了骑马，后来连走路也不行了。他的呼吸变得困难，讲话也会带来痛苦，击败突厥人看起来肯定是不可能了。[13]

很快，突厥人的问题就只能留给下一代来解决了。1050年，72岁的佐伊去世。直到死前，她还一直穿着单薄美丽的衣裙，仍然是君士坦丁堡出名的大美人。比她年轻许多的君士坦丁·莫努马库斯跟着也死于1055年，已经年迈的狄奥多拉独占皇位，1056年她也去世了。狄奥多拉死前宣布将皇位传给她最信任的大臣米海尔·布林加斯（Michael Bringas），是为米海尔六世（Michael Ⅵ）他比狄奥多拉年轻不了几岁，立刻就得到了绰号"年迈的米海尔"（Michael Gerontas，或 Michael the Aged）。

　　与此同时，图格里勒正在收紧他对南方穆斯林领土的掌握。白益王朝虽已无法与从前同日而语，也仍然还控制着巴格达。1056 年，当"年迈的米海尔"登上君士坦丁堡的皇位时，图格里勒已经攻克了巴格达，白益王朝的最后一位统治者被迫逃亡。阿拔斯哈里发仍然住在巴格达，虽然他一点政治权力也没有了，但还保留着某种精神权威，因此图格里勒与他达成了协议，只要哈里发肯在周五祈祷中承认图格里勒为至高无上的苏丹，是穆斯林世界的最高权威，他就可以继续平安地留在巴格达。曾几何时，在周五祈祷中提及除了哈里发或其继承人以外的任何人都等同于背叛。而现在，哈里发却亲自为苏丹祈祷。就这样，在阿拔斯王朝，政治权力与精神权威之间彻底完成了分离。

　　图格里勒在南方取得的胜利使拜占庭军队备感紧张，因为他们对"年迈的米海尔"没有多少信心。于是，1057 年，君士坦丁堡的士兵拥立他们自己的将领伊萨克·科穆宁（Isaac Comnenus）为皇帝，以取代"年迈的米海尔"。"年迈的米海尔"提出可以让伊萨克当他的皇位继承人，但君士坦丁堡人民仍然坚持己见，并为此发动了骚乱。米海尔六世既没有精力也没有信心与民意对抗，于是他和平退位，进修道院当了修道士，两年后死在了自己的床上。

　　君士坦丁堡欢庆新皇帝加冕，他们终于有了一位军人出身的皇帝，他有可能会击退突厥人的进攻。"城里所有人都涌上街头，向他致敬，"普塞洛斯写道，"有些人举着燃烧的火把，就好像他是上帝亲临一样，还有些人则向他喷洒香水……人们载歌载舞，欢声笑语无处不在。"[14]

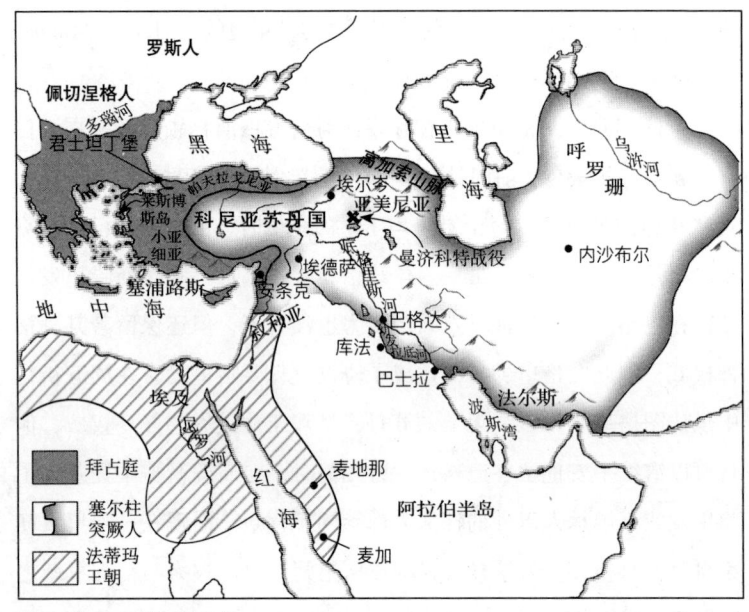

地图 46-1 曼济科特战役

不幸的是，他们的希望很快就破灭了。伊萨克·科穆宁的皇帝任期并不长，也没有什么值得一提的事迹。他上台之后，在朝中几乎立刻就不受欢迎了，因为他提出要进行大规模的政府改革，然而，这些改革措施大部分都还没来得及落实，他就病倒了，可能是得了肺炎，很快就死了。接替他加冕为皇帝的是官员君士坦丁·杜卡斯（Constantine Doukas），虽然他在皇帝的位子上一坐就是8年，但他不怎么关注东方突厥人的进攻。直到1068年，君士坦丁堡才出现了另一位军人出身的皇帝，他就是将军罗曼努斯·戴奥真尼斯（Romanos Diogenes），他被加冕为罗曼努斯四世（Romanus IV），君士坦丁·杜卡斯的儿子们都是他的共治皇帝，但他是主政皇帝。

1063年，突厥苏丹图格里勒去世，身后没有留下儿子，他的侄子阿尔普·阿尔斯兰（Alp Arslan，这个名字的意思是"勇敢的狮子"）接掌了他的权力，成为突厥人的首领。阿尔斯兰盯上了小亚细亚的拜占庭领土，而罗曼努斯四世则注意到了突厥人日益强大的危险，终于组织了对东部边境的作战。他率军冲向突厥人，向前推进到对方已经占领的土地。1070年，经过一系列艰苦鏖战，他终于将敌人赶回了幼发拉底河对岸。经过多年作战，他知道对付轻装上阵、迅速出击的突厥骑兵最好的办法是，部队要保持整体作战，不能把阵线拉长，要让弓箭手对行动缓慢、全副武装的骑兵进行全方位掩护。[15]

阿尔普·阿尔斯兰的撤退是战略性的，这使他得以重整军队。1071年，他再次攻入拜占庭领土，罗曼努斯四世则率领6万大军前来应战。

这次罗曼努斯因过分自信而遭到重挫。他并不知道阿尔普·阿尔斯兰及其部队主力究竟驻扎在哪里，但他却没有将自己的人马聚在一起，等得到可靠的情报后再行动，而是立刻将军队一分为二，其中3万兵力被派去进攻附近的一个要塞，他本人则与剩下的3万兵力一起向位于拜占庭和突厥边界的曼济科特城（Manzikert）前进，并将其占领。

其实在拜占庭皇帝做这些安排的时候，阿尔普·阿尔斯兰一直就在曼济科特城外密切监视着他的一举一动。罗曼努斯四世占领曼济科特3天后，在他小心谨慎地进入突厥境内时，遇上了好像是突厥兵的一伙人。他下令让部队排成一排将对方赶走。突厥人在他面前撤退了，罗曼努斯被胜利冲昏了头脑，他率领拜占庭军队在后面对敌人紧追不舍，一直追到了傍晚。

但那伙突厥兵不过是阿尔普·阿尔斯兰大军的先头部队。太阳刚一落山，突厥人就包围了阵线拉长了的拜占庭军队，在暮色中将他们屠杀殆尽。"就像是突然发生了地震，只听见一阵阵鬼哭狼嚎，士兵们汗流浃背，像没头的苍蝇一样四处逃窜，到处尘土飞扬，"一位幸存者后来这样写道，"每个人都只想逃命。"拜占庭部队有一多半都在逃命的时候被捉住杀掉了，罗曼努斯四世也被俘获，之后被带到了阿尔普·阿尔斯兰的营地。另外那3万兵力则不知所终，很有可能他们也中了埋伏，全军覆没了。[16]

接着，阿尔普·阿尔斯兰又在罗曼努斯四世的伤口上撒了一把盐。在被逼着庄严发誓要与突厥人友好和平共处之后，罗曼努斯得到了贵宾的待遇，与苏丹同桌进餐，之后就被放走了。罗曼努斯难堪至极，启程返回君士坦丁堡，然而，正如曼济科特战役摧毁了大部分拜占庭军队一样，被俘和宣誓也摧毁了罗曼努斯的声誉。普塞洛斯本人就认为罗曼努斯那几个年轻的共治皇帝，也就是君士坦丁·杜卡斯的儿子们，没有义务让已经蒙羞的统治者再回君士坦丁堡来。他们的部分亲信，包括几个杜卡斯家族的成员在内，到罗曼努斯回家的路上去等着阻截他。他们捉住他之后，刺瞎了他的双眼，然后就把他留在一座修道院里等死。[17]

现在，君士坦丁·杜卡斯的长子米海尔七世（Michael VII）成了主政皇帝。1071年10月，他被第二次加冕。但他所统治的国家版图已经有了很大的变化。塞尔柱突厥苏丹已在小亚细亚建成了一个新的突厥前哨，这里从前都是属于拜占庭的领土，如今统治这一地区的是突厥的一位附庸，罗姆苏丹（the Sultan of Rum）。突厥人已在小亚细亚扎下根来，而且打算一直在这里生活下去。而拜占庭也只得接受现状，因为他们在曼济科特战役中全军覆没，已无力再召集一支足够强大的军队将他们赶走了。

/ 46 突厥人的到来

时间线 46

东方穆斯林王朝	西方穆斯林王朝	基督教西班牙	拜占庭	保加利亚	罗斯人	突厥人
	（科尔多瓦）希沙姆二世（976—1008）		巴西尔二世（976—1025）			
	曼苏尔任科尔多瓦的维齐尔（978—1002）			罗曼（977—991）		
					弗拉基米尔（980—1015）	
（阿拔斯王朝）卡迪尔（991—1031）			瓦兰吉卫队成立（989）			
	（法蒂玛王朝）哈基姆（996—1021）			撒母耳（997—1014）		
		（莱昂）阿方索五世（999—1028）				
	马利克任科尔多瓦的维齐尔（1002—1008）					
	（科尔多瓦）苏莱曼二世（1009—1010/1012—1016）	（潘普洛纳）桑丘三世（1004—1035）				
巴格达宣言（1011）						
	（科尔多瓦）纳西尔（1016—1018）					
	（法蒂玛王朝）扎希尔（1021—1036）					
			君士坦丁八世（1025—1028）			
			佐伊（1028—1050）			
			罗曼努斯三世（1028—1034）			
			帕夫拉戈尼亚人米海尔四世（1034—1041）			
	泰法诸王国的建立（1031）					
		（莱昂和卡斯提尔）斐迪南一世（1037—1065）				图格里勒（1038—1063）

时间线46（续表）

东方穆斯林王朝	西方穆斯林王朝	基督教西班牙	拜占庭	保加利亚	罗斯人	突厥人
			米海尔五世（1041—1042）			
	（塞维利亚）穆塔米德（1042—1069）		君士坦丁九世（1042—1055）			
			狄奥多拉（1055—1056）			
	（穆拉比特）艾布·巴克尔（1056—1087）		年迈的米海尔（1056—1057）			
			伊萨克·科穆宁（1057—1059）		占领巴格达	
			君士坦丁十世（1059—1067）			
		（卡斯提尔）强者桑丘（1065—1072）				阿尔普·阿尔斯兰（1063—1072）
			罗曼努斯四世（1068—1071）			
			米海尔七世（1071—1078）			曼济科特战役（1071）
		（卡斯提尔和莱昂）勇士阿方索（1072—1109）				
	（穆拉比特）塔什芬（1087—1106）					
		巴伦西亚的熙德王国（1094—1102）				
		（阿拉贡-纳瓦拉）斗士阿方索（1104—1134）				
	（穆拉比特）优素福（1106—1143）					

注　释

01　格列高利一世

1. Paul the Deacon, 2.28.
2. Ibid., 3.35.
3. Schaff and Wace, *Select Library*, vol. 12, p. 399.
4. Paul the Deacon, 3.24.
5. Schaff and Wace, *Select Library*, vol. 12, p. 420.
6. Epistle 1.3, in ibid., p. 532.
7. Jeffrey Richards, *The Popes and the Papacy in the Early Middle Ages, 476–752* (1979), p. 173.
8. Epistle 5.36, in Schaff and Wace, *Select Library*, vol. 12, p. 704.
9. Richards, p. 174.
10. Henry Mayr-Hartin, *The Coming of Christianity to Anglo-Saxon England* (1972), pp. 33–34.
11. Bede, 1.23; Gregory the Great, Epistle 5.51, in Schaff and Wace, *Select Library*, vol. 12, p. 753.
12. Bede, 1.25, 5.24.
13. Quoted in Fletcher, *The Barbarian Conversion* (1999), p. 115.
14. Bede, 1.26.
15. Epistle 8.30, in Schaff and Wace, *Select Library*, vol. 12, p. 815; Fletcher, *Barbarian Conversion*, p. 116.
16. Epistle 11.64, in Schaff and Wace, *Select Library*, vol. 13, p. 133.
17. Bede, 1.26.

02　波斯圣战

1. al-Tabari, *History*, vol. 5, p. 298.
2. Theophylact Simocatta, *The History of Theophylact Simocatta*, trans. Michael Whitby and Mary Whitby (1986), 8.1–3.
3. Frye, "Political History of Iran under the Sasanians," in Yarshater, pp. 163–165.
4. Gregory, p. 151.
5. Bury, *History of the Later Roman Empire*, vol. 2, pp. 126–128; Maurice, *Maurice's Strategikon*, trans. George T. Dennis (1984), 9.4.
6. Bury, *History of the Later Roman Empire*, vol. I, pp. 85–86.
7. Ibid., pp. 88–89.
8. Ibid., p. 92.

9. Theophanes the Confessor, *The Chronicle of Theophanes*, trans. Harry Turtledove (1982), p. 1.
10. Gregory the Great, Epistle 13.31, in Schaff and Wace, *Select Library*, vol. 13, p. 173.
11. Theophanes, *Chronicle* (1982), p. 3; Ostrogorsky, p. 84.
12. Theophanes, *Chronicle* (1982), p. 9.
13. Ibid., p. 10.
14. Fredegar 4.34.
15. Antiochus Strategos, "The Capture of Jerusalem by the Persians in 614 ad," trans. F. C. Conybeare, *English Historical Review*, 25 (1910), pp. 509–510.
16. Theophanes, *Chronicle* (1982), p. 12.
17. Bury, *History of the Later Roman Empire*, vol. 2, p. 219.
18. Quoted in ibid., p. 220.
19. Ibid., p. 223.
20. Theophanes, *Chronicle* (1982), pp. 13–14.
21. Ostrogorsky, pp. 100–101.
22. Theophanes, *Chronicle* (1982), p. 15.
23. Cross and Sherbowitz-Wetzor, p. 55.
24. Fredegar, 4.48.
25. Collins, pp. 118–119; Ostrogorsky, pp. 102–103.
26. Theodore the Syncellus, *Traduction et Commentaire de l'homélie écrite probablement par Théodore le Syncelle sur le siège de Constantinople en 626*, trans. Ferenc Makk (1975), 22.
27. Ostrogorsky, p. 103.
28. Theodore the Syncellus, 33.
29. Frye, *History of Ancient Iran*, p. 337.
30. Andreas N. Stratos, *Byzantium in the Seventh Century*, vol. 1 (1968), pp. 602–614.
31. al-Tabari, *History*, vol. 5, p. 678.
32. Theophanes, *Chronicle*, pp. 327–328.

03 先知

1. Jerry Rogers et al., *Water Resources and Environmental History* (2004), p. 36.
2. Dionysius, p. 65.
3. Paul Dresch, *Tribes, Government, and History in Yemen* (1993), p. 6; Keys, pp. 60–62; *The Holy Qur'an,* trans. Abdullah Yusuf Ali (2000), Surah 34.15–16, 19.
4. Saunders, *History of Medieval Islam*, p. 22.
5. Ishaq, *The Life of Muhammad*, trans. A Guillaume (1997), p. 119.
6. Armstrong, *Muhammad*, pp. 58–59, 67–68, 94. 关于5、6世纪阿拉伯部落社会与城镇社会的差异，卡伦·阿姆斯特朗做出了精辟的分析，在此表示感谢。
7. Marshall G. S. Hodgson, *The Venture of Islam,* vol. 1 (1974), pp. 149–150.
8. Ishaq, pp. 63, 73, 79.
9. Ibid., p. 84.
10. Ibid., p. 106.
11. Hodgson, *Venture of Islam*, vol. 1, p. 163.
12. *Holy Qur'an*, Surah 93; Ishaq, p. 112.
13. Ishaq, p. 119.
14. Ibid., p. 213.

15. Ibid., p. 221.
16. Ibid., p. 232.

04　大唐盛世

1. John Curtis Perry and Bardwell L. Smith, eds., *Essays on T'ang Society* (1976), pp. 20–21.
2. Barfield, pp. 142–144.
3. Roberts, p. 82.
4. Barfield, p. 144.
5. Roberts, p. 105.
6. Barfield, p. 145.
7. Hucker, p. 141; René Grousset, *The Empire of the Steppes* (1970), p. 102.
8. Roberts, p. 106; A. Tom Grunfeld, *The Making of Modern Tibet*, rev. ed. (1996), p. 35.
9. Grunfeld, pp. 35–37; Roberts, pp. 105–107.
10. Michael, p. 111; Dora Shu-fang Dien, *Empress Wu Zetian in Fiction and in History* (2003), pp. 34–35.
11. Grousset, pp. 102–103.
12. C. P. Fitzgerald, *The Empress Wu* (1968), pp. 42–43.
13. Aston, *Nihongi* (1896), p. 191.
14. Aston, pp. 192–193.
15. Gary L. Ebersole, *Ritual Poetry and the Politics of Death in Early Japan* (1989), p. 231.
16. Carter J. Eckert et al., *Korea, Old and New* (1990), pp. 42–43.
17. Ibid., p. 43.

05　以信仰为纽带的族群

1. Armstrong, *Muhammad*, p. 154.
2. *Holy Qu'ran*, Surah 2.13; Martin Lings, *Muhammad* (1983), pp. 126–127.
3. Ishaq, pp. 235–236.
4. Ibid., p. 280.
5. Hodgson, *Venture of Islam*, vol. 1, pp. 174–175.
6. Ishaq, pp. 286–289.
7. Lings, pp. 136–137; *Holy Qu'ran*, Surah 2.217.
8. Lings, pp. 140–141.
9. Ishaq, p. 464.
10. Hodgson, *Venture of Islam*, vol. 1, pp. 194–195.
11. Barnaby Rogerson, *The Prophet Muhammad* (2003), pp. 207ff.
12. Saunders, *History of Medieval Islam*, pp. 139–140.
13. al-Tabari, *History*, vol. 14: *The Conquest of Iran*, trans. G. Rex Smith (1994), p. 114.
14. Kennedy, *Prophet and the Age*, pp. 55–56.
15. Saunders, *History of Medieval Islam*, p. 41.
16. al-Tabari, *History*, vol. 15, p. 86.
17. Bury, *History of the Later Roman Empire*, vol. 2, pp. 262–263.
18. al-Tabari, *History*, vol. 14, p. 114.
19. Bury, *History of the Later Roman Empire*, vol. 2, p. 235.
20. Vasiliev, p. 211.

21. Collins, p. 120.
22. Timothy Gregory, p. 171.
23. Bury, *History of the Later Roman Empire*, vol. 2, p. 287.
24. Paul the Deacon, 4.42.
25. al-Tabari, *History*, vol. 14, p. 77.

06　转折关头

1. al-Tabari, *History*, vol. 14, p. 77.
2. Keay, p. 203.
3. al-Tabari, *History*, vol. 14, p. 77.
4. Ibid., p. 78.
5. Vincent Arthur Smith, *The Early History of India* (1904), p. 287.
6. Wolpert, p. 94; Gavin Flood, "The Saiva Traditions," in Gavin Flood, ed., *The Blackwell Companion to Hinduism* (2003), pp. 200–203; Harsha, *Nagananda*, trans. Palmer Boyd (1999), pp. 47–49.
7. Smith, pp. 290, 294.
8. Schmidt, p. 29.
9. Sastri, *History of South India*, pp. 115–116.
10. Kulke, p. 105.

07　帝国动荡

1. Kennedy, *Prophet and the Age*, p. 69.
2. Ibid., p. 70.
3. Collins, pp. 122–124.
4. al-Tabari, *History*, vol. 15, pp. 26–27.
5. Collins, p. 124; Bury, *History of the Later Roman Empire*, vol. 2, p. 288.
6. Theophanes, *Chronicle* (1982), p. 43.
7. al-Tabari, *History*, vol. 15, p. 22.
8. 'Abd al-Husain Zarrinkub, "The Arab Conquest of Iran and Its Aftermath," in R. N. Frye, ed., *The Cambridge History of Iran in Eight Volumes*, vol. 4(1975), p. 23; al-Tabari, vol. 15, p. 69.
9. Zarrinkub, pp. 24–25; al-Tabari, *History*, vol. 15, pp. 78–79.
10. al-Tabari, *History*, vol. 15, p. 63.
11. Kennedy, *Prophet and the Age*, p. 72; Collins, p. 121; Zarrinkub, p. 21.
12. al-Tabari, *History*, vol. 15, pp. 131, 138.
13. Ibid., pp. 141–142.
14. Ibid., pp. 188–189.
15. Ibid., p. 222.
16. Muhammad ibn al-Husayn Sharif al-Radi, *Nahjul Balagha,* trans. Mohammad Askari Jafery (1984), "Letter: To the Egyptians."
17. Kennedy, *Prophet and the Age*, p. 76.
18. Hodgson, *Venture of Islam*, pp. 214–215.
19. al-Radi, "A Reply to Mu'awiya's Letter."
20. Ibid., "A Letter to Mu'awiya."

21. Ibid., "To His Soldiers Before the Battle of Siffin."
22. Hodgson, *Venture of Islam*, vol. 1, p. 216.

08 法律与语言

1. Walter Pohl and Helmut Reimitz, *Strategies of Distinction* (1998), p. 58; Paul the Deacon, 4.42.
2. Pohl and Reimitz, p. 209.
3. Paul the Deacon, 5.6.
4. Ibid., 5.7.
5. Bury, *History of the Later Roman Empire*, vol. 2, p. 302.
6. Ibid., p. 303.
7. Collins (1999), pp. 124–125; Dineschandra Sircar, *Studies in the Geography of Ancient and Medieval India* (1971), p. 290.
8. Ostrogorsky, p. 124.
9. Bury, *History of the Later Roman Empire*, vol. 2, pp. 331–333.
10. Theophanes, *Chronicle* (1982), pp. 56–57.
11. Martin Sicker, *The Islamic World in Ascendancy* (2000), p. 23.
12. Theophanes, *Chronicle* (1982), p. 59.
13. Collins, p. 227.
14. Sicker, p. 24; Kennedy, *Prophet and the Age*, p. 98; Theophanes, *Chronicle* (1982), p. 64.
15. Collins, p. 228.

09 创造历史

1. David John Lu, *Japan* (1997), p. 27.
2. Piggott, p. 106; Lu, p. 27.
3. Piggott, pp. 83, 118–121.
4. Aston, p. 301.
5. Meyer, p. 37.
6. Michael, pp. 43–44, 113.
7. Meyer, pp. 44–45.
8. Piggott, pp. 1, 3.
9. Aston, pp. 110–111.

10 女皇当道

1. Fitzgerald, *Empress Wu*, p. 88.
2. R. W. L. Guisso, *Wu Tse-T'ien and the Politics of Legitimization in T'ang China* (1978), p. 51.
3. Ibid., p. 52; Roberts, pp. 88–89.
4. Fitzgerald, *Empress Wu*, p. 116.
5. Ibid., pp. 127–128.
6. Ibid., pp. 135–136; Guisso, pp. 137–138.
7. Barfield, pp. 146–147.

8. Roberts, pp. 105–106.
9. Grousset, pp. 110–111; Roberts, p. 106.
10. Roberts, p. 90; Fitzgerald, *Empress Wu*, p. 163.
11. Guisso, p. 154; Michael, p. 111.
12. Michael, pp. 111–112; MacGowan, p. 309.
13. Michael, p. 112; Roberts, pp. 90–91.

11　通向欧洲的道路

1. Theophanes, *Chronicle* (1982), pp. 70–71.
2. Gregory, p. 111.
3. Theophanes, *Chronicle* (1982), pp. 72–73.
4. Collins, pp. 129–130.
5. Heather, pp. 284–285.
6. Collins, pp. 110–112.
7. Ibid., pp. 115–116.
8. Ibn Abd al-Hakam, *The History of the Conquest of Spain*, trans. John Harris Jones (1858), p. 22.
9. Bury, *History of the Later Roman Empire*, vol. 2, pp. 372–373, 382–383.
10. Sicker, p. 25; Bury, *History of the Later Roman Empire*, vol. 2, p. 401.
11. Theophanes, *Chronicle*, pp. 88–89.
12. Ibid., pp. 90–91.
13. Geary, p. 204.
14. Fredegar, p. 90.
15. Paul Fouracre, *The Age of Charles Martel* (2000), p. 88; Fredegar, p. 91.

12　南方的吉罗娑神庙

1. Elliot and Dowson, *The History of India*, p. 405.
2. Ibid., pp. 119–120.
3. Ibid., pp. 170–172.
4. Sicker, p. 25; Keay, p. 185; Elliot and Dowson, p. 123.
5. Nau Nihal Singh, *The Royal Gurjars* (2003), p. 209.
6. Ibid., p. 210.
7. Ronald Inden, *Imagining India* (1992), p. 252.
8. Keay, pp. 200–201; Inden, pp. 257–258.

13　净化运动

1. Sicker, p. 26.
2. Barfield, pp. 148–149.
3. "Epitome of the Iconoclastic Council of Constantinople, 754," in Schaff and Wace, *Select Library*, vol. 14, p. 543.
4. Eamon Duffy, *Saints & Sinners* (1997), p. 80.
5. Ostrogorsky, pp. 161–163.

6. Theophanes, *Chronicle* (1982), pp. 96–97.
7. Ibid., p. 97; St. John of Damascus, "First Apology," in *On the Divine Images: Three Apologies against Those Who Attack the Divine Images*, trans. David Anderson (1980), p. 31.
8. Theophanes, *Chronicle* (1982), p. 98.
9. Duffy, p. 82.
10. Collins, p. 230.
11. Jan T. Hallenbeck, *Pavia and Rome* (1982), p. 24.
12. Ibid., p. 25.
13. Ostrogorsky, p. 164; Theophanes, *Chronicle* (1982), p. 100.

14 阿拔斯王朝

1. Simon Franklin and Jonathan Shepard, *The Emergence of Rus, 750–1200* (1996), pp. 7–10.
2. Kevin Alan Brook, *The Jews of Khazaria*, 2d ed. (2006), p. 97; "The Letter of Joseph the King," in Jacob Rader Marcus, ed., *The Jew in the Medieval World*, rev. ed. (1999), pp. 227–228.
3. Kennedy (2004), *Prophet and the Age*, pp. 110–111.
4. al-Tabari, *History*, vol. 26, p. 72.
5. Kennedy, *Prophet and the Age*, p. 123.
6. Sicker, p. 27.
7. Ahmed ibn Mohammed al-Makkari, *The History of the Mohammedan Dynasties in Spain*, trans. Pascual de Gayangos (2002), pp. 95–96.
8. al-Tabari, *History*, vol. 27, pp. 172–174.
9. Arthur Wollaston, *The Sword of Islam* (1905), p. 130.
10. al-Tabari, *History*, vol. 28, p. 238; Sicker, p. 29.
11. M. A. Shaban, *Islamic History* (1976), p. 12.
12. Hodgson, *Venture of Islam*, vol. 1, pp. 286–287; al-Tabari, vol. 1, *History*, vol. 28, pp. 124ff; Shaban, p. 10.
13. Hodgson, *Venture of Islam*, vol. 1, p. 287.

15 查理曼

1. Oliver J. Thatcher and Edgar Holmes McNeal, eds., *A Source Book for Medieval History* (1905), p. 102.
2. Fredegar (1960), 4.22.
3. Fredegar, 4.30; Joanna Story, ed., *Charlemagne* (2005), pp. 16–17; Einhard, "The Life of Charlemagne" 1.2, in Lewis Thorpe, trans., *Two Lives of Charlemagne* (1969).
4. Paul Edward Dutton, ed., *Carolingian Civilization* (1993), p. 11.
5. 缩写自 *Clausula de unctione Pippini*, in Dutton, p. 12。
6. Fredegar, 4.38–39.
7. "The Donation of Constantine," in Dutton, pp. 14–19.
8. Einhard, "Life of Charlemagne" 3.18, in Thorpe.
9. J. M. Wallace-Hadrill, *The Barbarian West* (1962), p. 97.
10. Wallace-Hadrill, *Barbarian West* (1962), p. 97.
11. Einhard, "Life of Charlemagne" 2.6, in Thorpe.

12. Einhard, "Life of Charlemagne" 2.9–10, in Thorpe.
13. Charles Kenneth Scott-Moncrieff, trans., *The Song of Roland* (1920), p. 80.

16　安史之乱

1. Li Po, "A Farewell to Li Yun in the Xie Tiao Pavilion," in Xianyi Yang and Gladys Yang, trans., *Poetry and Prose of the Tang and Song* (1984), p. 31; Michael, p. 116.
2. Wang Wei, "Seeing Yuan the Second off on a Mission to Anxi," in Yang and Yang, p. 16; Roberts, p. 122.
3. Roberts, p. 92.
4. Li Po, "Fighting South of the City," in Yang and Yang, pp. 22–23.
5. Hans J. Van de Ven, *Warfare in Chinese History* (2000), pp. 132–133; Roberts, p. 103.
6. Roberts, p. 93.
7. Ibid.; Van de Ven, pp. 137–138.
8. Michael, p. 144; Bai Juyi, "Song of Eternal Sorrow," in Yang and Yang, pp. 111–115.
9. Charles D. Benn, *China's Golden Age* (2004), p. 10.
10. Van de Ven, p. 139.
11. Michael, p. 114; Roberts, p. 107.
12. Roberts, p. 108.
13. Lee, *New History of Korea*, p. 72; Roberts, pp. 110–111.
14. Michael, p. 114; Van de Ven, p. 144.

17　奥古斯都皇帝

1. Theophanes, *Chronicle* (1982), p. 135.
2. Bury, *History of the Later Roman Empire*, vol. 2, pp. 478–479.
3. Sicker, p. 30.
4. Theophanes, *Chronicle* (1982), p. 141.
5. Derek Wilson, *Charlemagne* (2006), pp. 84–85.
6. J. M. Wallace-Hadrill, *The Frankish Church* (1983), pp. 413–414.
7. "Alcuin to Charlemagne," in Henry Morley and William Hall Griffin, *English Writers*, vol. 2 (1888), p. 165.
8. Theophanes, *Chronicle* (1982), pp. 146–147.
9. Ibid., p. 151.
10. Ibid., p. 153.
11. Ibid., p. 155.
12. Wallace-Hadrill, *Frankish Church*, pp. 220–223.
13. Wilson, p. 76.
14. Quoted in Wallace-Hadrill, *Frankish Church*, p. 186.
15. Quoted in Wilson, p. 77.
16. Notker the Stammerer, *Charlemagne* 27, in Thorpe, p. 125.
17. Wilson, p. 81; Wallace-Hadrill, *Barbarian West*, p. 109.
18. Quoted in Wilson, p. 81.
19. Theophanes the Confessor, *The Chronicle of Theophanes Confessor*, trans. Cyril Mango and Roger Scott (1997), p. 657.

18 西拿基立第二

1. al-Tabari, *History*, vol. 30, p. 100.
2. Sicker, p. 30.
3. Richard Hodges and David Whitehouse, *Mohammed, Charlemagne & the Origins of Europe* (1983), pp. 141, 158; Einhard, "Life of Charlemagne" 1.16, in Thorpe.
4. Collins, pp. 191–192.
5. Franklin and Shepard, p. 12.
6. Hugh Kennedy, *When Baghdad Ruled the Muslim World* (2005), p. 51.
7. Karsh, *Islamic Imperialism* (2006), p. 72.
8. Florin Curta, *Southeastern Europe in the Middle Ages* (2006), p. 147.
9. Curta, p. 149; Theophanes, *Chronicle of Theophanes Confessor* (1997), pp. 483–485.
10. Theophanes, *Chronicle of Theophanes Confessor* (1997), pp. 665–666.
11. Curta, pp. 149–150.
12. Theophanes, *Chronicle of Theophanes Confessor* (1997), p. 673.
13. Curta, p. 150.
14. Theophanes, *Chronicle of Theophanes Confessor* (1997), p. 679.
15. Wallace-Hadrill, *Barbarian West*, p. 112.
16. Theophanes, *Chronicle of Theophanes Confessor* (1997), p 685.
17. Ibid., p. 503.
18. Curta, p. 148.
19. Theophanes, *Chronicle of Theophanes Confessor* (1997), p. 686.
20. Dimitri Obolensky, *Byzantium and the Slavs* (1994), p. 40.

19 城堡领主与摄政

1. Jae-un Kang, *The Land of Scholars*, trans. Suzanne Lee (2006), p. 64.
2. Lee and de Bary, pp. 48–49.
3. Lee, *New History of Korea*, p. 84.
4. Lee, et al., *Sourcebook of Korean Civilization*, p. 122.
5. Kang, p. 232.
6. Lee, et al., *Sourcebook of Korean Civilization*, p. 133.
7. Lee, *New History of Korea*, p. 92.
8. Ibid., p. 93.
9. Lee, et al., *Sourcebook of Korean Civilization*, p. 220.
10. Lee, *New History of Korea*, p. 95.
11. Ibid., p. 96.
12. James Huntley Grayson, *Korea* (2002), pp. 57–58.
13. Reischauer, p. 216.
14. Meyer, p. 51.
15. Reischauer, p. 222; Meyer, p. 51.
16. Reischauer, pp. 232–233; Meyer, p. 54.
17. Meyer, p. 54; Karl F. Friday, *Hired Swords* (1992), pp. 74–75.
18. Piggott, p. 282; Reischauer, p. 249.
19. Peter Martin, *The Chrysanthemum Throne* (1997), p. 56.
20. Takie Sugiyama Lebra, *Above the Clouds* (1993), p. 35; Michele Marra, *The Aesthetics of Discontent* (1991), pp. 38–39.

20　外来者的胜利

1. Gernet, p. 266; Denis Twitchett et al., *The Cambridge History of China*, vol. 6 (1994), p. 7.
2. Roberts, p. 95; Van de Ven, p. 165.
3. MacGowan, pp. 329–331.
4. Chye Kiang Heng, *Cities of Aristocrats and Bureaucrats* (1999), pp. 20, 78–81.
5. Roberts, p. 107.
6. de Bary et al., p. 374.
7. Gernet, p. 267.
8. Roberts, p. 96.
9. Gernet, p. 267.
10. Quoted in Heng, p. 73.
11. Twitchett et al. (1994), p. 56.
12. MacGowan, pp. 338–339.
13. Ibid., pp. 339-340.
14. Twitchett et al. (1994), p. 10.
15. Roger Tennant, *A History of Korea* (1996), p. 67.
16. Ibid., pp. 67–68.
17. Lee et al., *Sourcebook of Korean Civilization*, p. 126.
18. Ibid., p. 126.
19. Tennant (1996), p. 68; Lee, *New History of Korea*, p. 98.
20. Lee, *New History of Korea*, p. 98; Tennant, pp. 68–69.
21. Lee, *New History of Korea*, p. 99; Tennant, p. 70.
22. Jong-gil Kim, *Among the Flowering Reeds* (2003), p. 32.
23. Tennant, pp. 69–70.
24. Lee et al. *Sourcebook of Korean Civilization* (1993), pp. 129, 261.
25. Tennant, pp. 70–71; Lee et al., *Sourcebook of Korean Civilization* (1993), p. 261.

21　第三个王朝

1. al-Tabari, *History*, vol. 30, p. 335.
2. P. M. Holt, et al., eds. *The Cambridge History of Islam*, vol. 1 (1970), pp. 118–119.
3. al-Tabari, *History*, vol. 31, p. 23.
4. Ibid, pp. 48–51.
5. Ibid., pp. 152–153, 185–186.
6. Holt et al., pp. 119–123.
7. al-Tabari, *History*, vol. 32, pp. 131–134.

22　维京海盗

1. Jones, *History of the Vikings*, pp. 25–26.
2. Louis Halphen, *Charlemagne and the Carolingian Empire*, trans. Giselle de Nie (1977), p. 97.
3. Wallace-Hadrill, *Early Germanic Kingship*, p. 114; Nithard's *Histories*, 2, in Bernhard Walter Scholz with Barbara Rogers, trans., *Carolingian Chronicles* (1970), p. 130.
4. Halphen, p. 158.

5. Scholz with Rogers, p. 131.
6. Ibid., p. 133.
7. Janet L. Nelson, trans., *The Annals of St. Bertin* (1991), p. 49.
8. "Engelbert at the Battle of Fontenoy," in Dutton, p. 364.
9. H. W. Carless Davis, *Charlemagne (Charles the Great)* (1925), p. 314.
10. Franklin and Shepard, p. 56.
11. P. H. Sawyer, *Kings and Vikings* (1982), p. 88; Pierre Riche, *The Carolingians*, trans. Michael Idomir Allen (1993), p. 192.
12. Riche, p. 197.
13. Franklin and Shepard, p. 9.
14. Ibid., p. 29.
15. Nelson, p. 44.
16. Franklin and Shepard, p. 40.
17. Ibid., pp. 55–56.
18. Photius, *The Homilies of Photius*, trans. Cyril Mango (1958), pp. 95–96.
19. Franklin and Shepard, p. 51.
20. Ibid., p. 58–59.

23 长寿的国王们

1. Dilip Kumar Ganguly, *Ancient India, History and Archaeology* (1994), p. 44; Rama Shankar Tripathi, *History of Kanauj* (1964), pp. 227–228.
2. Tripathi, pp. 232–234.
3. Sailendra Nath Sen, *Ancient Indian History and Civilization* (1988), p. 371.
4. R. C. Majumdar, *Ancient India* (1964), p. 367.
5. Kulke, p. 11.
6. Tripathi, pp. 239, 241.
7. Majumdar, p. 367; Tripathi, p. 243.
8. Majumdar, p. 404.

24 国内外关系

1. From "The *Vita* of Methodius," in Deno John Geanakoplos, ed., *Byzantium* (1984), p. 348.
2. Ostrogorsky, p. 203.
3. Obolensky, p. 207.
4. P. M. Barford, *The Early Slavs* (2001), p. 221.
5. Nelson, p. 137.
6. Ostrogorsky, pp. 204–205.
7. Obolensky, p. 207; Barford, p. 222.
8. Vasiliev, p. 301.
9. Ibid., p. 304; Ostrogorsky, pp. 212–213.
10. Shaun Tougher, *The Reign of Leo VI (886–912)* (1997), p. 61.
11. Ibid., p. 62.

25 第二个哈里发国

1. Dominique Sourdel, *Medieval Islam* (1983), pp. 76–79; Seyyed Hossein Nasr, *Islamic Philosophy from Its Origin to the Present* (2006), p. 122.
2. Holt et al., p. 124; Sourdel, pp. 78–79.
3. Paul E. Walker, *Fatimid History and Ismaili Doctrine* (2008), 2.4.
4. Holt et al., p. 125.
5. Ibid., pp. 125–126.
6. al-Tabari, *History*, vol. 34, translator's preface, pp. xi–xii.
7. al-Tabari, *History*, vol. 35, pp. 164–165.
8. Holt et al., p. 129.
9. S. D. Goitein, "On the Origin of the Term Vizier," *Journal of the American Oriental Society*, 81:4 (Sep.–Dec. 1961), pp. 425–426.

26 维京大军

1. Quoted in Margaret Mahler, *A History of Chirk Castle and Chirkland* (1912), p. 202.
2. Magnus Magnusson, *Scotland* (2000), p. 40.
3. Collins, p. 194; Simeon of Durham, *The Historical Works of Simeon of Durham*, trans. J. Stevenson (1855), p. 487.
4. Bryan Sykes, *Saxons, Vikings, and Celts* (2006), p. 261; Snorri Sturluson, *Heimskringla*, trans. Erling Monsen (1932), p. 5; John Asser, *Asser's Life of King Alfred*, trans. Lionel Cecil Jane (1908), p. 41.
5. Bede, p. 299.
6. Seamus Heaney, *Beowulf* (2001), 2.175–179.
7. Sykes, p. 262.
8. Swanton, p. 68.
9. Ibid., p. 70; Simon Keynes and Michael Lapidge, trans., *Alfred the Great* (1983), p. 77.
10. Swanton, p. 71.
11. Keynes and Lapidge, p. 83.
12. Asser, p. 38.
13. Simeon of Durham, p. 476.
14. Keynes and Lapidge, p. 84.
15. John of Worcester, *The Chronicle of John of Worcester*, vol. 2: *The Annals from 450 to 1066*, trans. Jennifer Bray and P. McGurk (1995), p. 355.

27 为铁王冠而战

1. Eric Joseph Goldberg, *Struggle for Empire* (2006), p. 331.
2. Halphen, p. 319.
3. Ibid., p. 324.
4. Ibid., p. 327.
5. Quoted in Riche, p. 219.
6. Liudprand of Cremona, *The Complete Works of Liudprand of Cremona*, trans. Paolo Squatriti (2007), p. 67.
7. Ibid., p. 64.

8. Ibid., p. 69.
9. Constantine Porphyrogenitus, *De Administrando Imperio*, trans. R. J. H. Jenkins (1967), pp. 171–173.
10. Andras Rona-Tas, *Hungarians and Europe in the Early Middle Ages* (1999), pp. 336–337.

28 关白

1. Lebra, p. 35.
2. Reischauer, p. 270.
3. Sadaie Fujiwara and William Ninnis Porter, *A Hundred Verses from Old Japan* (1909), p. 12.
4. James S. De Benneville, *Saitō Mussashi-Bō Benkei* (1910), pp. 104–105; Meyer, p. 58.
5. Robert Borgen, *Sugawara No Michizane and the Early Heian Court* (1986), p. 176.
6. Reischauer, pp. 272–273.
7. Marra, p. 46.
8. Hall, et al., pp. 55–56; Borgen, p. 28.
9. Hall et al., p. 57; Borgen, pp. 208–209.
10. Reischauer, p. 279.
11. De Benneville, p. 106; Hall et al., p. 58.
12. Reischauer, p. 64.
13. Hall et al., pp. 59–60; Reischauer, pp. 287ff.
14. H. Paul Varley, *Warriors of Japan as Portrayed in the War Tales* (1994), p. 8.
15. Karl F. Friday, *Hired Swords* (1992), p. 10; Varley, pp. 144–145.
16. Friday, pp. 12–13; Varley, p. 145.

29 巴西琉斯

1. Tougher, *Reign of Leo VI*, p. 115.
2. Ibid., p. 117.
3. Arnold Toynbee, *Constantine Porphyrogenitus and His World* (1973), p. 13.
4. Lynda Garland, *Byzantine Empresses* (1999), p. 114.
5. Quoted in Garland, p. 115.
6. Vasiliev, p. 316.
7. Thomas Riha, ed., *Readings in Russian Civilization*, vol. 1 (1969), p. 2.
8. Steven Runciman, *The Emperor Romanus Lecapenus & His Reign* (1929), p. 44.
9. Ostrogorsky (1969), p. 261.
10. Leo the Deacon, *The History of Leo the Deacon* (2005), 7.7.
11. Ostrogorsky, p. 263.
12. Liudprand of Cremona, p. 124.
13. Leo the Deacon, 7.7.
14. Liudprand of Cremona, p. 123.
15. Runciman, *Emperor Romanus Lecapenus & His Reign*, p. 61.
16. Ibid., p. 90, Romilly Jenkins, *Byzantium* (1987), pp. 242–243.
17. Runciman, *Emperor Romanus Lecapenus & His Reign*, p. 92.

30 缔造诺曼底

1. Liudprand of Cremona, p. 92.
2. Ibid., p. 94.
3. Riche, pp. 226–227.
4. *Gesta Normannorum Ducum*, vol. 1, trans. Elisabeth M. C. Van Houts (1992), p. 67.

31 德意志王国

1. Liudprand of Cremona, p. 75.
2. Josef Fleckenstein, *Early Medieval Germany*, trans. Bernard S. Smith (1978), pp. 108–110.
3. Ibid., p. 111; Liudprand of Cremona, p. 77.
4. Liudprand of Cremona, p. 85.
5. Fleckenstein, pp. 112–113.
6. Ibid., p. 116.
7. Liudprand of Cremona, pp. 89–90.
8. Ibid., p. 90.
9. Charles IV, *Autobiography of Emperor Charles IV and His Legend of St. Wenceslas*, trans. and ed. Balazs Nagy and Frank Schaer (2001), p. 185.
10. Ibid., p. 189.
11. Ibid., p. 193.

32 命运之轮

1. K. A. Nilakanta Sastri, *The Pandyan Kingdom* (1929), p. 81.
2. Ibid., p. 81.
3. Ibid., pp. 82, 99.
4. Ibid., p. 82.
5. Rice, p. 326.
6. Sen, p. 480; Sastri, *Pandyan Kingdom*, p. 100.
7. Karen Pechilis Prentiss, *The Embodiment of Bhakti* (1999), pp. 95–96.
8. Sastri, *Pandyan Kingdom*, p. 102.
9. Rice, p. 463.

33 占领巴格达

1. Karsh, p. 54.
2. Heinz Halm, *The Empire of the Mahdi* (1996), p. 173.
3. Ibid., pp. 175, 200–201.
4. Kennedy, *Prophet and the Age*, p. 314.
5. Archibald Ross Lewis, *The Development of Southern French and Catalan Society, 718–1050* (1965), pp. 70–71, 161.
6. W. Montgomery Watt, *A History of Islamic Spain* (1965), p. 40.
7. Ibid., p. 46.

8. Karsh, p. 62.
9. Franklin and Shepard, p. 64.
10. Kennedy, *Prophet and the Age*, p. 217; Karsh, p. 63.
11. Geoffrey L. Simons, *Iraq: From Sumer to Saddam* (1994), p. 161.
12. Kennedy, *Prophet and the Age*, pp. 194–195.
13. Peter Beaumont, *Drylands* (1993), pp. 126–127; Kennedy, *Prophet and the Age*, p. 197.

34 宋、辽和高丽

1. Lee et al., *Sourcebook of Korean Civilization*, (1993), p. 261.
2. Lee, *New History of Korea* (1984), p. 101.
3. Lee et al., *Sourcebook of Korean Civilization*, p. 275.
4. Lee, *New History of Korea*, p. 103.
5. James B. Palais, *Confucian Statecraft and Korean Institutions* (1996), p. 214; Peter H. Lee et al., *Sources of Korean Tradition* (1997), p. 146.
6. Lee et al., *Sources of Korean Tradition*, pp. 146–147.
7. Lee et al., *Sourcebook of Korean Civilization*, p. 264.
8. Grousset, p. 128.
9. Ibid., pp. 570 n. 125, 129.
10. Ibid., p. 129.
11. MacGowan, p. 361.
12. Ibid.
13. Fitzgerald, *China*, p. 378.
14. MacGowan, p. 368.

35 英格兰的国王们

1. Swanton, p. 104.
2. D. M. Hadley, *The Northern Danelaw* (2000), pp. 11–12.
3. William of Malmesbury, p. 207.
4. John of Worcester, *Chronicles*, vol. 2 (1995), p. 387.
5. Swanton, pp. 106, 108–109.
6. William of Malmesbury, p. 213.
7. Ibid., p. 233.
8. Ibid., p. 237.
9. Ibid., p. 237.
10. Ibid., p. 245.
11. John of Worcester, *Chronicles*, vol. 2, pp. 422–425; William of Malmesbury, pp. 239–241; Swanton, p. 118.
12. Jones, *History of the Vikings*, pp. 34–35, 45–46; Ornolfur Thorsson, ed., *The Sagas of the Icelanders: A Selection* (2001), p. 9.
13. Thorsson, p. 9.
14. Jones, *History of the Vikings*, p. 279.
15. Ibid., p. 95.
16. Thorsson, p. 81.

17. Sturluson, p. 104.
18. Ibid., p. 113.
19. Thorsson, p. 654.
20. Ibid., p. 655.
21. Sturluson, p. 140.
22. William of Malmesbury, p. 273.
23. John of Worcester, *Chronicles*, vol. 2, p. 425.
24. Sturluson, p. 141.
25. Ibid., pp. 214–215.
26. Henry of Huntingdon, *The Chronicle of Henry of Huntingdon*, trans. Thomas Forester (1853), p. 183.
27. Swanton, p. 135 n. 9.
28. Ian Howard, *Swein Forkbeard's Invasions and the Danish Conquest of England, 991–1017* (2003), pp. 62–63.
29. Swanton, p. 143.
30. Ibid., pp. 143–145; William of Malmesbury, pp. 302–303.

36　罗斯人受洗

1. Toynbee, pp. 10–11.
2. Mark Whittow, *The Making of Byzantium, 600–1025* (1996), pp. 321–322.
3. Ibn Fadlan, *Ibn Fadlan's Journey to Russia,* trans. Richard N. Frye (2005), pp. 64–65.
4. Ibid., pp. 68–70; Franklin and Shepard, pp. 44–45.
5. Jones, *History of the Vikings*, p. 260.
6. Cross and Sherbowitz-Wetzor, p. 68.
7. Leo the Deacon, p. 156.
8. Wladyslaw Duczko, *Viking Rus* (2004), pp. 214–215.
9. Toynbee, pp. 499–505; Whittow, pp. 258–259.
10. B. J. Kidd, *Documents Illustrative of the History of the Church*, vol. 3 (1920), p. 103.
11. Cross and Sherbowitz-Wetzor, p. 84.
12. Vasiliev, p. 302.
13. Leo the Deacon, pp. 58, 82.
14. Ostrogorsky, pp. 284–285.
15. Leo the Deacon, p. 83.
16. Ostrogorsky, pp. 284–285; Leo the Deacon, pp. 85–86.
17. Cross and Sherbowitz-Wetzor, p. 87. 这些事件的发生顺序，我们并不完全清楚，文中采用的是较为可信的若干历史重建中的一种。还可参见：Whittow, pp. 260–261, and Ostrogorsky, pp. 292–293。
18. Leo the Deacon, pp. 136–141.
19. Ibid., p. 147.
20. Cross and Sherbowitz-Wetzor, p. 90.
21. Jones, *History of the Vikings*, pp. 262–263.
22. Cross and Sherbowitz-Wetzor, p. 113.
23. Ibid., pp. 97–98, 116.
24. Ibid., p. 117.

37 神圣罗马帝国皇帝

1. Simon of Kéza, *Gesta Hungarorum*, trans. Lászlo Veszprémy and Frank Schaer (1999), p. 91.
2. Ibid., p. 93; Paul Lendvai, *The Hungarians*, trans. Ann Major (2003), pp. 27–28.
3. Uta-Renate Blumenthal, *The Investiture Controversy* (1988), p 39.
4. Thatcher and McNeal, pp. 116–117. 奥托的誓言其实有两部分，一部分记录于 961 年，另一部分记录于 962 年。
5. J. N. D. Kelly, *The Oxford Dictionary of Popes* (1986), pp. 126–127.
6. Susan Wood, *The Proprietary Church in the Medieval West* (2006), pp. 16–17.
7. Book of Acts 8:18–24.
8. Wood, p. 299.
9. Thatcher and McNeal, p. 118.
10. Kelly, *Oxford Dictionary of Popes*, p. 127.
11. Timothy Reuter and Rosamond McKitterick, eds., *The New Cambridge Medieval History*, vol. 3 (1999), p. 254.
12. Thietmar of Merseburg, *Ottonian Germany* (2001), pp. 126–127; Reuter and McKitterick, p. 255.
13. Thietmar of Merseburg, p. 149.
14. Ibid., p. 150; Gerd Althoff, *Otto III* (2003), pp. 33–34.
15. Althoff, pp. 38–39.
16. F. L. Ganshof, *Feudalism*, trans. Philip Grierson (1996), pp. 3–9.
17. Thatcher and McNeal, p. 412.
18. Blumenthal, p. 11.

38 艰苦的神圣战争

1. Keay, p. 204; Satish Chandra, *Medieval India* (2000), p. 17.
2. Sircar, pp. 290–291.
3. Quoted in Ray, p. 81.
4. Quoted in Keay, pp. 204–205.
5. Abu al-Nasr Muhammad ibn 'Abd al-Jabbar al-Utbi, *Kitab-i-Yamini*, trans. James Reynolds (1858), pp. 23–24, 33.
6. Ibid., p. 39; Keay, p. 206.
7. Quoted in Elliot and Dowson, pp. 26–27; Chandra, p. 17.
8. Chandra, p. 18.
9. Ibid., p. 19.
10. Romesh Chunder Dutt, *A History of Civilisation in Ancient India* (2000), pp. 325–326.
11. Ibn Fadlan, pp. 37–38.
12. James Heitzman, *Gifts of Power* (1997), p. 6; Keay, p. 216; E. Hultzsch and H. Krishna Sastri, *Miscellaneous Inscriptions from the Tamil Country* (1899), "Tiruvalangadu Copper-Plates," v.84.
13. Pechilis Prentiss, pp. 100–101, 104.
14. Hultzsch and Sastri, "Tiruvalangadu Copper-Plates," v. 87, 96–97.
15. Ronald Findlay and Kevin H. O'Rourke, Power and Plenty (2007), p. 68; Hultzsch and Sastri, "Tiruvalangadu Copper-Plates," v.92.
16. Hultzsch and Sastri, "Tiruvalangadu Copper-Plates," v. 98, v.112.

17. Heitzman, pp. 6–10.
18. Sen, p. 44.

39 "保加尔人的屠夫"巴西尔

1. Michael Psellus, *Fourteen Byzantine Rulers*, trans. E. R. A. Sewter (1966), p. 27.
2. John Van Antwerp Fine, *The Early Medieval Balkans* (1983), p. 189.
3. Ostrogorsky, p. 301.
4. Psellus, pp. 31, 35.
5. Franklin and Shepard, pp. 162–163; Psellus, p. 35.
6. Psellus, p. 43.
7. Ibid., pp. 40, 43–44, 46.
8. Ostrogorsky, pp. 309–310; Curta, pp. 244–245.
9. Marshall G. S. Hodgson, *The Venture of Islam*, vol. 2 (1974), pp. 26–27.
10. Karen Armstrong, *Jerusalem* (1996), pp. 258–259.
11. Whittow, p. 381; Farhad Daftary, *A Short History of the Ismailis* (1998), pp. 101, 185.
12. R. J. Crampton, *A Concise History of Bulgaria* (1997), pp. 21–22.
13. Armstrong, Jerusalem, pp. 259–260; Hodgson, *Venture of Islam*, vol. 2 pp. 26–27.

40 捍卫天命

1. Peter Lorge, *War, Politics and Society in Early Modern China* (2005), p. 32.
2. Karl F. Olsson, "The Structure of Power under the Third Emperor of Sung China" (1974) pp. 26–27.
3. Twitchett et al., p. 99.
4. Van de Ven, p. 185.
5. Twitchett et al., p. 99.
6. Peter Kees Bol, *"This Culture of Ours"* (1992), p. 55.
7. Lorge, pp. 33–34; Bol, pp. 51–52, 55.
8. Chuanjing Ding and Chu Djang, *A Compilation of Anecdotes of Sung Personalities*, trans. by Zhang Chu and Zhu Zhang (1989), p. 23.
9. Van de Ven, p. 189.
10. Jinsheng Tao, *Two Sons of Heaven* (1988), pp. 15–16.
11. Edward L. Davis, *Society and the Supernatural in Song China* (2001), p. 68.
12. Shepard Krech et al., *Encyclopedia of World Environmental History*, vol. 2 (2004), p. 602.
13. Paludan, p. 130.
14. Joseph Needham and Cunxun Qian, *Science and Civilization in China*, vol. 5 (1985), p. 97.

41 发现新大陆

1. Thorsson, pp. 637–638.
2. Ibid., pp. 638–641.
3. Ibid., p. 639.
4. Ibid., pp. 644–645.

5. Ibid., p. 647.
6. Ibid., pp. 648, 670; Helge Ingstad and Anne Stine Ingstad, *The Viking Discovery of America* (2001), p. 48.
7. Alice Beck Kehoe, *America Before the European Invasions* (2002), p. 1.
8. Stuart J. Fiedel, *Prehistory of the Americas* (1987), pp. 152–153, 156–157; Kehoe, p. 102.
9. Fiedel, pp. 237, 254–257; Kehoe, pp. 175–177.
10. Kehoe, pp. 148–150; Fiedel, pp. 214–217.
11. Adams, p. 63.
12. Ibid., pp. 63–65.
13. Hans J. Prem, *The Ancient Americas* (1997), pp. 18–19; Robert J. Sharer and Sylvanus Griswold Morley, *The Ancient Maya*, 5th ed. (1994), pp. 471–472; Nicholas J. Saunders, *Ancient Americas* (2004), p. 84.
14. Adams, p. 79; Saunders, *Ancient Americas*, p. 48.
15. H. B. Nicholson, *Topiltzin Quetzalcoatl* (2001), pp. 250–251.
16. Prem, pp. 21–22; Adams, pp. 68–69; Saunders, *Ancient Americas*, p. 79.
17. Nicholson, pp. 10–11.
18. Prem, p. 24; Adams, p. 73.
19. Adams, p. 75.

42 大分裂

1. James Muldoon, *Empire and Order* (1999), pp. 34–35.
2. Alexander Clarence Flick, *The Rise of the Mediaeval Church and Its Influence on the Civilisation of Western Europe from the First to the Thirteenth Century* (1909), p. 403.
3. Althoff, p.72.
4. Flick, p. 404; Althoff, pp. 73–79.
5. Kelly, *Oxford Dictionary of Popes*, pp. 27–28.
6. Thatcher and McNeal, pp. 119–120. 略有删节。
7. Thietmar of Merseburg, p. 187; Althoff, pp. 127–129.
8. Blumenthal, p. 42.
9. Ibid., p. 43.
10. Christopher Brooke, *Europe in the Central Middle Ages, 962–1154*, 2d ed. (1987), p. 227.
11. Robert Warrand Carlyle and A. J. Carlyle, *A History of Mediaeval Political Theory in the West* (1915), pp. 146, 164, 228; Brooke, p. 229.
12. Flick, p. 408.
13. Brooke, p. 231; Karle Hampe, *Germany under the Salian and Hohenstaufen Emperors*, trans. Ralph Bennett (1973), pp. 43–45.
14. Hampe, p. 47.
15. Stefan Weinfurter, *The Salian Century* (1999), p. 101.
16. Flick, p. 410; F. Donald Logan, *A History of the Church in the Middle Ages* (2002), pp. 102–103.
17. Thatcher and McNeal, pp. 121–122.
18. Ibid., p. 122.
19. Anna Comnena, *The Alexiad of Anna Comnena*, trans. E. R. A. Sewter (1969), 1.10–11
20. William of Apulia, "Gesta Roberti Wiscardi," book 2, in G. H. Pertz et al., *Chronica et annales aevi Salici* (1963).
21. Goffredo Malaterra, *The Deeds of Count Roger of Calabria and Sicily and of His Brother*

Duke Robert Guiscard, trans. Kenneth Baxter Wolf (2005), book 1.
22. William of Apulia, book 2, in Pertz et al.
23. Henry Chadwick, *East and West* (2003), pp. 206–207, 211–213.
24. Horst Fuhrmann, *Germany in the High Middle Ages, c. 1050–1200*, trans. Timothy Reuter (1986), p. 55.

43 丹麦的统治

1. Howard, pp. 126, 133.
2. Henry of Huntingdon, p. 192; Swanton, p. 145.
3. Henry of Huntingdon, p. 195.
4. Swanton, p. 152; William of Malmesbury, p. 317.
5. Swanton, p. 153.
6. John of Worcester, *Chronicles*, vol. 2, p. 503.
7. Swanton, pp. 157–159.
8. Ibid., p. 159.
9. Peter Rex, *Harold II* (2005), pp. 26–27; Swanton, p. 158.
10. *Encomium Emmae Reginae*, trans. Alistair Campbell (1998), p. xxxiv.
11. Swanton, p. 160.
12. Benjamin T. Hudson, *Prophecy of Berchán* (1996), pp. 223–224.
13. Swanton, pp. 160–162.

44 诺曼人的征服

1. David Howarth, *1066* (1977), p. 34; John of Worcester, *Chronicles*, vol. 2 p. 535.
2. William of Malmesbury, p. 353.
3. Henry of Huntingdon, p. 202; William of Malmesbury, p. 353.
4. Henry of Huntingdon, p. 202.
5. William of Malmesbury, p. 353; John of Worcester, *Chronicles*, vol. 2, pp. 570–571.
6. Howarth, pp. 67–68, 74–75.
7. Swanton, pp. 194–195.
8. Swanton, p. 196.
9. Howarth, pp. 127–129; Rex, pp. 217–219.
10. Howarth, pp. 134–135.
11. Henry of Huntingdon, p. 209.
12. Swanton, pp. 198–199.

45 西班牙诸王

1. Watt, pp. 81–82; Abd Allah b. Buluggin, *The Tibyan*, trans. Amin T. Tibi (1986), p. 43.
2. Abd Allah b. Buluggin, p 43; Watt, p. 82.
3. Hugh Kennedy, "Muslim Spain and Portugal," in David Luscome and Jonathan Riley-Smith, eds., *The New Cambridge Medieval History*, vol. 4 (2004), p. 599.
4. Abd Allah b. Buluggin, p. 43.
5. Manuela Marin and Salma Khadra Jayyusi, *Handbuch der Orientalistik 12, Abt. 1, Bd.*

(1992), p. 46.
6. Peter C. Scales, *The Fall of the Caliphate of Cordoba* (1994), p. 93; Marin and Jayyusi, p. 48.
7. Scales, pp. 2, 9, 99.
8. Anita George, *Annals of the Queens of Spain* (1850), pp. 52–53.
9. Pedro, King of Aragon, *The Chronicle of San Juan De La Peña*, trans. Lynn H. Nelson (1991), p. 14.
10. Simon Barton and R. A. Fletcher, *The World of El Cid* (2000), pp. 49–50.
11. Ibid., p. 101.
12. Ibid., p. 32.
13. Ibid., p. 103; trans., John Ormsby, *The Poem of the Cid*, (1879), p. 63.
14. Marín and Jayyusi, p. 61.
15. Roland Oliver and Brian M. Fagan, *Africa in the Iron Age, c. 500 BC to AD 1400* (1975), p. 160.
16. Oliver and Fagan, p. 160; David Robinson, *Muslim Societies in African History* (2004), pp. 39–40.
17. Oliver and Fagan, p. 161; Arie Schippers, *Spanish Hebrew Poetry and the Arab Literary Tradition* (1994), p. 331; Barton and Fletcher, p. 113.
18. Watt, p. 98.
19. Richard A. Fletcher, *The Quest for El Cid* (1990), p. 185; Barton and Fletcher, p. 147.
20. Bernard F. Reilly, *The Medieval Spains* (1993), p. 99; Luscome and Riley-Smith, p. 609; Marín and Jayyusi, pp. 64–65.
21. George, pp. 187–188; Reilly, p. 109.

46 突厥人的到来

1. Psellus, pp. 53, 57.
2. Ibid., pp. 64–65.
3. Ibid., p. 81.
4. Shaun Tougher, "Byzantine Eunuchs: An Overview, with Special Reference to Their Creation and Origin," in Liz James, ed., *Women, Men, and Eunuchs* (1997), pp. 178–179.
5. Psellus, p. 93.
6. Ibid., p. 116.
7. Ibid., pp. 138–139.
8. Ibid., p. 155.
9. Ibid., p. 158.
10. Luscome and Riley-Smith, p. 230.
11. Grousset, p. 150.
12. Izz al-Din Ibn al-Athir, *The Annals of the Saljuq Turks*, trans. D. S. Richards (2002), pp. 67–68; Ibrahim Kafesoglu and Gary Leiser, *A History of the Seljuks* (1988), pp. 40–41.
13. Psellus, pp. 224–225.
14. Ibid., p. 300.
15. Archer Jones, *The Art of War in the Western World* (1987), p. 100.
16. Ibid., p. 101.
17. Psellus, pp. 365–366.

授权声明

Union of American Hebrew Congregations: Excerpt from *The Jew in the Medieval World*, edited by Jacob R. Marcus, Copyright © 1938. Used by permission of Union of American Hebrew Congregations.

Liverpool University Press: Two lines from *Venantius Fortunatus: Personal and Political Poems*, translated by Judith W. George, Copyright © 1995. Used by permission of Liverpool University Press.

Michael Marra: Five lines from *The Aesthetics of Discontent: Politics and Reclusion in Medieval Japan*, Copyright © 1991. Published by permission of Michael Marra.

W. W. Norton: Five lines from *Beowulf*, translated by Seamus Heaney. Copyright © 2000 by Seamus Heaney. Used by permission of W. W. Norton & Company, Inc.

Bantam Books: Four lines from *The Divine Comedy by Dante Alighieri: Inferno*, translated by Allen Mandelbaum, Copyright © 1980 by Allen Mandelbaum. Used by permission of Bantam Books, a division of Random House, Inc.

Taylor and Francis Group, LLC: Sixteen lines from *The Anglo-Saxon Chronicle*, translated by Michael Swanton, Copyright © 1998. Used by permission of Taylor and Francis Group, LLC.

Anmol Publications Ltd: Five lines from *The Royal Gurjars: Their Contribution to India*, by Nau Nihal Singh, Copyright © 2003. Used by permission of Anmol Publications Ltd.

The Free Press: Nine lines from "Song of the Six Prefectures," translated by Patricia Buckley Ebrey. Reprinted with the permission of The Free Press, a division of Simon & Schuster, Inc., from *Chinese Civilization: A Sourcebook*, 2nd edition, by Patricia Buckley Ebrey. Copyright © 1993 by Patricia Buckley Ebrey. All rights reserved.

Sh. Muhammad Ashraf Publishers: Nine lines from Surah 34 and eight lines from Surah 93 in *The Holy Qur'an*, translated by Abdullah Yusuf Ali. Used by permission of Sh. Muhammad Ashraf Publishers, Lahore, Pakistan.

White Pine Press: Ch'oe Ch'i Won, "At My Study on Mount Kaya," translated by Kim Jong-Gil, from *Among the Flowering Reeds: Classic Korean Poems Written in Chinese*. Translation Copyright © 1987, 2003 by Kim Jong-Gil. Reprinted with the permission of White Pine Press, www.whitepine.org.

HarperCollins Publishers: Five lines from Surah 105, translated by Thomas Cleary, from *The Essential Koran* by Thomas Cleary. Copyright © 1994 by Thomas Cleary. Reprinted by permission of HarperCollins Publishers.

SUNY Press. Excerpts from *The History of al-Tabari, Volume V: The Sasanids, the Byzantines, the Lakhmids, and Yemen*, by Muhammad ibn Jarir, translated by Clifford Edward Bosworth, Copyright © 1999. Used by permission of SUNY Press.

SUNY Press: Excerpts from *The History of al-Tabari, Volume XV: The Crisis of the Early Caliphate*, by Muhammad ibn Jarir, translated by R. Stephen Humphreys, Copyright © 1990. Used by permission of SUNY Press.

致　谢

我的编辑、供职于诺顿的斯塔林·劳伦斯（Starling Lawrence）最早向我提议做这个项目，并时刻给我专家水平的建议、持续的鼓励以及偶尔的劝告，让我不断回到手稿前面来，把这个项目做完。另外，每当我来到纽约，斯塔林和詹妮都会给我提供工作和思考的地方，对此我充满感激。诺顿出版社的很多人都那么善良，他们的技术、敬业精神和（首先是）幽默感打动了我。我非常感谢那些参与过我的各种各样的项目的人，特别要感谢莫莉·梅、尼迪娅·帕里斯、果尔达·雷德马赫、多西尔·哈蒙德、尤金妮亚·帕卡丽、比尔·鲁辛和珍·尚。

我家附近的威廉与玛丽大学斯韦姆图书馆的馆员也给予了我很多帮助。我还要感谢弗吉尼亚大学埃尔德曼图书馆、哥伦比亚大学东亚阅览室和伦敦图书馆的宽容耐心的工作人员。

感谢我的经纪人理查德·亨肖持续不断地帮我打理日益复杂的一堆承诺。

弗吉尼亚的萨拉·帕克制作了大量复杂的地图，展示出中世纪王国多变的边界。由于我不停地改主意，所以要特别感谢她的耐心。贾斯廷·穆尔十分关注细节，在本书呈现在读者面前之前，他帮我发现了许多令人尴尬的错误。他核对史实的能力令我惊叹不已。（如果书中尚存一些尴尬的错误，责任完全在我。）

金·诺顿、杰基·维奥莱特和莫莉·鲍尔在宁静山庄的办公室里负责接听电话，接收电子邮件，回答读者问题，使我能够离开那里，专心写作。苏珊·希克斯帮我安排旅行计划，确保一切顺利。

哲·权、凯文·斯提尔利和汤姆·杰克逊等阅读了本书的手稿，提供了宝贵的反馈意见。针对一些模糊的问题，乔纳森·贡德莱克帮我找寻答案，并帮我解决各种引用权限的问题。

我的韩国出版商"理论与实践"（Theory & Praxis）让我在韩国现场研究韩国历史，还热情招待了我的两个儿子，我要特别感谢他们慷慨的款待；还要感谢韩国文学社的韩永兰（音）对我的帮助。

鲍里斯·菲什曼在项目即将结束的时候加入进来，那时我已是强弩之末，他像有魔力一样解决了剩余的授权问题。

我的家人和朋友不仅经历了我的另一个世界史写作项目而隐忍幸存下来，而且尽了最大的努力确保我能挺过来。感谢梅尔·穆尔、黛安娜·惠勒和苏珊·坎宁安，是他们让我大体保持了理智。当这部中世纪历史占用了我全部的时间时，鲍勃·怀斯和海瑟·怀斯承担了我的其他书籍写作的承诺。

要不是我的父母杰伊·怀斯和杰茜·怀斯常来帮忙打理，我的家很可能在很久以前就停摆了。我的孩子克里斯托弗、本、丹和埃米莉，随着他们的成长，已经成了他们的妈妈的伙伴，能帮助妈妈完成她的工作。对他们中的任何一个人说声"谢谢"似乎都是不够的，但还是请允许我说一声：谢谢。

我最深切的感激之情要送给我的丈夫彼得，他一直帮助我，让我既做我喜欢的事情，同时还能享受生活。学，然后知不足。（Sumus exules, vivendi quam auditores.）